성서로 보는
우리역사

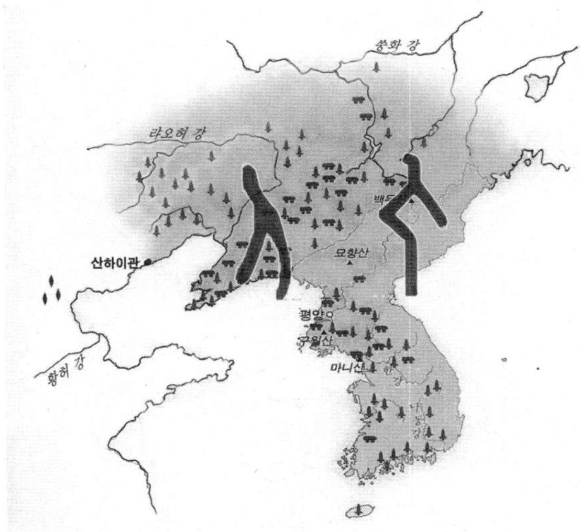

길동무 저

케노시스영성원

Κένωσις Spiritual House

저자 소개

감리교신학대학교 신학과 졸업
감리교신학대학교 대학원 졸업
케노시스영성원 원장
감리교회 목사

성서로 보는

우리 역사

길동무 저

케노시스 영성원
Κένωσις Spiritual House

성서로 보는

우리역사

초판인쇄| 2017년 8월 15일

펴낸곳| 케노시스 영성원

경기도 군포시 둔대동 433-2

0502-111-1937 010-3311-1937

Homepage www.kenosis.or.kr

Email kenosis@hanmail.net

등록번호

ISBN 979-11-87682-02-8

printed in korea

값 20,000원

CONTENTS

제 2 부 〈국가의 시대: 단군왕검〉

2

제 3 부 〈역수입 시대: 열국~고려〉

3

제 4 부 〈성리학시대: 조선〉

4

제 5 부 〈문명의 재도약: 대한민국〉

5

〈그림 차례〉

〈표 차례〉

머리글

무엇일까? 무슨 부호, 아니면 어떤 암호일까?

이 기호는 아직 한자가 등장하기 이전의 갑골문(胛骨文)인데, 우리 민족의 이름을 이렇게 표시했다. 중국 은나라 시대 우리 조상들은 이렇게 기록되어 있었다. 갑골문이 발전하여 한문이 되었는데, 이 글자는 한문의 人(사람)이 되었다. 다시 말하면 중국인들은 우리를 '사람'이라고 불렀으며, '사람'이라는 단어는 본래 우리 민족의 이름을 뜻하는 고유명사였다고 한다.[1)]

왜 우리를 '사람'(人)이라고 불렀을까?

인간이 짐승과 다를 바 없이 약육강식으로 살아가던 원시시대에 우리 조상들은 사람처럼 살았기 때문이다. 믿기지 않지만 갑골문에 의하면 사람이 사람답게 살아가는 문화는 우리 조상에게서 시작되었으며, 중국의 문헌에 의하면 우리 조상은 불의한 폭력을 용납하지 않았고, 남의 것을 탐내지 않았으며, 다투지 않았다고 한다. 우리 조상의 칭호인 사람(人)에서 어짊(仁)이 나왔으며 둘은 같은 뜻이다. 이런 이유로 공자를 비롯한 중국인들은 우리를 군자(君子)의 나라라고 했다. 우리나라, 우리 역사의 출발은 이와 같았다.

더 놀라운 것은 동양을 지배한 유교와 도교 등은 고조선 건국정신인 홍익인간(弘益人間) 사상에서 나왔다. 홍익인간 사상이 중국

---

1) 류승국, 「한국사상의 연원과 역사적 전망」, 유교문화연구소, 2009, 89~90쪽. 류승국은 성균관대 교수와 한국정신문화 연구원장 등을 역임했다.

으로 흘러들어갔으며, 이 사상을 이어가는 도가(道家)와 유가(儒家) 집단을 형성했다. 많은 시간이 지난 뒤 노자와 공자가 등장하여 이 사상을 집대성하여 도교와 유교가 되었다. 도교와 유교는 노자나 공자에게서 처음 시작된 것이 아니다. 위대한 사상이 어느 날 한 사람에게서 완성될 수는 없다. 노자나 공자는 그 이전부터 내려오던 사상을 집대성했을 뿐이다.

한국

한국인으로 사는 우리는 우리역사에 대해서 얼마나, 어떻게 알고 있을까? 너무 모르고 있거나 알더라도 잘못 알고 있지는 않을까? 우리는 식민사관의 선입견과 고정관념에 지배받거나, 아니면 지나친 민족주의의 과장에 빠져 있지는 않을까? 아직 사회법이 없어 약탈을 일삼던 시대에 우리는 '사람'이었으며 '군자의 나라'였고, 동양사상, 더 나아가 사람답게 살아가는 정신문화의 뿌리였다.

한국인

내가 오늘 한국인이라는 것이, 한국인으로 살아간다는 것이 무엇을 말하며, 어떤 의미를 지닐까? 아니, 어떤 의미라는 것이 있다는 생각이 들기는 할까? 어쩌다 한국인으로 태어났으니 그냥 사는 것이지, 무슨 특별한 의미라는 게 있기는 할까?

있다. 있어도 아주 특별한 의미가 있다. 특히 지구촌시대를 살아가고 있는 한국인에게는 다른 어떤 시기에 살았던 그 어떤 사람들보다 특별한 의미가 있다. 동서양의 사상이 융합되고 있는 지금 우리에게는 역사에서 전무후무할 기회가 와 있다. 이 기회를 잘 살리면 우리가 지구촌 시대를 이끌어갈 새로운 정신문명을 만들 수 있다. 기회는 기다려주지 않는다. 우리가 지금 해야 할 급선무는 이런 기회가 와 있다는 것을 발견하고, 또 그 기회를 살리는 것이다.

이 책은 이것을 말하기 위해 쓰여졌다. 이런 사실을 어떻게 알 수 있을까? 여러 가지 방법이 있겠지만 지난 역사를 통한 확인이 가장 정확하고 확실하다. 역사가 아니고서는 어쩌면 불가능할지도 모른다. 이런 이유 때문에 우리 역사를 써 내려갔다. 그러나 시대별로 사건이나 사상, 인물을 순서대로 나열하는 방식으로 쓰지는 않았다. 이 책은 우리 역사의 수많은 사건 하나하나를 세밀하게 파악하려는 데에 목적이 있지 않다. 그런 일들은 한국사 전문가들이 할 일이며, 이미 많이 출간되어 있다.

정신문화

우리의 정신문화는 어떻게 형성되었고, 어떻게 흘러왔고, 어디로 가야하며, 또 어떻게 활용될 수 있는지에 관해 쓰려고 했다. 그리고 이와 같은 부분을 좀 더 명확하게 드러나게 하기 위해서 인류역사에 가장 큰 영향을 준 히브리문화(구약성경)와 우리의 고대문화를 대비하는 방법을 선택했다. 두 정신문화를 비교해보면 둘이 얼마나 닮았는지에 놀라게 된다. 필자의 전공이 한국사가 아니고 교회사인데도 우리 역사를 쓰려고 한 이유는 우리의 정신문명이 성경의 율법 정신과 너무 유사하기 때문에, 이 시대에 우리만이 할 수 있는 중요한 과제가 있음을 알리기 위함이다.

고조선

대단히 중요하다. 환웅천왕과 단군왕검이 다스리던 이 시기에 우리의 정신문화가 형성되고 정착되었기 때문이다. 고조선의 건국이야기는 신화형식으로 기록되었다고 해서 소홀히 볼 대상이 결코 아니다. 특히 하나님의 아들 환웅천왕의 역할은 대단히 중요하다. 천신(天神)과 천지인(天地人) 신앙에 기초하여 홍익인간(弘益人間), 재세이화(在世理化) 등의 사상이 그에게서 만들어졌기 때문이다.

우리 정신문화의 기초인 이런 사상은 고조선 유물의 상징인 빗살무늬 토기, 비파형동검, 적석총(고인돌)의 독특한 문양과 모양에 담겨있다, 그 모양과 문양을 바라보며 그 속에 담긴 얼과 숨결을 읽어내려고 끊임없이 자문자답했다. 왜 빗살무늬를 사용했을까? 빗살무늬 토기는 BC 6천 년경에 등장했는데, 어떻게 5천 년 이상 그 넓은 지역에서 사용되었을까? 보고 또 보고, 묻고 또 묻고, 생각하고 또 생각하다보니 빗살무늬가 우리 민족의 이름인 사람(人)과 같은 문양으로 보이기 시작했다. 비파형동검도 마찬가지였다. 왜 칼을 이런 모양으로 만들었을까? 비파형의 독특하고 특이한 모양과 끊임없이 대화를 시도하다보니 그 속에 담긴 민본, 즉 사람을 귀중하게 여기는 정신을 읽을 수 있었다. 대자연속에서 자연석으로 만든 천제단과 적석총(고인돌)은 하나님과 세상과 사람을 동일시 여기는 천지인(天地人), 천신(天神) 신앙으로 다가왔다.

우리 역사의 출발과 시작은 이러했는데, 믿기지 않을 만큼 위대하고 찬란했는데, 그런데, 그런데 이런 역사는 다 가려져 있어 보이지 않고 너무 모르고 있다. 그리고 보이는 것은 그 다음의 일그러진 모습만 보이고 있다. 우리의 역사는 어떻게 흘러 왔는가?

고난의 역사

어찌하여 나라가 그 모양 그 꼴이었던가!

어찌하여 백성들은 땅을 잃고 정든 고향을 떠나 떠돌이가 되어야 했던가!

어찌하여 전란이 났다 하면 인구의 10% 이상이 포로로 끌려가야 했던가!

어찌하여 백성의 세금으로 밥을 먹던 관리들은 보이지 않고 사람취급 받지 못하던 백성들이 죽창으로 총탄에 맞서서 죽음으로 나라를 지켜야했던가!

어찌하여 이 나라는 열강들이 뜯어먹다가 서로 다투는 먹잇감이 되고 말았던가!

어찌하여 이 나라 이 강산은 자유민주주와 공산주의 진영의 전쟁 마당이 되어 융단폭격을 받아야 했던가!

어찌하여 이 나라는 둘로 나뉘어 서로 미사일을 겨누고 있는가?

우리의 역사 어느 한 귀퉁이도 탄식과 피눈물이 배어 있지 않은 곳이 없다.

도대체 왜 이 지경이 되었는가?

왜?, 왜?, 왜 이래야 했는가?

먹거리와 의지할 곳을 찾아 떠도는 사람들,

숱한 전란으로 상처입고 포로로 잡혀간 수많은 사람들,

오랑캐에게 노리개로 끌려갔던 50여만의 환향녀들,

……

이 역사를 써 내려가면서 그들을, 그들의 가슴을 만났다. 그리고 그들의 한숨으로 탄식하고 그들의 가슴으로 울고 또 울었다. 가슴속으로 흘러내리는 피눈물을 삼키며, 그 눈물로 글자 하나하나, 한 획, 한 획을 그어갔다. 그들의 눈물과 아픔과 한이 고귀한 제물되어 이 세상에 다시는 그런 일이 없기를 빌고 또 빌면서, 우리 고난의 역사가 헛되지 않기를 바라고 또 바라면서 이 글을 썼다.

이 역사를 써 내려가면서 국민의 세금으로 밥을 먹는 자는 어떠해야 되는지를 만났다. 국민이 내는 돈으로 밥을 먹는 공무원은 국민만 생각해야 한다. 나라 밥을 먹는 공무원은 나라만 생각해야 한다. 공무원으로 있으면서 국민만, 나라만 생각하지 않는다면 그는 결코 용서받을 수 없다. 지옥은, 지옥의 형벌은 그들을 위해 만들어져 있다. 인간이 지을 수 있는 가장 큰 죄는 공무원 된 자가 국민만, 나라만 생각하지 않고 제 잇속을 차리는 죄다. 지위고하를 막론하고 공무원이 되었다면 국민만, 나라만 생각하고, 국민을, 나라를 섬겨야 한다. 공무원이 되어서 출세와 승진에만 연연한다면 그 자신에게는 물론이고 국민과 나라에 이보다 더 큰 비극은 없다. 공무원의 길에 들어서려면, 이미 들어섰다면 국민만, 나라만 생각해야 한다. 그게 되지 않는다면 스스로 물러나야 한다. 그래야 지옥의 형벌을 면한다. 국민만, 나라만 생각한 이순신장군이 보여준 백의종군의 걸음은 모든 공무원이 따라가야 할 길이다.

그런데 이보다 더 엄중하게 느껴지는 것이 있다. 헌금으로 밥을 먹는 자의 길이다. 헌금으로 밥을 먹으면서 교인만, 교회만, 나라만, 시대만, 하나님만 생각하지 않는 자는 그 무엇으로도 용서받을 수 없다. 이를 어긴다면 지옥 중에서도 가장 고통스러운 형벌은 그들의 몫이다. 지난 역사를 돌이켜 볼 때 역사를 지옥으로 몰고 가는 일등공신은 늘 종교의 타락에 있었다.

준비된 역사

이 나라, 이 역사를 어떻게 해석하고 어떻게 써 내려가야 하는가? 써내려가면서 무슨 말을 어떻게 해야 하는가? 역사에 숨겨진 진실을 제대로 볼 수 있는 눈이 필요했다. 어떤 눈, 어떤 관점으로 보아야 할까? 사람의 눈, 사람의 시각이 아닌 하나님의 눈, 하나님의 시각을 빌려왔다. 그 눈으로 보니 다르게 보였다. 먼저 세상역사의 흐름과 우리 시대가 보였고 그 속에서 우리 역사, 우리의 모습이 다시 보였다. 그리고 우리의 갈 길, 할 일이 보였다.

우리가 살고 있는 이 시대는 대 전환기이다. 서양에서 동양으로 역사의 축이 옮겨지고 있으며, 이성의 시대가 종말을 고하면서 새로운 시대를 이끌어갈 새로운 정신문화의 등장을 고대하고 있다. 지나간 동서양 문화를 융합시켜 이 일을 해낼 주인공은 동양에서 나오리라고 기대하며 동양을 주목하고 있다. 동양의 어느 나라일까?

뿌리문화로 시작했으나 피눈물로 범벅된 지난 우리의 역사는 이를 위해 준비된 역사였다. 어느 한 귀퉁이도 버릴 곳이 없다. 시행착오와 고난이 있었기에 우리의 지난날은 준비된 역사가 될 수 있다. 이런 시각으로 보면 우여곡절을 겪은 우리 역사는 잘 짜여진 한편의 드라마이다. 우리는 우리의 역사에서 이것을 보고, 이것을 만나야 한다. 이제 떨쳐 일어나서 이 큰 일을 해 내야 한다. 이것이 우리의 할 일이다.

호머 헐버트

그런데 놀랍게도 100년 전에 이것을 내다 본 사람이 있었다. 그는 한국이 이상과 현실을 조화시키며 세상을 변화시키리라고 믿어 의심하지 않았다. 우리 역사 속에 그 보배가 들어 있음을 알고 우리의 역사를 한글, 한문, 영어로 발간해서 우리 국민들과 세계에 알렸다. 그런데 놀랍게도 그 사람은 한국인이 아니라 외국인이었다. 그는 멸망해가는 한국에서 한국의 잠재력과 가능성을 보고 외국인이면서 한국을 위해 한국인보다 더 한국인으로 살았다.

놀라울 뿐이다. 놀라움을 넘어서 경이로움이 느껴진다. 그는 어떻게 그것을 볼 수 있었을까? 그의 눈을, 그의 통찰력을, 그의 열정을 빌리고 배우고 따르고 싶다. 그리고 한국인보다 한국을 더 사랑하며, 한국인보다 앞서 한국의 역사를 몇 번이나 써서 우리를 대신하여 전 세계에 알렸으며, 살아서는 한국의 독립을 위하여 한 평생 희생했고, 죽어서도 우리 땅에 묻히는 것을 자랑스럽게 여기며 기꺼이 우리 강산의 한줌 흙이 된 그분에게 감사와 경의를 표할 뿐이다.

역사논쟁

우리는 역사논쟁의 소용돌이 속에 놓여있다. 중국은 동북공정을 강행하여 우리 역사를 지우고 있으며, 일본은 고대 가야가 자신들의 식민지였고 또 독도가 자기네 땅이라고 우기고 있다. 참으로 기막힌 노릇이다. 그런데 이것보다 더 기막힌 사실이 있다.

이런 역사전쟁에 한 마음으로 대처해야할 우리 사학계는 양분되어 서로 대립하고 있다. 적전 분열은 자멸뿐이다. 한국을 대표한다는 자칭 강단 사학자들은 중국과 일본의 대변인처럼 보인다. 그러면서 자신들의 주장이 옳고 사실이라고 우기고 있다. 이에 반대하는 사학자들은 평생 대학에서 가르치고 있거나 대학에서 정식으로 박사학위를 받았어도 강단에서 가르칠 자격을 가진 사학자로 인정하지 않고 재야사학자라고 폄하하더니 근래에는, 유사사학자, 사이비사학자라고 극언을 서슴지 않고 있다.

중국과 일본은 국가적 차원에서 한 목소리로 역사를 왜곡하거나 날조하고 있는데, 어찌하여 우리는 이 모양 이 꼴이란 말인가? 주변 나라의 억지 주장에 대처하는 자세와 태도도 문제지만 그 이전에 우리 사학계에서 고대사에 대한 이해가 엇갈리고 있는 것이 더 큰 문제다. 이런 모습을 지켜보면 참으로 한심하게 느껴질 뿐만 아니라 배신감마저 든다. 우리나라를 대표하는 사학자들은 도대체 무슨 짓들을 하고 있는 것일까?

이 문제와 관련하여, 평생 성균관대학에서 유학을 공부하고 가르쳤으며 한국정신문화연구원장을 역임한 류승국은 1970년대에 일찌감치 방향을 제시해 놓았다. 그는 갑골문과 금석문을 해석하여 우리 조상의 본래 이름이 인(人), 인방(人方), 동인(東人)이라는 것과 고대부터 중국인들이 우리를 군자의 나라라고 불렀음을 밝혀냈다. 이런 사실은 BC 6세기에 살았던 공자가 우리를 군자의 나라라고 부른 사실에서도 확인된다. 또 류승국은 유교와 도교의 뿌리가 고조선에 있었으며, 중국 중원에 있었던 요순의 순임금은 동이족이며, 은(상)나라는 우리 조상인 동인족이 세웠음을 학술적으로는 물론이고 더 나아가 과학적으로 입증해 놓았다. 그는 자신의 주장을 입증하기 위해 이를 인정하고 있는 중국의 저명한 사학자들을 구체적으로 밝혀 놓았다. 이런 연구에 의하면 고대 고조선 시기 산동 반도와 요서, 요동, 만주일대와 한반도는 동일한 문화권이었고 우리 조상들이 살고 있었다. 이런 사실은 근래 요서지역에서 발굴되는 유물로도 확인되고 있다. 이 유물을 구태여 우리와 상관없다고 부정할 하등의 이유가 없다. 이를 부정해야 할 이유가 무엇이란 말인가?

이런 내용을 사실로 인정한다면 우리 사학계가 지금처럼 분열되어 싸우고 있을 이유가 없다. 왜냐하면 우리 사학계가 다투고 있는 주요 대상이 고조선이 신화인가 역사인가, 고조선과 중국의 경계선이 현재의 만주 요서지역이었는가 아니면 압록강 인근인가, 한사군이 설치된 지역이 요서지역이었는가 한반도였는가 등인데, 이는 아무 의미가 없고, 왈가왈부할 까닭이 전혀 없다. 단군조선이 세워지던 BC 2300년경에 우리 조상이 중원에서 요순의 임금이 되었으며[2], 또 BC 1700년경에는 은(상)나라를 세웠고, 산동반도와 만주 서부 일대에 우리 조상들이 살았기 때문이다.

필자는 한국사가 아닌 기독교 역사가 전공이다. 따라서 우리 역사를 학술적으로 쓰려는 데 이 책의 목적이 있는 것이 아니라 우리의 정신문화와 그 흐름을 종교적으로 해석하려는 데 있다. 그러므로 사학계의 학술적 논쟁에 끼어들 생각은 추호도 없다. 그러나 대한민국 국민의 한 사람으로서 자칭 강단사학자라고 주장하면서 민족사학자들을 사이비사학자라고 부르는 이들에게 묻지 않을 수 없다.

당신들은 왜 중국, 일본과 역사전쟁의 한 복판에서 류승국, 이형구, 윤내현 등과 같은 민족사학자들의 연구를 전혀 인정하지 않고 반박하기에 급급하며, 결과적으로 중국과 일본의 억지를 인정

2) 순 임금이 동이족이었음.

하는 주장을 펴고 있는가? 당신들의 주장과 식민사학자들의 주장이 무엇이 다른가? 만에 하나 당신들의 주장이 사실인 부분이 있다고 해도 우리역사의 운명과 국익이 걸려있는 중대한 문제 앞에서 구태여 중국과 일본에 유리한 사실들을 들춰내어 개인적인 의견이 아닌 나라를 대표하는 의견으로 떠들고 있다면 이는 나라를 일제에 팔아넘긴 이완용 일당보다 더 지탄받아 마땅한 역사매국이 아닌가? 도대체 그 이유가 무엇인가? 이런 악랄한 행위들이 진실, 학자의 양심, 학문의 자유 등의 미명을 운운하여 얼버무릴 수 있다고 생각하는가? 어떻게 신채호와 같은 민족사학자들을 감히 사이비사학자라고 매도할 수 있는가? 이는 그들에 대한 인격모독 이전에 우리역사에 대한 모독이며, 더 나아가 국민들을 우롱하고 민족을 반역하는 행위가 아닌가? 당신들의 말만 옳고 다른 의견은 다 이단이고 사이비인가? 누가 당신들에게 민족사학자들을 이단이라고 낙인찍을 자격을 주었는가? **당신들은 대한민국 사람이 맞는가?**

자신들만 역사에 대해 말할 자격이 있고, 다른 말을 하는 사람은 이단이라고 몰아치는 자들만큼 어리석고 몰상식한 자들은 없다. 이런 행위는 악마의 사주를 받은 저질 사교집단의 교주들에게서나 있을 법한 일이다. 지금의 대한민국 국민들은 어렵게 현학적으로 말하면서 전문가 행세하는 치졸하고 위선적인 모습과 궤변을 더 이상 보고 싶어 하지 않으며, 그 의도를 모를 만큼 어리석지도 않다고 본다. 정치인들을 비롯하여 지도적 위치에 있는 이들은 무지하고 힘없어 보이는 국민들이 얼마나 무섭고 예리한지 똑똑히 알고 착각하지 말아야 한다.

이런 소모적인 낭비 말고도 우리가 지금 해야 할 일들이 얼마나 많은데, 이런 논쟁을 하고 있는 우리 역사의 현실이 슬프고 비통할 뿐이다. 국민의 한 사람으로서 빠른 시일 내에 우리 사학계가 바른 길 가기를 바랄 뿐이다.

이 나라가, 이 나라와 교회의 역사가 오류에서 벗어나 바른길을 가기를 염원하면서, 광복절과 종교개혁 500주년에 맞추어 이 책을 출간 하려고 했습니다. 그러나 돌이켜 볼 때 많은 부분들이 미흡하며 부끄러울 뿐입니다. 이런 시도는 누구도 하지 않았고, 또 거역할 수 없는 어떤 힘에 이끌리어 쓰지 않을 수 없었다는 변명 외에는 할 말이 없습니다. 많은 질책과 가르침을 기다리겠습니다.

이 책이 만들어지기 까지는 보이지 않는 많은 분들의 염원과 헌신이 담겨 있습니다. 나라가 제 구실을 못하여 이국으로 끌려가 고향을 바라보며 한 맺힌 삶을 마감했을 많은 이들과, 나라가 위기에 처했을 때 죽창을 들고 분연히 일어섰던 이들과, 이 나라를 바로잡기 위하여 온 생애를 바치신 분들과 식민치하에서 이 나라와 민족을 지키기 위하며 형극의 길을 기꺼이 걸어가신 분들에게 먼저 머리 숙여 경의를 표합니다. 식민사학 속에서 우리 역사를 지키며 길을 개척해 놓으신 류승국교수님, 윤사순교수님, 윤내현교수님, 이형구교수님을 비롯한 여러 어르신들에게 진심으로 감사를 드립니다. 이분들의 평생연구가 이 책을 가능하게 했습니다. 외국인이면서 살아서는 한국을 위해 살고 죽어서도 한 줌의 흙이 되어 우리 땅에 묻혀있는 호머 헐버트 박사님과 이 책을 위해 기도와 성원을 아끼지 않으신 많은 분들과 교정을 보느라고 수고하신 분들에게 엎드려 감사드립니다.

누가되지 않는다면 이 부끄러운 책을 이분들 모두에게 바치고자 합니다.

2017년 광복절 아침

길동무

제1부 : 문화의 시대 : 환웅천왕

문화의 시대

물음 1 그는 왜 조선이 세상을 바꿀 수 있다고 생각했을까?

조선인들은 복음을 받아들일 준비가 되어 있으며,[3)]

조선인들은 현재 세계를 지배하고 있는 앵글로 색슨족(영국인)을 닮았으며,[4)]

조선인들은 이 세상에서 이상과 현실을 조화시킬 수 있는 유일한 민족이며 틀림없이 세상의 역사를 바꾸어 놓을 것이다.[5)]

누가 언제 무슨 근거로 이런 말을 했을까?

구한말인 1886년, 우리나라가 열강(列强)의 각축장이 되어 있을 때, 호머 헐버트(Hommer B. Hulbert 1863~1949) 박사가 한 말이다. 그런데 그의 예측대로 그 후 우리나라는 복음을 받아들였

3) H. B. Hulbert, 「The Passing of Korea」, Page & Company, 29~32쪽.

4) 위의 책, 머리말(Preface),

5) 헐버트가 1906년 쓴 「대한제국 멸망사」(The Passing of Korea)는 우리나라가 일본에게 합병되어 사라지는 것을 안타깝게 지켜보면서, 한국은 결코 사라지지 않고 다시 살아 우뚝 서리라고 확신하면서 우리나라의 역사를 써서 미국에서 발행했다. 이런 사실은 고종과 한국인에게 바치는 그 책 헌사의"지금은 자신의 역사가 그 종말을 고하는 모습을 목격하고 있지만 장차 이 민족의 정기가 어둠에서 깨어나면"이라는 구절에서도 잘 나타난다. (Dedicated To his majesty the Emperor of Korea. As a token of high esteem and a pledge of unwavering allegiance, at a time when calumny has done its worst and justice has suffered an eclipse. and To the Korean People. who are now witnessing the passing of old Korea to give place to a new, when the spirit of the nation, quickened by the touch of fire, shall have proved that though "sleep is the image of death. it is not death itself."
헐버트는 한국이 다시 독립할 뿐만 아니라 세계 역사에 우뚝 서서 세상을 놀라게 하고 또 세상을 변화시키리라고 확신하면서 미국의 YMCA 등 여러 기관에서 이 비슷한 발언을 많이 했다고 한다.

을 뿐만 아니라 기독교 2천 년 역사에서 가장 괄목할 성과를 거두었으며, 이제는 우리가 세계에서 인구대비로는 해외선교사 파송 1위, 전체 규모에서는 미국에 이어 2위를 차지하고 있다. 또 일제 식민지배와 6.25의 폐허를 딛고 후진국에서 유일하게 경제기적을 일으키고 선진국 대열에 들어섰다. 이제는 우리 문화가 유럽 중심부까지 전파되었고, 전 세계에서 우리말과 우리문화에 대해 지대한 관심을 불러일으키고 있으며 '한류'(韓流)라는 신조어까지 등장했다. 이제는 해외선교를 갈 때 챙겨야 할 필수품 중의 하나가 한국어 교원 자격증이 되었다. 현지 대학에서 한국어 교육과정을 개설하면 많은 수강생들이 몰리기 때문이다. 100여 년이 지난 지금에서 돌이켜보면 놀랍게도 그가 예견한대로 우리가 지금 세계를 바꾸어 가고 있는 중이다.

〈그림1 호머 헐버트〉

호머 헐버트, 그는 어떤 사람이며 무슨 근거로 이런 말을 했을까? 그가 조선에 처음 왔을 당시 서울에는 서양인이 70여명(가족 포함)정도 있었지만 대부분 우리나라를 부정적으로 보고 있었으며, 또 그럴만한 충분한 이유가 있었다. 이 당시 우리나라를 찾은 서양인들은 먼저 일본에 거주하면서 조선에 대한 사전 준비를 한 후 입국했는데 일본에 비해 우리나라는 모든 면에서 너무나 형편없었다. 이들 가운데 상당수는 조선이 나라를 유지할 능력이 없으므로 일본의 지배를 받는 게 차라리 낫다고 생각했고 또 일본 편에 서서 활동한 사람들도 있었다. 그만큼 우리나라는 모든 면에서 열악하고 비참했으며 도무지

가능성이 없어 보였다. 서양인들 가운데 우리나라에 대하여 긍정적으로 생각한 이들도 대부분은 우리가 너무 비참하므로 불쌍히 여기는 마음으로 우리나라를 사랑하며 도우려고 헌신했다. 한국과 한국인들이 이 어려움을 딛고 일어서서 세계 역사에서 중요한 일을 할 수 있다고 믿은 사람은 서양인은 물론이고 우리 가운데도 없었을 것이다.

그런데 헐버트가 우리나라에 온 이후 죽을 때까지의 행적을 보면 그는 우리나라가 세상의 역사를 바꾸어 놓을 민족이라고 굳게 믿고 있었음을 알 수 있다. 그는 우리나라에서 활동하다가 일제 강점기에 일본에 의해 강제 추방당한 후 미국은 물론 전 세계를 돌아다니며 대한민국의 독립을 위해 평생 혼신의 힘을 다하며 헌신했다. 해방 후 정부의 초청으로 방한했으나 89세의 고령이었던 탓에 입국하자마자 과로와 노환에 시달리다가 일주일 만에 타계하여 한국에 묻혔다. 그의 묘비명에는 "나는 웨스트민스터 사원에 묻히기보다는 한국 땅에 묻히기를 원하노라."라고 쓰여 있다.[6)]

도대체 헐버트는 어떤 사람이었을까? 그는 1863년 미국에서 태어났으며, 인도에서 선교사로 활동하던 외할아버지가 설립한 명문 다트머스(Dartmouth) 대학을 1884년 졸업했다. 미들베리(Middlebury) 대학 총장이었던 아버지는 개신교 목사였는데, 교육을 중요하게 생각하여 교육만이 인간을 변화시키고 나라를 변화시킬 수 있다고 강조했다. 아버지의 이런 교육중시와 더불어 청교도 집안의 경건한 분위기는 헐버트에게 많은 영향을 주었다고 한다.[7)] 우

---

6) 웨스트 민스터 사원은 영국의 런던에 있으며, 역대 국왕의 즉위식과 결혼식 등이 여기서 열리고, 국왕과 처칠, 세익스피어, 뉴턴과 같은 영국의 영웅들이 묻혀있는 곳이다. 그의 묘비에는 다음과 같이 쓰여있다.
"I would rather be buried in Korea than in Westminster Abbey." 그의 묘는 마포 양화진 외국인 선교사 묘원에 있다. 한국정부는 그에게 1950년 3월 1일 '건국 공로훈장'(태극장)을, 2014년 10월 9일 '금관문화훈장'을 추서했다. 헐버트는 외국인으로서 위의 두 가지 훈장을 받은 유일한 사람이다.

리나라에 오기 전 이미 박사과정을 마친 헐버트는 당시 미국의 최고 지성인 중 한 사람이었으며, 다방면에 출중한 재능을 지니고 있었다.

개화기를 맞은 우리나라는 양반 자제들에게 영어와 신학문을 가르쳐 관리로 양성하기 위하여 '육영공원'(育英公院)이라는 근대식 학교를 설립하면서 미국정부에 교사 3명을 보내달라고 요청했다. 미국정부는 국무성 교육국장인 이튼(John Eaton)에게 교사를 모집하게 했는데, 이튼이 자신의 동창인 헐버트의 아버지에게 요청하여 헐버트가 교사로 오게 되었다. 헐버트는 아버지로부터 조선에 갈 의향이 있느냐라는 질문을 처음 받았을 때 '가슴이 벅차오르는 느낌'이 들었으며, 잠시 생각한 후 곧 결정을 내렸다고 한다. 아버지에 이어 목회자가 되기 위해 유니온신학교에 다니던 헐버트는 조선에 대한 큰 기대감과 호기심을 가지고 2년 동안 준비한 뒤 다른 교사들과 같이 1886년 7월 5일 서울에 오게 되었다.[8] 이 때 헐버트는 23살의 청년이었으며, 육영학교의 교과 과정을 준비하여 9월 23일 육영공원이 개교한 후 교사로 활동하기 시작했다. 그리고 교사 계약기간이 만료되어 1891년 12월 귀국했다가 1893년 감리교 선교사로 다시 입국하여 한국을 위해 적극 활동했다. 그러다 을사늑약 이후 1909년 일본에게 추방당한 후 한국인보다 한국의 가능성을 더 믿고 더 사랑하며 미국과 전 세계에서 우리나라 독립을 위한 운동을 헌신적으로 전개했다.

1919년 3.1운동 이후 미국에서 한국에 대한 관심이 높아지자

---

7) 김권정, 「한국인보다 한국을 더 사랑한 미국인 헐버트」, 역사공간, 2015. 25쪽. 본서에서 다루는 헐버트에 대한 기록은 「한국인보다 한국을 더 사랑한 미국인 헐버트」, 김동진의 「헐버트, 조선의 혼을 깨우다」, 참좋은 친구, 2016, 그리고 헐버트가 직접 쓴 「The History of Korea I, II」를 주로 참고하였다.

8) 이 때 같이 온 교사 2명은 길모어(George W. Gilmore)와 벙커(Dalzell A. Bunker) 였다.

헐버트는 미국 태평양 연안을 돌며 우리나라의 독립을 호소하는 강연을 매일 2~3회씩 130일 동안 강행했다. 미국을 비롯한 외국에서 활동하던 한국 독립 운동가들이 실의에 빠져있거나 분열되었을 때 헐버트는 이들을 독려하며 단합을 호소하는 등 한국의 독립 투사들보다 더 적극적으로 활동했다. 헐버트는 문자 그대로 한국을 위해 태어났고 한국을 위해 살았다.

헐버트는 다방면의 천재였다. 그는 다트머스 대학을 졸업하면서 박사학위를 취득했고, 1893년 재입국할 당시 버나드 대학(Barnard College) 총장 자리를 제의 받았으나 주저하지 않고 이를 거절한 후 다시 한국으로 왔다. 그는 언어 습득에 천부적인 재능이 있었다. 한국에 와서 열흘 만에 한국어를 체계적으로 공부하기 시작하였는데 한글을 접한 지 4일 만에 한글을 읽고 썼으며, 1주일 만에 한글의 우수함을 알아보았고 또 한국인이 이런 한글을 무시하는 현실을 안타까워했다고 한다. 한글에 대한 그의 남다른 관심과 사랑은 투철한 직업정신에서 시작되었다. 한국에 교사로 와서 학생들을 잘 가르치려면 먼저 소통을 해야 하기에 일부러 영어를 모르는 한국인에게서 한국어를 배웠으며, 몇 달 만에 한국어로 논리적인 대화가 가능해졌다. 더 놀라운 것은 헐버트는 한국 역사에 관심을 가지고 연구하여 조선이 멸망하기 직전 우리 국민보다 먼저 우리 역사를 방대하게 기록해 놓았다. 1901년부터 신문(The Korea Review)에 4년 동안 한국역사에 대하여 글을 썼다. 또 한문으로 쓴 우리 역사서를 1903년 「대동기년」(大東紀年)이라는 이름으로 중국에서 출간했다. 1905년에 「한국사」(The History of Korea)를 출간했으며, 다음 해에는 영문으로 「대한제국 멸망사」(The Passing of Korea)를 출간했다. 이 책들은 지금도 미국에서 출판되고 있으며, 미국정부에서 한국으로 파견되는 공직자들에게는 필독서로 읽히고 있다.[9)]

외국인인 헐버트는 한글로 우리역사를 써서 우리나라 사람들에게 가르쳤고, 밖으로는 한문과 영문으로 우리 역사를 출간해서 외국인들에게 한국의 우수함을 알리려고 했다. 나라 잃은 한국의 독립과 미래에 무엇보다도 역사와 교육이 중요하다는 것을 우리나라 사람보다 먼저 깨닫고 실천으로 옮겼다는 사실은 참으로 놀라움을 넘어 경이롭다고 할 수 있다.

언어에 천부적 재능을 지닌 그는 한글의 우수성을 한눈에 알아보고 언더우드[10]가 추진하는 「한국어 소사전」(A Concise Dictionary of Korea, 1900년 출간) 제작에 참여했으며, 그는 한글의 뛰어남을 입증하기 위하여 다른 나라 문자 200여 개와 비교 분석했으며, 한글이 세계의 문자 중 가장 우수하다는 사실을 과학적으로 입증했다. 현존하는 문자 가운데서 한글보다 더 뛰어난 문자는 없다고 해외에 집중적으로 알렸고 한국어에 대한 논문을 발표했다. 헐버트는 한국어와 한글이 영어보다 대중의 의사소통 매체로서 우수하다고 했으며, 더 나아가 일본과 중국에 한글을 문자로 사용하라고 권하기도 했다.[11] 헐버트는 이에 그치지 않고 한국어 문법책을 썼으며, 한국인 최초의 국문법 창시자로 알려진 주시경은 헐버트의 제자였다. 헐버트는 한글로 된 「사민필지」라는 교과서를 직접 만들어 육영공원과 배재학당 등에서 가르쳤기 때문에 주시경 이외에도 이승만 등 일체치하에서 항일운동과 국민계몽 활동을 했던 지도자 대부분이 헐버트의 직계 제자이거나 그의 영향을 받았다. 이와 같이 헐버트는 우리나라 사람보다 먼저 한글과 한국어의 우수성을 알아보고 사랑했으며 문법 체계를 연구했고 우리나라 사

9) 영문으로 된 이 책들의 분량은 상당히 방대하다. 두 권으로 된 「한국사」는 900여 쪽, 한 권으로 된 「대한제국 멸망사」는 470 쪽이다.

10) Horace Grant Underwood(1859 ~1916년) 미국의 장로교 선교사.

11) 김동진역, 「헐버트, 조선의 혼을 깨우다」, 17, 333~336쪽.

람들에게 한글의 중요성을 강조했고 또 전 세계에 알렸다. 외국인이 한글의 중요성과 한국 역사를 한국인에게 가르치기 위하여 심혈을 기울였다는 사실에 할 말을 잃게 된다.

헐버트는 또 우리 전통 음악의 우수성도 알아보고 관심을 가졌으며, 아리랑 등 우리 민요를 서양식으로 채보(採譜)하여 외국에 알렸다. 이는 그가 음악에도 남다른 소질이 있었기 때문에 가능한 일이었다. 그는 학창시절부터 어떤 음악이든지 한번 들으면 기억했을 뿐 아니라 오리가 물에서 헤엄치듯 그 음을 즐겼고, 음악시간을 대단히 즐거워했으며, 대학과 교회의 음악분야에서 지도자로 활동했다. 헐버트는 우리 전통 민요를 들으며 그 수준이 대단히 높다는 것을 발견했으며, 우리 민요를 통해 한국인의 정서와 만나고 그 심층까지 이해했다.

한글과 한국어를 배운 헐버트는 이어 한문을 배우기 시작했다. 당시 우리나라 문서들은 대부분 한문으로 기록되어 있었기 때문이다. 한문을 익힌 후 한문으로 된 한국 문화와 역사를 읽어 내려가며 이번에는 한국 정신문화에 빠져들고 말았다. 그를 매료시킨 것은 한국 고대 문헌을 통해 접한 선비들의 학문 세계였다. 그는 자서전에서 **"한국의 문헌은 지식의 보고였다. 조선에서 인품의 잣대는 국가적 힘이 아닌 학문의 위용이었다. 나는 한민족에 대한 흥미와 호기심에 빠져 그 짜릿한 기쁨을 어떻게 표현할 수가 없다."**라고 고백했다.[12] 헐버트와 가까이 지내던 선비는 민영환(閔泳煥 1861~1905년 11월 30일)이었다고 한다. 그는 민영환을 비롯한 선비들과 깊은 교제를 나누면서 그들이 지닌 학문의 깊이는 물론이고 학문을 사랑하고 숭상하는 모습에 놀랐다. 세계 그 어디에도 한국인만큼 학문을 사랑하고 숭상하는 나라는 없다고 보았다. 또 선비들이 학문의 세계에만 머물러 있지 않고 나라가 위기에 처했

12) 위의 책, 32~33쪽.

을 때에는 의병으로 궐기하거나 자결하는 모습을 보면서 한국인에게 흐르고 있는 정신문화의 저력과 능력을 확신하게 되었다. 헐버트로 하여금 한국인보다 한국을 더 사랑하며 한국을 위해 살게 한 것은 한국인이 지닌 정신세계와 학문의 깊이였다.

헐버트가 우리나라와 우리 역사에 특별한 관심을 가진 이유는 단순히 독립을 위한 민족의식을 일깨우기 위해서만이 아니었다. 그는 우리 민족문화와 사상에 다른 나라에는 없는 우수함이 들어있음을 보았다. 우리 민족은 이 세상에서 유일하게 이상과 현실을 조화시킬 수 있는 능력을 지녔으며, 뛰어난 적응력을 가지고 있기 때문에 틀림없이 기독교를 받아들일 뿐만 아니라 세상을 바꿀 수 있는 새로운 문화와 사상을 만들어 낼 것이라고 확신했다. 그는 당시 전 세계를 지배하던 영국인(앵글로색슨족)과 한국인은 많이 닮았으며, 칼이 아니라 문화로 세상을 변화시킬 것이라고 굳게 믿었다. 최고 지성인이었던 그는 당시 그 어떤 외국인이나 한국인보다 한국을 더 정확하고 깊이 이해했으며, 그렇기에 우리 국민보다 우리나라를 더 신뢰하며 사랑할 수 있었다.

헐버트가 조선에 오기 전 접한 정보들은 모두 부정적이었다. 당시 조선에 관해 외국에 소개된 글들은 대부분 일본인이나 중국인이 썼거나 또는 그들의 입장이 반영된 것이었다. 조선은 중국의 속국이며 중국과 일본 사이에 끼어있는 변방에 불과한 가난하고 미개하며 지저분한 나라라고 소개되었다. 그런 정보를 접하고 실제로 조선에 와 보니 나라의 주권조차 위기에 처해있고, 사람들은 가난하고 서울의 거리는 더럽고 형편없는 나라에 불과했다. 헐버트가 서울에 도착했던 1886년 7월에는 마침 콜레라가 창궐하여 매일 수많은 사람이 죽어 나가고 있었다. 당시 서울에는 성 안에만 15만 명이 살았는데 하수구가 따로 없이 집 옆 도랑으로 하수가 흘러가서 악취가 진동하고 불결하기 짝이 없었으며, 위생이라는 개념조차 없었다. 콜레라로 매일 너무 많은 사람이 죽어나가다 보니 미처 장례를 치르지 못한 시신이 길거리에 방치되어 있었고, 장례식을 치른 경우도 시신을 관에 넣지도 않고 산비탈에 대충 묻어 시신의 일부가 노출되어있었으며, 개와 새들이 시체를 서로 뜯어 먹으려고 다투고 있었다. 더 심각한 것은 전염병에 걸리면 집 안에 두지 않고 마당과 길거리에 내다 놓고, 짚으로 만든 거적이나 맨 땅에 누워 죽을 때를 기다리고 있어야만 했다. 사람들의 옷은 때에 찌들었으며 이가 들끓었고 몸에서는 고약한 냄새가 진동했다.[13] 이런 조선의 모습들이 서양 사람들에게 어떻게 비춰졌을지 능히 상상이 되고도 남는다.

서양인들이 직접 쓴 글들도 조선에 머물면서 이런 모습을 접한 선교사나 관리, 군인, 여행객들이 쓴 글이었으므로 대부분 부정적으로 썼다. 서양인들에게 많은 영향을 끼친 책은 미국인 그리피스(William Griffis)가 쓴 「은둔의 나라 한국」(Corea, the Hermit Nation, 1880)과 로웰(Percibal Lowell)이 쓴 「조용한 아침의 나라 조선」(Chosun, The Land of Clam, 1886)이었다. 그러나 그리피스는 조선을 방문하지도 않고 일본이나 중국에서 발행된 왜곡된 자료들을 기초로 그 책을 썼기 때문에 조선에 대하여 부정적이며 멸시하는 관점이 그대로 반영되어 있었다. 로웰은 1883년 미국 사절단으로 잠시 서울을 방문한 후 조선은 오물과 악취로 가득 찬 비문명적 세계라고 소개했었다.

이런 글들을 통해 조선을 처음 알았고 또 조선에 오자마자 이런 참상을 접했던 헐버트는 우리말을 배워 사람들과 직접 소통하고, 또 조선의 역사와 문화를 직접 읽고 깊이 있게 연구하면서 외국인

13) 위의 책, 37쪽 이하. 이 내용은 헐버트가 한국에 온지 20여 일 후인 1886년 7월 29일 미국의 리퍼블리컨(The Republican)지에 기고한 글에 있는 내용이다. 그가 미국의 가족에게 편지를 쓸 때 기고문을 동봉하면 가족들이 언론사에 보냈다. '조선의 콜레라 재앙'이라는 글은 최초의 기고문이다.

들의 조선에 대한 선입견과 지식은 오해와 편견에 가득 차 있다는 것을 알게 되었다. 헐버트는 조선에 와보지도 않거나 잠시 체류한 사람들이 쓴 글이 조선에 대한 부정적인 인상을 확대 재생산하고 있음을 지적하면서, 조선에 대한 서양인들의 선입견과 오해를 바로잡고 일본이나 중국의 왜곡된 의견을 반박하기 위하여 글들을 쓰기 시작했다.

한국에 오랫동안 상주한 선교사들 중에서도 한국을 부정적으로 보는 사람들이 상당수 있었다. 헐버트와 같이 활동한 게일(J. S. Gale)은 헐버트와 정반대 입장이었다. 게일은 한국이 고대로부터 중국의 이념에 지배받아 왔으며, 한국의 전통과 문화, 언어, 역사 등은 중국문화의 한 부분에 불과하다고 주장하여 헐버트와 많은 논쟁을 벌였다.[14] 헐버트는 자신이 직접 연구하고 확인한 사실에 근거하여 조선이 중국의 영향을 많이 받기는 했지만 종족과 언어, 문화, 역사 등은 독창적이며 주변의 어느 나라와도 구별되는 완전한 민족이라고 강조했다. 겉으로 드러나는 것과는 달리 조선인의 역사에는 전 세계에 공헌할 위대한 정신이 흐르고 있다는 것을 확신하고 이를 입증하기 위해 우리 문화와 역사를 심도있게 연구하여 조선인보다 먼저 우리 역사를 쓰고 한글맞춤법을 출간하여 안으로는 한국인들을 일깨우고 밖으로는 세계에 알렸다. 그는 한국이야말로 이 세상에서 이상과 현실을 조화시킬 수 있는 나라라고 믿어 의심하지 않았다.

헐버트는 당시 조선의 약점을 모르고 있지 않았다. 그는 「대한제국 멸망사」를 쓰면서 "오랜 역사와 문화적 유산이 다른 어떤 나라에 비해서도 결코 뒤떨어지지 않으며, 중국처럼 장사에 능숙하지 못하고 일본처럼 전쟁을 잘하지 못하지만 선량한 조선이 왜 역사의 무대에서 사라져야 하는가?"라는 의문을 제기하며 멸망의 원

14) 위의 책, 71~73쪽.

인을 내부와 외부에서 찾아냈다. 시대적인 흐름을 읽지 못하고 잘못 대처한 황실과 지배계급의 무능함과 실책을 비롯하여, 관찰사 자리가 5만 달러(약 오천만원), 현감자리가 5백 달러(약 50만원)에 거래되는 부정부패와 아전들의 악랄한 횡포에 대해서도 잘 알고 있었다.[15] 술집에서 술 한상 값에 딸자식을 넘겨주는 비인간적인 실태와, 미신에 의존하는 백성들의 무지 몽매함도 지적하고 있다. 뛰어난 재능을 가지고 세계적으로 우수한 발명품들을 만들어 냈으면서도 그것을 귀한 줄 모르고 방치하는 어리석음도 예리하게 간파하고 있다. 그가 제시한 한국인의 5대 발명품은 한글, 금속활자, 거북선, 현수교(懸垂橋)[16], 폭발탄(爆發彈)[17] 등이었다.

그는 우리나라에 대하여 7권의 단행본과 200여 편의 논문 및 기고문을 남겼다. 글 외에도 평생을 일관하여 조선을 위한 강연 활동을 했는데, 여기서 살펴본 주요 내용들은 그 강연에 들어있다. 특히 그는 조선과 미국이 1882년 5월 22일 맺은 한미수호조약을 위반한 루스벨트 대통령에 대하여 신랄하게 비판했다. 루스벨트 대통령은 한미수호조약을 무시하고 1905년 7월 29일 육군대장 태프트(W. H. Taft)를 일본에 보내어 총리 가쓰라와 비밀협정을 맺었는데 미국은 필리핀을, 일본은 조선을 점령하는 것을 서로 인정하는 비밀협약이었다. 1924년까지 비밀에 가려 있던 이 사실이 밝혀지기 이전부터 헐버트는 루스벨트 대통령과 당시 주한미군 공사 모건(E. V. Morgan)에 대하여 대단히 분개하며 심한 비판을 서슴

---

15) H. B. Hulbert, 「The Passing of Korea」, Page & Company, 51쪽, 김권정, 「한국인보다 한국을 더 사랑한 미국인 헐버트」, 역사공간, 2015, 107쪽.

16) 임진왜란 때 일본이 평양에서 퇴각하자 그를 추격하던 명나라 군대가 임진강에 도착하여 다리를 놓아 주지 않으면 도강하지 않겠다고 핑계를 댔다. 이에 조선은 전국에서 칡을 모아 8개의 거대한 동아줄을 만든 다음 이를 이용하여 임진강에 임시 다리를 놓자 명나라 군사 12만 명은 할 수 없이 임진강을 건넜다. 헐버트는 이 다리를 조선이 세계최초로 발명한 5대 발명품 가운데 하나로 꼽았다.

17) 역시 임진란 때 이장손(李長孫)이 발명하여 사용했던 비격진천뢰(飛擊震天雷)를 말한다.

지 않았다. 헐버트는 미국이 지금 일본을 감싸고 있지만 친일정책은 반드시 부메랑이 되어 돌아올 것이며, 미국이 한국에 진 빚을 피로 갚을 날이 오리라고 예고했는데, 태평양전쟁과 6.25를 통해서 그대로 되고 말았다. 그의 이런 예고는 역사의 흐름과 핵심을 꿰뚫어 보는 예리한 지성과 통찰력의 결과였다고 보인다. 그는 이런 예고와 더불어 미국이 할 일은 한국을 돕는 일이라고 일관되게 주장했다.18)

"미국은 한국과 국교를 맺은 최초의 서방국가이며, 이 지구상에서 미국으로부터 적극적이고 참다운 도움을 받을 만한 민족이 있다면 그것은 다름 아닌 한국이며…, 한국을 돕는 것은 미국의 의무이며…, 미국이 투자할 수 있는 자본 중에서 더 크고 더 확실하고 더 유익한 결실을 맺을 수 있는 곳은 이 세상에 한국밖에 없다."라고 「대한제국 멸망사」의 마지막 장 마지막 쪽에서 헐버트는 안타까운 마음으로 호소하고 있다.19)

그가 남긴 이 많은 글들과 한국을 위한 초인적인 활동을 종합해보면 그는 우리 민족의 역사와 전통 속에서 우리도 알지 못하는 위대한 그 무엇을 보았음에 틀림없다. 단순한 연민과 선교적 관심만으로는 그런 어록과 행적을 남길 수가 없기 때문이다. 그는 우리의 정신문화 속에 세계를 변화시킬 수 있는 보배가 들어 있다고 확신했고, 삶으로 그것을 각인시켜 주었다. 그가 발견한 것은 무엇이었을까? 이미 조선은 멸망하여 사라진 다음에도 그는 한국이 다시 부활할 것을 한국인보다 더 굳게 믿었으며, 한국에 대한 미련과 기대는 끝나지 않았다. 한국의 무엇이 그를 그렇게 만들었을까?

18) 「The Passing of Korea」, 465~466쪽
19) 위의 책, 같은 쪽.

이제부터 호머 헐버트를 사로잡았던 우리 역사와 문화 속에 흐르는 정신은 무엇이며, 또 그것이 지금 인류를 위하여 어떻게 쓰일 수 있는지를 확인해 보고자 한다. 이 작업은 결코 쉽지 않고 우리의 고대사부터 지금까지 이어지는 역사를 관통하는 멀고 긴 여행이지만 그러나 우리 시대 우리 모두에게 가장 필요하고 중요하며 의미있는 일이라고 확신한다. 지금 우리의 모습이 헐버트가 예견한대로 되어가고 있듯이 그가 본 우리의 미래도 결코 틀리지 않을 것이다.

물음 2
한국인, 우리는 누구인가?

헐버트는 외국인이면서 우리의 언어와 글은 물론 우리 역사와 학문과 정서까지 이해했기 때문에 우리도 모르는 우리의 정체성과 그 가능성을 더 정확하게 볼 수 있었다. 우리도 잘 모르는 우리의 정신세계는 오랜 역사와 더불어 형성되었다. 따라서 우리 역사를 알아야 우리가 누구인지를 알 수 있으며, 이는 대단히 중요하다. 이런 이유로 헐버트는 우리 역사에 지대한 관심을 기울이며 기록하여 우리에게 알리려고 했다. 이제부터는 헐버트가 그렇게도 관심을 기울이고 사랑했던 우리 역사를 통해 우리가 누구인지를 확인해 보고자 한다.

우리가 누구인지 알려면 먼저 우리 조상들이 어떤 사람이었는지부터 알아야 한다. 우리 손으로 고조선에 대하여 기록한 최초의 역사서는 「삼국유사」(三國遺事)와 「제왕운기」(帝王韻紀)이며 여기에 건국 이야기가 신화형식으로 간략하게 기록되어 있다.[20] 그런데 이 역사서들이 기록된 시기는 고조선이 세워진 BC 2333년으로부터 3600여 년이 지난 뒤인 고려 후기이다. 그 이전에 대해서는 중국 역사서들에 단편적으로 남아있다.[21] 남아있는 기록이 희귀하다 보니 먼 옛날 우리 조상들에 대하여 정확하게 아는 것이 쉽지 않다. 「삼국유사」와 「제왕운기」에 기초하여 우리는 고조선을 세운 단군왕검이 최초의 조상이며 우리 민족은 단군의 후손이라고 생각하고 있다. 그러나 안타깝게 지금도 일부에서는 단군조선은 신화에 불과하다고 말하고 있으며, 단군조선의 역사성에 대하여 의견이 나뉘어져 있다.

우리의 조상에 대하여 좀 더 자세하게 알 수 있는 다른 방법은 없을까?

1. 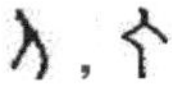

지난 역사를 읽다보면 어떤 중요한 사건들이 우연히 발생되는 경우가 종종 있다. 1899년 청나라 국자감 제주(국립대학 총장)인 왕의영(王懿榮)이 학질에 걸려 질병을 치료하던 중 자신의 탕재에 들어 있는 오래된 거북의 뼈에 글씨가 쓰여있는 것을 보게 되었다. 그는 마침 고대유물에 쓰인 글자를 연구하는 금석(金石) 학자였기에 그 글자가 고대문자라는 것을 즉시 알아보았다. 고대에 점을 치던 갑골문(甲骨文)은 이렇게 발견되어 세상에 알려졌다.

---

20) 「삼국유사」는 1281년(충렬왕 7)경 승려 일연(一然)이 편찬한 사서(史書)이며, 「제왕운기」는 1287년(충렬왕 13)에 이승휴(李承休)가 쓴 역사시(歷史詩)이다.

21) 우리 고대사에 대하여 언급하는 중국의 주요 사서는 「史記」〈朝鮮列傳〉, 「後漢書」〈東夷列傳〉, 「三國志」〈烏丸鮮卑東夷傳〉, 東夷傳, 「晋書」〈東夷列傳〉, 「宋書」〈夷蠻列傳〉 東夷傳, 「南齊書」〈蠻東南夷列傳〉 東夷傳, 「梁書」〈諸夷列傳〉 東夷傳, 「魏書」〈列傳〉 第88, 「周書」〈異域列傳〉 上, 「南史」〈夷貊列傳〉 下, 「北史」〈列傳〉 第82, 「山海經」, 「說文解字」 등이며, 일본문헌으로는 「古事記」, 「日本書紀」 등이 있다.

'갑골'(甲骨)이란 거북의 등이나 배의 뼈인 구갑(龜甲)과 소나 짐승의 어깨뼈인 수골(獸骨)을 합친 용어이며, 구갑보다 수골이 먼저 사용되었다. 이 갑골에 새겨진 글자들은 고대의 점복(占卜) 신앙과 직접 관련이 있다. 갑골의 한쪽 면을 불에 태우거나 인두로 지지면 반대편이 갈라지는데 그 터진 모양을 보고 길흉을 점쳤으며, 점을 친 다음에는 그 내용을 뼈의 앞뒷면에 기록으로 남겼다. 그 기록을 복사(卜辭) 또는 갑골문(甲骨文)이라고 하며, 기록이 없는 무자복골(無字卜骨)도 있다. 갑골문(복사)은 주문을 묻는 문복(問卜)과 점을 친 결과인 험사(驗辭)의 기록이다.

이 갑골문은 한자가 등장하기 이전부터 문자역할을 했으며, 한문은 이 갑골문에서 나왔다. 은(殷 BC 1600년경~1046년경) 나라 때 한문이 만들어지기 시작한 이유는 이 시기에 갑골문이 성행했기 때문이다. 이런 이유로 갑골문은 은나라 수도였던 하남성(河南省) 은허를 중심으로 발굴되었다. 1928년 10월 1차 발굴 이후 지금까지 15여만 점의 갑골문이 발견되었다. 이렇게 많은 갑골문이 은허에서 발견되는 이유는 그곳에 갑골문으로 기록된 왕실 문서보관소가 있었기 때문이다.[22] 갑골문이 대량으로 발견됨으로써 이를 해독하는 갑골학이 등장했고 그 결과로 그동안 알지 못하던 고대사에 대한 많은 사실들이 밝혀졌다.[23]

우선 갑골문을 통해 전설로만 여겨지던 은나라의 존재가 역사로 확인되었으며, 은나라는 황하가 아니라 발해연안 북부에서 기원했고, 은 왕조 역대 왕들의 이름 22명이 확인되는 등 은나라 역사가 구체적으로 복원되었다. 그 후 은나라 시대의 갑골문보다 더 오래된 갑골문이 우리 조상들이 살았던 만주 요하지역 등에서 발견되었으며, 서요하 상류지역에서 빗살무늬 토기와 같이 발견된 갑골

---

22) 이형구, 이기환, 「코리안 루트를 찾아서」, 성인당, 2009, 223~233쪽.

23) 「한국사상의 연원과 역사적 전망」, 21~26, 85쪽

문은 BC 3500~3000년 전의 것으로 확인되었다.[24] 복골은 함경북도 무산, 경남 김해, 경북 경산, 전남 해남, 전북 군산 등 한반도 여러 곳에서도 발견되고 있다.

우리나라에서 이 갑골문을 먼저 연구한 이는 성균관대에 교수이면서 한국정신문화연구원장을 역임한 류승국이다.[25] 그는 일찍이 이 분야에 관심을 가지고 연구하여 1975년 박사학위를 받았으며, 갑골문과 금석문 해석을 통해서 우리 조상과 사상의 연원(淵源)을 과학적으로 밝혀놓았다. 류승국은 아무리 민족의식에 기초한 취지와 이념이 옳아도 문헌과 유물 등 과학적 근거가 없으면 허구에 지나지 않으므로 반드시 학문적이고 과학적인 근거를 가지고 입증해야 한다고 말하면서 자신의 주장을 갑골문과 문헌 등으로 근거를 제시하고 있다. 전적으로 동감되는 말이다. 그는 이렇게 말하고 있다.

> "또 민족문화의 창조와 창달을 위해서는 이념성과 과학성이 충족되어야 한다. 특히 역사의 정리는 더욱 그렇다. 즉, 애국심이 강렬하다 해도 과학성이 결여되었다면 그 주장은 남의 공감을 얻을 수 없고, 학문적 과학성을 확립하였다 할지라도 근본적으로 역사적 자주 의식이 결여되었다면 공허한 논리의 전개에 불과할 것이다."[26]

그의 연구에 의하여 우리 고대사 중 문서자료로 접근하기 어려운 많은 부분을 확인하게 되었다. 그가 찾아낸 바에 의하면 갑골문

24) 이형구, 「한국고대문화의 비밀」, 새벽출판사, 2012, 140쪽, 「코리안 루트를 찾아서」, 254쪽.

25) 류승국은 1923년 충청북도 청원에서 태어나 1952년 성균관대학교를, 1956년 동대학교 대학원 동양철학과를 수료하고, 서울대학교 대학원 철학과와 동국대학교 대학원 불교학과를 이수하였고, 1975년 성균관대학교 대학원에서 이 분야를 연구하여 박사 학위를 취득하였다. 성균관대에서 교수로 재직하다가 퇴임했으며, 대한민국학술원 정회원, 한국정신문화연구원 원장을 역임했다. 1975년에 이미 이런 연구를 해 놓아서 참으로 다행스러운 일이다.

26) 「한국사상의 연원과 역사적 전망」, 123~124쪽. 류승국은 이 책의 전반에서 이런 사실을 누누이 강조하고 있다.

에는 우리 조상들에 관한 기록이 많이 남아 있다. 갑골문 해석에 의하면 은나라는 우리와 같은 조상에 의해 세워졌으며, 우리 조상들을  또는  이라고 기록하고 있는데 이 문자들은 후일 사람을 뜻하는 한문의 '人'으로 발전했다. 즉 고대에는 우리민족이 사람(人)이라고 불렀으며, 시간이 지나면서 우리민족을 지칭하던 고유명사 人이 사람을 뜻하는 보통명사가 되었다. 이후 우리 조상을 '인방'(人方), '동인'(東人)이라고 불렀고 한문의 仁은 人에서 나왔으며, 본래 人과 仁은 같은 의미였다고 한다.[27] 왜 다른 나라 사람들이 우리 조상을 人 즉 사람이라고 불렀을까? 아직 개화되지 않아 서로 다투며 짐승처럼 살아가던 시대에 우리 조상들은 '사람처럼'살았다는 뜻이다. 짐승과 구분되는 사람이라는 인격의 개념이 우리 조상들에게서 만들어졌다. 우리 조상들이 이런 사람들이었다니 이는 참으로 너무나 놀라운 일이다. 더 놀라운 것은 1970년대에 밝혀놓은 이런 사실을 우리가 아직 전혀 모르고 있다는 사실이다. 이는 무관심과 무지의 극치이며, 비극 중의 비극이다.

2. 동인(東人)

후일 우리 민족을 중국인들은 '동이'(東夷 동쪽 오랑캐)라고 불렀다. 그런데 본래는 동이(東夷)가 아닌 '동인'(東人)이다. 이때의 인(人)은 개인이 아니라 종족이며, 동인(東人)이란 동쪽에 살고 있던 人(사람), 즉 우리 민족을 말한다. 이런 사실은 주나라 초기 청동기의 금문에 새겨져 있다. 이 금문은 주나라가 동방을 정벌하고 돌아온 기록들인데 그 원문에 동인이라 기록되어 있다.[28] 이를 다시 정리하면 은나라의 갑골문에는 고대로부터 우리민족을 인(人)이라고 했고, 주나라 초기에는 동인(東人)이라고 했다. 그런데 후

27) 위의 책, 89~90쪽.

28) 류승국, 「한국유학사」, 25쪽, 「한국사상의 연원과 역사적 전망」, 238쪽..

일 한(漢)나라 때 중화사상의 등장 후부터는 동인(東人)을 동이(東夷)라고 했다. 예전부터 중국인들이 우리 민족을 부른 이름은 동인족이었다.

3. 동이족(東夷族)

중국 사람들은 한나라 이후 등장한 중화사상에 입각하여 자기 주변 사람들을 '오랑캐'라고 불렀는데, 각각 동이(東夷) 서융(西戎), 남만(南蠻), 북적(北狄)이라 했다. 우리는 그들보다 동쪽에 있으므로 '동쪽 오랑캐'라는 뜻으로 동이(東夷)라고 했다. 그러나 이는 중화사상이 생겨난 한나라 이후의 일이고 그 전에는 우리를 인방(人方) 또는 東人(동인)이라 했다.[29] 중국이 한나라 시대에 중화사상을 강조한 이유는 그 이전에는 늘 우리 민족에 뒤지고 있다가 한나라에 이르러 비로소 우리보다 앞서기 시작했기 때문이다. 처음부터 그들이 문화에서 앞서있었다면 중화사상이 등장했을 리가 없다.

그러면 우리에게는 왜 이(夷)를 붙여 놓았을까? 한자 夷를 흔히 '오랑캐'라고 번역하데 이는 우리의 역사를 모르기 때문이다. 또 중국인들이 우리에게 붙여 놓은 夷는 단순한 오랑캐가 아니라 독특한 의미를 가진다. 간혹 夷를 弓, 大 로 풀어서 중국보다 성능이 좋은 큰 활을 사용했으며, 활을 잘 쏘아서 붙여진 이름이라고 생각한다. 이런 의미보다는 弓 一 人, 즉 활 하나를 들고 있는 사람족, 즉 활을 가지고 불의의 폭력을 해결하는 사람으로 해석하는 편이 우리 민족의 본래의 의미에 더 가깝다. 우리가 활을 잘 쏜 이유는 불의한 폭력을 제거하기 위하여 끊임없이 노력했기 때문이었다. 동이족에는 이런 의미가 들어있다. 이는 다른 나라에 붙여진 미개하거나 도적을 의미하는 의미와는 크게 구별되지만 동이족이라는

29) 류승국, 「한국유학사」, 25쪽.

표현보다는 동인족, 또는 배달족이나 조선족 등이 적절하다고 생각한다.

4. 군자(君子)의 나라

갑골문과 중국 기록에 의하면 실제로 고대 중국인들은 우리를 '군자(君子)의 나라'라고 불렀다. 유교에서는 인(仁)을 실천하는 사람을 군자(君子)라고 하는데 우리는 인(仁)을 실천하는 민족이었을 뿐만 아니라 인(仁)이라는 개념이 우리 민족에게서 나왔다. 어떤 이름이든지 이름에는 의미가 들어있다. 사람인 경우에는 더더욱 그렇다. 따라서 인(人)이 우리 조상을 부르던 고유명사였고 인(人)에서 인(仁)이 생겨났으므로 인(人)이라는 칭호에는 당시에 살던 사람들 중에서 우리 조상이 그래도 사람답게 살았다는 사실이 반영되어 있다.

'군자국'(君子國)이라는 칭호는 중국의 「산해경」(山海經)에 처음 나오는데,[30] "군자국이 북쪽에 있는데, 의관을 갖추고 칼을 차고 있다. … 그 사람들은 사양하기를 좋아하며 싸우지 않는다."라고 기록되어 있다.[31] "칼을 차고 다닌다."는 구절은 자기를 방어하거나 공격하기 위함이 아니라 "불의를 용납하지 않는다."는 뜻이다.[32] 석기나 청동기 시대에 칼은 대단히 귀한 것으로 지배계급이 아니면 소유하기 어려웠다. 그런데 우리 조상들은 외출할 때는 의관을 갖추고 칼을 차고 다녔으며, 외출할 일이 있을 때 의복이 없는 사람은 빌려서라도 입고 갔다고 한다.[33] 식민지 사학들은 우리

---

30) 「산해경」은 중국의 가장 오래된 지리서로 역사성이 의심되어 위서(僞書)로 취급되었으나 갑골문을 통해서 역사성을 인정받고 있다. 위의 책, 22, 70쪽.

31) 「산해경」 권9, 「海外東經」 "君子國在其北 衣冠帶劍 食獸使二大虎 在旁其人好讓不爭 有薰華草朝生夕死"

32) 한문의 호반 무(武)는 창을 뜻하는 戈와 그칠 止의 조합으로 武의 정신은 폭력을 제거함에 있음을 뜻한다.

조상들이 허례허식을 좋아해서 옷을 빌려 입고 다녔다고 말하지만 상대방에 대한 예의를 중요하게 여겼기 때문이다. 그 칼은 공격이나 단순히 호신용이 아니라 남을 해치는 폭력을 제거하여 정의를 실현하기 위함이었다. 사양하기를 좋아한다는 것은 "남의 것을 욕심내지 않는다."는 뜻이고, 싸우지 않는다는 것은 "남을 공격하여 지배하려 하지 않는다."는 말이다.

우리나라가 군자국이었다는 중국 기록은 여러 곳에 나온다. 「설문해자」(說文解字)[34]는 동이족에 대하여 이렇게 말하고 있다. "이(夷)란 동방에 사는 사람이다. 오로지 동이만이 대의를 따르는 대인이다. 동이의 풍습은 어질다. 어진 이는 장수하는 법이며, 그곳은 군자들이 죽지 않는 나라다."[35]. 「후한서 동이열전」에는 "동방은 이(夷)의 나라이며, 근본이다. 만물이 땅에서 나오는 근본이다. 동이의 풍속은 어질다. 천성이 유순하다. 군자의 나라요 불사의 나라다."[36]

공자도 우리나라를 군자의 나라라고 불렀다. 공자는 천하가 전란에 휩싸여 도탄에 빠진 춘추전국시대에 천하를 다니며 자신의 뜻을 펴려고 했으나 받아들여지지 않자 "바다 건너 구이(九夷)에 가서 살고 싶다."라고 하자 제자들이 "누추한 곳에서 어떻게 살겠습니까?"했다. 이에 대하여 공자는 "군자들이 사는 곳이니 무슨 누추함이 있겠느냐?"라고 했다.[37] 뿐만 아니라 공자가 남긴 유언인 "나는 본래 은나라 사람이다."(子始殷人也)에 의하면 공자 자신

---

33) 윤내현, 「고조선 연구」, 338쪽.

34) 중국 후한(後漢)의 경학자(經學者)로 알려진 허신(許愼, 58~147년 경)이 저술한 중국의 가장 오랜 자전(字典).,

35) 夷 東方之人也 唯 東夷從大 大人也 夷俗仁 仁者壽 有君子不死之國. 「코리안 루트를 따라서」, 262쪽.

36) 故天性柔順易以道御 至有君子不死之國焉, 위의 책, 같은 쪽.

37) 「논어」, 「述而」 "子欲居九夷 或曰陋 如之何 子曰 君子居之 何陋之有"

도 죽으면서 은나라 사람 즉 동인족이라고 스스로 밝혔다.[38] 공자는 우리를 구이(九夷)라고 했는데, 중국 사서 「후한서」(後漢書)에 의하면 구이(九夷)는 조선(朝鮮)이다.[39]

중국인들은 예전에는 물론 최근까지도 우리를 군자국이라고 인정했다. 1955년 중국의 대표적인 학자인 동작빈(董作賓), 주가화(朱家驊) 부유(傅優) 등이 한국을 방문했을 때 방문 목적이

"예로부터 귀국은 군자의 나라라고 해서 그것을 연구하러 왔다."

고 했다.[40] 우리나라가 예전부터 동방예의지국(東方禮義之國)이었다는 말을 종종 들었지만 실감나지 않고, 도무지 믿겨지지가 않는다. 우리가 정말로 군자국이었을까? 남아있는 어떤 흔적은 없을까?

우리는 불의한 공격에 쉽게 굴복하지 않고 끝까지 저항했다. 잘 알려진 바와 같이 세계 제국을 건설한 몽고에 끝까지 저항한 나라는 고려뿐이었다. 또 국난이 일어나면 관군 외에도 의병(義兵)의 활동이 활발해서 임진왜란 때에는 정규군보다 의병의 활동이 더 빛이 났다. 관군이 제 역할을 못하고 20일 만에 서울을 내어주자 전국에서 의병이 벌떼처럼 일어나서 저항했다. 상대방이 아무리 강해도 불법으로 침략하면 오랑캐라고 여기며 쉽게 굴복하지 않았다. 병자호란의 원인도 여진족과 화친하지 않았기 때문이며, 조선 말에는 함대와 신식 군대를 앞세운 서양인들도 오랑캐로 여기고 끝까지 대항했다.

일제 식민지 사관에서는 우리에게 사대주의(事大主義) 근성이 있어서 강한 나라를 섬기며 지배를 받아왔다고 말하지만 이는 자

38) 「사기」 공자세가, 子始殷人也, 「코리안 루트를 따라서」, 339쪽.

39) 「한국사상의 연원과 역사적 전망」, 24쪽 각주 6.

40) 「한국사상의 연원과 역사적 전망」, 83쪽, 부유는 이렇게 말했다. "내가 귀국에 와서 여러 가지 참관하는 것도 서화가로서보다 옛날부터 귀국은 '군자의 나라', 또는 '동방예의지국'이라고 하고, 그뿐 아니라, 특이한 문화가 많다고 해서 그러한 것을 참관하고 연구하기 위해서 온 것입니다."

신들의 식민지배를 정당화하기 위한 방편으로 우리 역사를 왜곡한 것이다. 대국과 국경을 마주한 소국으로서 어쩔 수 없이 현실적인 외교관계를 유지하려는 방편이었을 뿐이다. 불의한 세력에 끝까지 대항하는 정신이 숱한 침략을 당하면서도 우리 민족을 지켜온 원동력이다.

강력한 사회법이 등장하기 이전의 고대사회는 약육강식이 지배했다. 힘이 있으면 약자를 지배하고 빼앗는 것을 당연하게 생각했다. 그런데 우리나라 사람들은 그러지 않았을 뿐더러 그런 폭력을 용납하지 않으려고 했다. 이런 사실은 우리 역사에서 수없이 침략당하면서도 남의 나라를 먼저 쳐들어가서 식민지배한 경우가 없다는 데에서 잘 드러난다. 이는 결코 우연이 아니며 부끄러워할 일도 아니다. 전쟁은 사람을 비참하게 하는 비극의 극치다. 남의 나라를 침략하여 죽이고 빼앗고 지배한 것은 자랑할 일이 아니라 두고두고 부끄러워하며 사죄해야 할 일이다. 우리는 고대로부터 이런 정신을 가진 민족이었다. 우리 역사를 잘 아는 헐버트는 "한국의 문헌은 지식의 보고였다. **조선에서 인품의 잣대는 국가적인 힘이 아닌 학문의 위용이었다.** 나는 한민족에 대한 흥미와 호기심에 빠져 그 짜릿한 기쁨을 어떻게 표현할 수가 없다."라고 고백했다.[41)]

1960년대 초 시골에서는 길을 가다 아는 사람은 물론이고 모르는 어른을 만나도 당연히 인사를 해야 했다. 인사를 하지 않으면 그 자리에서 낯모르는 어른들에게도 야단을 맞았다. 어른들은 아이들을 만나면 꼭 묻는 질문이 있었다. "넌 뉘 집 자식이냐?"라는 질문에 본관과 성을 먼저 말한 후 아버지의 이름에는 '~자'를 붙여서 깍듯하게 말하지 않으면 "이런 호로 자식!"이라고 호되게 야단 친 후 인사하는 법과 어른들의 함자를 말하는 법을 알려주었다. 못된 짓 하는 아이들을 보면 어른은 반드시 야단을 치거나 경우에

41) 헐버트, 「조선의 혼을 깨우다」, 32~33쪽.

따라서는 매를 들어야 한다고 생각했고, 잘못된 일을 하다가 모르는 어른에게서 야단이나 매를 맞아도 당연히 맞을 만하다고 생각했다. 그리고 어른이 되어서는 또 어느 집 아이라도 가리지 않고 그렇게 가르치면서 대물림했다. 이것이 우리의 전통이며 군자국의 흔적이다.

그런데 우리의 전통문화가 사라진 지금은 어떤가? 노인이 담배 피우는 청소년들을 야단쳤다가는 오히려 봉변을 당하고, 교사가 학교에서 잘못하는 아이에게 매를 들어도 인권을 들먹이며 경찰이 출동하고, 체벌은 고사하고 반성문을 쓰게 해도 인권유린이라고 한다. 그러다 보니 교실에서 교사가 학생들한테 얻어맞기 일쑤고…. 이런 갈등 때문에 교직을 그만두는 교사들이 수두룩하다. 우리의 전통문화는 흔적도 없이 사라지고 말았다. 그 결과는 어떠한가? 같은 아파트에 살면서 엘리베이터에서 만나도 인사하는 사람을 찾아볼 수가 없고, 층간 소음문제로 살인이 일어나고… 지적하자면 끝이 없다.

어떻게 해야 하나? 뭔가 심각한 문제가 있다는 것은 누구나 인정하는데 해결 방법이 쉽지 않다. 그러나 그 방법은 멀리 있지 않고 또 어렵지도 않다. 우리의 역사를 돌이켜 보며 배울 것은 배우고 잘못된 것은 뜯어 고치면 된다. 우리는 그동안 우리의 자랑스러운 역사와 문화전통을 너무 몰랐고 잘못 알았고 또 소홀히 했다. 늦었지만 이제라도 우리의 뿌리와 근본으로 돌아가야 한다.

5. 문화 선진국

고대 동아시아의 세력 판도는 동서(東西)의 관계였다. 동쪽은 우리나라를 말하는 것이고 서쪽은 중국인들을 말한다.(夷夏東西說)[42] 동방의 우리 문화가 서쪽의 중국문화보다 훨씬 앞서 있었다. 이런 사실은 갑골문과 동인족이 있던 곳에서 발견되는 유물로 확인된다.[43] 정신문화는 물이 높은 데서 낮은 데로 흐르듯이 앞선 문화가 뒤쳐진 문화에 영향을 주게 되어 있다. 갑골문의 해석에 의하면 우리의 정신문화가 당시에는 가장 앞서 있었다. 우리 정신문화가 앞섰다는 것은 우리의 힘이 강대하여 주변나라를 지배하는 제국을 형성했다는 뜻이 아니라, 군자의 문화가 발달하여 문화적인 영향을 끼쳤다는 뜻이다.

한국인

우리는 누구인가? 우리나라는 고대로부터 사람(人)이라고 불리는 군자의 나라였으며, 정신문화에서는 동양은 물론이고 세계에서 가장 앞선 선진국이었다. 우리는 그 피를 물려받은 후예들이다.

물음 3 중국문화와 사상의 뿌리는 어디일까?

서양 사상의 뿌리는 헬레니즘(Hellenism)과 헤브라이즘(Hebraism)이며, 동양 사상의 뿌리는 인도와 중국 사상이다. 인도의 여러 사상들은 힌두교를 거쳐 불교로 집대성되었고, 중국에서 춘추전국시대를 맞아 등장했던 제자백가(諸者百家)사상은 유교(儒教)와 도교(道教)로 집약되었다. 유교는 공자와 맹자의 사상이며, 도교는 노자와 장자의 사상이라고 알고 있다. 그러나 이 말은 유교나 도교

42) 夷夏東西說은 중국의 학자 부사년(傅斯年)의 주장으로 서쪽은 한족(漢族)이 동쪽은 동이계가 대립했다는 이론이다. 한(漢)나라를 지나면서 남북대결로 바뀐다. 「코리안 루트를 가다」, 289쪽.

43) 동인족의 유물에 대해서는 뒤에서 다룬다.

가 공자와 노자에게서 처음 시작되었다는 뜻이 아니다. 그들 이전부터 이미 그런 사상들이 흘러내려오고 있었는데 단지 공자와 노자가 그 사상을 종합정리 집대성했을 뿐이다. 공자 이전에 유교의 사상을 이어오던 유가(儒家)집단이 있었고 도교에는 도가(道家)들이 있었다. 큰 사상은 한 사람의 당대나 단기간에 어느 뛰어난 개인에 의해 만들어지지 않는다. 오랜 흐름과 과정을 거치면서 완성도가 높아지고 집대성된다.

그렇다면 중국 사상의 흐름을 계속 거슬러 올라가면 어디에 도달할까? 이런 문제에 관심을 가지다 보면 누구나 궁금해지며 묻지 않을 수 없는 질문이다. 그러나 그 대답은 쉽지 않다. 그런 추적을 가능하게 할 자료와 근거가 거의 없기 때문이다. 중국에서 최초로 등장한 역사서는 BC 90년경 사마천이 지은 「사기」(史記)이며,[44] 그 이후에 많은 사서들이 등장했다. 그러나 문서로 기록된 이런 사서에만 근거한다면 유교나 도교의 뿌리를 추적하는 데에는 한계가 있다. 유교나 도교의 뿌리는 문자가 등장하기 훨씬 이전인 기원전 수 천 년 전까지 거슬러 올라가야 하는데 그 당시에는 문자가 없었으니 기록으로 남아있지 않다.

그런데 앞에서 언급한 갑골문과 고고학에서 발견된 유물들은 이에 대하여 많은 정보를 제공해준다. 초기에 대량으로 발견된 갑골문은 중국의 은나라(BC 1600년경~1046년경) 시대를 배경으로 하고 있으며, 그 이후 만주에서 발견된 동인족의 갑골문은 BC 3000여 년 전의 상황을 알려준다. 일단 갑골문에 근거하여 유교와 도교 등 동양사상의 뿌리를 추적해보면 다음과 같다.[45]

---

44) 사마천(司馬遷)은 대략 BC 145~85년경에 살았으며, 그가 쓴 「사기」는 BC 90년경 쓰였다.

45) 여기서 다루는 내용은 류승국의 연구를 정리한 것이다. 그의 접근 방법은 이념성과 더불어 과학성을 중요시하며 갑골문에 대한 자신의 해석과 더불어 중국의 학자들의 연구결과를 기초로 과학적인 결론을 내리고 있기 때문에 충분히 신뢰할만하다고 생각된

1. 유교(儒敎)의 뿌리

공자는 유교 정신이 잘 구현된 이상적 정치를 실현한 나라를 요순(堯舜)시대라고 했다.[46] 그러나 요순시대는 BC 2400년경의 이야기이며, 역사적 자료가 없다보니 역사학의 대상이 아니라 전설의 대상이었다. 그런데 갑골문에 의해서 요순은 전설이나 신화가 아니라 역사적 사실로 확인되었다. 갑골문은 상(商)나라[47] 반경(盤庚)이 중원 여러 나라를 통일하고 수도를 소둔(小屯)으로 천도한 이후부터 말기까지의 기간, 즉 BC 1200년경을 주로 다루는데, 은 왕조의 세보(世譜)를 비롯하여 고대 국가에 대해 많은 것들을 알려주고 있다. 중국의 갑골학자 동작빈(董作賓 1893~1963)에 의하면 요왕의 즉위 연대는 BC 2333년, 순왕은 BC 2233년, 하나라 우왕은 BC 2183년, 상나라 탕왕은 BC 1751년, 주나라 문왕은 BC 1112년이다.[48]

요순이 우리나라와 관련하여 중요한 이유는 순왕이 우리와 같은 민족이라는 데에 있다. 순 임금이 동인이라는 사실은 맹자에서도 확인된다.[49] 요순뿐만 아니라 은나라 역시 동인족이 세운 국가였다. 공자가 이상으로 여긴 요순의 순임금이 동인족이었다는 사실은 유학의 뿌리가 동인족이라는 결론에 도달하게 된다. 더 나아가 유교를 정리, 종합, 집대성한 공자의 조상도 동인족이었다.[50] 이

다.

46) 「論語」, 「泰伯」 子曰: “大哉堯之爲君也! 巍巍乎, 唯天爲大, 唯堯則之! 蕩蕩乎, 民無能名焉.
「中庸章句」, 제6장 子曰: 舜其大知也與! 舜好問而好察邇言, 隱惡而揚善, 執其兩端, 用其中於民, 其斯以爲舜乎.

47) 은(殷)의 본래 이름이 상(商)인데, 소둔으로 천도한 이후부터 은이라고 한다.

48) 「한국사상의 연원과 역사적 전망」, 28쪽. 동작빈은 은대왕조의 상세한 계보를 밝혀놓았다. 같은 책 27쪽.

49) 「論語」〈離婁 下〉 孟子曰 : 舜生於諸馮, 遷於負夏, 卒於鳴條, 東夷之人也.

는 어떤 추측이나 역사성이 부족한 위서에 기초한 민족주의적 주장이 아니라 과학적이면서 학문적 근거가 있고 중국 갑골학 전문가들이 밝혀놓고 있는 엄연한 사실이다.[51]

우리는 그동안 유교는 공자(孔子, BC 551~479년)에 의해서 중국에서 시작된 중국 사상이라고 생각했으며, 그 결과 중국 문화와 문명이 우리보다 앞섰고 우리는 그 영향권에 놓여있다고 알고 있었다. 그런데 벌써 1970년대에 갑골학에 의해서 요순과 상(은)나라는 동인족 국가였으며, 유교의 뿌리도 우리 민족에게 있었다는 사실이 밝혀졌고, 이를 연구하여 박사학위를 받은 분이 류승국이었다. 그는 우리 고대사를 연구하면서 한국 고대 사상에는 현대 세계가 당면한 문제들을 해결할 원리들을 담고 있으며, 인류 평화와 공영에 이바지할 수 있는 가치를 지녔다는 것을 발견하게 되었다고 고백하고 있다.[52] 류승국은 대학에서 평생 이런 사실을 가르쳤고 한국정신문화연구원장을 역임하며 대중강연을 통해 우리 전통사상의 중요성을 알리려고 했지만 아직 널리 알려지지 않고 있다. 이는 참으로 안타까운 일이다.

우리 고대 역사와 전통문화에는 대단히 중요한 것들이 들어있으며, 그 사상을 계승하여 발전시키면 새 시대를 이끌어갈 사상을 만들어 낼 수 있다. 외국인이었던 다방면의 천재 호머 헐버트는 우리 언어와 문자, 정신세계를 접하면서 이를 알아보았다. 그렇기에 그는 한국을 그렇게 사랑할 수 있었다. 그렇지 않고서는 한국을 위해서 산 그의 생애가 설명되지 않는다.

그런데 이런 사실은 유교에만 국한되지 않으며, 다른 사상에서도 발견된다.

---

50) 류승국, 「한국사상의 연원과 역사적 전망」, 24~48쪽.

51) 앞의 책, 238~239쪽.

52) 앞의 책, 7~8쪽.

2. 도교(道敎)의 뿌리

도교는 노자(老子)와 장자(莊子, BC 365~270년경)에 의해 집대성되어서 노장사상(老莊思想)이라고도 한다. 노자는 공자(BC 551~479년)와 같은 시기를 살았다는 말도 있지만 자신을 드러내지 않았기 때문에 정확한 연대는 알려지지 않고 있다. 도교 역시 노자에게서 처음 시작된 것이 아니라 그 이전부터 전해지던 도가(道家) 사상이 노자와 장자에 이르러 집대성되었다. 위대한 사상은 오랜 시간을 거치면서 완성된다. 그렇다면 도교의 뿌리는 어디일까?

도교의 뿌리 역시 갑골문과 금문학을 통해 밝혀지고 있는데 그 뿌리가 우리 조상인 동인족에 있다고 한다. 유교는 인문주의인 반면 도교는 자연주의로서 무위자연(無爲自然)을 추구한다. 도교에서 말하는 무위자연은 인간 자아의 주체까지도 부정하여 무욕(無慾), 무지(無知), 무위(無爲), 무명(無名) 등 삼무(三無)의 상태에 이르러 부정을 부정하여 드러나는 자연을 본질로 한다. 그러나 무위자연을 통해 있는 그대로의 본질이 드러나는 박실(樸實)을 추구하는 도교는 염세주의나 허무주의와는 다르다. 박(樸)을 안(抱)으면 만사가 제자리를 잡게 되고, 유순과 겸하(謙下)의 삼보를 얻게 된다고 말한다. 박실자연(樸實自然)의 박(樸)이 노자사상의 중심과 핵이라고 할 수 있는데 이 박(樸)의 원천을 따라 올라가면 동인족이다.[53] 단군조선의 선인(仙人)과 선교(仙敎)가 곧 그 뿌리이다.

도교와 유교는 중국사상의 중심이다. 그런데 그 뿌리는 우리 조상이었다. 다시 말하지만 이는 결코 국수주의적 민족주의에서 나오는 과장이나 아전인수(我田引水)식의 해석이 아니다. 우리나라

---

53) 앞의 책, 239~240쪽,
「노자」, 제67장, 我有三寶 持而保之. 一曰慈 二曰儉 三曰不敢爲天下先.

와 중국의 전문가들이 갑골문과 금석문을 기초로 과학적으로 연구하여 얻어낸 역사적 사실이다. 이제 우리는 식민사관에서 주입된 선입견을 버리고 사실을 사실로 받아들이면서 지나간 우리 역사에서 그 우수한 점과 더불어 잘못한 점을 냉철하게 살펴봐야 한다.

그런데 유교와 도교 이외에도 아직 중요한 사상이 하나 더 있다.

3. 주역(周易)의 뿌리

동양 유교 문화권에서 중요하게 생각하는 경전 중에 주역(周易)이 들어있다. 본래는 연산(連山), 귀장(歸藏)까지 포함하여 삼역(三易)이라고 했으나 연산과 귀장은 사라지고 현재는 주역만 남아있다. 중국에서도 주역을 대단히 중요하게 여겨 진나라 때 시서(詩書)를 불태울 때에도 주역은 화를 면했으며, 역경(易經)이라고 하여 시경(詩經), 서경(書經) 더불어 3경의 하나로 취급하고 있다. 주역을 왜 그렇게 중요하게 생각했을까?

우리나라도 주역을 중요하게 여겼지만 그 이유가 중국이나 일본과는 달랐다. 중국이나 일본은 주역을 점치는데 주로 이용했다. 진시황제의 분서갱유(焚書坑儒) 때에 주역을 불태우지 않은 이유는 점을 치기 위해서였다. 물론 우리나라에서도 일반 민중이 점치는데 주역을 많이 활용하고 있지만 유학자들이 주역을 중요하게 여긴 이유는 주역을 통해 우주 만물을 비롯한 종교와 철학의 원리와 이치를 설명하기 위해서였다. 조선 역사에서 심도 있게 다루게 될 조선 성리학의 이기론(理氣論)도 한국에서는 주역과 깊은 관련을 가지고 형이상학적 원리를 설명하려고 했다. 이런 이유로 우리 조상들은 주역을 삼경 중에서도 가장 중요하게 생각했으며, 이는 우리만의 특징이었다.

그런데 더 중요한 것은 주역 역시 중국 주나라에서 처음으로 만들어진 것이 아니라 우리 고유사상에서 출발했다는 점이다. 주역과 은나라에서 점을 치던 갑골복사(甲骨卜辭)는 밀접한 관련이 있다. 갑골에는 거북의 뼈에 새기는 구갑(龜甲)과 짐승 뼈를 사용하는 수골(獸骨)이 있는데, 보통 구갑에는 복사(卜辭)를 새기고 수골에는 사건(事件)을 새긴다. 그런데 갑골 가운데 소의 뼈에 새겨진 골복(骨卜)은 동인족만이 사용했으며, 수골이 구갑보다 훨씬 오래 전부터 사용되었다. 주역의 점법은 은대의 구복(龜卜)을 계승했으며, 이 구복은 동인의 수골을 계승한 것이다. 이는 중국학자들의 연구 결과이다.[54] 주나라의 주역이 전해지기 이전부터 우리에게는 주역에서 말하는 태극과 음양사상이 이미 있었다. 송나라의 태극도보다 훨씬 이전인 신라 신문왕 때 지은 감은사 지석(址石)에 태극 문양이 새겨져 있다.[55]

주역을 통해 우주만물의 원리와 이치를 설명하고자 했던 우리 조상들은 자연세계의 원리인 무극(無極), 태극(太極)사상에서 더 나아가 인간을 중요시하는 인극(人極)사상을 발전시켰다. 우리 조상들이 발전시킨 종교와 철학, 윤리의 모든 사상에는 인간을 중요하게 여기는 정신이 깃들어 있었다. 인간중시, 이것이 바로 우리 조상의 정신문화에 흐르는 특징이다. 조선성리학을 중국 성리학과 비교해보면 이런 특징이 더 명확해진다. 이에 대해서는 조선의 역사를 다룰 때 다시 살펴보게 될 것이다. 사람이라는 이름으로 불렸던 우리 조상들은 사람을 특별히 중요하게 여겼으며, 여기에서 유교, 도교, 주역 등의 사상이 처음으로 시작되었다. 그 이유는 무엇일까? 그 이유는 우리 내면에 흐르고 있지만 우리는 잘 느끼지 못하는 그 무엇이 우리의 정신문화에 들어있기 때문이다.

---

54) 「한국사상의 연원과 역사적 전망」, 261~267쪽.

55) 위의 책, 585쪽.

4. 한자의 뿌리

음식을 만들려면 조리기구와 보관할 그릇이 있어야 한다. 마찬가지로 어떤 사상이 집대성되려면 그 사상을 만들고 담을 문자와 개념이 있어야 한다. 메소포타미아의 수메르 문화에는 수메르어가 있었고 그리스 문화에는 그리스어가 있었다. 영향을 끼칠만한 고대문화에는 반드시 문자가 같이 개발되었다. 동양에 지대한 영향을 끼친 유교와 도교 등의 차원 높은 사상이 우리조상들에게서 시작되었다면 당연히 문자도 만들어 냈을 것이다. 그 문자가 무엇이었을까?[56)]

우리 조상이 사용한 최초의 문자는 바위에 새겨진 암각화에서 발견된다. 1971년 울산에서 암각화가 발견된 이후 이와 유사한 암각화가 발해연안에서 발견되었다.[57)] 암각화와 더불어 토기나 청동기에 기록된 부호문자들도 한반도와 발해연안에서 발견되었다.[58)] 이런 암각화와 부호문자가 초기의 문자라고 할 수 있으며, 이보다 더 발전된 문자가 갑골에 남아있는 문자이다.

갑골 중 구갑(龜甲)은 주로 한족(漢族)이 사용한 것이고, 그것보다 더 오래된 소의 뼈를 사용한 수골(獸骨)은 동인족이 사용했으며, 구갑은 수골의 영향을 받았다고 한다. 따라서 수골은 물론 갑골에 새겨진 글자는 우리 조상이 만들어낸 글자라고 할 수 있다. 은나라는 동인족이 세운 국가이고, 한자는 은나라 때 만들어지기 시작했는데, 그 한자의 기원은 갑골문자다. 또 은나라에서 유행한

---

56) 녹도문(鹿圖文), 가림토(加臨多) 등의 문자가 있었다고 한다. 특히 표음문자인 가림토는 한글과 유사하며 인도와 일본에서도 발견되고 있다. 그러나 아직 그 근거와 그 이후 계속 쓰이지 않은 이유 등은 밝혀지지 않고 있다.

57) 한반도에서는 20여 곳에서 발견되었으며, 내몽골 적봉시(赤峰市)의 지가영자(遲家營子 츠자잉쯔)를 비롯하여 각노영자(閣老營子 가로라오잉쯔) 등에서 발견되었다. 「코리안 루트를 찾아서」, 41~42쪽.

58) 「한국 고대문화의 비밀」, 131~136쪽.

갑골문의 기원은 은나라가 아니라 발해연안이다.[59] 은나라 시대의 갑골문자보다 더 오래된 갑골문과 금석문이 한반도와 고조선의 중심지였던 만주에서 발견되고 있다. 또 한자가 우리 민족에게서 시작되었다는 또 다른 증거는 현재 우리가 한문을 사용할 때 문자와 발음이 동일하다는 사실에 있다. 문자를 만드는 사람들은 당연히 문자와 발음을 동일하게 하지, 서로 다르게 할 이유가 없다. 영어는 라틴어와 달리 문자와 발음이 서로 차이난다. 이는 영어보다 라틴어가 먼저였다는 객관적인 증거다. 중국과 일본인은 한문의 문자와 발음이 서로 다르다. 이는 한자 역시 동인족이 만들었다는 한 증거가 될 수 있다.

그러나 한자가 동인족에서 갑골문자로 시작되었지만 그 완성은 중국에서 중국인들에 의해 되었다고 보여 진다. 그 이유는 한문 문장의 어순이 우리 어순과 다르기 때문이다. 중국인인 한족(漢族)과 우리 조상인 한족(韓族)은 인종이 전혀 다르기 때문에 사용하는 언어와 문장의 구조가 다르다. 중국인이 사용하는 한문의 문장 구조와 어순이 우리와 다르다는 것은 한문이 중국인에게서 완성되었다는 증거라고 생각된다.

중국의 사상인 유교-도교와 그 사상을 담는 문자인 한문은 우리 조상에게서 시작되었다. 그러나 그 사상을 종합, 정리, 집대성한 것은 우리가 아니라 중국인이었다. 문자인 한자도 마찬가지다. 우리가 시작한 사상과 문자가 중국에서 집대성 또는 완성되었고 우리는 그것을 다시 받아들여 사용했다는 결론에 도달하게 된다. 그런데 여기서 다음의 의문이 생긴다.

- 우리는 어떻게 최초의 정신문화를 만들 수 있었을까?
- 그런데 우리가 만든 문화가 왜 중국에서 완성되었을까?

이 문제는 우리 역사를 다루며 가장 중요하게 살펴보아야 할 대

59) 이형구, 「한국고대문화의 비밀」, 새벽출판사, 2012년, 37쪽.

상 중의 하나이므로 이 책에서 심도있게 다룰 생각이다. 그러나 이 두 문제를 더 깊이 다루기 위해서는 우리 고대사를 다른 측면에서 다시 조명해 볼 필요가 있다. 지금까지는 갑골문과 금문에서 확인된 것을 기초로 우리 고대사에 들어있는 정신문화를 살펴보았다. 이제는 방향을 바꾸어 다른 각도에서 정신문화가 아닌 물질문명을 다뤄 보고자 한다. 정신문화 못지않게 물질문명도 중요하며, 정신문화와 물질문명은 서로 연관되어 있기 때문이다.

물음 4 고조선만의 유물, 어떤 것들이 있는가?

고대 문화권의 유물들은 주로 무덤과 주거지역에서 출토되는데, 토기와 무기(청동검) 등이 공통으로 발견된다. 그런데 고조선 문화권에서 발견되는 토기와 청동검과 무덤은 다른 문화권에서는 찾아볼 수 없는 독특한 형태로써, 빗살무늬 토기, 비파형동검, 적석총(고인돌)과 또 천제단이 있다. 왜 이런 모양의 유물들이 고조선지역에서만 발견되며, 또 어떤 의미를 가지고 있을까?

1. 왜 빗살무늬토기일까?

토기는 석기시대 말기에 사용되었던 중요한 도구여서 고대 문화권 전역에서 발견된다. 그런데 고조선에서 발견되는 토기에는 빗살무늬가 그려져 있다. 이 무늬는 무엇을 말하고 있을까? 대답이 쉽지 않지만 이런 물음을 묻는 이유는 여기에 고조선의 특징이 잘 드러나 있기 때문이다. 이에 대하여 생각해보고자 한다.

1) 떠돌이 시대

역사에서 석기시대는 구석기와 신석기 시대로 구분된다. 구석기 시대는 가족 또는 혈연으로 구성된 집단들이 옮겨 다니며 열매, 곡물을 채집하거나 짐승이나 물고기를 수렵하는 방식으로 식량을 해결하던 시기이다. 이때 사용된 도구는 몽둥이나 돌인데, 돌은 자연 그대로의 모양이거나 아니면 깨뜨린 돌(타제 또는 뗀석기)이었다. 이 시기는 생각보다 길어서 한반도에서 발견된 가장 오래된 구석기 시대 유물은 약 70만 년 전으로 거슬러 올라간다고 한다.[60]

신석기시대에 접어들면서 정착생활이 시작된다. 정착생활에서 가장 중요한 비중을 차지하는 것은 식량인데, 식량은 농경과 유목으로 해결했다. 이에 따라 정착생활을 위한 도구들이 개발되는데 돌을 갈아서 농사와 수렵에 필요한 도구(마제 또는 간석기)를 만들었으며, 거둬들인 곡식을 저장하고 조리하기 위해 토기가 발명되었다. '토기'의 발명은 석기시대의 가장 큰 발명이며 혁명이라고 할 만큼 중요하다. 토기가 등장함으로써 인류는 안정적인 정착생활이 가능해졌으며, 비로소 인간다운 삶을 살 수 있었다.

2) 붙박이 시대

발해연안에서 발견된 토기의 특징은 아랫부분이 뾰족하고 표면에 빗살무늬가 그려져 있어 '빗살무늬 토기'라고 부른다.[61] 발굴된 유적 중 동인족이 살았던 가장 오래된 주거지는 사해(查海 치하이) 흥륭와(興隆洼 싱룽와)인데 BC 8000여 년 전 유적이며 중국에서

60) 한반도에서 발견된 대표적인 구석기 유물은 평안남도 상원의 검은 모루 동굴과 경기도 연천군 전곡리 유적이 있다.

61) 사람 人자가 연속으로 그려진 빗살무늬 토기는 한문으로 즐문(櫛紋) 또는 즐목문(櫛目紋)토기라고 하며, 물고기뼈처럼 생겼다고 하여 어골문(魚骨紋)토기라고도 한다. 북한에서는 이깔잎 무늬, 또는 전나무잎 무늬 토기라고 한다. 「한국고대 문화의 비밀」, 92쪽.

발견된 주거지 중 가장 오래되었다.[62] 이 지역에서 많은 유물과 더불어 빗살무늬 토기가 발견되었다. 이 빗살무늬 토기는 동인족이 살던 광범위한 곳에서 발견되며, 동인족이 만든 토기의 특징이다.[63] 발해연안에서 빗살무늬 토기가 발견되기 전에는 토기를 비롯한 정착문화가 북방으로부터 전래되었다고 생각했으나 이제는 반대로 발해연안의 토기가 최소 천 년 이상 먼저 만들어졌으므로 여기서 북방으로 전해졌다는 주장이 가능해졌다.

〈그림2 빗살(人)무늬〉

〈그림2〉에 보는 바와 같이 최초로 만들어진 이 토기에는 왜 빗살무늬가 그려져 있을까? 〈그림3〉에서처럼 이 토기는 발해연안과 만주 동북부, 한반도 일대, 즉 동인족이 거주했던 곳에서만 발견되고 있는데, 이는 상당히 넓은 지역이다. 동일한 무늬의 토기가 최초로 만들어져서 최소한 5천여 년 이상 줄곧 사용되었다는 것은 무엇을 말할까? 그 의미를 찾기 이전에 먼저, 어떻게 수천 년 동안 그 넓은 지역에서 같은 문양의 토기가 사

〈그림3 빗살무늬토기영역〉

62) 이 마을을 중국인들은 '중화 제1촌', 또는 '中華始祖聚落', '華夏 제1촌'이라고 한다. 「코리안 루트를 찾아서」, 56~58쪽.

63) 황하 하류의 자산 · 배리강 유역의 토기는 BC 6000년, 요하 하류 신락과 요동의 소수산 하층의 토기는 BC 5500년, 강원도 양양의 오산리 토기는 BC 5500~5000년, 통영 삼노대도 토기는 BC 5000~4000년 전에 만들어졌다. 「한국 고대문화의 비밀」, 94쪽.

용될 수 있었는지를 생각해 보아야 한다. 빗살무늬 토기가 등장하기 이전이나 비슷한 시기에 다른 토기가 이미 있었는데 그 토기에는 아무런 문양이 없었다. 그런데 빗살무늬 토기가 등장하자 다른 토기는 자취를 감추고 말았으며, 빗살무늬 토기 시대가 열렸다.[64] 그 이유가 무엇일까?

두 가지를 추정해 볼 수 있다. 하나는 빗살무늬 토기를 한 곳에서 만들어 보급했다는 가정이다. 그러나 이는 별로 가능성이 없어 보인다. 당시는 자급자족의 시대였고 또 교통편을 생각해 볼 때 수천 년 동안 토기를 한 곳에서 만들어 그 넓은 지역에 보급한다는 것은 사실상 불가능하며 또 그래야만 할 이유도 없다. 토기를 만드는 기술은 처음 개발하기는 어렵지만 개발된 다음에는 도자기라면 몰라도 진흙으로 빚어 800도 정도에서 굽는 토기는 웬만한 재간이 있으면 누구나 만들 수 있기 때문이다. 다른 가능성은 토기를 만드는 사람이 기술을 전해 줄 때 빗살무늬의 의미를 설명해주고 토기를 만들 때마다 그 무늬를 넣도록 권했으리라는 가정이다. 그러나 기술을 전해 받은 사람이 그 의견을 받아들이지 않으면 어떻게 해야 하나? 통제할 무슨 방법이 있었을까? 아무런 방법도 없다. 아직 국가가 등장하지 않았으니 저작권법이나 무력으로 통제할 수도 없었다. 그런데도 빗살무늬 토기가 그렇게 넓은 지역에서 최소한 5천 년 이상 사용되었다는 것은 이 기술을 전해받는 사람들이 토기를 만들 때 빗살무늬를 토기에 당연히 넣어야 한다고 동의했으며, 그런 전통과 문화가 만들어져서 수천 년 동안 이어졌다는 결론에 도달한다. 빗살무늬 토기 기술을 최초로 개발하여 알려주면서 그 기술을 전수받는 사람들 모두를 공감시키고 마음으로 따르게

64) 김동현외, 「한국의 문화유산」, 한국문화재보호재단, 1997, 26~27, 64쪽. 이 토기에는 무늬가 없고 덧살이 붙어 있어서 민무늬 토기, 또는 덧무늬 토기라고 한다. 이 토기 이외에 융기문토기도 있었으나 빗살무늬 토기가 등장하자 모두 빗살무늬 토기 문화에 동화되고 말았다.

했던 장인의 정신이 무엇이었을까? 그 정신이 빗살무늬에 들어있다. 빗살무늬 토기는 BC 6천여 년경 이전에 만들어져서 고조선 말기까지 계속 사용되었다. 그렇게 오랫동안 그 넓은 지역에서 왜 빗살무늬 토기만을 사용했을까?

앞의 〈물음2〉에서 본 바와 같이 우리 조상들을 다른 사람들이 '人' 즉 사람이라고 불렀다는 데에 그 해답이 들어있다. 빗살무늬는 人(사람) 의 표시였으며 사람 人자 무늬였다. 토기의 빗살무늬를 이런 시각으로 바라보면 '사람들이 서로 어울려 손을 잡고 둘러서 있는 모습'이다. 이는 마치 사람들이 손을 잡고 강강술래 하는 모습과 너무 유사하다. 우리의 전통놀이인 강강술래에는 이런 정신과 전통이 들어있다.[65] 이 토기를 만든 사람은 토기의 무늬에 들어있는 정신을 노래로 만들어 토기와 같이 보급했다. 이런 생각을 하면서 토기를 보면 빗살무늬는 사람 人자가 연속으로 그려진 무늬이다.[66] 이 무늬에는 이 토기를 만든 사람의 정신과, 이 토기를 만들어 보급한 동기와 염원이 들어 있다. 아마도 이 토기의 문양 때문에 우리 조상을 부르는 이름이 人이 되었을 것이다. 이런 상상력에 기초하여 사람人자 무늬 토기를 만든 사람의 마음과 정신을 가슴으로 느껴보면 다음과 같다.

정착 생활 이전에 한 혈족을 이끌고 먹을 것을 찾아 산과 들과 물가를 떠돌아다니며, 서로 먹을 것을 놓고 짐승처럼 다투고 싸우는 사람들의 삶을 지켜보면서 가슴 아파하는 누군가가 있었다. 그

65) 「고조선연구 하」, 422~423, 56쪽, 강강술래는 고조선시대부터 유래된 민속춤이다. 중국의 문헌에도 동이족은 축제 때 모여 노래 부르고 춤을 춘다고 기록하고 있다. 『후한서』 권 85「동이열전」〈한전〉, 其舞數十人 俱起相隨 踏地低昻 手足相應 節奏有以鐸舞

66) 이형구는 빗살무늬를 '사람人자 무늬'라고 부르고 있다. 「코리안루트를 찾아서」, 103쪽. 「한국고대문화의 비밀」 92쪽.

는 많은 생각과 고민을 했다. 사람이 싸우지 않고 서로 손을 잡고 강강술래 하듯이 어울려 흥겹게 살아갈 방법은 없을까? 어떻게 하면 그런 세상을 만들 수 있을까?

- 하늘(天)을 바라보면서…
- 세상(地)을 바라보면서…
- 사람(人)을 바라보면서…

그는 찾고 또 찾았다. 그 방법을. 포기하지 않고, 아니 포기되지 않아서, 그 방법은 틀림없이 있으리라고, 있지 않으면 안 된다고 생각했다. 그러나 그 방법을 찾기란 쉬운 일이 아니므로 아마도 한 평생을, 아니 어쩌면 그런 마음을 자식에게 물려주고 대를 이어 이런 고민을 했을 것이다. 사람에게서, 땅에서 그 방법을 찾을 수 없으니 하늘을 바라보고 통곡하며 부르짖었을 것이다. 그의 이런 도전은 "세상과 사람이 있으니 이것을 만드신 분도 반드시 있고, 그 분에게는 어떤 해결방법이 있을 것이며, 그분은 사람이 사람답게 살기를 원하시리라."는 어떤 믿음에 도달했을 것이다. 그리고 마침내 그는 그것을 찾아냈다. 어떻게? 하늘이 알게 했다. 하늘은 이런 사람에게 그 방법을 알게 하신다. 알려 주신다. 지극한 정성은 하늘을 감동시킨다.(至誠之感天), 그게 하늘의 법이다. 여기에서 그 신앙이 생겨났다. 어떤 신앙? 하늘의 하나님을 섬기는 천신(天神)신앙과 하늘과 땅과 사람이 하나라는 천지인(天地人) 사상은 이렇게 생겨났으며, 이 사상이 우리 조상들의 신앙생활에 핵심이 되었다. 우리의 사상에 영성이 들어있는 이유는 여기에 있다.

양식을 찾아 떠돌아다니지 않고 농사와 목축으로 양식을 해결하는 것을 가능하게 한 석기시대 최대의 발명품인 겹친 사람 人자 무늬 토기는 이런 정신에서 태어났다. 그는 이 토기를 만들면서 자신의 마음을 담았다.

"이 토기를 만드는 방법을 알게 하신 하늘의 하나님이시여!
세상 모든 사람들이 손에 손을 잡고
서로를 아끼는 마음으로 어울려 살게 하시옵소서!"

그리고 그는 사람들에게 이 토기를 만드는 방법과 더불어 농사법과 목축법을 알려주면서 하늘을 향한 신앙을 같이 전해주었다.

"하늘의 하나님은 세상 모든 사람이 같이 서로 손을 잡고 어울려 행복하게 살기를 바라시는 분이다. 그러니 이 토기를 만들 때에는 꼭 이 문양을 넣어서 세상 모든 사람이 다 행복하게 살도록 하자."

이 당부를 거절하고 따르지 않을 사람이 있을까? 사람 人자 토기를 만들어 낸 사람의 이런 염원과 당부는 그 어떤 저작권법보다도, 그 어떤 권력의 힘보다도 더 위력이 있어서 널리 널리 퍼져 나갔고 수천 년 동안 그 정신이 이어졌다. 그리고 그 기술을 전수받은 사람들은 그렇게 살려고 했다. 한 사람의 꿈은 인류 역사 속에서 구체적으로 실현되어 갔다. 주변 사람들은 이렇게 살아가는 우리 조상을 보고 사람답게 사는 사람들이라고 해서 사람 人자를 붙여 주었고, 이는 곧 어질 仁과 동의어가 되었으며, 우리를 군자국이라고 했다. 중국 고대 문헌에 "군자국이 북쪽에 있는데, 의관을 갖추고 칼을 차고 있다. …그 사람들은 사양하기를 좋아하며 싸우지 않는다."[67] 라고 우리 민족을 평가한 이유는 여기에 있다. 인류 고대 역사에서 남의 나라로부터 이런 평가를 받은 사람들이 또 있

〈그림4 무문토기〉

67) 「산해경」 권9, 「海外東經」 "君子國在其北 衣冠帶劍 食獸使二大虎 在旁其人好讓不爭 有薰華草朝生夕死"

었을까? 아마도 없었으리라. 이런 의미에서 우리 민족은 인류 정신문명의 뿌리라고 할 수 있다.

이런 사실은 人자 무늬 토기에 이어 BC 1천 년경에 출현하는 무문토기(無文土器)와 비교해 보아도 알 수 있다. 무문토기는 문자 그대로 아무 무늬가 없기 때문에 붙여진 이름이다. 무문토기는 겹친 人자 무늬 토기를 편리하게 개량한 것인데, 윗부분에 테두리가 있고 바닥이 평평하여 바닥에 놓기 쉽게 개량되었으며, 만드는 과정에서 온도를 1천도 정도로 높여야 한다. 겹친 人자 무늬 토기는 바닥이 뾰족한데 이는 이 토기가 만들어질 당시 사람들이 바다나 강, 하천 유역에 살아서 모래나 자갈을 파고 묻어 놓기 쉽게 만들었기 때문이다. BC 6천 년경 人자 무늬 토기가 만들어 진 후 누구도 모양이나 무늬를 바꿀 생각을 하지 않았다는 것은 이 무늬에 담긴 정신의 영향이 그만큼 강했다는 뜻이다. 5천년 이상 그 넓은 지역에서 이 토기와 무늬가 쓰였다는 것은 이 토기에 신앙이 담겨 있지 않고서는 불가능한 일이다. 그러면 무문토기는 어떻게 보아야 할까?

BC 1천 년경에 만들어지는 무문토기는 기술과 실용성은 개선되었지만, 이 토기를 만든 사람은 발전된 기술로 토기를 만들었을 뿐, 이 토기에 어떤 정신을 담으려고 하지는 않았던 것 같다. 고조선 후기에 접어들면서 청동기와 철기가 널리 보급되고 다양한 기술자들이 등장하여 여러 형태의 토기를 만들었지만, 人자 무늬 토기처럼 어떤 정신을 담으려고 하지는 않았다.

3) 홍익인간(弘益人間) 사상

어떤 민족의 전통과 사상은 하루아침에 만들어지지 않는다. 우리에게는 홍익인간 사상과 더불어 단군의 후손이며 배달민족이라는 생각이 있다. 홍익인간과 재세이화(在世理化)는 환웅천왕 때에 만들어졌으며, 이 세상의 모든 사람을 유익하게 하여 다 같이 행복하게 살게 하려는 사상이고, 우리의 교육 정책에도 반영되어 있다. 다른 나라에서 찾아볼 수 없는 이런 독특한 문화 전통이 어떻게 가능했을까? 사람이 짐승처럼 살아가는 세상을 바라보며 고민하고 통곡하던 한 사람에게서 시작되었다. 아니 한 사람이 아니고서는 시작이 불가능하다. 그리고 그 한 사람의 정신과 신앙이 세상을 바꾸어 놓는다.

홍익인간 사상은 인간이 품을 수 있는 가장 큰 정신, 위대한 정신의 산물이다. 홍익인간 정신은 사람 人자 무늬(빗살무늬) 토기 속에 들어있다. 그 정신은 신앙에서 비롯되었다. 홍익인간 사상은 곧 천신과 천지인 신앙을 말하며 양자는 뗄 수 없는 관계다. 그런데 고조선 시대 우리 조상에게서 사람人자 토기 외에 홍익인간 정신을 엿볼 수 있는 또 하나의 증거물이 있다. 그것이 무엇일까?

2. 청동검, 왜 비파형일까?

석기시대 가장 큰 발명품이 토기라고 한다면 청동기는 고대의 산업혁명이라고 평가된다. 토기로 말미암아 정착생활이 가능해졌다면 청동기로 말미암아 사회가 본격적으로 국가체제로 발전했다. 역사에서 청동기시대가 주목받는 이유는 청동기 시대에 이르러 고대국가가 가능했다는 주장 때문이다. 그러나 이집트에서는 청동기가 등장하기 이전 이미 고대 국가가 등장했기 때문에 청동기의 등장 이후에 고대국가가 가능했다고 단정 짓기는 쉽지 않다. 어쨌든 청동기 시대로 접어들면서 식량의 생산방식이 개선되어 인구가 급속히 늘어나고 그 여파로 사회의 분화와 사람의 계층이 생겨나서 고대국가로 성장했다.

겹친 人자 무늬 토기와 더불어 동인족 즉 고조선을 상징하는 청

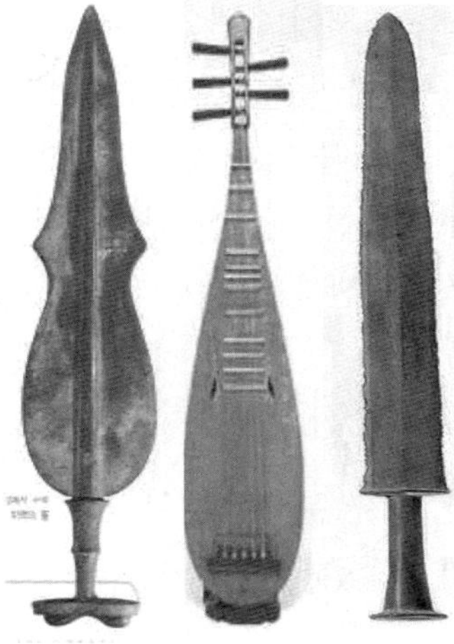

〈그림5 비파형/세형동검〉

동기 유물이 있는데 고조선 시대에 만들어 오랜 동안 사용된 청동검이 그것이다. 〈그림5〉의 왼쪽에서 보는 바와 같이 그 모양이 특이하며, 모양이 비파처럼 생겼다고 해서 비파형동검이라 부르는데 상당히 예술적이며, 고조선 영역에서만 발견된다. 비파형동검은 돌무덤에서 발견되며, BC 1500년경 등장하여 고조선 영역 전체에 보급되었다가 BC 5~4세기를 지나면서 하부가 직선으로 좁아지는 오른쪽 세형동검으로 바뀐다.

비파형동검은 토기보다 훨씬 뒤에 만들어졌지만 그 모양이 지닌 의미를 여기서 같이 생각해보고자 한다. 비파형동검은 고조선 지경에서만 발견되는데, 검의 모양이 비파형이라는 것은 도무지 납득하기 어렵다. 고조선에서는 왜 이런 모양으로 칼을 만들었을까? 단순히 칼을 만들려고 하면 이런 독특한 모양으로 만들 필요가 없다. 청동검은 세계 곳곳에서 발견되지만 그 모양은 거의 비슷하여 일반 칼의 모양인 일자형이다. 그런데 고조선은 독특한 모양으로 칼을 만들었다. 이 비파형동검에는 겹친 人자 무늬 토기처럼 이것을 만든 사람의 어떤 특별한 의도와 정신이 분명히 들어 있을 것이다. 그렇지 않고서는 칼을 이런 모양으로 만들었을 리가 없다.

비파형동검에 들어있는 정신도 겹친 人자 무늬 토기의 경우와 다르지 않다고 보여진다. 사람을 중요하게 여기던 우리 조상들은 사람들이 서로 다투지 않고 어울려 행복하게 살기를 바라는 홍익인간 정신으로 토기를 만들고 사람 모양의 무늬를 넣었다. 이런 정신을 이어받은 사람이 칼을 만든다면 무슨 생각을 하면서 만들까? 대부분의 경우 무기를 만드는 목적은 자신을 지키거나 남을 공격하기 위해서다. 그런데 또 다른 목적으로 칼을 만드는 사람도 있을 수 있다. 힘이 세다고 남을 괴롭히는 그런 폭력을 막기 위해서 칼을 만들고 무술을 익히는 경우다. 물론 이런 목적으로 칼을 만들고 힘을 키우는 사람은 드물겠지만 간혹 그런 사람도 있을 수 있다. 그런데 우리 조상은 폭력을 제거하기 위하여 칼을 만들었다. 그리고 그 정신을 칼의 모양에 담았다. 우리 외에 세상 그 어느 민족도 이런 모양의 칼을 만든 사람은 없다. 그렇다면 이 모양은 무엇을 의미할까?

이런 생각을 가지고 비파형동검의 모양을 멀리서, 깊이 생각하면서 바라보고 있으면 사람의 모양을 형상화했다는 느낌을 받게 된다. 위의 뾰족한 부분은 머리와 목이고 가운데 양쪽으로 삐죽하게 튀어나온 부분은 어깨와 팔이며, 그 아래 잘록한 부분은 허리이고 아래 둥근 부문은 엉덩이이며, 자루는 다리와 발과 유사하다. 비파를 닮았다기보다는 사람을 닮아 보이며, 비파형이라기보다는 사람형(形)이다. 물론 이는 상상력의 결과이며 실제 만든 사람의 생각과 다를 수 있다. 그러나 분명한 것은 인간을 중요하게 여기는 인도주의 사상이 비파형 동검의 독특한 모양에 담겨있다는 점이다.

동검이 처음 만들어졌을 때에는 실전용이라기보다는 어떤 권위를 상징하는 장식용의 성격이 더 짙었으며 비파형동검의 길이는 30cm 정도의 단검이다. 산해경에서 "군자국이 북쪽에 있는데, 의관을 갖추고 칼을 차고 다닌다."라고 했으며, 앞에서 본 바와 같이 이 칼은 남을 공격하여 해치기 위함이 아니라 불의의 폭력을 제거하기 위함이었다. 이런 모양의 칼을 만든 사람이 "결코 사람을 해롭게 하는 일을 해서는 안 된다. 그런 일을 행하는 자는 절대로 용서하지 않겠다."라는 마음과 생각을 갖고 이런 칼을 차고 다녔다고 해석한다면 너무 지나친 비약일까? 지나간 역사는 해석의 대상이며 해석은 우리의 몫이다. 우리 조상들은 이런 정신을 가지고 살았던 것만은 틀림없으니, 토기와 동검을 이렇게 해석해도 크게 무리는 없으리라고 생각한다.

비파형동검에 들어있는 정신을 잘 보여주는 다른 증거가 또 있다. 활이 그것이다. 고대로부터 우리 민족은 활을 잘 만들었고 잘 쏘았다. 이런 사실은 우리 민족에게 붙여진 동이족이라는 이름에서도 알 수 있다. 중국 기록에 의하면 BC 2209년 우리가 만든 활과 화살이 중국에 전해지는 이야기가 있다.[68] 우리가 만든 활과 흑요석으로 만든 화살촉은 중국에서 특별하게 취급되어 공주의 혼례품으로 사용되었고 사정거리가 길었다. 실제 전쟁에서 적군들은 우리 활을 가장 두려워했다고 한다. 제갈공명은 "동이족이 강한 이유는 활이라는 날아가는 창이 있는데 누구도 그 무기를 이길 수 없다. 그들과는 전쟁을 하지 말고 가급적 외교적으로 마무리해야 한다."라고 했다.[69] 또 우리가 활을 만든 시기는 중국에 비교하면 월등히 앞섰으며, 고조선 초기부터 실전에 사용되었다. 고대로부터 우리 활은 그 당시 최첨단 무기였고 주요 수출 품목이었으며, 다른 민족들은 활을 들고 있는 우리 민족을 두려워했다. 이런 이유로 중국은 우리를 동이족이라고 불렀다. 아마 우리나라의 양궁실력이 월등한 이유에는 이런 역사적인 배경과 관련이 있을 것이다.

우리는 왜 이토록 활을 잘 만들고 잘 쏘았을까? 그 이유는 사람人자 무늬 토기와 비파형동검에 담긴 의미와 같다. 인간의 행복한 삶을 해치는 불의한 폭력은 결코 용납될 수 없다는 뜻이다. 우리는 이런 활과 같은 첨단병기를 만들었을 뿐만 아니라 열심히 연마하

68) 『죽서기년』「오제기」〈제순유우씨조〉, 二十五年 息愼氏來朝貢弓矢, 「고조선연구 하」, 441~442쪽.

69) 〈心書〉 동이편.

였다. 하지만 남의 땅을 침략하여 노략질하거나 식민지배 하려고 하지 않았다. 폭력을 앞세워 침략해오는 적을 막는데 사용했을 뿐이다. 우리의 문화 속에는 이런 자랑스러운 전통이 살아 꿈틀거리고 있다.

석기시대 기술 혁명을 일으킨 우리 조상들은 토기를 만들어 사람들이 서로 손을 잡고 어울려 사는 모양의 문양을 그려 넣었다. 그리고 우리 조상들은 청동기 시대가 되자 이번에는 사람 모양의 칼을 만들어 차고 다니면서 평화를 해치는 자는 결코 용납하지 않겠다고 선언하며 다녔다. 그리고 평화를 유지하기 위하여 성능이 월등히 뛰어난 활을 만들었고, 열심히 연습하여 잘 쏘았다. 우리의 조상들은 이렇게 평화를 사랑할 뿐 아니라 평화를 지키고 만들어 가는 사람들이었다. 우리의 역사를 보면 수많은 외침을 당하면서도 불의의 세력에 절대 굽히지 않으려했고, 예의를 중요하게 생각하며 남을 침략하여 지배하려고 하지 않았다.

우리 역사와 전통, 문화에는 이런 정신이 도처에 살아서 숨 쉬고 있다.

3. 왜 돌무덤, 왜 고인돌일까?

우리 민족은 다른 민족과 달리 무덤을 자연석을 이용하여 돌무덤(赤石冢, 石墓)으로 만들었으며, 무덤 내부도 석곽묘(石槨墓)나 석관묘(石棺墓)를 썼다.[70] 이런 적석총과 고인돌은 겹친 人자 무늬 토기, 비파형동검과 더불어 고조선의 대표적 유물이다. 적석총이 조성된 연대를 보면 가장 오래된 적석총이 홍산문화 유적지 우하량(牛河梁 뉴허량)에서 발견되었는데 BC 3500여 년 전에 만들어진 것이다. 사면을 계단식으로 쌓아올리는 적석총은 이집트 피

70) 돌무덤에는 돌무지무덤(積石塚), 돌널무덤(石棺墓), 돌덧널무덤(石槨墓), 돌방무덤(石室墓), 고인돌무덤(支石墓) 등이 있다.

라미드보다 1000여 년 앞섰다.[71] 우하량에서 발견되는 적석총은 한 변이 100m에 이르며 7층 계단식으로 만들어졌다. 적석총은 대부분 정방형으로 만들어졌는데 이는 하늘은 둥글고 땅은 네모라는 당시 우주관의 반영이다. 천제단은 원형으로 만들었다. BC 3500여 년 전에 만들어지기 시작한 적석총은 계속 이어져 고구려 시대에도 만들어졌으며 한반도를 거쳐 일본에까지 전해졌다.[72] 고구려 수도가 있던 국내성 일대에서 1966년에 적석총이 1만 3천여 기가 발견되었다고 한다.[73]

〈그림6 고인돌〉

이런 적석총과 더불어 청동기 시대에 접어들면서 고인돌이 등장한다. 홍산지역에서 시작한 거대한 적석총은 시간이 지나면서 고인돌의 형태로 바뀌었다고 생각된다.[74] 고인돌은 한반도에서 발견된 것만 해도 3만여 기나 되는데, 요동 반도를 비롯하여 만주지역 해안가에 대량으로 분포되어 있으며, 한반도 전역에서 발견된다. 고인돌은 받침돌을 4면에 놓은 북방식과 양쪽에만 놓은 남방식으로 구분된다. 고인돌은 서양에서도 발견되지만 전체 숫자의 절반 이상이 우리나라에 있다.

---

71) 이집트의 가장 오래된 피라미드는 제2왕조 파라오 조세르의 피라미드이며 BC 2600년경에 만들어졌다.

72) 한반도에서 발견된 적석총은 BC 1500년경 축조된 인천 옹진군 시도의 적석총과 BC 2000년경 축조된 황해도 황주의 침촌의 적석총, 강원도 춘천시 천전리 적석총 등이 있다.

73) 「코리안 루트를 따라서」, 126~147쪽에서 적석총에 대하여 상세히 다루고 있다.

74) 위의 책, 147 쪽.

무덤을 왜 고인돌의 모양, 즉 〈그림6〉에서 보듯이 상판에 넓은 돌을 얹어 놓은 탁자형으로 만들었을까? 무덤을 이런 형태로 만들었다는 것은 도무지 납득하기 쉽지 않다. 무덤을 이런 형태로 만들 때에는 분명 어떤 의미가 있었을 것이다. 그 이유가 무엇일까?

고인돌에서 위에 넓고 긴 덮개석을 얹어 놓은 이유는 무덤과 제단을 겸하기 위함이었다. 이런 사실은 적석총에는 제단이 같이 있다는 데에서 확인된다. 적석총 옆에 제단을 만들거나 또는 적석총 맨 윗 층에 제사를 위한 시설인 향당(享堂)이 있었다. 적석총에서 제사용으로 쓰였던 도구들이 발견되었다. 자연석을 이용하여 무덤을 만들었을 뿐만 아니라 제단으로도 사용된 경우는 고조선만의 특징이다.

왜 적석총과 고인돌에는 제단이 결합되어 있을까? 그 이유는 우리 조상들은 부모와 조상에 대한 섬김이 지극해서 효가 신앙의 차원으로 승화되었다는 의미이다. 즉 하늘의 하나님을 섬기는 것은 곧 부모에게 효도하는 것이라는 뜻이다. 조상에 대한 제사의 본래 의도는 죽은 조상을 신으로 섬기려는 데에 있지 않고 조상과 부모에 대한 효를 중요시하는 데에 있었다. 후일 유교에서 효와 예를 중요시한 이유도 여기에서 비롯된다.

4. 왜 자연석, 왜 천제단(天祭壇)일까?

겹친 人자 무늬 토기, 비파형동검, 돌무덤과 더불어 동인족의 독특한 유물 중 하나가 하늘에 제사를 드리던 제단이다. 이 제단에 그들의 사상이 반영되어 있어 제단은 중요한 의미를 지니는데 그 특징을 살펴보면 다음과 같다.

1) 하늘의 유일신

고대에는 자연 현상을 신의 작용이라고 생각하여 신격화하는 정령(精靈)신앙이 있어서, 하늘과 땅은 물론이고 하늘에 있는 태양과 달, 별들과 땅에 있는 산과 바다, 강과 고목 등을 모두 신으로 섬겼다. 그중 하나가 하늘에도 신이 있다고 생각하여 하늘신 또는 하늘님이라고 했다. 이와 더불어 짐승도 신격화하는 토템신앙이 있어 독수리나 새를 비롯하여 호랑이, 곰, 용 등을 신으로 인정했다. 세상에는 이런 여러 신들이 있으므로 그중 어느 한 신만을 섬기지 않고 여러 신을 동시에 섬기는 다신(多神)신앙이 고대 신앙의 특징이다. 농사를 지을 때는 지신(地神)을, 바다에서 고기를 잡을 때는 바다신인 용왕을, 산에서는 산신을 섬기는 식이다. 또 개인이나 가정, 씨족과 부족에는 각기 자신들의 수호신이 있었다. 그리고 자신들이 섬기는 신의 형상인 우상을 돌이나 나무, 보석이나 동, 철 등으로 만들었으며, 그 우상을 섬기기 위한 신전을 지었다.

그런데 동인족 신앙의 가장 중요한 특징은 하늘의 신만을 섬기는 유일신 신앙이라는 데에 있다. 이런 천신(天神)신앙은 다신교의 하늘신앙과 다르다. 하늘신앙은 여러 신들 중에 하늘을 신으로 믿는 신앙이다. 반면에 고조선의 천신신앙은 신은 여럿이 있는 것이 아니라 하늘에 있는 유일한 신이라는 신앙이었다.

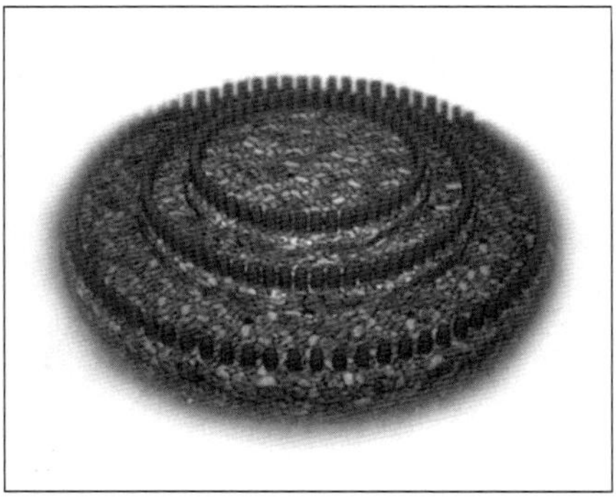

〈그림7 천제단 복원도〉

이런 신앙의 흔적은 남겨진 유물을 통해 확인된다. 〈그림7〉에서 보는 바와 같이 자연석을 이용하여 제단을 둥글게 3단으로 만들고 위아래가 트인 원통형 토기로 둘러놓았다. 둥글게 만든 이유는 하늘이 둥글다는 우주관 때문이며 3단으로 쌓는 이유는 하늘과 땅과 인간이 하나여야 한다는 천지인(天地人) 신앙의 반영이다. 위아래가 트인 원통형 토기를 두른 이유는 하늘과의 소통을 의미한다.

천신(天神)을 섬기는 동인족은 하늘과 땅과 인간은 서로 조화를 이루고 있으며 하나라고 생각하여 인간을 중요하게 생각했다. 이런 사상은 제단에 그대로 반영되어 있다. 수천 년 전의 다신교시대에 이와 같은 유일신과 천지인 신앙이 있었다는 것은 참으로 놀라운 일이다.

또 이 제단은 자연석으로 만들어졌다. 고대 제단이나 신전을 보면 대부분 돌을 다듬어서 사용했는데, 우리 조상들은 자연석을 그대로 사용했다. 다듬을 줄 모르거나 기술이 없어서가 아니다. 석기시대 돌로 돌을 다듬으려면 어마어마한 노동력과 비용과 시간이 들어갔다. 그런데 우리 조상들은 그런 것을 거부했다. 또 자연석을 이용해 제단을 만들 때에도 대규모로 만들려고 하지 않았다. 하늘의 신은 그런 것을 원하지 않는다는 신앙 때문이었다. 생각할수록 놀라울 뿐이다.

2) 신상(神像)과 신전(神殿)

고대인들은 대부분 자신들이 섬기는 신의 형상을 만들었다. 고대 문명지에는 대부분 초대형 신상과 신전이 남아있다. 그런데 천신을 섬기던 우리 조상들은 신의 형상을 만들지 않았다. 기술이 없어서가 아니었다. 그 이유가 무엇일까? 하늘의 참 신은 물질의 형상으로 있는 분이 아니므로 형상화할 수 없다는 생각에서였다. 신의 형상, 즉 우상(偶像)으로 만들지 않았으므로 당연히 신전이 필요 없었다. 단지 자연 환경에서 돌을 이용해 소규모 제단을 만들었을 뿐이다. 강화도 마니산과 강원도 태백산에서 당시 천제단의 흔적을 찾아볼 수 있다. 돌을 다듬어 대규모의 신전을 짓는 것은 모든 국력을 쏟아 붓고 모든 백성을 동원해야하는 하는 초대형 토목공사다. 그런데 우리의 고조선에는 신상과 신전이 없는 신앙이 있었다니 이는 참으로 놀라운 일이다. 지금으로부터 8천여 년 전인 석기시대에 이와 같은 신앙을 가졌다는 것은 인류사에 유례가 없다고 생각된다.

3) 제의(祭儀)

고대 종교에서 신을 섬기는 제사의식은, 정성을 다하여 신에게 짐승 등의 제물을 성대하게 드리는 데에 초점이 맞추어져 있다. 이런 제의를 드리기 위해서 국가 차원에서 그에 어울리는 거대한 신상과 신전을 만들었다. 지금도 남아있는 고대 불가사의한 유물들은 다 이런 제의와 관련이 있다. 그러면 우리 조상들의 제의는 어떠했을까?

단군시대 흔적을 종합해보면 주로 파종기와 추수기에 맞추어 제사를 드렸는데 제사의 중심이 신에게 어떤 제물을 만들어 바치는 데에 초점이 맞추어져 있지 않고 모인 사람들끼리 여러 날 잔치를 벌이는 축제로 진행되었다. 이 축제에는 남녀노소 귀천의 구별없이 흥겹게 먹고 마시며 춤을 추고 노래를 불렀다고 한다. 같은 시기 중국의 제의는 신에게 제사를 드리며 제물을 바치는 것이 중심이고, 신분의 구별이 엄격해서 노예층은 제사에 참여하지도 못하였다.

고대인들의 신앙은 그들의 정신과 사상에 가장 큰 영향을 미쳤다. 그런데 우리 조상들의 신앙은 이런 천신 신앙이었고 천지인의 조화를 시도했으며 사람을 중요하게 생각했다. 홍익인간(弘益人間), 재세이화(在世理化) 사상은 이런 신앙에서 출발했다. 이런 신앙은 고대 종교에서 혁명이라고 할 수 있다.

이런 위대한 사상이 어떻게 해서 생겨났을까?

5. 한 사람, 그는 누구일까?

세상과 역사가 바뀌는 큰일은 주로 한 사람에게서 시작된다. 한 사람, 그는 양식 확보를 위해 떠돌이 생활을 하며 짐승처럼 살아가는 사람들을 보면서 사람이 사람답게 살아갈 수 있는 방법을 찾기 시작했다. 그에게서 정착생활을 가능하게 하는 방법인 농사와 목축 방법과 더불어 겹친 人자 무늬 토기가 만들어졌다. 이에 대해서는 빗살무늬 토기에서 설명한 바와 같다. 그 한 사람의 정신은 그의 가족과 혈연집단으로 정착되었으며, 이들은 자신들이 찾아낸 방법을 신앙생활과 더불어 적극적으로 보급하게 되었고 이들의 이런 사상은 점차 확산되기 시작했다. 이런 일을 가능하게 한 그 한 사람은 누구일까? 그 사람에 대하여 삼국유사에 다음과 같이 기록되어 있다.

> 옛날 환인의 아들 환웅(桓雄)이라는 이가 있어 늘 천하(天下)에 뜻을 두어 인간 세상을 욕심내었다. 그 아버지가 아들의 뜻을 알고 아래로 삼위(三危) · 태백(太伯)의 땅을 내려다보니 인간들에게 크나큰 이익(弘益人間)을 줌직한지라. 이에 천부인(天符印) 세 개를 주어 보내어 그곳을 다스리도록 하였다. 환웅은 무리 삼천 명을 거느리고 태백산(太伯山) 꼭대기(태백은 지금의 묘향산) 신단수(神檀樹) 아래 내려와 그곳을 신시(神市)라 이르니 그를 환웅천왕(桓雄天王)이라 하였다. 그는 바람을 맡은 어른, 비를 맡은 어른, 구름 맡은 어른들을 거느리고 곡식 · 인명 · 질병 · 형벌 · 선악 등을 주관하여 살펴보며 무릇 인간살이의 360여 가지 일을 주관하여 세상에 살면서 합리적으로 진화(在世理化)시켰다.
>
> 때마침 곰 한 마리와 범 한 마리가 있어 같은 굴에 살면서 항상 신령스러운 환웅에게 기원하기를, 사람으로 진화하고 싶다고 하였다. 이때 환웅은 영험 있는 쑥 한 타래와 마늘 스무 개를 주면서 말하기를 "너희들은 이것을 먹고 백 일 동안 햇빛을 보지 않는다면 쉽사리 사람의 형상을 얻을 수 있으리라."고 하였다. 곰과 범은 이것을 얻어먹고 3 · 7일(21일)을 조심하니 곰은 여자의 몸이 되었으나 호랑이는 조심하지 않아 사람의 몸이 되지 못하였다. 곰녀는 더불어 혼인할 사람이 없으므로 매

양 신단수 밑에서 어린애를 배도록 해달라고 빌었다. 환웅은 잠시 사람으로 변하여 그녀와 혼인하고 아들을 낳아 이름을 단군왕검이라 하였다.[75]

신화 형식으로 기록된 위의 내용 중에 "환웅이 늘 천하에 뜻을 두어 인간세상을 욕심내었다."라는 뜻은 앞에서 말한 바와 같이 떠돌이생활을 하는 인간의 문제를 해결하려고 늘 고심했다는 뜻이며, 하나님이 그 뜻을 알고 천부인을 주었다는 말은 하나님께서 환웅에게 방법을 깨달아 알게 하셨다는 뜻이다.[76] 이에 환웅은 자신의 뜻을 따르는 사람들과 더불어 양식, 질병, 형벌, 선악의 문제를 해결하며 세상을 개화시켜 나갔다. 한마디로 홍익인간, 재세이화를 실천으로 옮겼다. 그래서 사람들은 그를 환웅천왕, 즉 하늘에서 내려온 하나님의 아들이라고 불렀다. 환웅의 '웅'(雄)은 '아들'을 뜻한다. 홍익인간 사상과 하나님의 자녀라는 천손(天孫)의식은 이렇게 생겨났다. 이들이 사는 곳은 신시(神市) 즉 하나님이 계시는 마을인데, 다른 말로 하면 '아사달'이라고 한다. 아사는 빛을 말하고 달은 땅을 말하며 한문으로는 조선(朝鮮)이다. 우리 민족을 부르는 명칭과 관련된 환, 단(밝달), 배달, 아사달, 조선 등은 모두 빛 즉 계몽과 관련이 있다. 동이족은 중국인들이 붙여준 이름이다. 따라서 우리 조상을 부르는 용어는 동이족보다는 동인족 또는 빛

---

75) 『삼국유사』 권1 「기이」(記異) 〈고조선조〉, 윤내현 「고조선연구 상」, 24~26쪽.
古記云 昔有桓因庶子桓雄 數意天下 貪求人世 父知子意 下視三危太伯可以**弘益人間** 乃授天符印三箇 遣往理之 雄率徒三千 降於太伯山頂神壇樹下 謂之神市 是謂桓雄天王也 將風伯雨師雲師 而主穀主命主病主刑主善惡 凡主人間三百六十餘事 **在世理化**
時有一熊一虎 同穴而居 常祈于神雄 願化爲人 時神遺靈艾一炷 蒜二十枚曰 爾輩食之 不見日光百日 便得人形 熊虎得而食之忌三七日 熊得女身 虎不能忌 而不得人身 熊女者無與爲婚 故每於壇樹下 呪願有孕 雄乃假化而婚之 孕生子 號曰壇君王儉

76) 천부인(天符印)에 대하여 고대에 지배 계층의 권위를 상징하는 청동검, 청동거울, 청동방울 이라고 흔히 해석한다. 그러나 그보다는 황웅의 염원에 대한 하나님의 응답이라고 보는 것이 문맥에 훨씬 가깝다고 생각된다.

을 의미하는 아사달족(조선족)이나 배달족이 적절하다.

겹친 人자 무늬 토기의 확산에서 보듯이 배달족의 영향력은 점점 확산되었고 많은 사람들이 찾아와 이들에게서 기술과 더불어 신앙을 배워갔다. 호랑이와 곰이 사람이 되게 해달라고 했다는 이야기는 발해연안에 살면서 호랑이와 곰을 토템으로 섬기고 있던 큰 부족 집단이 조선족을 찾아와 자신들도 환웅족처럼 살게 해 달라고 요청했다는 뜻이다. 이런 방식으로 주변의 여러 부족들이 연합되어 갔다. 곰이 찾아와 아이를 낳게 해 달라고 빌어서 환웅과 혼인하여 아들을 낳아 단군왕검이라고 했다는 뜻은 오랜 시간이 지난 후에 곰족이 앞장서서 나라를 세우자고 간절하게 요청하여 환웅족과 더불어 나라를 세우고 단군왕검을 왕으로 추대했다는 뜻이다. 단군왕검이 다스리는 고조선은 이런 과정을 거치면서 탄생되었다.

그동안 우리가 '단군신화'라고 알고 있던 이야기는 역사 속에서 실제로 있었던 이야기이다. 신화형식으로 기록되었을 뿐이다. 단군을 추대하여 나라를 세운 후 그 부족의 이름을 따서 '조선'이라고 했다. 이를 지금 우리는 이씨 조선과 구분하기 위하여 고조선이라고 한다. 고조선은 환웅천왕에게서 시작되어 단군왕검으로 이어졌다. 고조선에 대해서는 〈물음21〉에서 다시 다루게 되므로 여기서는 이 정도로 마치려고 한다.

환웅천왕

그 한 사람에게서 고조선의 종교와 신학에서 신기원을 이뤘다.

물음 5 발해연안 유물들, 어떤 것이 있는가?

1970년대 개발 여파를 타고 옛 고구려 지역이던 요하 유역의 무덤과 집터 등에서 많은 유물들이 발굴되었다. 그런데 이 유물들을 분석해 보니 중국의 중화문화보다 최소 1천 년 이상 앞선 문화였고, 황하강 유역의 중화문명은 이 문화의 영향을 받았다는 사실이 드러났다. 앞에서 언급한 갑골문과 금문의 해석에서도 우리 조상인 동인족 문화가 중국 문화보다 앞섰다는 것이 밝혀졌었다. 그런데 고고학의 유물을 통해 동인족의 땅이었던 만주 요하강과 발해연안에서 갑골문에서 확인된 역사와 관련된 유물들이 대량으로 쏟아져 나왔다. 이에 중국은 동북공정을 추진하여 이 문화를 자신들의 문화에 편입시키고 있다.[77]

발견된 유적 중에서 가장 오래된 신석기 시대의 주거지인 사해(査海 치하이)와 흥륭와(興隆洼 싱룽와)를 비롯하여 넓은 지역에 흩어져 있는 발해연안에서는 겹친 人자 무늬 토기와 비파형동검, 천제단 외에도 많은 유물이 발견되었다. 발해연안에서 발견된 주요 유물을 살펴보면 다음과 같다.

1. 여신상

홍산문화의 대표적 유적지인 우하량(牛河梁 뉴허량) 제1지점에서 BC 5500~5000년 전 여신상이 발견되었다. 황토로 빚어 만든

77) 중국의 동북공정에 대해서는 다음 장의 고조선 부분에서 다루었다.

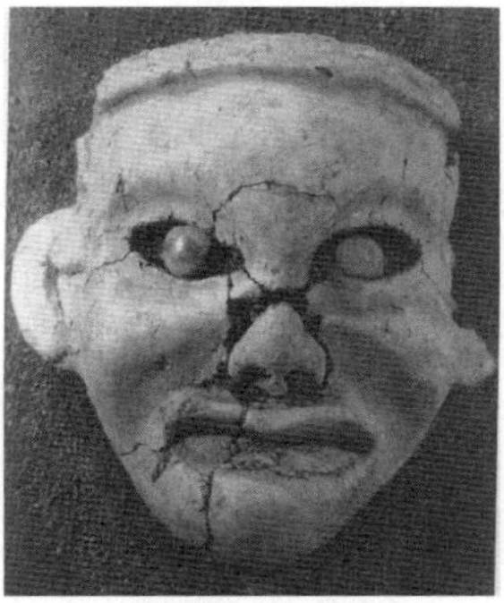

〈그림8 여신상〉

소조상(塑雕像)이며, 크기는 사람 크기의 3배 정도다. 신상이 있었으므로 당연히 신전도 있었다. 신전은 1m 정도 깊이의 반지하식이고, 초가집 형태로 만들어졌으며 두 건물 사이에 통로가 있다. 이 신전에는 다양한 크기의 여신상들이 놓여 있었다. 이런 형태의 여신상과 신전은 모계사회와 풍요를 기원하는 신앙을 가진 고대에 공통으로 나타나는 특징이다.

앞에서는 하늘의 신만을 섬기는 유일신 신앙을 가진 동인족은 신상과 신전을 만들지 않았다고 했는데 "우리 조상이 거주하던 지역에 왜 이런 여신상과 신전이 있는가?"라는 의문이 든다. 이런 의문을 어떻게 설명해야 할까?

우하량에서 발견된 여신을 섬기던 사람들은 곰을 토템으로 하던 사람들이었다. 이것은 여신전에서 곰의 신상이 같이 발견되었기 때문에 알게된 사실이다. 이 여신상과 신전의 연대가 BC 5000년 이상이므로 이 신상과 신전은 단군조선 탄생 이전이었다. 고조선 이전에는 그 영역에 다양한 고대신앙이 있었으며, 탄생 이후에도 그런 토속 신앙이 다 사라졌다고 보기는 어렵다. 백성들 속에 자리잡은 신앙의 뿌리는 쉽게 사라지지 않으며, 오늘까지도 그 흔적이 남아 있다. 무속신앙과 고사 등의 풍습이 그것들이다. 중요한 것은 배달족의 천신신앙이 지배계급을 통해 확산되어 천지인사상, 천손의식, 배달민족, 단군의 후손 등의 한민족의 정신과 문화와 사상의 핵심으로 정착되었다는 데에 있다.

2. 기타 신앙

여신상 외에도 다양한 토템(totem) 신앙이 있었는데 중요한 것을 살펴보면 다음과 같다.

1) 곰 신앙

여신이 있던 신전에는 이 신상 외에도 여러 신상들이 있었으며, 그 중에는 동물신상도 발견되었는데 곰의 신상이었다. 홍산문화의 주인공들은 곰을 신으로 섬기는 사람들이었고 고조선을 세울 때 호랑이 집단과 더불어 가장 큰 세력을 가진 집단이었다. 둘이 경쟁하다 곰이 여인이 되어 환웅과 결혼하여 단군을 낳았다는 이야기는 곰 집단이 호랑이족과의 경쟁에서 이겼다는 뜻이다. 우리 역사에서 호랑이와 곰의 이야기가 많은 이유는 우리 조상이 세운 최초의 국가가 탄생되는 과정과 깊은 관련이 있기 때문이다. 그런데 우리민족의 정서에는 곰보다는 호랑이가 더 친근하다. 그 이유는 무엇일까? "…곰은 여자의 몸이 되었으나 호랑이는 조심하지 않아 사람의 몸이 되지 못하였다."는 기록은 호랑이가 곰에게 양보했다고 해석할 수도 있다. 이런 이유로 산해경에서 우리민족을 다투지 않으며 사양하기를 좋아한다고 했다. 그 이후 우리 민족은 곰보다 호랑이를 더 사랑하는 문화가 생겨났다.

고조선의 건국이야기가 곰과 호랑이와 관련되었다는 이야기는 우리 모두가 알고 있다. 신화형식으로 기록된 곰과 호랑이 이야기는 토템신앙을 가졌던 두 부족의 이야기이다. 천신(天神)을 섬기던 환웅족이 각각 곰과 호랑이 토템신앙을 가진 부족과 연합하여 고조선을 세우고 단군왕검을 추대했다. 발해연안에서 발견되는 곰과 관련된 유물은 한반도로 이어진다. 곰 토템신앙과 관련된 유물은 이 지역이 배달족이 세운 고조선의 영역이었다는 유력한 증거이다.

중화문명보다 시기와 수준에서 훨씬 앞선 홍산 문화권에서 곰 문화가 발견되자 중국인들은 이 곰 문화를 자신들의 문화로 편입시키기 시작했다. 「사기」등에 '황제'(黃帝)라고 불리는 전설적인 왕이 등장하는데, "황제를 '유웅씨'(有熊氏)라고 했다."는 「사기」의 구절을 이용하여 황제는 곰 족이며 홍산문화의 대표자라고 주장하고 있다.[78] 예전에는 황제 헌원(軒轅)이 자신들의 조상이고 동이족의 조상은 치우이며, 황제가 치우와 싸워 승리하고 죽였다고 했다. 그런데 이제는 말을 바꾸어 한족(韓族)의 상징적인 왕인 황제 헌원이 동이족이었다라고 주장하는 이유는 그들의 역사를 1000년 이상 앞당기기 위함이다. 이를 위해서 중국인들은 황하문화와 발해연안문화를 연합하여 황하강 중류의 앙소(仰韶 양사오) 문화, 홍산문화, 양저(良渚 량주)문화 등 3대 문화권으로 분류하여 이들이 서로 영향을 주고받으면서 중국 고대 문명을 일으켰다고 한다. 예전에는 황하문명이 유일하게 문화의 중심이었다는 일원일체론에서 이제는 세 문화가 중원으로 모여 중국문명이 완성되었다는 다원일체론으로 바뀌었다. 이 중에서 홍산문화와 양저문화는 배달족의 문화이다. 그런데 이제는 곰 문화가 중국문화로 편입되고 말았다.

2) 용과 새 신앙

중국 사람들에게는 용을 중요하게 여기는 문화가 있어 위대한 영웅들의 탄생일화 등에는 용 이야기가 결부된 예가 많다. 중국인들은 스스로 황제를 상징하는 용의 후손이라고 생각했으며 이 용은 곧 중국인들의 상징물이었다. 중국인들은 용 문화의 원 뿌리는 자신들이라고 자부하고 있었다. 그런데 황하 문화권이 아닌 배달족 문화인 사해문화에서 BC 8000여 년 전에 있었던 용 형상의 돌

78) 「사기」, 오제본기, 又號有熊氏, 「코리안 루트를 따라서」, 185~195쪽.

무더기와 용이 부조된 토기와 용 문양이 새겨진 옥기들이 발견되니 그들은 할 말을 잃고 말았다.[79]

용 문화는 우리에게도 있었다. 주요 인물들 가운데 용과 관련된 사람들의 이야기가 많은데 여러 역사서에 기록된 것만 86편이나 되며, 벽화나 토기, 청동기 등에 용과 관련된 유물은 셀 수 없을 만큼 많이 있다. 그동안 중국 토템의 상징은 용이고 우리나라 토템은 새라고 생각했다. 그런데 발해연안 유물을 통해서 용 문화는 중국이 아니라 우리나라에 뿌리가 있다는 것이 확인되었다.

1992년 광주 명화동 고분에서 발견된 원통형 토기에는 새 발자국 문양이 있었다. 그런데 이런 원통형 토기는 천제단에서 이미 발견된 것과 유사한 형태이다. 또 BC 5500여년 전에 조성된 심양 신락(新樂 신러)유적에서는 새의 모습이 정교하게 조각된 지팡이가 발견되었다. 우리나라는 문화 초기부터 용과 더불어 봉황과 같은 새가 어우러지는 토템 문화를 가지고 있었다. 지금도 용과 봉황이 왕권을 상징하는데 이는 고대의 토템에서 유래한다.

3. 기타 주요 유물

1) 옥기(玉器)

사해와 흥륭와를 비롯한 발해연안문화에서는 옥으로 만든 유물이 많이 나왔다. 그 옥기의 종류를 다루기 전에 옥을 가공하는 기술을 먼저 생각해보고자 한다. 여기서 발견된 옥기들은 〈그림9〉에서 보듯이 놀라울 정도로 섬세하게 가공되었다. 어떤 것은 1mm 안에 4~5개 무늬가 새겨져 있다고 한다. 이런 가공은 현대기술을

79) 사해(査海 치하이)에서 발견된 용형상의 돌무더기를 중국사람들은 '중국 제1용'이라고 부른다. 그 이전에는 하남성(허난성)에서 발견된 것으로 BC 6000여 년 전에 만들어졌다. 동인족의 유적은 이보다 무려 2000년이나 앞선다.

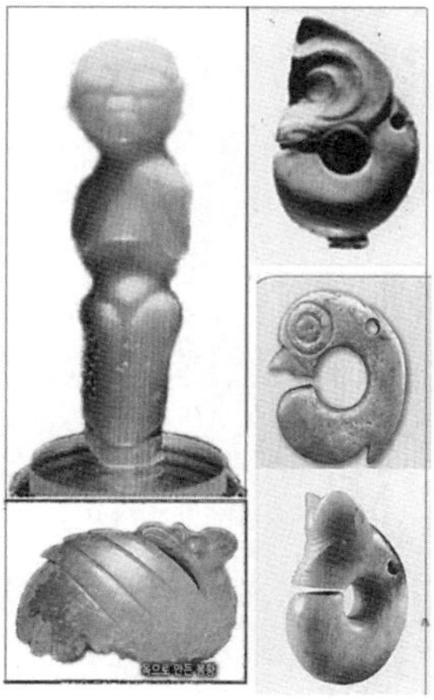
〈그림9 옥기〉

동원해도 쉽지 않다. 그런데 이 시기는 아직 청동을 비롯한 철기 등 금속이 사용되기 전이다. 도구는 석기 아니면 나무가 전부이다. 옥돌은 돌 중에서도 강도가 대단히 높다. 그런데 어떻게 옥을 그렇게 가공할 수 있었을까? 신비스러울 뿐이다. 넓은 면은 오랜 시간 동안 갈아서 만든다고 해도 좁은 구멍을 어떻게 뚫고 또 1mm안에 몇 개 문양을 새겨 넣을 수 있었을까? 어쨌든 당시 도구로 이런 옥기 하나를 만드는 데에 아마도 수년은 족히 걸렸을 것이다. 놀라움 그 자체일 뿐이다. 옥기의 이런 특징 때문에 신석기와 청동기 사이에 옥기(玉期) 시대를 넣어야 한다는 주장이 오래전부터 제기되었다.[80)]

이런 옥기의 등장은 많은 의미를 지닌다. BC 6천 년경 시작된 옥기는 BC 4천 년경에 이르러 절정을 이루며 대량으로 만들어졌는데, 홍산문화 유역 한 묘에서만 옥기가 20여개나 나왔고[81)] 그동안 다양한 종류의 옥기가 수 천 점이나 발견되었다. 이렇게 옥기가 대량으로 만들어졌다는 사실은 그 사회가 이미 상당한 부가 축적되어 분업화되어 있었고 높은 지배계급이 출현했다는 이야기인데 이는 고대 국가에서 나타나는 주요 특징이다. 즉 옥기 시대에 이미 고대 초기국가의 형태가 형성되었다고 할 수 있다. 예전에는 고대국가는 청동기시대에나 가능하다고 생각했는데, 청동기시대에는 고대국가의 특징이 뚜렷하게 나타났고, 그 이전 옥기시대에도 이미 초기국가 형태가 등장했다는 주장이 가능해진다. 또 이 당시의

80) 「코리안 루트를 가다」, 159쪽.

81) 뉴허량 제2지점 21호 묘. 「코리안 루트를 가다」, 153쪽.

무덤을 보면 벌써 순장이 행하여지고 있었는데 이는 국가시대에 나타나는 특징이므로 이 시대에 이미 초기국가가 등장했다는 사실을 뒷받침해 준다.

옥기, 왜 중요할까?

옥기의 발견이 중요한 이유는 옥기가 대량으로 생산되던 BC 4천 년경에 고조선은 고대국가의 초기단계에 진입했다는 증거이기 때문이다. 그동안에는 단군조선이 세워진 BC 2333년에 고대국가가 등장할 수 없었고, 청동기 시대로 진입한 1천년 경에나 가능했다고 생각했다. 그런데 옥기의 발견으로 말미암아 그 연대는 대폭 수정이 가능해졌다. 환웅천왕 시대인 BC 8천~6천 년경에 겹친 人자 무늬 토기가 등장하여 널리 보급되었고 BC 5천~4천 년경에는 옥기가 사용되면서 초기 국가 단계로 진입했다. 그리고 BC 2333년에는 강력한 문화를 가진 국가인 고조선이 탄생했다.

발해연안에서 발견되는 옥의 원산지가 요동반도의 수암현(岫岩縣)이어서 수암옥이라고 한다. 또한 홍산문화에서 발견되는 옥기와 동일한 유형이 한반도 강원도 고성에서 발견되어 발해연안과 한반도는 같은 문화권이었다는 것이 명확하게 입증되었다.

2) 청동기 등장

고대사에서 청동기는 중요하게 다뤄지며 논란이 많이 제기된다. 그 이유는 고대국가가 청동기 시대에 탄생되었다고 생각하기 때문이다. 혈연집단이 자급자족하며 평등하게 살아가던 고대에 국가 단계는 경제가 성장하여 신분의 계층이 생겨나고 왕권과 법이 강화되어 여러 씨족 집단들을 다스리는 중앙집권이 가능해져야 한다. 그런데 청동기가 등장하면서 농업생산량과 인구가 증가하자 고대 국가가 탄생할 조건이 갖추어졌다.

아직도 우리 사학계는 우리 역사의 영역을 한반도에만 국한시키고 또 문헌에 의존하여 우리나라 청동기는 BC 8~7세기 시베리아를 통해서 전해졌다고 주장하고 있다. 그러나 시베리아 청동기는 구리, 주석, 아연으로 주조되었지만 우리나라 청동기는 구리, 주석, 납으로 주조되어서 서로 성분이 다르며, 우리 청동기는 발해연안에서 발견되는 청동기와 성분이 같다. 이는 우리 청동기는 시베리아에서 전래된 것이 아니라 발해연안에서 만들어진 청동기의 영향을 받았다는 뜻이다.[82] 우리나라 청동기문화는 발해연안으로 영역을 확대하고, 또 발해연안에서 발견된 청동기 유물의 연대를 따라야 한다. 발해연안은 우리 최초의 국가인 고조선의 영역이었기 때문이다.

발해연안에서 발견된 청동기는 다음과 같다. 먼저 요동반도의 우가촌(于家村) 적석총에서는 청동 화살, 단추, 고리, 낚시바늘 등 소형 청동기가 발견되었는데 그 연대는 BC 1500~1300년이다. 홍산문화의 적봉시 하가점 하층에서 발견된 청동 제련덩어리는 BC 1900년경의 것이다. 하북성 당산시 대성산 유정에는 BC 2000년경의 붉은색 순동으로 만든 장식이 발견되었다. 요하 하류 무순시 망화유적에서는 토제 솥과 더불어 청동기들이 발견되었는데 토기 파편의 연대는 BC 3000년 전이다.[83]

우하량(牛河粱 뉴허량) 제 13지점 전산자(轉山子 잔산쯔) 적석총에서는 야동감과(冶銅坩堝) 즉 청동주물을 퍼 옮기는 도가니와 청동을 녹인 찌꺼기인 동사(銅渣)가 발견되었다. 이 적석총은 BC 3500~3000년에 조성된 것이다.[84] 고인돌은 청동기 시대의 산물이라고 평가되는데, 한반도 양평에서 발견된 유물은 BC 2500년경

82) 이형구, 「한국고대문화의 비밀」, 새벽출판사, 2012년, 37, 57쪽.

83) 위의 책, 59쪽.

84) 「코리안 루트를 가다」, 138, 271쪽.

이다.[85] 따라서 배달족의 청동기시대는 늦게 잡아도 BC 2500년 이전에 등장했다고 할 수 있다.

고조선 청동기의 특징 중 하나는 비파형으로 만들어진 동검에 있다. 일반적으로 동검은 좁고 긴 일자형인 세형(細形)으로 만들어 지는데 고조선 지역에서는 칼과 어울리지 않는 비파형으로 만들어졌다. 겹친 人자 무늬 토기와 더불어 비파형동검에는 고조선의 어떤 이념이 들어있다고 생각되는데, 이에 대해서는 앞에서 이미 다룬 바와 같다. 청동기 등장 연대와 더불어 놀라운 것은 청동기 제작 기술이다. 용도에 따라 합금의 비율을 다르게 한 것은 물론 청동으로 1.2~1.4mm의 구슬과 0.25mm의 실을 만들었는데 이런 청동실은 오늘의 기술로도 어렵다고 한다.[86]

우리에게 이 청동기 시대가 중요한 이유는 고조선의 역사성과 관련되어 있기 때문이다. 고대국가는 청동기 시대에 등장하는데 우리의 청동기 시대를 BC 1500~1000년으로 추산하면 BC 2333년에 세워졌다는 고조선은 신화의 대상이 되며 또 그렇게 해석해 왔다. 없는 사실을 만들어 낼 수는 없지만 근래 발견된 유물들은 고조선이 세워지기 이전 이미 고조선의 영역에 청동기가 존재했다는 사실을 확인시켜주고 있다. 그 뿐 아니라 앞에서 본 바와 같이 BC 5천여 년 전에 조성된 여신전과 대량으로 발견된 정교한 옥기들, 적석총들은 청동기 이전에 이미 초기 국가의 형태가 등장했음을 보여주고 있다. 이집트의 경우도 청동기가 등장하기 이전에 이미 강력한 고대국가가 등장했다.

이런 유물이 발견되기 이전에는 우리 조상은 물론 겹친 人자 무늬 토기를 비롯한 신석기 문화와 청동기 문화들이 북방으로부터

85) 윤내현, 「고조선 연구 상」, 95쪽. 전남 영양군 장천리에서 발견된 청동기시대의 주거지는 BC 2600여 년경이다.

86) 「고조선 연구 하」, 206~207쪽.

들어왔다는 북방전래설이 정설이었다. 그러나 근래 발견되는 유골 화석과 구석기시대 유물에 의하면 한반도에는 구석기 시대인 70여 만 년 전부터 우리 조상들이 단절되지 않고 살고 있었으며, 그들이 발해연안을 중심으로 가장 이른 시기에 신석기 문화를 탄생시켰다. 이제는 반대로 그 문화들이 발해연안에서 만들어져 북방으로 전해졌다고 수정되어야 한다. 중국은 이 문화를 선점하여 자신들의 문화로 편입시키려고 발 빠르게 움직이고 있다. 그러나 우리 정부와 사학계는 아직 이에 대하여 입장정리조차 못하고 있는 실정이다. 이제는 과거의 고정관념을 버리고 사실을 사실로 인정하고 받아들여야 할 때가 되었다.

3) 철기문화

철기는 BC 1300년경 은나라에서 처음 사용되었다. 여기서 발견된 유물은 청동기의 몸체에 칼날을 합성한 철인동월(鐵刃銅鉞)이었다. 그러나 철기가 일반화된 시기는 BC 6세기경인 춘추전국 시대이다. 발해연안에서는 BC 5~4세기경에 철기가 보편화되었고, 부여국은 철과 황금을 잘 다루는 것으로 알려졌으며[87] 한반도에서는 가야의 철 기술이 월등히 뛰어났다.

신석기와 청동기문화까지는 발해연안이 중원보다 앞섰다고 할 수 있지만 철기시대를 지나면서부터는 중원이 앞서는 것을 볼 수 있다. 철기와 같은 물질문명에서 뿐만 아니라 배달족에서 시작한 한자와 유교, 도교 등과 같은 정신문화도 춘추전국 시대를 거치면서 중원에서 완성되었고 이후부터는 중국의 영향을 받게 되었다. 왜 이런 현상이 빚어졌을까? 이 문제는 우리 고대사에서 짚어 보아야 할 가장 중요한 문제라고 생각된다.

이 부분에 대해서는 〈물음24〉에서 별도로 다루고자 한다.

---

87) 「한국 고대문화의 비밀」, 61~62쪽.

물음 6 인류의 정신문화, 어디서 시작되었을까?

주요 고대문명은 이집트, 메소포타미아, 인도, 중국 문명인데 그 중에서 메소포타미아 문명이 가장 이른 시기에 등장했다고 알려져 있다. 중국은 한나라(漢 BC 206년~AD 220년) 때부터 자신들이 세상의 중심이라는 중화사상을 가지고 있었다. 그런데 현대에 이르러서는 자신들이 서양문명의 지배를 받았고 또 메소포타미아 문명이 중국 문명보다 1000년 정도 앞섰다는 것이 정설이 되었으므로 중화사상을 주장하기 어렵게 되었다. 그런데 중국은 이제 경제 등에서 서양의 그늘에서 벗어나기 시작했고 또 발해연안에서 새로 발굴된 유물이 메소포타미아 문명보다 늦지 않았으므로 발해연안문명을 확보하면 다시 중화사상을 전 세계에 선전할 수 있다고 생각했다. 이런 이유로 중국은 동북공정을 국가차원에서 추진하고 세계에서 인정받기 위하여 유네스코에 등재하는 등 심혈을 기울이고 있다.

발굴된 유물의 연대를 보면 발해연안에서 발견된 유물이 중국의 황하문명보다 1500여 년 이상 앞서 있다. 발해연안 문명이 동양에서 제일 먼저 출현했다는 사실은 의심의 여지가 없어 보인다. 더 나아가서 다른 문화와 비교해도 비교의 기준에 따라 달라질 수도 있지만 발해연안 문화가 메소포타미아 문화보다 앞선 부분이 있다고 주장할 수 있는 여지가 충분히 있다. 농업과 고대국가의 탄생을 기준으로 한다면 아마도 이집트가 가장 앞섰고 할 수 있다. 이집트 나일강 하류는 매년 기름진 퇴적층이 쌓이므로 농지를 개간할 필요도 없고, 흙이 부드럽고 거름기가 많아 씨를 뿌리기만 하면 농사가 잘 되므로 농업 발달이 용이했기 때문이다. 이런 이유로 이집트는 청동기시대 이전 이미 중앙집권이 가능한 고대국가가 탄생할 수 있었다. 반면 청동기의 등장을 기준으로 한다면 단연 메소포타미아가 앞섰다. 왜냐하면 이곳은 구리 함량이 높은 노천광산이 널려있기 때문에 구리를 발견하기가 쉬웠다. 그러나 토인비에 의하면 메소포타미아 문화는 BC 3500여 년 이전에 수메르인들이 외부에서 들어오면서 가지고 온 문화에서 출발했다고 한다.[88]

그런데 배달족의 겹친 人자 무늬 토기는 BC 6000년 이전에 등장했고, 옥기는 BC 4000년 이전까지 거슬러 올라가며, 홍산문화에서 발견된 옥의 가공 기술과 적석총의 규모 등은 그 사회가 이미 BC 4500여 년 이전에 초기 국가 단계에 진입해있었다는 것을 보여주고 있다. 이런 것들을 비교해보면 고조선의 문명은 이집트나 메소포타미아 문명과 비교해도 발생 시기에 있어서 결코 뒤지지 않았다고 할 수 있다.

정신문화의 뿌리

그러나 인류의 고대 문화를 비교할 때 토기나 청동기, 고대국가의 등장 시기보다 더 중요한 것이 있다. 사람답게 살아가는 '정신문화'가 그것이다. 정착과 국가생활을 가능하게 한 물질문화와 더

---

88) 토인비, 「역사의 연구 Ⅰ」, 속표지의 연대표. 토인비는 수메르인들이 BC 3500년경 이전에 우르지역에 들어왔다고 보고 있다.
백과사전 등을 찾아보아도 중국, 인도, 메소포타미아, 이집트 등의 문화가 발생한 연도를 정확하게 가늠하기가 쉽지 않다. 발생연대를 측정하는 기준이 서로 다르기 때문이다. 농업을 기준으로 하면 중국과 이집트 등이 BC 1만년 경으로 비슷하고, 청동기만을 기준하면 메소포타미아가 BC 4천년 경으로 가장 앞섰다. 메소포타미아에서 청동기가 앞선 이유는 이 지역에 노천 구리광산이 많이 있기 때문이다. 4대 문명가운데 메소포타미아의 문명이 가장 먼저 시작되었는데 그 문명은 수메르인이 외부에서 가지고 들어왔다는 의견이 그동안의 일반적인 견해였다. 수메르인이 BC 3500년 이전에 가지고 들어온 문화의 수준과 같은 시기의 발해연안 문명을 비교해보면 여러 면에서 발해연안 문명의 수준이 앞서 있었다고 할 수 있다.

불어 사람이 사람답게 살아 갈 수 있는 정신문화가 인간에게는 무엇보다도 중요하다. 아무리 물질문화가 앞서있다고 해도 정신문화가 뒤떨어져 있으면 이는 미개한 문화일 뿐이고 선진문화라고 할 수 없다. 인간이 있는 곳에는 정신문화가 있지만 정신문화도 수준의 차이가 있게 마련이다. 고대문명권의 정신문화는 그 문명의 탄생과 관련된 신화에 들어있다. 이 신화들을 지녔던 사람들의 삶을 비교해보면 정신문명의 수준이 드러난다. 잘 알려진 메소포타미아와 이집트, 그리스의 신화를 보면 여러 신들이 서로 시기하고 다투는 이야기들이다. 그런데 그 어디에도 고조선이 지녔던 것과 같은 천신(天神)과 유일신(唯一神)과 천지인(天地人) 사상과 홍익인간(弘益人間), 재세이화(在世理化)를 선언하고, 실제 역사 속에서 환웅천왕과 단군왕검이 이루었던 고조선과 같은 나라를 만들었던 민족은 없다. 이는 결코 과장이 아니다.

고대 문명을 평가할 때 토기나 청동기, 고대국가가 등장한 시기를 기준으로 삼고 있지만 더 중요한 것은 정신문화라고 할 수 있다. 그 문화를 지닌 사회나 국가가 어떤 가치관과 윤리와 도덕, 규범을 가지고 어떤 사회와 국가를 이끌었는가가 더 중요한 비교의 대상이어야 한다. 발해연안의 문화는 정신문화에 있어서 다른 어떤 문화보다 앞서 있었으며 수준이 높았다. 앞에서 이미 살펴본 바와 같이 중국의 유교와 도교의 근원은 배달족이었다. 배달족에게서 시작된 유교나 도교는 다른 문화권보다 이른 시기에 등장했고 또 그 수준이 훨씬 높다. 고대는 물론이고 지금에서도 인간이 도달할 수 있는 최고 수준의 정신문화는 유일신 신앙과 홍익인간 정신이며 이보다 더 높은 수준의 정신문화는 있을 수 없다. BC 6천 년 이전에 등장한 겹친 人자 무늬 토기에는 이미 그런 정신의 중요한 특징들이 들어 있었다.

여기서 말하고자하는 것은 어느 문명에서 발견된 유물이 가장 오래되었느냐의 문제가 아니다. 시간이 지나다 보면 지금 우리가 알지 못하는 더 오래된 유물이 발견될 수도 있다. 그러나 우리 조상인 고조선의 환웅천왕이나 단군왕검이 만들어낸 정신문화보다 더 앞선 문화는 없었을 것이다. 믿기지 않지만 우리 조상들이 동양문화는 물론이고 더 나아가서 인류역사에서 정신문화의 시원을 이루었다고 할 수 있다. 우리 조상들은 뿌리문화, 시원(始原)문화를 만들어 냈다. 그렇다면 우리 조상들은 도대체 어떻게 이런 문화를 일으켰을까?

물음 7 무엇이 문명을 가능하게 하는가?

어떤 이유 때문에 우리 조상들이 인류 정신문화의 시원을 열었을까? 또 그 원인을 어떻게 알 수 있을까? 우리 조상들이 처해있었던 지정학적인 환경과 사회적인 요인 등 외부에서 그 동기를 물어 찾아보면 알 수 있다. 그러나 이런 상황들은 자료의 부족 때문에 접근에 한계가 있다. 방법과 관점을 바꾸어서 밖이 아닌 안에서 즉 문명을 시작할 당시에 우리 조상들이 가졌던 생각과 정신에서 출발해보면 어떨까? 그런데 문제가 있다. "그들의 생각과 마음을 어떻게 알 수 있는가?"라는 문제다. 이에 대해서도 자료나 근거가 빈약하기는 마찬가지이다. 그렇다면 방법이 없을까?

이런 한계를 극복하기 위하여 역사에서 있었던 유사한 예를 찾아보고 거기에서 접근방법을 찾아보면 많은 도움이 될 수 있다고 생각한다. 우리와 다른 문화권이지만 근동(近東 메소포타미아와 이집트의 문화)에서 실제로 있었던 사실을 이런 측면에서 살펴보면서 통찰력을 얻어 보고자 한다.

기독교의 경전으로 알려진 구약성경은 메소포타미아와 이집트문화를 중심으로 전개되고 있으며, 대단히 오래된 고문서에 해당된다. 구약성경의 주인공인 이스라엘 사람들의 조상은 아브라함(아브람)이며 BC 2000년경 메소포타미아의 '우르'라는 곳에 살았던 사람이다.[89] 그의 초기 활동에 대한 성경의 기록은 다음과 같다.

> 여호와께서 아브람에게 이르시되 "너는 너의 고향과 친척과 아버지의 집을 떠나 내가 네게 보여 줄 땅으로 가라. 내가 너로 큰 민족을 이루고 네게 복을 주어 네 이름을 창대하게 하리니 너는 복이 될지라. 너를 축복하는 자에게는 내가 복을 내리고 너를 저주하는 자에게는 내가 저주하리니 땅의 모든 족속이 너로 말미암아 복을 얻을 것이라."하신지라, 이에 아브람이 여호와의 말씀을 따라갔고 롯도 그와 함께 갔으며 아브람이 하란을 떠날 때에 칠십오 세였더라.(창세기 12:1~4)

위의 본문을 보면 하나님께서 아브라함에게 왜 고향을 떠나라고 말씀하셨는지, 왜 큰 복을 주시겠다고 하시는지, 또 하나님은 어떤 분이신지에 대하여 아무런 설명이 없다. 또 아브라함이 어떤 사람이며 무슨 생각을 하고 있었는지에 대해서도 침묵하고 있다. 그러나 표현 방식이 다를 뿐 이에 대한 설명이 본문에 상세하게 들어있다. 어디에, 어떻게 들어있을까? 수천 년 전의 이야기를 담고있는 성경은 독특한 표현방식으로 기록되어 있다.

위의 내용은 지금으로부터 4천 년 전의 이야기이며, 그 당시는 기록이 용이하지 않아 구전(口傳) 즉 암기에 의존해야 했다. 천 년 이상을 구전으로 전해지는 과정에서 독특한 성서문학의 특징이 생

89) 우르는 지금의 바스라이며, 유프라테스 티그리스 강의 합류지점이면서 페르시아만과 만나는 요충지이며 수메르인들이 외부에서 문화를 가지고 와서 문명을 일으킨 곳이다. BC 2000년 당시에는 수메르 문화의 전성기이며 우르-남무 왕이 다스리던 시대이다.

겨났다. 기억에 도움이 되도록 산문이 아닌 운문으로 문장이 다듬어지면서 내용이 함축되었다. 성경본문은 운문으로 기록된 일종의 시(詩)와 같다고 보면 된다. 성경을 해석할 때 유의해야 할 부분은 바로 이런 특징이며, 본문을 문자대로 해석하면 본래의 뜻과 어긋날 뿐만 아니라 반대가 되는 경우가 허다하다. 이를 염두에 두면서 본문을 해석하면 다음과 같다.

아브라함이라는 사람은 가난하고 비참하게 살아가는 대다수의 사람들을 불쌍하게 여기면서 그들 모두가 행복하게 살아갈 방법을 찾으며 고심했다. 그러나 그런 방법이 있을 리가 없었다. 그래도 그는 포기할 수가 없었다. 그들의 고통과 아픔이 너무 불쌍하게 느껴졌기 때문이다. 세상에서, 사람의 차원에서는 방법이 찾아지지 않자 이제는 하나님에게 눈을 돌렸다. 이 세상이 있다면 세상을 만든 분도 계실 수밖에 없으며, 세상과 인간을 만드신 하나님이라면 모든 사람이 다 행복하기를 바라실 뿐만 아니라 그들 모두를 행복하게 할 방법과 능력도 반드시 가지고 있으리라는 결론에 아브라함은 도달했다. 이런 생각으로 그는 하나님을 찾기 시작했다. 그에게는 자식이 없었는데 마침 고아가 된 조카 롯을 아들처럼 여기며 데리고 있었다. 후사를 두는 것보다 그는 불쌍한 사람들의 문제가 더 중요하게 느껴졌다. 그는 나이가 75세가 되어 늙어갔지만 이런 생각을 떨쳐버리지 못하고 고민하며 하늘의 하나님을 찾고 또 찾았다.

아브라함은 이런 사람이었다. 그런데 아브라함이 이런 사람이었다는 것을 어떻게 알 수 있는가? 하나님께서 아브라함에게 하시는 다음과 같은 말씀 속에 은폐, 함축, 암시되어 있다.

> "내가 … 네게 복을 주어 네 이름을 창대하게 하리니 너는 복이 될지라. … 땅의 모든 족속이 너로 말미암아 복을 얻을 것이라."

이 본문에는 아브라함이 무엇에 관심을 가지고 있었는지가 간접적으로 묘사되어 있다. 아브라함은 모든 사람이 복을 받고 행복하게 살기를 바라고 있었다. 그가 이런 문제에 아무런 관심이 없었는데도 하나님께서 그에게 말씀을 하셨을 리가 없다. 아브라함에게 말씀하시는 하나님은 어떤 분이실까? 아브라함의 생각처럼 세상 모든 사람이 다 복을 받고 행복하게 살기를 원하신다. 그런데 그 실현 방법은 그런 일을 할 만한 사람을 통해서다. 그래서 하나님께서는 그 일을 할 만한 사람을 또한 찾고 계신다. 그런데 그런 사람이 비로소 눈에 띄었으니, 바로 아브라함이었다. 그의 평생을 지켜보시던 하나님은 그의 마음을 확인하시고 아브라함에게 자신을 드러내시며 "내가 너와 그리고 네 후손을 통해서 네가 바라던 그 일, 즉 모든 사람이 복을 받아 행복하게 살게 하는 일을 시작 하겠다. 그러니 너는 이제 그 일을 하기 위해서 내가 지시할 땅으로 가라." 고 말씀하신다. 고향과 친척과 아버지의 집을 떠난다는 것은 씨족/부족시대에 나그네가 되는 것인데, 나그네는 그 시대에 가장 비참한 사람의 대명사다. 그런 사람들의 문제를 해결하려면 그 사람들 중 하나가 되어 그들의 삶을 직접 겪어야 한다. 하나님의 이런 말씀을 들은 아브라함은 주저하지 않고 그 모험의 길을 떠났다. 성경의 짧은 내용에는 이처럼 많은 내용이 은폐, 함축, 암시되어 있다. 이것을 읽어내는 것이 성경의 해석이다.

위에서 언급한 성경의 다음 이야기들은 아브라함과 그의 후손인 이스라엘 사람들이 세상의 한 복판에서 가장 비참하고 가난한 사람 중에 하나가 되어서 어떻게 그들의 문제를 해결해 가는지의 방법과 긴 여정을 담고 있다. 이것이 성경에서 말하는 핵심이다. 그런데 성경이 독특한 방식으로 기록되어 있고, 또 많은 내용을 담고 있어서 읽다가 그 핵심과 방향을 놓치고 문자대로의 단편적인 해석에 그치는 경우가 허다하다.

아브라함의 뜻을 이어받은 후손인 이스라엘 사람들이 찾아낸 방법, 즉 모든 사람들이 행복하게 사는 방법은 아브라함으로부터 500여년 뒤에 모세라는 사람에 의해서 집대성되는데 이를 율법이라고 한다. 성경에 등장하는 예언자들은 이스라엘 사람들에게 이 율법대로 세상 모든 사람들을 행복하게 하는 그런 삶을 살아야 한다고 가르치며 촉구하던 사람들이다. 구약성경은 율법과 예언자들의 글과 그들의 삶을 담은 이야기인 역사서로 구성되어 있다. 지금까지 간략하게 설명한 이야기에서 한 방법을 통찰해보면 다음과 같다.

- 가난하고 비참하게 살아가는 대다수의 사람들을 불쌍하게 여기면서 그 해결방법을 찾는 한 사람이 있다.
- 그 사람은 세상에서 방법이 찾아지지 않자 포기하지 않고 하늘을 향하여 탄식하며 호소한다.
- 하나님께서는 그 사람에게 자신을 나타내시고 그 방법을 알게 하시며 그 사람을 통해서 그 문제를 해결하신다.
- 하나님께서는 그 사람에게 그 시대를 이끌어가는 주도권을 주신다.

이를 다시 압축하면 다음과 같다.

위대한 정신에서 그 정신을 실현할 방법이 찾아지며,

그 사람에게 영향력이 주어진다.

이것은 창조주 하나님께서 세상에 만들어 놓으신 원리와 이치이며 법이며, 누구에게나 공평하게 적용된다. '지성이면 감천'(至誠之感天)이라는 격언은 이를 두고 하는 말이다. 이제부터는 성경에서 찾아진 원리와 방법을 가지고 우리의 고조선을 해석해보고자 한다.

가족이나 소수의 혈연집단을 이끌고 먹을 것을 찾아 떠돌아다니는 삶은 생각보다 고달프다. 채취나 수렵으로 양식을 구하기도 쉽지 않았지만 확보한 양식을 지키는 것은 더 힘들고 위험했다. 숫자가 더 많고 힘이 센 무리에게 늘 빼앗겨야 했기 때문이다. 양식을 찾아 수시로 옮겨 다니면서 그때마다 비와 추위를 피할 주거지를 확보하는 것도 힘겨운 일이다. 이들에게는 도무지 사람처럼 살 방법이 없었으며, 누구나 살아남기에 급급했다. 그런데 짐승처럼 떠돌며 약육강식(弱肉强食)하는 사람들을 보면서 불쌍한 마음으로 해결책을 고민하는 사람들도 있었을 것이다. 이런 생각을 하는 사람은 많이 있지만 해결방법이 없고 또 자신의 문제를 해결하기도 벅차기 때문에 대부분 곧 포기하고 만다. 그런데 이런 문제가 너무 중요하게 느껴져서 포기하지 못하고 평생을 씨름하며 고민하다가 하나님을 찾는 신앙으로 이어지는 사람도 있다.

고대의 신앙은 자기 힘으로 해결하기 힘든 자신의 문제를 신의 도움으로 해결하려는 데에서 출발한다. 고대에는 개인, 가족, 씨족이나 부족의 신은 물론 국가의 수호신이 있었다. 그런데 간혹 자신의 문제가 아닌 남의 문제, 모든 사람의 문제를 가지고 신을 찾는 사람이 있다. 성경의 아브라함, 모세, 예언자들은 이런 사람들이었다. 하나님께서는 이런 사람들에게 당신을 드러내시고 또 그 방법을 깨달아 알게 하신다. 성경에서만이 아니라 고대에 아브라함처럼 고민하며 살아가는 사람들이 분명히 있었을 것이다. 정착생활을 비롯하여 모든 사람을 유익하게 하는 방법들은 이런 사람들을 통해서 주어졌다.

정착생활에 없어서는 안 될 도구, 물을 떠 나르고 물과 곡식을 저장할 수 있는 토기를 처음에 만들어 내기란 쉽지 않았을 것이다. 우리나라에서 발견된 구석기의 유물은 70만 년 전인데 토기의 등장은 8000년, 길게 잡으면 1만여년 전이다. 우리나라에서 구석기 시대가 70만 년 전에 시작되었고, 정착생활이 가능한 신석기 시대 후기가 1만전 전에 시작되었다면 69만 년 동안 떠돌며 살아야 했다.

고대유물에서 토기가 중요한 이유는 토기는 정착생활의 상징이기 때문이다. 토기의 등장, 즉 정착생활의 방법을 찾아내는 일은 그만큼 어려웠다. 이런 이유로 토기는 석기시대의 혁명적인 발명품이라고 한다. 진흙을 빚어서 토기를 만드는 것은 쉽게 생각할 수 있지만 그 토기를 800℃ 정도에서 굽는 것을 생각하고 또 방법을 찾아내기란 사실상 불가능할 만큼 어려운 일이다. 그렇기에 그 오랫동안 토기 없이 살면서 떠돌이 생활을 해야 했다. 토기를 만드는 기술에는 정착생활에 필요한 농경과 목축의 기술이 같이 들어 있다.

우리나라에서 최초로 토기를 만들어 낸 사람은 토기에 겹친 사람 인(人) 자 무늬를 새겨 넣으면서 모든 사람이 서로 다투지 않고 손에 손을 잡고 어울려 살기를 염원했다. 그리고 그 기술을 널리 알려 주었다. 이 기술을 전수받는 사람은 그 정신도 같이 전달받아 토기를 만들 때면 그 무늬를 그려 넣었다. 홍익인간 정신은 이렇게 태어나서 확산되어 나갔다. 겹친 人자 무늬 토기가 배달족의 그 넓은 지역에서 5천 년 이상 지속될 수 있었던 이유는 여기에 있다. 이 토기를 만든 사람은 하나님의 도우심으로 토기와 정착생활이 가능했다고 생각하며 하늘의 하나님을 섬기는 신앙을 대단히 중요하게 생각했다.

고조선 건국이야기에는 이런 이야기들이 신화의 형식으로 기록되어 있다. 환웅은 아브라함과 비슷한 고민을 하던 사람으로, 그 고민 때문에 하나님을 만났고, 또 해결방법을 찾았다. 이를 염두에 두면서 삼국유사의 기록을 다시 읽어볼 필요가 있다.

> 옛날 환인의 아들 환웅(桓雄))이라는 이가 있어 늘 천하(天下)에 뜻을 두어 인간 세상을 욕심내었다. 그 아버지가 아들의 뜻을 알고 아래로 삼위(三危) · 태백(太伯)의 땅을 내려다보니 인간들에게 크나큰 이익(弘益人間)을 줌직한지라. 이에 천부인(天符印) 세 개를 주어 보내어 그곳을 다스리도록 하였다. 환웅은 무리 삼천 명을 거느리고 태백산(太伯山) 꼭대기(태백은 지금의 묘향산) 신단수(神檀樹) 아래 내려와 그곳을 신시

(神市)라 이르니 그를 환웅천왕(桓雄天王)이라 하였다. 그는 바람을 맡은 어른, 비를 맡은 어른, 구름 맡은 어른들을 거느리고 곡식 · 인명 · 질병 · 형벌 · 선악 등을 주관하여 살펴보며 무릇 인간살이의 360여 가지 일을 주관하여 세상에 살면서 합리적으로 진화(在世理化)시켰다.

환웅이 천하에 뜻을 두어 인간세상을 욕심내었다는 기록은 세상 모든 사람들이 골고루 행복하게 사는 방법때문에 고민했다는 뜻이며, 하나님(환인)께서 천부인(天符印)을 주셨다는 것은 그 방법을 알게 하셨다는 뜻이며, 바람, 비, 구름을 맡은 사람이란 농경법을 터득했음이며, 곡식, 인명, 질명, 형벌, 선악 등 360여 가지의 일은 누구나 골고루 행복하게 사는 사회의 법과 제도를 말한다. 환웅은 이런 방법을 널리 알려서 약육강식의 세상을 개화시켜 나갔다. 사람들은 환웅을 천왕(天王) 즉 하늘이 보낸 왕이라 불렀고, 그가 사는 곳은 신시(神市)라고 했다. 삼국유사와 제왕운기의 고조선이야기는 이런 뜻이다.

이런 내용을 고조선지역에서 발굴된 유물 등을 참고로 그 시대를 재구성하면 다음과 같다.

환웅은 자신이 찾아낸 방법으로 세상을 효과적으로 개화시키기 위하여 여러 가지 방법을 찾아냈다. 하늘의 하나님께 제사를 드리기 위하여 자연석으로 작은 규모의 천제단을 쌓았고, 모든 사람들을 정기적으로 모이게 하여 제천행사를 진행했다. 이 행사는 하나님에게 제물을 드리는 데에 초점을 맞추지 않고 모인 사람들을 개화시키며 공동체의식을 가지게 하는 데에 역점을 두었다. 음식을 장만하여 누구나 배불리 먹게 했고, 여러 날 동안 함께 노래하고 춤을 추며 화합을 다지게 했다. 강강술래, 아리랑 등은 이렇게 시작되었다. 환웅은 이런 제천행사를 중요하게 생각하여 중앙에서는 천시(天市)에서 행사를 진행했고, 지방에서는 소도(蘇塗)에서 천군(天君)이라는 성직자로 하여금 제천행사를 진행하며 홍익인간, 재세이화의 사상을 확산시키게 했다. 이는 일종의 신앙에 기초한 교육제도인 셈이다.

환웅은 자신의 이런 뜻을 토기에 사람 人자 무늬로 그려 넣었고, 농사법 등과 더불어 널리 보급하여 사람답게 살게 했다. 많은 사람들이 환웅의 이런 뜻을 받아들이게 되었고, 사람들은 환웅을 천왕으로 섬겼다. 흔히 빗살무늬 토기라고 알려진 사람 人자 무늬 토기가 다른 토기를 제치고 고조선의 넓은 영역에서 최소한 5천년 이상 쓰일 수 있었던 이유는 여기에 있다. 이와 더불어 유일신 신앙인 천신과 천지인 신앙들이 우리의 정신문화로 뿌리를 내리게 되었다. 많은 시간이 지난 후에 곰족과 호랑이족 등의 강력한 추대에 의해 단군이 왕으로 추대되어 단군왕검의 고조선 국가가 세워졌으며, 단군조선은 2천년 이상을 내분에 시달리지 않고 평화를 유지할 수 있었다.

고대 모든 사회가 신앙중심의 제정일치였기 때문에 제사장이 왕보다 영향력이 더 컸다. 이런 이유로 왕은 제사장의 직책을 겸했다. 그러나 배달족의 신앙은 당시 다른 종교와는 많은 면에서 달랐다. 앞에서도 말한 바와 같이 여러 신이 아닌 유일신을 믿었으며 신상과 신전이 없었고, 제천의식은 신을 섬기는 의식 중심이 아니라 참여한 사람들이 어울려 화합을 이루는 데에 있었다. 이런 사실은 중국에서 발견되는 청동기에는 제사 음식에 사용되는 제기(祭器)들이 많지만 배달족에게서 발견되는 제사에 사용된 기구는 악기가 주종을 이루고 있다는 데에서도 잘 나타난다. 이런 신앙의 형태는 종교 중에서 가장 발달하고 가장 고차원의 신앙에 해당한다. 기원전 6천 년경에 이런 신앙이 등장했다는 것은 놀라울 뿐이다.

다신교와 미신적 신앙이 뿌리 깊은 시대에 그 신앙을 바로잡는다는 것은 생각보다 어렵다. 종교는 인간의 정신에 가장 큰 영향을 미치기 때문에, 신앙으로 형성된 사고방식은 쉽게 바뀌지 않는다.

특히 잘못된 신앙의 신념일수록 고치기가 더 어렵다. 고대 사회는 이런 미신적인 신앙이 지배하고 있었으며 가장 큰 영향을 끼쳤다.

그런데 겹친 人자 무늬 토기와 더불어 농경과 목축 등 정착기술이 확산되면서 토기의 겹친 人자 무늬에 들어있는 홍익인간, 재세이화 정신은 널리 확산되었으며, 동시에 참 하나님에 대한 바른 신앙도 같이 전파되었다. 그렇지만 저급한 신앙들이 다 사라지지는 않아 지금까지 그 흔적이 남아있다. 하지만 홍익인간 사상과 하늘의 하나님에 대한 유일신 신앙, 하늘과 땅과 사람을 하나로 보면서 인간을 중요하게 생각하는 천지인 사상은 널려 퍼져서 우리 민족 정신의 특징으로 지금까지 이어지고 있다.

아브라함의 이야기와 더불어 고조선의 이야기는 고대의 정신문화가 어떻게 시작되었는지를 다음과 같이 확인시켜주고 있다.

위대한 정신에서 그 정신을 실현할 방법이 찾아지며,
그 사람에게 영향력이 주어진다.

물음 8 도전과 응전만으로 고대문명이 탄생했을까?

고대문명의 발생과정에 대한 연구에서 빼놓을 수 없는 이는 '도전과 응전'으로 잘 알려진 토인비이다.[90] 그는 역사연구의 단위를 민족(nation)이나 시대가 아닌 '사회'에 초점을 맞추고 있으며, 인

90) Arnold Joseph Toynbee(1889~1975)는 영국 옥스포드 대학교에서 고대사를 전공했으며, 「역사의 연구」를 쓰기 위하여 교수직을 사임하고 1924년부터 30여년 이상을 연구하여 12권의 대작을 완성했다. 1946년 2권으로 압축하여 발간했다.

류역사 이래 등장한 크고 작은 21개 문명의 생성소멸에 대하여 지대한 관심을 가지고 치밀하게 연구하며 분석했다. 토인비의 주요 관심은 문명이 소멸해가는 과정과 그 원인이었는데, 이를 다루다 보니 문명이 생겨나는 원인도 동시에 다루게 되었다.[91] 여기서는 토인비가 말하는 문명의 탄생 이론을 염두에 두면서 우리 조상이 탄생시킨 발해연안문명의 탄생원인을 살펴보고자 한다.

토인비는 환경의 도전에 대한 응전에서 초기의 자생적 문명이 시작되었다고 말한다. 21개의 문명 중 자생적 문명은 이집트, 안데스, 중국, 미노스, 수메르, 마야 등 여섯 문명이었다고 한다. 이 문명들은 주로 환경의 영향에서 시작되었는데, 비슷한 환경이 주어진 다른 곳에서는 왜 문명이 탄생하지 못하고 아직 미개한 상태로 남아있거나 아니면 사라져버렸는가라는 물음에서 그는 환경의 도전에 적응한 창조적인 사람들만이 문명을 만들어 내면서 진보했다고 말한다. 토인비에 의하면 문명의 쇠퇴와 소멸의 원인 또한 내부의 도전에 어떻게 응전하여 승화시키는가에 달려 있다.[92] 문명의 생성소멸의 원인은 인종이나 환경 그 자체에 있지 않고 그 도전을 어떻게 받아들이느냐가 중요하다는 뜻이다.[93] 토인비는 지성인답게 서양 문화의 우월성을 내세우지 않고 모든 문화를 동등하게 보면서 각 문화에 접근하려고 한다.

그가 제시하는 여러 예 중에서 우리와 직접 관련이 있는 중국문화에 대한 분석을 먼저 보면 다음과 같다. 중국의 황하강 하류는 이집트의 나일강과 메소포타미아의 하류와 비슷하게 홍수로 말미암은 범람에 시달려야 했다. 대다수의 사람들은 이런 도전에 도피

---

91) 토인비, 「역사의 연구 1」, 더 스타일, 2012, 21쪽. 토인비는 서문에서 이런 동기를 밝히고 있다.

92) 토인비의 압축본 「역사의 연구 I」의 제 5장 153~196쪽에서 이 관점으로 여러 문화를 분석하고 있다.

93) 이 문제는 위의 책 제 4장에서 다루고 있다.

하거나 응전을 포기하지만, 이와 맞부딪혀 해결하려는 소수의 창조적인 사람들이 있었고 이들이 중국문명을 만들어 냈다고 한다. 같은 중국내에 있는 강이지만 양자강은 거의 범람이 없었기 때문에 문화도 만들어지지 않았다. 문명은 도전이 없는 곳에서는 생겨나지 않으며, 적절한 도전이 있는 곳에서, 그 도전을 적절하게 극복해낸 사람들이 만들어 낸다고 한다. 미노스 문명과 아테네 문명도 같은 방식으로 설명한다. 토인비의 이런 이론은 고대의 문명은 물론 현대의 문명에 이르기까지 많은 통찰력을 제공해 주고 있으며, 널리 받아들여지고 있다.

이제 토인비의 이 이론을 염두에 두면서 발해연안 문명을 비교분석해 보고자 한다. 근래에 밝혀진 바에 의하면 동아시아에서 황하문명이 최초의 문명이 아니라 그 이전에 발해연안 문명이 있었다. 그러나 토인비는 이것을 몰랐는데 이는 그의 잘못이 아니다. 그가 이 이론을 말하던 1900년대 초중반에는 아직 발해연안 문명이 발견되지 않았기 때문이다. 그런데 중요한 것은 발해연안에는 어떤 자연적인 도전이 전혀 없었다는 사실이다. 6천여 년 전의 기후에 의하면 발해연안은 지금보다 훨씬 따뜻해서 논농사가 적합했으며, 발해연안은 사람살기에 가장 좋은 환경이었고 아무런 외부의 도전이 없었다. 도전이 없었으니 마땅히 응전할 일도 없었다. 토인비에 의하면 도전에 대한 응전에서 문명이 탄생하고, 좋은 환경이 주어진 사람들은 응전할 일이 없으므로 지금까지 미개하게 살고 있거나 사라졌다고 한다.[94] 그렇다면 가장 좋은 환경인 발해연안에서 생겨난 고도의 문명은 어떻게 설명해야 하는가? 토인비의 「역사의 연구」를 꼼꼼히 읽으며 여러 각도에서 살펴보아도 토인비의 이론으로는 이에 대한 설명이 불가능하다.

인간의 문명에 대하여 평생을 연구한 토인비의 이론이 많은 통

94) 위의 책 214쪽.

찰력과 혜안을 주고 있는 것은 사실이다. 그런데 그의 '도전(challenge)과 응전(response)'의 이론은 사람의 문명만이 아니라 동식물의 세계에 존재하는 적자생존(適者生存)의 이론이다. 현재 남아있는 인간을 비롯한 동식물은 적자생존의 지배를 받으면서 살아남았다. 인간이 등장하고 난 뒤에도 몇 차례의 빙하기가 있었다고 한다. 그런데 과학자들의 진화론에 의하면 비록 문명에 이르지 못하고 미개하게 살아가고 있는 사람들도 빙하기에 응전을 했기 때문에 살아남아 있는 셈이다. 최대한 길게 잡아 일만 년 인류의 문명사에서 인류의 문명을 동식물에게도 똑같이 적용될 수 있는 도전과 응전, 곧 적자생존의 논리로만 설명한다면 뭔가 중요한 것이 빠진 것이 아닐까? 토인비는 인간의 진보가 호모 네안데르탈렌시스(구인류)에서 호모 사피엔스(신인류)를 지나 '호모 메카닉스'(기계시대 인간)에 이르렀다고 지적하면서[95] 과학기술로 말미암은 내적인 위기를 극복하기 위해서는 현대 문명이 도덕적으로 자기 결정을 하는 방향으로 진보하여 영적인 도전으로 '승화과정'(Etherialization)으로 가야 한다고 역설하면서 「역사의 연구」를 마무리한다.[96]

인간은 식물이나 동물과 달리 이성과 영성, 양심, 감성과 의지 등을 가지고 있다. 이런 인간의 정신은 본능적인 욕구보다 인간의 삶에 더 큰 영향을 미치며, 인간을 짐승보다 낫게 할 수도 있고 낮게 할 수도 있다. 인간이 최초로 만들어 내는 문명과 인간의 이런 본성, 특히 양심과 영성은 어떤 관련이 있지 않을까? 종교는 인류의 역사와 더불어 시작되었다. 짐승에게는 종교와 도덕이 있을 수 없지만 인간에게는 늘 종교와 도덕이 같이 있었을 뿐만 아니라 가장 큰 영향을 미쳤다. 결국 종교와 도덕이 문명의 중심에 놓여 있

95) 「위의 책, 230쪽.

96) 「역사의 연구 Ⅱ」, 247~262쪽.

다. 인간에게는 영성과 도덕성 즉 양심이 주어져 있기 때문이다.

이런 것들을 염두에 두어보면 문화에는 크게 두 유형이 있다고 할 수 있다.

1. 적자생존(適者生存) 문화

이 문화는 토인비가 언급한 바와 같이 외부의 도전에 대한 응전 즉 어떤 위기가 닥쳤을 때 그것을 극복하고 살아남기 위하여 생겨난다. 고대문화의 대부분은 이런 성격을 띠고 있고, 이런 문화에는 두 형태가 있다.

1) 약육강식

이 문화는 자신이 살아남기 위하여 남을 공격하는 문화다. 토인비가 지적하는 고대 그리스의 고대국가들이 여기에 해당한다. 고린도와 스파르타, 아테네는 인구가 늘어나고 땅이 비좁아져 살 수 없게 되자 무력으로 주변을 침략하여 식민 지배를 하면서 해결했다. 이들 나라뿐만 아니라 고대 대부분의 국가들이 이렇게 살았다. 고대에는 추수가 끝나면 곧 전쟁의 계절이었다.[97] 약탈해 올 곡식이 많기 때문이다. 이런 약탈전은 작은 전쟁이고 보다 큰 전쟁은 전면전을 벌여 수많은 사람을 노예로 끌어가고 식민지배하며 매년 과중한 공물을 요구했다. 제국을 건설한 다음에는 자신의 힘을 과시하기 위하여 전쟁포로들과 약탈물자를 사용하여 기념비적인 건축물들을 지었는데, 주로 신전이었다.

고대에 힘이 있으면서 주변 나라를 침략하지 않는 경우는 거의 없었다. 당연히 주변을 침략하여 지배해야 한다고 생각했다. 당하는 쪽에서는 억울하기 이를 데 없으나 어쩔 수 없으니 당하면서

---

97) 성경(사무엘하11:1, 열왕기상 20:22)에 보면 그 당시의 이런 상황이 잘 드러나 있다.

힘을 기르고 있다가 기회만 생기면 저항했다. 사실 인류 역사의 대부분은 이런 전쟁의 연속이었으며 지금도 계속되고 있다. 이런 문화에서는 발전된 기술이 우선적으로 무기를 만드는 데에 사용된다. 이런 악순환은 계속되며 막을 방법이 쉽지 않다.

이 문화의 특징은 무기와 기술이 중요시되며, 여기에서 얻어진 힘을 기초로 전쟁을 통하여 자신의 세력범위를 넓혀나간다. 이 문화 속에는 늘 갈등과 전쟁이 끊이지 않다가 어느 정도 세력을 넓히고 평정이 되면 이제는 그 사회를 유지하기 위하여 법을 만들고 윤리와 도덕을 강조한다. 그러나 약육강식 문화에서는 국가법, 사회법, 도덕과 윤리는 미봉책일 뿐 언제나 힘의 논리가 우위를 차지한다.

2) 합리주의

그리스 고대 도시국가 중에 아테네가 있었다. 아테네 역시 스파르타나 고린도처럼 식량위기의 문제를 해결하기 위하여 주변 나라를 침략하여 식민지배와 약탈을 자행했다. 그러나 이는 곧 한계에 부딪혔다. 식민지배를 당하는 나라들이 늘 저항하며 도전하기 때문이다. 그래서 이번에는 방법을 바꾸었다. 아테네의 농지는 척박하여 일반 농사에 적합하지 않았기 때문에 척박한 땅에서 잘 자라는 올리브나무를 심어 기름을 생산했다. 그러나 기름만 먹고 살수는 없으므로 기름이 나지 않는 나라로 가지고 가서 양식과 바꾸어 와야 했다. 그 과정에서 기름을 담는 질그릇이 발명되고, 선박제조와 항해술, 상업이 발전했고 부가 축적되어 도시국가로 성장할 수 있었다.[98]

그런데 아테네 사람들의 위대함은 여기서 그치지 않았다. 대부분 이런 성공을 거두면 그 다음에는 내적인 도전을 이겨내지 못하

98) 토인비는 이 사실을 중요하게 다루고 있다. 위의 책 224쪽

고 정신문화가 타락하여 쇠락의 길을 간다. 그런데 그들은 이런 유복한 환경을 창조적으로 활용하여 연구에 연구를 거듭했다. 아레오바고(Areopagus)라는 언덕에 모여 끊임없는 질문과 토론을 통하여 무엇이 진리이며, 어떻게 사는 것이 최선인가라는 주제로 방법을 찾았고 또 실험으로 옮겨 확인했다. 고대의 미신에서 벗어나는 자연철학과 인간의 도리를 다루는 인문 철학 등 서양 철학은 여기에서 시작되었으며, 정치, 문학, 역사, 의술, 스포츠 등 서양 최고의 각종 문화는 여기서 만들어졌다.

합리주의 문화의 꽃은 헬라문화라고 할 수 있다. 칼에 의지하던 스파르타는 이름만 남아있고 흔적도 없이 사라졌으며, 고대 메소포타미아, 이집트문화는 땅에 묻힌 유물로 남아 고고학의 대상이 되고 말았다. 그러나 헬라의 합리적인 문화는 그 이후 서양은 물론 현대에 이르기까지 전 세계에 막대한 영향을 미쳤는데, 이는 결코 우연이 아니다. 그 문화의 성격과 수준 때문이다.

헬라문화의 끝은 여기가 아니었다. 근대에 이르러 헬라문화를 재발견하여 현대문명이 탄생했다. 르네상스시대에 이르러 헬라의 합리적인 사고가 활발해지면서 산업혁명이 일어났고 이어서 과학기술이 급속도로 발전했다. 동시에 민주주의와 공산주의의 등장으로 기존의 왕정독재와 신분체도가 사라지는 등 사회전반에도 대대적인 혁명이 일어났다. 르네상스 시대는 혁명의 시대였다. 한편에서는 이런 혁명의 여세를 몰아 인간이 인간의 힘으로 현실 세계에 이상국가를 실현하려는 꿈에 부풀었다. 그러나 결과는 어떻게 되었는가?

합리주의 문화는 약육강식 문화를 몰아내지 못하고 말았다. 적자생존, 약육강식 논리로 무장한 각 나라는 과학기술을 동원하여 무기를 만드는 데에 혈안이 되었고, 그 힘을 앞세워 약소국을 지배하는 제국주의가 등장했으며, 먹이를 놓고 싸우는 짐승과 같은 세계대전이 연이어 일어났다. 대량살상무기는 인류는 물론 지구의 생존을 위협하기에 이르렀고, 환경오염으로 인류의 멸종은 피할 수 없게 되었다. 하나님을 배제하고 철학으로 포장한 인간주의, 이성주의의 한계는 이렇게 드러난다.

토인비가 설명한 문명의 역사는 크게 약육강식의 문화와 합리주의 문화로 구별된다. 그러나 인간은 합리주의를 표방해도 약육강식의 속성을 떨쳐버리지 못한다. 토인비는 평생의 역작에서 각 문화권의 생성소멸을 도전과 응전의 도식으로 해석하면서, 현대문명의 한계를 극복할 방법을 고심했지만 뚜렷한 해결책을 제시하지 못하고, 외부적이기보다는 내부적이며, 물질적이기보다는 영적인 도전을 기대하는 '승화의 과정'(Etherialization)을 제시하며 「역사의 연구」라는 대작을 마무리 짓는다.

토인비가 기대하며 과제로 제시하는 내부적이며 영적으로 도전하는 승화는 무엇일까? 미래나 먼 곳에 있지 않고 바로 지나간 문명의 역사 속에 이미 들어있다. 그 문화는 도전과 응전의 도식이 아닌 다른 도식으로 설명이 가능하다.

2. 홍익인간(弘益人間) 문화

이 문화는 다양한 환경의 도전에서 자신이 살아남기 위하여 몸부림치다가 만들어지는 문화가 아니다. 처음 시작 단계에서부터 절대 다수의 사람들이 적자생존에 시달리며 낙오되고 도태되며 고통을 당하는 현장을 직시하면서 그들의 고통을 어떻게 해결할까라는 불쌍히 여기는 마음에서 출발한다. 처음 시작하는 사람은 무슨 문화를 만들겠다는 거창한 생각으로 출발하지 않는다. 단지 자신을 포함하여 동시대를 살아가는 사람들의 불쌍한 모습이 견딜 수 없어서 고민 또 고민을 거듭하다가 사람이 아닌 하나님에게서 그 해결의 방법을 찾아낸다. 자신이 살아남기 위한 방법은 특출한 개인의 힘으로 가능할지 모르지만 모든 사람이 다 같이 행복하게 사는 방법은 인간에게서는 불가능하다. 결국 측은지심(惻隱之心)에서 출발하는 사람은 창조주 하나님에게 도달하여 그를 만나고 그에게서 방법을 찾아낸다. 측은지심의 문화는 곧 신앙과 종교의 문화로 귀착(歸着)되는 이유가 여기에 있다.

이 문화는 외부의 도전에 대한 응전에서 시작하지 않고 위대한 정신, 즉 모든 사람이 행복하게 살아야 한다는 큰 정신에서 출발하며, 그 정신의 실현을 가능하게 할 방법이 하나님으로부터 찾아진다. 찾아진 방법으로 자신의 세력을 키워 남을 정복하려 들지 않고 반대로 사람들에게 널리 알려 같이 살아가려고 한다. 이 문화 내부에서는 다툼과 전쟁이 일어나지 않는다. 단지 이 문화를 위협하는 불의를 용납하지 않으려고, 즉 폭력을 제압하기 위하여 힘을 기르며, 전쟁이 있기는 하지만 남을 침략하여 지배하기 위한 전쟁이 아니라 침략을 막아내고 폭력을 제거하기 위한 전쟁에 치중하게 된다. 인류 역사에 이런 측은지심의 문화는 둘이 있다.

1) 고조선 문화

고조선의 문화에 대해서는 이미 앞에서 다룬 바와 같다. 다시 간추린다면 이 문화는 '환웅'에게서 시작되었다. 그는 인간들을 불쌍히 여기는 측은지심에 기초하여 농경과 목축으로 정착생활을 가능하게 했으며 토기를 개발하여 그 겹친 사람 인(人)자 문양에 정신을 담아 보급했다. 이 겹친 人자 무늬 토기가 그 넓은 지역에서 5천 년 이상 지속된 이유는 그 정신의 위대함 때문이다. 정치권력이나 법의 힘이 아닌 감동의 힘이었다. 고조선 중기에 등장하는 청동검의 모양에서도 이런 정신을 다시 찾아보게 된다. 무슨 장식품이 아니라 검을 만들면서 비파형으로 만드는 경우는 없다. 전쟁에 쓰일 검을 비파형으로 만들려는 생각 자체가 역사에서 유례가 없다. 토기의 겹친 人자 무늬와 검의 독특한 모양에는 이런 사상과 정신이 들어 있다.

이런 우리 조상들을 '사람'이라고 불러서 후일 한문으로 사람인(人)자가 만들어졌다. 우리 조상들은 외출할 때면 불의와 폭력을 제거하기 위하여 칼을 차고 다니며 서로 사양하며 싸우지를 않아서 군자의 나라라고 했다. 이는 결코 과장이 아니었다. 우리 조상들의 이런 정신이 중국으로 흘러들어가서 후일 중국의 유교와 도교 등으로 집대성되었다. 이에 앞서 중국의 전설적 이상국가인 요순(堯舜)의 순임금이 동이족이며, 중국의 대표적 고대국가인 은나라는 우리 배달족이 세웠다. 중국의 문화는 결국 우리 조상들이 만들어낸 문화이다.

측은지심에서 얻어지는 방법은 세계 최고의 문화를 형성한다. 고조선 역사에서는 내부 반란이 일어나지 않았기 때문에 그 나라가 2천 년 이상을 지속할 수 있었다. 인류역사에 한 왕조가 2천 년 이상 지속한 경우는 없다. 이런 측은지심에서 세계 최고의 기술과 방법이 나오게 마련이다. 조선의 세종은 백성을 불쌍히 여기는 성군이었다. 한글이 만들어지고 과학기술이 당시 세계 최고 수준으로 발전했으며 국가가 안정되었다. 세계 최고의 병법도 측은지심에서 나온다. 이순신의 불패 신화는 병법 이전에 전쟁의 참화에 시달리는 백성을 지키려는 마음에서 나왔다. 그 마음이 있었기에 그는 백의종군을 묵묵히 받아들였다.

측은지심에서 출발하는 배달족의 문화는 종교의 문화다. 이런 이유로 고대 우리민족 문화의 특징을 "종교적이며 영성적이고 영험하다."라고 평가한다.[99] 홍익인간(弘益人間), 재세이화(在世理

99) 「한국사상의 연원과 역사적 전망」, 7쪽.

化) 사상과 천지인(天地人), 인내천(人乃天) 등의 사상은 전적으로 신앙의 산물이다. 그러나 같은 뿌리를 가진 중국의 유교와 도교는 하나님과 종교가 배제되어 있으며 유교는 도덕철학이고, 도교는 형이상학 철학이다. 그러나 우리나라에 들어온 유교와 도교에는 신앙적인 성격이 추가된다. 신앙은 우리의 정신문화의 바탕이기 때문이다.

2) 히브리 문화

구약성경의 중심에 서 있는 아브라함에 대해서는 이미 앞에서 다뤘다. 전성기를 달리던 수메르 문화의 중심지인 우르에 살던 아브라함은 측은지심으로 모든 사람이 행복하게 살기를 바라다가 하나님을 만나게 된다. 우리의 조상 환웅은 문명이 없는 백지에서 BC 6천 년경 출발했고, 아브라함은 수메르 문명이 전성기를 달리던 BC 2천 년경 고향과 친척, 아비 집을 떠나 나그네로 출발했다. 그리고 아브라함의 신앙은 500여 년 뒤에 모세에 의해 율법으로 집대성되어 세계 역사에 가장 큰 영향을 끼쳤다. 그러나 우리 조상의 홍익인간 정신은 겹친 人자 무늬 토기의 영향에서 보듯이 삶의 현장에서 수천 년 이어지기는 했지만 하나의 사상으로 집대성되지 못하고 있다가 중국에서 유교와 도교로 집대성 되고 말았다. 이는 우리의 고대사에서 가장 아쉬운 점이다.

아브라함의 위대한 정신은 그의 증손자 요셉에 의해서 1차로 실현된다.[100] 요셉은 17세에 이국땅 이집트(애굽)의 권력자 경호대장 보디발의 집에 노예로 팔려갔지만 아브라함으로부터 이어지는 불쌍히 여기는 마음을 갖고 비슷한 처지에 있는 노예들을 섬겼다. 요셉의 이런 진심은 사람들에게 큰 감동을 주어 사람들의 추대에

100) 요셉의 이야기는 구약성경 창세기 37장부터 50장까지 길게 이어진다. 요셉에 대한 이런 해석은 졸저 「창세기」에 상세히 설명되어 있다.

의해 20대 중반에 보디발의 집을 돌보는 높은 지위에 오르게 된다. 이집트의 실상을 파악한 요셉은 이집트에서 농노수준으로 살아가는 백성들을 불쌍히 여기며 그들을 구할 방법을 강구하게 된다. 결국 그는 하나님에게서 그 방법을 알게 되며, 하나님께서는 그의 원대한 계획을 실현시키실 기회를 요셉에게 만들어 주신다. 하나님의 특별한 인도하심으로 애굽의 2인자인 총리 자리에 추대로 오르게 된 요셉은 전국적인 토목공사를 진행하여 이집트 모든 사람들이 골고루 잘살게 되는 그런 나라로 변모시켜 놓는 것으로 창세기는 막을 내린다. 이는 무슨 동화 이야기가 아니라 이스라엘의 역사에 들어있는 이야기이다. 성경의 핵심 주제는 바로 이 이야기이다. 단지 아직 이렇게 해석되지 않고 있어 안타까울 뿐이다.[101] 이런 사실은 구약 성경에 등장하는 하나님의 이름이 '여호와'인데 그 뜻은 "불쌍한 이들을 한없이 측은히 여기며 가난한 이들을 바라보면 가슴 아파 견디지 못하는 하나님이다."[102]라는 구절에서 잘 나타난다.

창세기에 들어있는 아브라함과 요셉의 이야기는 500여년 뒤에 모세에 이르러 율법서로 집대성된다.[103] 이 율법서는 후일 이스라엘은 물론 세계 역사에 지대한 영향을 끼친다. 세계 역사에 가장 큰 영향을 끼친 책은 율법서다. 이 율법서에서 헤브라이즘(Hebraism)이라는 종교문화가 만들어졌고[104]아테네 문화에 기초한 헬레니즘(Hellenism)과 더불어 서양문화의 양대 산맥이 되었다.

---

101) 서양 기독교에 대한 비판적인 분석은 조선후기의 실학파와 개화파를 다루면서 하게 된다.

102) 출애굽기 34:6. 역본 〈현대어 성경〉

103) 율법서는 구약성경의 창세기, 출애굽기, 레위기, 민수기, 신명기이다.

104) 헤브라이즘은 율법을 경전으로 하는 종교문화를 말하는데 유대교, 기독교, 가톨릭, 정교회, 회교 등이 있다. 회교도 율법서를 경전으로 사용하고 있다.

측은지심의 종교 문화를 재발견하는 것이 도전과 응전에서 비롯된 문화의 한계를 극복하는 길이다. 그러나 이런 종교문화의 재발견은 합리적 철학문화를 배제하지 않는다. 둘은 서로 융합되어야 한다. 지난날의 과오는 종교문화는 합리문화를 배제하고, 이성문화는 종교문화를 배격하는 데에 있었다. 종교와 철학, 신앙과 이성은 서로 적대관계가 아니다. 이제 둘은 서로 만나서 하나가 되어야 한다.

자비(慈悲)를 강조하는 불교도 측은지심의 문화에 속한다고 할 수 있지만 그 성향이 좀 다르다. 측은지심 문화는 인간이 당면한 비참한 현실 문제를 직시하며 그 해결에 초점이 맞추어져 있다. 그러나 그 해결은 인간만의 힘으로는 어렵기 때문에 결국 하나님을 찾고 의지하는 종교문화가 된다. 그러나 불교는 현실문제의 직접적인 해결보다는 현실에 대한 초월을 추구하며, 스스로의 힘으로 깨달음의 경지를 추구하기 때문에 신앙의 대상인 신이 없다. 엄밀한 의미에서 불교는 종교가 아니라 종교 철학이라 할 수 있다. 그러나 인도에서 시작된 불교가 중국을 거쳐 우리나라에 들어와서는 한국불교의 특징을 띄게 된다. 한국불교의 특징은 통일신라 시대의 불교에서 찾아보고자 한다.

고대문화를 분석해보면 적자생존 문화와 홍익인간 문화로 양분된다. 인류 역사는 대부분 적자생존 문화의 지배를 받았으나 다른 한편으로 홍익인간 문화는 고조선 문화와 히브리 문화를 통하여 동서양의 정신문화를 지배했다. 아쉽게도 토인비의 도전과 응전 이론으로는 홍익인간 문화인 고조선 문화와 히브리 문화, 즉 정신문화와 종교문화의 발생과정을 설명하지 못한다. 모든 사람을 이롭게 하려는 위대한 정신문화는 종교로 이어지며, 종교적인 방식으로 확산되고 영향을 끼친다. 고대문화에 대한 합리적인 이해를 추구한 토인비는 합리적인 문화까지는 설명할 수 있지만 종교문화의 영성에는 접근하지 못했다. 종교문화는 영성적인 접근으로만 그 핵심이 파악된다. 철학에 기초한 신학적 접근은 이성적인 이해보다는 조금 더 종교문화에 접근할 수 있겠지만 철학에 기초했기 때문에 한계가 있다. 오직 종교적 경험에 기초하는 영성적 접근만이 그 핵심을 이해할 수 있다고 본다.

오늘 우리 시대의 과제는 각기 동서양을 지배하던 홍익인간 문화와 히브리화를 **영성으로** 융합시켜서 새 시대를 이끌 정신문화을 창출하는 일이다. 그 과제가 지금 우리에게 주어져 있다.

물음 9 어떤 문화가 살아남았을까?

인류역사 이래로 수많은 문화가 등장했으나 결국 지금까지 살아남아 전 세계에 영향을 미치는 문화는 몇 개에 불과하다. 근대 이후에 전 세계에 영향을 끼친 문화는 서양문화인데 그 문화는 헤브라이즘과 헬레니즘이며, 동양에 영향을 끼친 문화는 불교와 유교, 도교 등이다. 회교는 종교인구 숫자로 기독교 다음으로 많고, 또 중세시대에는 헬라문화를 기반으로 학문이 크게 발전하여 서방세계보다 앞섰으며, 십자군전쟁을 통해 기독교세계에 영향을 주기도 했다. 그리고 종교적인 분류에서는 넓은 의미에서 헤브라이즘 영역에 들어가므로 별도로 취급하지 않았다. 정신문화에서 헬레니즘과 헤브라이즘, 불교, 유교, 도교 등만이 살아남은 이유는 무엇일까? 토인비의 도전과 응전의 이론으로 본다면 창조적으로 응전한

문화만 살아남았다. 문화의 세계에서도 적자생존이 적용된 셈인데, 가장 우수한 문화만 남아있다. 이들을 간략히 살펴보면 다음과 같다.

1. 헬레니즘(Hellenism)

헬레니즘은 고대 그리스 아테네에서 만들어져서 세계화된 철학문화다.[105] 알렉산더 이후 서양문화의 기초를 이루며, 르네상스 운동 이후 재발견되어 근대에 이르러 전세계에 영향을 미쳤다. 헬레니즘은 고대에 인간 이성의 합리적 사고를 중요시했기 때문에 살아남았다. 무력을 앞세운 스파르타는 사라졌지만 합리적인 해결책을 추구한 아테네는 살아남았다. 남을 침략하지 않고 자신의 상황을 과학적으로 연구하여 해결하려는 헬라의 합리주의는 살아남았을 뿐만 아니라 그 후 산업혁명과 인문주의 혁명(민주주의, 공산주의)에 지대한 영향을 주었다. 근대 이후는 과학문명을 앞세운 이성주의시대였다고 해도 과언이 아니다. 그러나 21세기를 맞이하면서 이성주의와 과학문명이 만들어낸 대량살상무기, 환경파괴 등으로 말미암아 인류의 생존이 심각한 위협을 받게 되자 위기를 타개하기 위하여 대안을 모색하고 있다.

2. 헤브라이즘(Hebraism)

헤브라이즘은 구약성경의 히브리(Hebrew)에서 유래된 종교문화인데, 유대교와 회교도 구약의 율법을 경전으로 사용하기 때문에 넓은 의미에서 헤브라이즘에 포함되지만 주로 서양의 기독교 문화를 말한다. 기독교(그리스도교)는 헤브라이즘 가운데서 예수님을 그리스도(구세주)로 인정하는 종교를 말한다. 헤브라이즘의

105) 헬레니즘의 명칭은 고대 아테네 문명을 일으킨 헬라스(Hellas)에서 유래하는데 '헬라인처럼 사는 문화'이다. 알렉산더에 의해 전 세계로 확산되는 발판을 마련했다.

신은 구약성경의 '여호와'이다. 역사 이래 수많은 종교의 신들이 등장하여 서로 경합을 벌였는데, 현재까지 남아서 전 세계에 영향을 끼치는 신은 결국 헤브라이즘의 신인 여호와가 유일하다고 할 수 있다. 회교와 유대교의 신도 여호와이기 때문이다.[106]

불교도 종교로 분류되지만 신앙의 대상 즉 신이 없기 때문에 엄밀한 의미에서 종교가 아니라 종교철학이다. 불교의 창시자 싯다르타(부처)는 선각자일 뿐 신앙의 대상이 아니다. 유교 역시 넓은 의미에서 종교라고 할 수 있지만 신앙의 대상인 신이 없으므로 종교라고 할 수가 없으며, 도덕종교이다.

수많은 종교 중에서 왜 헤브라이즘만 살아남았을까? 이유는 단순하다. 이보다 더 나은 종교문화가 없었기 때문이다.

3. 불교와 유교, 도교

불교와 유교와 도교는 동양의 사상으로 주로 동양에서 영향을 끼쳤다. 동양의 종교에서 불교와 도교보다 더 나은 것이 없었으며, 실천윤리에서는 유교보다 더 우수한 것이 없어 이들이 살아남았다. 인류 역사를 돌이켜 보면 종교와 철학 등의 정신문화에서도 적자생존의 원리가 적용되어 가장 우수한 문화만 살아남았다.

고조선의 문화는 독자적으로 집대성되지 못하고 중국에서 집대성되었기 때문에 중국화되어 유교와 도교라는 이름으로 흘러왔다. 우리의 과제는 고조선 본래의 신앙과 정신을 재발견하여 서양의 종교문화인 헤브라이즘을 재해석하는 데에 있다. 이는 우리 시대의 가장 큰 과제이며 한국인에게만 문이 열려 있다.

106) 회교에서도 율법서를 경전으로 받아들이고 있기 때문에 결국 회교의 신 '알라'역시 '여호와'라고 할 수 있다.

물음 10 21세기의 과제, 무엇이며 누가 풀어야 하나?

21세기를 맞으면서 세계는 대변혁이 일어나고 있다. 서양의 시대가 저물어가고 힘의 축이 동양으로 기울면서 동양의 시대, 세계화의 시대가 시작되었음을 우리 모두가 이미 실감하고 있다. 동양이 주도적으로 세계화의 시대를 열어가려면 그것을 가능하게 할 사상적인 기반이 있어야 한다. 서양이 근대 이후 500여 년 동안 세계를 이끌어 갈 수 있었던 것은 르네상스 이후 재발견된 사상이 있어서 가능했다. 우리 시대에 가장 시급한 과제는 새 시대를 이끌어갈 사상을 만들어내는 것이다. 물론 한 시대를 이끌어갈 사상은 쉽게 만들어지지 않겠지만 그럼에도 불구하고 만들어야만 한다. 이것이 우리가 당면한 시급한 과제다. 어떻게 이 과제를 해결해야 하나?

이 사상은 서양에서는 만들어질 수가 없다. 고대 서양의 사상은 헬레니즘과 헤브라이즘에 기초했으나 중세로 접어든 이후에는 실크로드와 징기스칸의 서양 원정 등을 통해 중국의 나침반, 화약, 종이, 인쇄술 등이 서양에 영향을 주었다. 중국에 선교사로 왔던 마테오리치(Matteo Ricci, 利瑪竇, 1552~1610)를 비롯한 예수회 선교사들에 의해서 중국 사상들이 유럽에 전해져서 많은 반향을 불러 일으켰다. 예수회 선교사들은 중국의 유학과 성리학을 기독교신학과 조화시키려고 시도했지만 유학과 성리학의 반종교(反宗敎)와 무신론적인 경향 때문에 실패하여 서양의 기독교에는 별로 영향을 주지 못하고 말았다. 그러나 유교의 반종교적인 경향이 유럽의 계몽주의 시기(1688년 영국 명예혁명에서 1789년 프랑스혁명까지 약 100년)에 지대한 영향을 주어서 반종교적인 이성주의를 가능하게 했다.[107] 헬라철학과 더불어 중국 유교가 서양의 이성주의 시대를 열었고, 이어서 발달한 과학문명으로 말미암아 전 세계를 지배할 수 있었다.

그런데 서양의 현대 사상은 500여년을 지나면서 이미 그 효력을 잃었고, 서양사상 내에서는 더 이상 새로운 시대를 이끌어갈 사상이 나올 수 없는 한계에 이르렀다. 새 시대를 선도할 새 사상은 서양과 사고구조가 다른 동양에서만 가능하다. 이런 이유로 서양의 석학들은 동양에 관심을 가지고 있다. 그들은 동양의 불교와 유교, 도교에 지대한 관심을 가지고 연구하지만 서양인으로서는 자체적으로 새로운 사상을 탄생시키는 것이 불가능하므로 동양 어디에서 그 일이 성사시키기를 기대하고 있다. 동양의 어느 나라일까?

동양에서만 가능하다는 뜻은 동양의 사상이 서양의 사상을 대체한다는 의미가 아니다. 동양의 사상은 동양의 한계에 갇혀있기 때문에 세계화에는 적합하지 않다. 이 한계는 그동안 동양에서 집적된 사상으로 서양의 사상을 재해석해야 극복된다. 결국 인류역사에서 등장하여 지금까지 살아남은 동서양의 문화와 사상을 융합해야 한다. 융합(融合)은 혼합(混合)과 다르다. 혼합은 필요한 부문만 선택하여 보완하는 것이지만 융합은 양쪽을 다 재해석하는 새로운 창조에 해당된다. 현대 500년 동안 세계를 지배한 문화가 서양사상이기 때문에 서양인으로서는 자신들의 문화를 스스로 재해석 할 수가 없으며, 동양인이 동양사상의 입장에서 서양사상을 재

---

107) 이러한 주장은 생소하다고 느껴질 수 있는데, 이에 대한 증거는 주겸지저, 전홍식 역, 「중국이 만든 유럽의 근대」와, 황태연, 김종록, 「공자, 잠든 유럽을 깨우다」, 김영사, 등에서 구체적으로 확인할 수 있다. 중국학자 주겸지는 반종교적인 유교가 서양 계몽주의 철학의 기반이 되었다고 주장하며, 설득력있는 근거들을 제시하고 있다.

해석해야 한다.

이런 이유로 서양인들은 동양중에서 힌두교와 불교를 탄생시킨 인도와, 유교와 도교를 탄생시킨 중국에 지대한 관심을 가지고 지켜보고 있다. 한국은 그들의 관심대상에서 벗어나 있다. 서양인들에게 한국의 문화는 중국 문화의 일부라고 비춰졌기 때문이다. 그런데 앞에서 본 바와 같이 중국사상과 문화의 뿌리는 한국이다. 동양인으로서 동양의 입장에서 서양의 문화를 재해석하려면 동서양의 문화를 동시에 이해할 수 있는 다음의 조건이 충족되어야 한다.

- 동양의 사상인 유교와 도교, 불교가 수용된 역사가 있어야 한다.
- 서양문화, 특히 기독교가 활성화된 역사가 있어야 한다.
- 전통문화 속에 종교와 세계화사상이 들어있어야 한다.

동양에서 위의 조건을 모두 충족하는 나라는 우리 밖에 없다. 우리는 유교와 불교, 도교 등의 종교를 2천 년 전에 수용하였으면서도 종교 간 갈등이나 대립이 없었다. 조선 후기에는 가톨릭이 들어왔고 말기에는 개신교가 들어와 세계 역사에서 유래를 찾을 수 없을 만큼 활성화되었다. 또 우리의 전통에는 천신신앙과 홍익인간-재세이화 사상이 들어있을 뿐만 아니라 이 사상의 영향으로 다른 나라를 침략하여 식민 지배를 하지 않았다.

동서양 사상의 융합에서 가장 중요한 문화는 종교성이다. 그 이유는 지난 시대를 풍미했던 현대 이성주의는 반종교적이며 무신론이었기 때문이다. 탈현대, 현대 이후 시대의 사고구조는 친종교(親宗教), 유신론이어야 한다. 2천 년대에 접어들면서 이성을 대체하는 용어로서 '영성'(靈性)이라는 용어가 쏟아져 나온 이유는 여기에 있다. 인도의 불교에는 신(神)이 배제되었으며, 공자의 유교에는 종교가 설 자리를 찾기가 어렵다. 그러나 조선 성리학, 특히 퇴계 성리학의 리(理)는 종교와 만날 수 있는 여지가 있다. 그 이유는 고조선에서 형성된 우리의 천신사상이 바탕이 되고 있기 때문이다. 또 우리 전통문화에는 이 세상 현실 속에 이상을 실현하려는 경향이 강하다. 새로운 시대를 이끌어갈 사상을 만들어 내려면 전통적인 종교문화를 바탕으로 서양의 종교문화를 재해석하여 그 이상을 현실에 적용시킬 수 있어야 한다. 이런 조건들을 충족시킬 나라는 우리 외에는 없다.

21세기에 새 시대를 열어갈 역할이 우리에게 주어졌다는 사실은 단순한 염원이 아니라 현실적으로 가능한 요청이며 당면과제다. 단지 아직 우리가 그렇게 느끼지 못하고 있을 뿐이다. 세계에서 유일하게 빈국에서 선진국 대열에 들어섰으며 2천 년 초부터 불기 시작한 한류(韓流)가 동남아를 넘어 유럽 한복판에서 선풍적 인기를 모으는 것은 이에 대한 직접적인 증거다.

한국인, 우리에게는 우리 역사 이래로 전무후무한 기회가 주어져 있다. 그 가능성을 좀 더 자세히 살펴보면 다음과 같다.

물음 11 히브리문화와 고조선문화, 얼마나 닮았을까?

우리가 과연 새 시대를 열어갈 사상을 만들어 낼 수 있으며, 또 세계화 시대의 주역이 될 수 있을까? 도무지 믿기지 않는 일이며 의구심을 떨쳐 버리기 어렵다. 그러나 이는 우리에게 주어진 당면과제이다. 우리 아니면 이를 해결할 나라가 없기 때문이다. 그 가능성을 다시 확인하기 위하여 여기서는 앞에서 다룬 우리의 전통사상과 서양문화의 핵심인 서양 기독교 사상을 비교해 보고자 한다.

1. 서양의 두 기독교

서양의 기독교를 재해석하기 위해서는 서양기독교를 먼저 알아야 한다. 구약성경에 대한 충실한 이해를 바탕으로 서양의 기독교 2천 년 역사를 돌이켜 보면 두 기독교가 있음을 알게 된다. 여기서 말하는 두 기독교란 구교와 신교, 정교회 등의 교단을 말하는 게 아니다. 현재 서양기독교가 성경에서 말하는 본래의 기독교에서 많이 벗어나 있으므로 본래 기독교와 구별하는 구분이다. 편의상 이를 서양의 기독교와 성경의 기독교라는 이름으로 구분하여 살펴보고자 한다.

1) 서양의 기독교

현재의 서양기독교는 그 신학이 형성되는 과정에서 유대교의 흔적을 청산하지 못했을 뿐만 아니라 헬라철학의 영향을 지대하게 받았다. 기독교 신학을 정립한 사람들의 대부분은 본래 헬라 철학자였던 사람들이다. 대표적인 신학자가 아우구스티누스(Augustinus 354~430)이다. 이들은 헬라철학에는 익숙했지만 구약성경 특히 율법의 핵심을 이해하는 데에는 한계가 있었다. 이렇다보니 유대교와 기독교에 대한 명확한 구분이 없었고 또 율법의 핵심이 기독교 신학에 반영되지 못했다. 서양기독교 신학의 기초는 헬라철학인데 헬라철학의 초월적 경향은 성경의 내재적 경향과 잘 맞지 않아서 기독교가 헬라화되는 비극이 발생했다. 이는 서양기독교 신학에서 가장 취약한 부분이며, 이로 인해 그 이후의 기독교는 잘못된 길로 접어들고 말았다. 서양의 기독교가 현세를 등한시하고 내세에 치중하며, 기독교 국가가 하나같이 제국주의로 치달은 것은 서양 기독교 신학 자체가 성경의 본래 취지에서 벗어났기 때문이다.

이런 문제는 지금 서양의 기독교뿐만 아니라 서양기독교 선교로 시작된 세계 모든 기독교 즉 가톨릭, 정교회, 개신교 모두에 나타나는 일반적 현상이다. 여기서 말하는 서양기독교란 현재의 모든 기독교를 말하며, 예외는 없다고 할 수 있다. 현재의 기독교의 신학은 그 대부분이 헬라화, 유대화되어 있으나 그 역사가 워낙 오래되다보니 구별이 되지 않고 있다. 이 문제의 해결이 현재 기독교가 당면한 가장 큰 과제다.

2) 성경의 기독교

성경에서 본래 말하는 기독교를 알기 위해서는 현재의 기독교 신학적인 시각이 아닌 본래 성경에서 말하려는 관점에서 구약성경과 신약성경에 대하여 다시 해석해야 한다. 그러나 기존의 기독교에 익숙해져 있는 사람으로서 새로운 시각을 가진다는 것이 쉽지 않다. 이는 기존의 선입견을 모두 버려야 하는데, 현재의 기독교 신학에 대한 문제점이 느껴지지 않기 때문에 결코 그 해결이 쉽지 않다.

성경의 기독교를 재건하려면 먼저 구약성경의 율법서부터 바르게 해석되어야 한다. 이에 대한 상세한 설명을 하려면 많은 지면이 요구되므로 여기서는 문제점을 지적하는 것으로 만족해야 한다.[108]

---

108) 이에 대한 상세한 설명은 필자의 졸저들을 참고하면 도움이 될 수 있다. 필자는 지난 15년간 서양기독교를 새로운 시각에서 해석하는 작업을 해 왔다. 지금 여기서 이런 지적을 하면서 본서를 쓰는 것도 이와 같은 기초가 있었기 때문에 가능하다. 졸저들은 현재 7권이 나와 있고, 계속해서 서양기독교를 재해석하기 위하여 성경부터 해석하는 중이다.

2. 성경의 기독교와 고조선의 사상

서양 기독교가 아닌 성경의 율법서에서 본래 말하는 사상과 고조선의 사상은 놀라울 정도로 유사하다. 이를 간략히 비교해 보면 다음과 같다.

1) 유일신(唯一神) 신관

성경의 신관이 유일신 사상임은 주지의 사실이므로 언급할 필요가 없다. 그런데 단군조선의 건국이야기와 고조선 사회에서 찾아볼 수 있는 신관도 유일신 신관이다. 앞에서도 설명한 바와 같이 고조선을 비롯한 고대는 다신교 사회였다. 우리나라에도 유물에서 발견되는 것과 같이 여신, 용, 곰, 봉황 등 여러 신들이 있었으며, 아직까지 그 흔적이 남아있다. 그러나 고조선을 건국한 주도세력인 환웅-단군족(배달족, 아사달족, 조선족)의 신앙은 유일신 신앙이었다. 환웅족은 하늘의 하나님만을 섬겼으며, 하늘과 땅과 사람을 하나로 생각하는 천지인(天地人)사상을 가지고 있었다. 천지인사상은 유일신 신앙의 두드러진 특징이다. 고조선에서는 환웅천왕의 이런 신앙이 점차 영향을 끼쳐서 우리 민족의 전통신앙으로 점차 뿌리내리게 되었다.

2) 신상과 신전

고대 대부분의 종교는 우상을 만들어 신으로 섬겼다. 형상이 없는 신은 생각할 수 없었기 때문이다. 그런데 고조선과 히브리인들은 초기부터 하나님의 형상을 만들지 않았다. 또 고조선과 히브리인들은 신전(성전)을 짓지 않았다. 이는 가장 발달한 종교에서나 찾아볼 수 있는 현상이다. 성경에서 후일 다윗과 솔로몬왕이 성전을 짓는데 이는 본래 성경의 취지에서 벗어난 것이다. 히브리인들과 고조선 사람들은 하나님은 사람이 만든 신전에 계시지 않고 세상 모든 곳에 계시며 통치하신다고 생각했다. 신상과 신전을 만들지 않은 또 다른 이유는 그런 것을 만들려면 모든 국력을 쏟아 붓고 백성을 강제노역에 동원해야 하기 때문이다. 이스라엘과 고조선에서는 다듬은 돌이 아닌 자연석으로 작은 제단을 만들었다. 유일신 신앙의 주요 특징은 신상이나 신전을 만들지 않는 데 있다.

3) 선민(選民) 의식

구약성경의 이스라엘 사람들은 아브라함의 후손이다. 아브라함의 손자 야곱은 열 두 아들을 낳았는데, 그 아들 중에 요셉이 이집트에서 총리가 되는 일로 인하여 야곱의 가족 70여명은 이집트로 이주하게 된다. 시간이 지나면서 이들은 노예로 전락하였는데, 400여 년 후 하나님께서 모세를 통해 애굽에서 해방시키신다. 그들은 광야의 시내산에 이르러 하나님과 계약을 맺었다. 계약의 내용은 하나님께서 노예로 지내던 이스라엘 사람들을 해방시키신 것처럼 이제 이스라엘 사람들의 역할은 세상에서 노예와 같이 비참한 사람들의 문제를 해결해야 하며, 하나님께서는 이스라엘을 도우셔서 그 일을 가능하게 하신다는 것이었다. 이후 이스라엘 사람들은 "우리는 특별히 선택받았다."라는 선민의식을 가지게 되었다. 신분과 지위와 빈부의 차별없이 모두가 행복하게 잘사는 나라를 구약성경에서는 '거룩한 나라', 신약에서는 '하나님의 나라'라고 불렀다. 이스라엘의 사명은 이 세상에서다 거룩한 나라를 세워 모든 사람들이 보고 배우게 하는 데에 있었고, 자신들은 이를 위해 부름받은 하나님의 자손이라고 생각했다.

그런데 고조선 사람들에게도 천손(天孫)의식, 즉 '하나님의 자손'이라는 의식이 있었다.[109] 고대 신앙에서 어떤 특권(特權) 의식

---

109) 「한국유학사 상」, 50쪽, 「고조선연구 상」,106쪽..

에서 자신들은 하나님의 아들이라고 생각하는 경우는 흔히 있었다. 그런데 세상에서 어려움을 당하는 사람들의 문제를 해결하기 위하여 특별한 의무과 역할이 주어졌다고 생각하고, 그런 나라를 만들기 위하여 부름을 받은 하나님의 자녀라고 믿는 경우는 극히 드물다. 그런데 고조선은 건국 정신이 '홍익인간'이다. 우리 조상들은 남달리 천손의식이 강했다. 이런 이유로 그들은 겹친 人자 무늬 토기와 비파형동검에 그 정신을 불어 넣었고 이 땅에서 이상국가(理想國家)를 실현하려고 심혈을 기울였다. 이런 사실은 조선의 성리학은 남달리 이상국가 실현을 추구했다는 데에서도 잘 드러난다.

단군과 관련된 단어들의 특징은 모두 '빛'과 관련 있다. 환, 단, 배달, 밝달(박달), 아사달, 한 등은 다 '빛'을 의미한다. 본래 이 단어들은 순수한 우리 말이었는데 후일 한문화되었다. 조선(朝鮮)은 아사달을 한자화한 단어다. 왜 이렇게 빛이라는 단어를 좋아했을까? 어두운 세상을 밝히고 바른 길로 이끌어야 한다는 천손의식이 반영되었기 때문이다. 이런 이유로 우리 민족은 신앙을 중요시했고, 영검(靈驗)한 민족, 영명(靈明)한 사람들이라고 불렸다.

4) 통치제도

모세가 율법에서 제시한 이스라엘의 통치제도는 종교와 정치를 구분하는 이원구조가 특징이다. 종교 부분은 성직자인 제사장과 레위인들이 총괄했고 정치 부분은 열 두 지파의 대표자인 장로들이 총괄했다. 성직자들이 거주하는 각 지역의 지방성소에서는 정기적으로 신앙과 국민교육을 담당했다. 정치는 열 두 지파의 대표자인 장로들에게 맡겨서 지파별로 자치를 실시하게 했으며, 중앙에서는 제사장이 신앙과 정치문제까지 총괄하게 했다. 대제사상은 종교와 정치의 최고 책임자였다. BC 1500년경에 모세는 왜 이런 제도를 구상했을까? 권력을 추구하는 정치의 속성과 중앙집권의 폐해를 너무 잘 알았기 때문에 이를 막기 위한 제도적 장치였다. 가능하면 권력을 분산시키고 또 마지막 책임자는 하나님을 두려워하는 신앙의 지도자가 맡아야 정치가 바른 방향으로 갈 수 있기 때문이다. 현대의 민주주의와 비교해도 훨씬 뛰어난 제도라고 할 수 있다.

그런데 율법과 고조선의 통치구조는 너무 놀랍게 일치한다. 고조선은 종교적으로는 중앙집권체제를, 정치적으로는 지방자치의 통치구조를 가지고 있었다. 종교를 담당하는 성직자인 선인(仙人)들과 정치를 담당하는 지도자들이 구별되어 있었다. 중앙 신시에는 종교와 정치를 총괄하는 단군이 있었고, 70여 개 지방국가의 성소인 소도에는 종교를 주관하는 천군이 있었다. 지방국가에는 정치중심지인 국읍에서 거수(渠帥)가 정치를 담당했다. 중앙통치와 지방분권을 이상적으로 조화시켜 놓았다. 단군왕검 이전인 BC 4천 년경 환웅천왕 때부터 이런 제도가 있었다는 것은 참으로 놀라운 일이 아닐 수 없다.

5) 제천(祭天) 의식

고대의 종교의식은 신에게 성대한 제물을 바치는 것이 중요한 비중을 차지한다. 그러나 율법서와 배달족의 제천의식은 신에게 제물을 바치는 데에 중점이 주어져 있지 않고 하나님을 섬기는 공동체에 초점이 맞추어져 있다. 율법에서 얘기하는 제사 중에는 자신의 죄를 용서받기 위하여 드리는 번제(燔祭)가 있으며, 다른 제사로는 제사를 드리는 사람들의 화목을 다지는 화목제(和睦祭)가 있다. 하나님과의 화목은 곧 사람들과의 화목을 뜻한다. 가장 큰 명절인 유월절과 초막절의 마지막 날에는 가난한 사람들을 초청하여 잔치를 벌이며 대접하게 했다.

고조선의 제천의식을 보면 천신에게 제사를 드리는 제물이나 어떤 종교의식에 초점이 맞추어져 있지 않다. 반대로 제사드리는 사람들끼리 모여 여러 날 귀천의 구별없이 서로 어울려 먹고 마시며 노래 부르고 춤을 추며 하나님을 찬양하고 공동체의식을 다졌다. 빈부와 신분을 뛰어넘는 평등을 구현하는 이와 같은 제사의식은 고대의 다른 종교에서는 찾아보기 어렵다.

6) 인간중심 신앙

대부분 고대 신앙에서 인간은 신을 위한 존재이며, 인간의 역할은 신을 섬기는 데에 있었다. 바벨론 신화에 의하면 신이 인간을 만든 목적은 신에게 제물을 바치게 하기 위함이었으며, 인간은 신의 노예에 불과했다. 그리스의 신화에서도 이런 사실을 엿볼 수 있다. 그런데 성경에서 만나는 하나님은 인간을 위한 존재이다. 당시 세상에서 가장 비참하게 살아가는 고아와 과부와 나그네를 불쌍히 여기시며, 그들을 곧 하나님 자신과 일치시키시고 그들을 돌보는 것이 곧 제사이고 기도라고 말씀하신다. 구약성경 창세기 1장의 천지창조의 이야기를 보면 하나님께서 세상을 만드시는 목적은 인간을 위해서였다. 신약성경에 보면 예수님은 인간의 몸으로 오신 하나님이신데, 하나님께서 인간으로 오신 목적은 인간을 위하여 대신 죽으시기 위함이었다.

그런데 고조선의 신앙은 전적으로 인간을 위한 신앙이다. 천지인 사상에는 하나님과 인간을 하나로 보고 있다. 신상과 신전을 짓지 않으며, 자연석으로 작은 규모의 제단을 쌓고 빈부귀천 구별없이 모여서 잔치를 벌이는 제천의식 등은 전적으로 인간에 대한 배려를 반영한다. 이런 신앙이 반영된 사회제도와 가르침 역시 전적으로 인간이 중심이었다. 우리 조상 배달족에게서 시작되어 중국의 공자에 이르러 집대성된 유교는 전적으로 인간중심의 가르침이다. 그러나 인간을 중요하게 여겼지만 인간주의나 인본주의로 기울지는 않았다. 단지 하나님을 섬기는 신앙이 인간을 가장 중요하게 여기게 했을 뿐이다.

7) 가정과 국가

유교가 효도와 충성을 강조한다는 것은 잘 알려져 있다. 그러나 성경은 유교보다 가정과 국가를 훨씬 더 중요하게 생각한다. 성경의 처음에 나오는 천지창조 이야기를 잘 읽어보면 창조의 목적이 한 가정의 탄생에 있다. 최초의 가정 아담과 하와가 살아갈 환경을 만들기 위하여 하나님께서는 세상을 만드셨다. 사람을 남자와 여자로 만드신 이유는 가정에 생명창조의 역할을 위임하시기 위함이다.[110] 이런 것을 볼 때 성경은 가정을 무엇보다도 중요하게 생각하고 있음을 알 수 있다.

모세가 집대성한 율법의 십계명은 전적으로 가정을 위한 법이다. 특히 율법의 핵심인 안식일, 안식년, 희년은 전적으로 가정을 지키기 위한 법이다. 십계명은 두 돌판에 기록되었는데, 첫 번째 돌판은 하나님을 섬기는 법이고 두 번째 돌판은 사람을 섬기는 법이 기록되어 있다. 그런데 부모를 섬기라는 다섯 번째 계명은 첫 번째 돌판에 기록되어 있다. 이는 부모 공경은 하나님 공경과 같다는 뜻이다. 신명기의 다섯 번째 계명은 다음과 같다.

> 너는 네 하나님 여호와께서 명령한 대로 네 부모를 공경하라. 그리하면 네 하나님 여호와가 네게 준 땅에서 네 생명이 길고 복을 누리리라.(신명기 5:16)

이 말씀에서는 부모님 말씀이 곧 하나님의 말씀이며, 부모공경이 장수와 복을 누리는 길이라고 강조한다. 신약성경을 보면 예수님께서는 세상구원의 첫 사역을 신혼가정에 참석하여 복을 빌어주

---

110) 창세기 1:1~2:3. 하나님이 자기 형상 곧 하나님의 형상대로 사람을 창조하시되 남자와 여자를 창조하시고 하나님이 그들에게 복을 주시며 하나님이 그들에게 이르시되 "생육하고 번성하여 땅에 충만하라. …"하시니라.(27~28절)

시는 일로 시작하셨다.[111]

또 성경에서는 공동체 즉 국가를 대단히 중요하게 여긴다. 그 이유는 단순하다. 국가가 없으면 각 가정이 지켜질 방법이 없기 때문이다. 이스라엘에 주어진 가장 큰 사명은 그들의 공동체를 거룩한 나라로 만드는 데에 있었다. 거룩한 나라란 각 가정이 신분, 지위, 빈부의 격차 없이 모두가 행복하게 잘 사는 나라를 말한다. 이스라엘 사람들에게는 이를 등한시하고 저 혼자 살 궁리만 한다면 이는 용서받지 못할 범죄에 해당되었다.

유교의 뿌리가 배달족에 있음은 앞에서 이미 살펴보았다. 그런데 왜 효를 가장 중요하게 여겼을까? 사람이 어떻게 살아야 하는가를 조금이라도 생각해보면 가정이 가장 중요하다는 것을 알 수 있다. 모든 생명은 가정에서 태어나서 양육되고 사회인으로 성장한다. 가정이 잘못되면 모든 것이 잘못되게 마련이다. 효의 강조는 자식의 역할에 대한 강조 같지만 오히려 반대로 부모의 도리를 중요하게 여기는 데에 있다. 고대로부터 우리 조상들의 무덤에는 제단이 같이 있었다. 고인돌은 무덤이면서 동시에 조상에게 제사를 지내는 제단이었다. 왜 이렇게 만들었을까? 죽은 부모가 정말로 신이 되었다고 생각해서일까? 시간이 지나면서 민중의 미신적 신앙에서는 그렇게 생각하기도 했지만 본래의 취지는 부모의 역할은 하나님을 대신하는 것이며, 부모의 말씀과 가르침을 하나님의 말씀처럼 여겨야 한다는 뜻이다.

부모가 제 역할을 못하면 자식들이 제대로 클 수가 없다. 국가에 대해서도 마찬가지다. 나라가 잘못되면 모든 가정이 불행해진다. 사람이 살아가는 데에 있어서 가정과 국가는 가장 기본적이고 중요한 기관이다.

---

111) 요한 복음 2:1~11.

8) 현세중심

고대 종교는 대부분 영혼불멸을 믿었기 때문에 현세(現世)보다 내세(來世)를 중요하게 생각했다. 이런 사실은 이집트의 피라밋이나 중국 진시황릉을 보면 잘 나타난다. 그런데 구약성경의 기록에는 내세사상이 없었다. BC 500년 이후의 기록에서 드물게 나타날 뿐이다. 왜 그럴까? 현세와 내세를 구분하지 않고 하나로 보았기 때문이다. 구약에서는 내세의 삶은 죽은 다음에 시작되지 않고 지금 여기서 시작된다고 보았다. 내세의 삶도 중요하지만 살아있는 동안에는 현세가 더 중요하다. "내세가 더 중요하며 내세에서는 가난과 노예살이와 고통이 다 사라진다."라는 사상은 고대 지배자들이 현세에서 백성들을 착취하고 지배하기 위한 거짓 가르침이었다.

고조선의 신앙과 사상은 전적으로 현세중심이며, 현세에 이상을 실현하려고 했다. 이런 사실은 고조선의 사상이 집대성된 유교와 성리학의 가르침에서 잘 드러난다. 성리학은 현세를 중요시하며 이 세상에서 이상국가를 실현하는 데 목적이 있었다. 유교에 신앙이 첨가된다면 성리학이 추구하는 이상국가와 성경에서 추구하는 거룩한 나라는 동일하다고 해도 과언이 아니다.

율법과 고조선에서 현실을 중시하는 이유는 현실주의, 인간주의를 강조하는데 있지 않고 이 세상의 삶에서 이상과 현실을 조화시키기 위함이다. 우리 민족의 이런 정신을 간파한 호머 헐버트는 한국인이야말로 이상과 현실을 조화시킬 수 있는 민족이라고 했다.

9) 고난

성경의 주인공인 이스라엘과 교회는 숱한 고난의 과정을 겪었다. 이스라엘은 이집트에서 400년간 노예의 삶을 살았으며, 초대교회는 250년 동안 로마제국의 박해에 시달려야 했다. 하나님께서 선택하신 사람들이 왜 이런 고통의 과정을 겪어야 했을까? 세상에서 가장 힘든 사람들의 문제를 해결하려면 그들 중의 하나가 되어 그들의 애환을 몸으로 직접 체득해야 하기 때문이다.

우리나라 역사를 고난의 역사로 해석하는 함석헌은 "우리는 고생하러 태어났다."라고 했다.[112] 헐버트가 지적하듯이 우리나라 사람들은 중국인처럼 장사를 잘 하지도 못했고, 일본인처럼 싸움을 잘하지도 못했고, 오직 선량하고 순박하게 늘 당하면서 살았다.[113] 어느 통계에 의하면 우리가 침략당한 횟수는 931번이라고 한다. 이는 아마도 정규전 수준이고 고대로부터 각 지역이 일본인들에게 약탈당한 숫자를 다 합치면 수만 번은 될 것이다. 해안 전역이 늘 약탈에 시달려야 했다. 특히 일본과 가까운 신라가 더 심했는데, 오죽하면 문무왕(661~681년 재위)은 죽은 후에 귀신이 되어서라도 왜구의 침략을 막을 테니 동해바다 속에 장례를 치루라고 유언을 했을까? 늘 시달리며 산 데에는 나라를 지키지 못한 지도자들의 잘못이 크므로, 두 말 할 필요 없이 반면의 교사로 삼아야 한다. 우리는 바탕이 선량하고 홍익인간의 유전자를 지니고 있다 보니 남을 침략할 생각을 하지도 않고, 남이 침략하리라고 의심하지도 않았다.

유대인이 숱한 고난을 당하면서 아직 건재한 것은 역사적인 기적에 해당한다. 마찬가지로 우리가 이렇게 외침에 시달리면서도 단군 조선 이후 반만 년의 역사와 문화, 전통, 단일민족을 유지한 것도 기적이다. 이런 시련과 역경을 통해서 우리는 무한한 적응력이 길러졌으며, 잠재력 또한 그만큼 크다. 적응력과 잠재력은 고난의 반대급부이기 때문이다.

---

112) 함석헌, 「뜻으로 본 한국역사」, 제일출판사, 1965, 389쪽.

113) 「한국인보다 한국을 더 사랑한 미국인 헐버트」, 106쪽.

이상에서 살펴본 바와 같이 히브리 문화와 우리 문화의 유사성은 우연히 일어난 현상이라고 보기에는 그 근본에서 닮은 부분이 너무 많다. 이를 어떻게 설명해야 할까?

물음 12 히브리 문화와 고조선 문화, 어떤 연관성이 있을까?

히브리 문화와 고조선 문화는 어떻게 이렇게 유사할 수 있었을까? 우연의 일치라고 생각하기에는 닮은 정도가 너무 많다. 이를 어떻게 설명해야 할까?

현대는 지구촌시대여서 정보뿐만 아니라 문화적인 영향을 서로 주고받는다. 그런데 고대에는 어떠했을까? 아놀드 토인비는 메소포타미아 수메르 문명과 멕시코 마야(Maya)문명을 외부로부터 영향받지 않은 독자문명이라고 했다. 그가 활동하던 1900년대 전후에는 그렇게 생각할 수밖에 없었을 것이다. 또한 유럽인들은 콜럼버스(Columbus)가 15세기 아메리카를 발견하기 이전까지 아메리카는 외부와의 접촉이 없었다고 생각했다. 그러나 그 이후 밝혀진 바에 의하면 먼 거리에 있는 고대 문명들도 서로 영향을 주고받았다. 당시 교통편으로 어떻게 가능했는지 의문이지만 어떤 교류가 있었던 것만은 확실하다.

히브리 문화와 고조선 문화의 교류가 가능했을까? 이런 물음을 묻지 않을 수 없는 이유는 두 문화가 그 핵심에서너무 일치하기 때문이다. 이 문제를 다뤄보고자 한다. 역사적인 근거나 자료를 가지고 접근하기에는 한계가 있으므로 단지 추정을 해 볼 뿐이다.

교류의 가능성은 두 가지이다. 하나는 히브리 문화가 고조선에 영향을 주었던지, 아니면 그 반대의 경우인데, 이에 대한 해결은 어렵지 않다. 두 문화가 생겨난 시기를 비교해보면 되기 때문이다. 구약성경에 의하면 히브리 문화는 BC 2천 년경의 아브라함에게서 시작되어 500년 뒤인 BC 1500년경에 모세에 의해 율법으로 집대성되었다. 그런데 고조선의 문화는 토기 등의 유물을 분석해보면 최소로 잡아도 BC 6천 년경의 환웅천왕에게서 시작되어 이 문화를 기초로 2300년경에 단군왕검의 고대 국가가 탄생했다. 따라서 히브리문화가 고조선에 영향을 주었을 가능성은 없으며, 반대로 고조선의 문화가 히브리 문화에 영향을 줄 수는 있었을 것이다.

고조선의 문화가 히브리 문화에 어떻게 영향을 줄 수 있었을까? 이를 위해서는 먼저 히브리 문화의 뿌리를 추적해보아야 한다. 히브리 문화의 주인공인 이스라엘의 시조는 아브라함인데, 그는 메소포타미아 우르 출신이다. 그가 살았던 BC 2000년경 우르에는 수메르 왕국이 있었다. 따라서 아브라함은 수메르 문화와 밀접한 관련이 있다. 아브라함은 수메르인이었거나 아니면 수메르인으로부터 많은 영향을 받았음에 틀림없다. 성경의 창세기 12장에 의하면 아브라함은 우르에 살다가 성경의 하나님을 만나고 가나안(팔레스틴, 현재의 이스라엘)으로 이주했다. 아브라함에게서 시작된 이스라엘의 신앙이 후일 모세에 의해 율법으로 집대성되었으므로 아브라함의 후손인 이스라엘의 신앙은 아브라함이 살았던 우르의 수메르 문화와 관련이 있다.

그렇다면 수메르 문화는 어떤 문화일까? 수메르인들이 메소포타미아 문명을 최초로 일으킨 사람들이어서 그 문화를 수메르 문화라고도 한다. 그런데 수메르안들은 그 지역의 자생인들이 아니라 외부로부터 앞선 문명을 가지고 들어온 사람들이다. '수메르인'이란 머리가 검은 사람들이란 뜻인데, 이들은 외부에서 앞선 문명을 가지고 우르에 등장했다. 수메르인들이 우르에 정착한 정확한 시기에 대해서는 서로 주장이 엇갈린다. 토인비에 의하면 이들이 메소포타미아에 등장한 시기는 BC 3500년 이전이며, 수메르 문화의 전성기인 우르왕국을 세운 시기는 BC 2298~1905년이라고 한다.114)

수메르인들은 어디로부터 왔을까? 이는 고대 메소포타미아 문명의 수수께끼여서 많은 이들이 관심을 가지고 연구했다. 이에 단서를 제공한 방법 중의 하나가 언어의 비교 분석이었다. 수메르인들이 남겨놓은 문서를 해독하여 현재 세계에서 사용하고 있는 여러 민족의 언어와 비교 분석하는 방법이었다. 그동안의 많은 연구 결과에 의하면 수메르어와 가장 유사한 언어는 우리의 언어라고 한다.115) 그 주요 이유는 수메르인이 쓰던 언어가 우리와 같은 교착어이며 지금도 비슷한 용어가 많이 있다는 데에 있다. 서양 전문가들 가운데에서도 이를 기초로 수메르인이 한국인일 가능성이 높다고 말하는 이들이 있다. 우르 인근인 페르시아(이란)에 살고 있는 이들은 자신들의 조상이 천산산맥을 넘어서 왔다고 말하고 있으며, 자신들의 고향은 천산산맥 너머에 있다고 한다.116)

그러나 이런 주장을 받아들이기가 쉽지 않았다 왜냐하면 이 이야기가 가능해지려면 우선 우리가 수메르인보다 앞선 문화를 가지

114) 「역사의 연구 I」의 연대표. 토인비는 수메르인들이 우르에서 주변 민족과 갈등을 겪으면서 왕조를 세우는 시기를 BC 2677~2298년으로 보며, 그 이후 BC 1905년까지는 평화적인 전성기로 보고 있다.

115) 조철수, 「고대한국신화에 새겨진 한국신화의 비밀」, 김영사, 2013. 조철수는 히브리대학에서 수메르어 문법으로 박사학위를 받았다. 1983년부터 1995년까지 히브리대학교 앗시리아 학과에서 수메르어와 고대 메소포타미아 문헌을 가르쳤으며, 1982년부터 히브리대학교와 이스라엘학술원의 지원으로 수메르어 용례사전 편찬 작업을 해왔다.

116) 천산산맥(텐산 T'ien Shan)은 중국 서부의 가장자리에 있다. 산맥과 그 산맥 사이에 있는 계곡과 분지는 대체로 동서방향으로 약 3,000㎞에 걸쳐 뻗어 있다. 너비는 중앙에서 354㎞이며, 동쪽과 서쪽 끝에서는 약 480㎞ 이다.

〈그림10 쐐기문자(왼쪽)와 빗살무늬(오른쪽)〉

고 있어야 하기 때문이다. 우리문화가 중국문화의 변방이라고 믿고 있을 때에는 수메르인과 우리는 연관성을 생각할 수가 없었다. 그런데 발해연안문명이 발견되고 나서는 그 연관성이 가능해졌다. 발해연안문명이 수메르문명보다 먼저 시작되었기 때문이다. 단 청동기가 등장한 시기는 메소포타미아가 앞섰다고 할 수 있다. 그 이유는 중동에는 함도가 매우 높은 노천구리광이 흔해서 일찍부터 구리를 활용하기 쉬웠기 때문이다. 다른 문화 특히 정신문화에서는 발해연안 문화가 다른 어떤 문화보다도 앞서 있었다. 겹친 人자 무늬토기에 담긴 정신문화가 등장한 시기는 BC 6천년 이전이며, 초기국가 단계에 진입했던 옥기시대는 대략 BC 4500년이므로 환웅족의 일부가 어떤 경로를 통해 BC 3500년 이전에 수메르로 갔을 가능성은 충분히 있을 수 있다.

정신문화가 가능해지려면 문자가 있어야 한다. 수메르인들이 남겨놓은 독특한 문자가 있다. 점토판에 쐐기처럼 생긴 나무로 찍어써서 쐐기문자(설형문자)라고 한다. 이 문자가 이스라엘의 히브리어와 유럽 알파벳의 원형이 되었다. 설형문자로 쓰여진 문장의 구조가 우리 언어의 구조와 같다고 한다. 그런데 점토판에 쓰는 방식이 우리의 토기와 유사하다. 〈그림10〉에서 보는 바와 같이 점토판에 쐐기형의 나무막대로 찍어 눌러서 쓰는 방식이 고조선의 겹친

人자 무늬 토기의 문양을 만드는 방식과 같다.

또 고조선에는 '가림토'(加臨土)라는 표음문자가 있었다고 한다. 가림토는 '토판에 쓴 그림 글자'라는 뜻이다. 이게 사실이라면 수메르인들은 가림토를 가지고 메소포타미아에서 쐐기문자로 발전시켰고, 여기에 남아있던 우리 조상들은 우골(소뼈)에 갑골문으로 쓰면서 한자로 발전시켰다고 추측할 수도 있다. 가림토 문자가 우리에게 남아있지 않은 이유는 한자가 먼저 상용화되었기 때문으로 보인다.

지금까지 살펴본 내용들은 아직 역사적인 자료가 미비하므로 단정지을 수는 없다. 그러나 앞에서도 본 바와 같이 히브리 문화와 고조선 문화는 우연의 일치라고 하기에는 닮은 부분이 너무 많으므로 어떤 연관성이 있지 않을까라고 생각해보았을 뿐이다. 수메르 출신의 아브라함이 어떤 종족이었는가 보다 그가 어떤 생각을 가졌는가가 더 중요하다. 아브라함은 모든 사람이 행복하기를 바라며 그 방법 때문에 고심하던 사람이었다. 이런 면에서 아브라함과 환웅은 같은 부류의 사람이다. 두 문화의 유사성을 비교해보면 다음과 같다.

- 유일신(唯一神) 신관 : 천지인, 홍익인간, 재세이화사상.
- 신의 형상과 신전이 없는 신앙 : 우상과 신전 배제
- 선민(選民) 의식 : 하나님의 자녀라는 천손(天孫)의식
- 제천(祭天) 의식 : 제사, 제물 중심이 아닌 친교, 교육 중심
- 인간중심 신앙 : 인간을 위한 하나님 신앙
- 가정과 국가 : 엄격한 성윤리,
- 통치제도 : 신앙은 중앙통치, 정치는 지방(지파) 자치
- 현세중심 : 이 세상에 거룩한 나라(이상국가) 실현
- 고난 : 고난을 통해 하나님의 뜻을 실현

위에서 열거한 항목을 세밀히 살펴보면 그 유사성에 놀라움을 금하지 못하게 된다. 물론 고조선 시대 모든 사람들이 다 이런 신앙을 가졌다고 할 수는 없다. 어느 시대 어느 종교나 밑바닥 민중으로 가면 미신적인 성향이 강하게 나타난다. 오늘 우리 주변에서 볼 수 있는 무당 중에도 단군을 신으로 섬기는 자들이 많다. 심지어 실제 역사학자 중에서도 단군은 일개 무당에 불과했는데 후일 신화적인 인물로 추앙되었다고 말하는 사람도 있다.[117] 그렇다면 후대에 정치적으로 만들어진 이데올로기 신화가 우리 민족에게 그토록 큰 영향을 줄 수 있을까? 뭐든지 보는 이에 따라 다르게 보일 수 있다. 그러나 사안의 핵심을 꿰뚫어 보아야 한다. 우리는 뿌리 민족이어서 온 세상으로 뻗어나갈 정신문명의 뿌리를 만들어 냈다. 환웅천왕과 단군왕검의 이야기에 들어있는 사상과 유물과 문헌으로 확인되는 우리 조상이 남긴 정신문화는 그 당시에는 세계 최초, 최고 수준이었고, 그 완성도는 더 이상 별로 보완할 것이 없을 정도였다.

물음 13 우리의 상고사, 왜 중요한가?

앞에서 언급한 바와 같이 21세기의 가장 중요한 과제는 현대 이후의 새 시대(post modernism)를 이끌어 갈 사상을 만들어 내는 일이다. 서양이 아닌 동양에서 누가 그 일을 해내야 하나? 그 일을 해내는 민족, 그 나라에 2천 년 대를 이끌어갈 주도권이 주어진

117) 송호정은 「단군, 만들어진 신화」에서 이런 사실을 누누이 강조하고 있다.

다. 이는 우리 시대가 당면한 가장 크고 중요한 과제다.

그런데 우리의 상고사는 우리가 바로 그 일을 할 적임자라고 말하고 있다. 성경의 사상과 이스라엘의 체제는 우리의 고대사와 너무 닮았다. 마치 쌍둥이라고 해도 과언이 아닐 만큼 유사한 부분이 많다. 그 이유는 비참하게 살아가는 사람들을 불쌍히 여기는 마음으로 그 해결방법을 찾는 공감대가 형성되었기 때문이다. 성경에서는 이런 사람들을 의인(義人)이라고 하는데 우리 조상들도 의(義)를 대단히 중요하게 여겨 4대 덕목(仁義禮智) 중의 하나가 되었다.

제2부 : 국가의 시대 : 단군왕검

국가의 시대

물음

중국, 왜 동북공정을 시도하는가? 14

2천 년대 접어들면서 중국은 '동북공정'을 국책사업으로 추진했다.[118] 발해만 산해관에서 끝난 만리장성을 만주 압록강 인근까지 연장하여 축조하면서, 만리장성 밖의 만주는 오랑캐 땅이라고 하던 예전 견해를 번복하고 오히려 만주지역에 있던 고구려는 중국의 지방정권이라고 주장하고 나섰다. 동북공정의 핵심은 옛 고구려 땅은 물론이고 고구려 국가가 중국의 일부였다는 억지 주장에 대한 근거를 만들려는 데 있다. 중국이 왜 이런 동북공정을 무모하게 추진하고 있는지 도무지 납득되지 않으나, 알고 보면 그 이유는 단순하다.

1970년대의 개발 여파를 타고 옛 고구려 지역이던 요하강 유역을 중심으로 옛 무덤과 주거지 등에서 많은 유물들이 발굴되었다. 그런데 이 유물들을 분석해 보니 중국의 황화문명보다 최소 1천년 이상 앞선 문화였고, 황하문명은 이 문화의 영향을 받았다는 사실이 드러났다. 앞에서 언급한 갑골문과 금문의 해석에서도 우리 조상인 동인족 문화가 중국 문화보다 앞섰다는 것이 밝혀졌었다. 은나라와 유사한 동이족 문화에 대하여 중국 일부 학자들은 동이족이 은나라 문화의 영향을 받았다고 주장했지만 전혀 신빙성이 없었고 오히려 은나라 역시 동이족이 세운 국가라는 사실이 입증되

118) 동북공정은 2002년 2월 중국 사회과학원과 지린(吉林), 랴오닝(遼寧), 헤리룽장(黑龍江) 등 동북 3성이 공동으로 참여한 동북변강역사여현상계열연구공정(東北邊疆歷史與現狀系列研究工程)의 약칭이다.

고 말았다. 그러나 그때에는 동이족의 문화가 자신들의 것이었다고 주장할 수가 없었다. 중국인과 한국인은 인종과 언어가 명확하게 다르며, 또 동이족이 세운 은나라는 중원의 한 복판에 있었기 때문이다.

그런데 고고학의 유물을 통해 동인족의 땅이었던 만주 요하강 유역에서 갑골문에서 확인된 유물들이 대량으로 쏟아져 나왔다. 그런데 유물이 발견된 곳이 한반도가 아니라 황하강과 만리장성에서 멀지 않은 요하유역이므로 이번에는 이 문화가 중국 문화라는 정당성을 확보하기 위하여 만리장성을 압록강 유역까지 연장했다. 또 한국인으로서 마지막에 만주를 지배했던 고구려가 자신들의 지방정부였으며, 고구려와 수, 당의 전쟁은 한국(고구려)과 중국의 전쟁이 아니라 중국내에서 일어난 통일전쟁이며, 한반도를 처음으로 통일한 나라는 신라이므로 한국인은 신라인이고 한국의 땅은 신라가 통일한 지역에 불과하다고 주장하고 나섰다. 누가 봐도 역사왜곡이 명백한데 중국은 왜 이런 억지 주장을 할까?

중국은 한(漢 BC 206~AD 220년)나라 이후 자신들이 세상에서 제일 앞서있고 중심이라는 중화(中華)사상을 가지고 있었다. 근대 이전까지는 중국 문화와 경제의 수준과 규모가 서양보다 앞서 있었으며, 중화문명은 중화사상을 뒷받침하는 문화적 토대였다. 하지만 근대 이후, 세계 도처에서 고대문명의 역사가 밝혀지자 중화문명이 메소포타미아 문명보다 시기적으로 늦기 때문에 중화사상을 주장할 수 없다는 것이 중국의 고민이었다. 그런데 메소포타미아 문명보다 앞서거나 비슷한 시기의 요하문명이 오랑캐의 땅이라고 여기던 만주에서 발견되고 나니 이제는 동양에서조차도 중국이 처음이며 중심이라고 주장할 수 없게 되고 말았다. 이에 중국은 이두 문제를 동시에 해결하기 위해 요하문명을 중국 문명에 편입시켜 중화사상의 입지를 동양은 물론 세계적으로 확대하려고 나선 것이다. 1970년대 이후 발굴된 고고학의 유물과 중국의 동북공정을 통해서 확인된 것은 중화문명은 물론이고 메소포타미아의 수메르 문명보다 앞선 정신문화가 고조선의 중심지였던 만주 요하지역에 있었다는 분명한 사실이다. 우리는 이 문제를 어떻게 받아들여야 할까?

중국의 이런 역사 왜곡은 이번이 처음이 아니다. 중국의 첫 번째 시도는 '중화사상'이었다. 고대에 우리가 문명에서 중국보다 앞섰다는 사실은 갑골문과 유물, 중국의 문헌을 통해서 확인된다. 그런데 한나라를 기점으로 중국이 우리보다 앞서기 시작하자 중국은 자신들이 세계의 중심이라는 중화사상을 주장하기 시작했다. 이는 곧 우리 민족보다 자신들의 문명이 먼저 시작되었다는 역사왜곡이었다. 우리는 요서에 중심을 두었던 고조선 이후 중국을 침략하거나 위협하지 않았다. 단지 우리 땅을 지키려고 했을 뿐이다. 그럼에도 불구하고 중국은 힘이 모이면 늘 우리를 침략해 왔다. 1970년대 이후 발견된 유물을 근거로 2002년부터 추진하는 동북공정은 두 번째 역사왜곡인 셈이다. 우리정부와 사학계는 이 문제에 대하여 어떻게 대응하고 있을까?

중국은 우리 고조선지역에서 발견된 문명을 '요하문명'이라고 하는데 이 분야를 전공한 이형구는 '발해연안 문명'이라고 부른다.[119] 현재 발굴되는 유물들이 발해만을 중심으로 발견되기 때문이다. 발해연안 문명이 적절하다고 생각되어 본서에서는 이 용어를 사용하고자 한다.

119) 그림이 좋아서 홍대에 들어갔던 청년이 있었다. 대학시절 역사에 대한 강좌를 듣고 우리 역사의 뿌리를 밝히는 것이 더 중요하다고 생각하여 미술을 포기하고 한국과 대만에서 중국 역사와 요하유역에서 발굴된 유물을 연구하여 1981년에 「발해연안 고대문화의 연구」라는 제목으로 박사학위를 받았다. 적절한 시기에 이 분야를 전공한 그는 중국인들이 '요하문명'이라 부르는 것을 '발해연안 문명'이라고 부르면서 그 문화는 우리 조상들의 문화라는 것을 입증하고 나섰다. 이형구가 그분이며, 갑골문자를 연구한 류승국과 더불어 우리의 고대사를 과학적이면서 학술적으로 밝히는 데에 중요한 역할을 하면서 길을 열어 놓았다.

물음 15 한중일 역사전쟁, 무엇이 문제인가?

우리는 지금 중국, 일본과 역사 전쟁의 한 복판에 서 있다. 우리 주변국들은 역사 왜곡을 넘어서서 역사를 날조하며 우리의 역사를 송두리째 말살하고 있다. 한중일 역사전쟁의 실상과 이에 대한 우리정부와 사학계의 대응에 대하여 간략히 살펴보면 다음과 같다.

1. 중국의 동북공정

중국은 중화사상을 지속하기 위하여 현재 중국 국경 내에 있는 모든 지역의 국가와 역사는 자국의 것이라는 인식을 기초로 접근하고 있다. 그러면서 동북지역에 특별히 관심을 가지는데 그 이유는 앞에서 본 바와 같이 황하 문명보다 앞선 문명이 이 지역에서 나왔기 때문이다. 이 동북공정은 우리 역사와 직접 관련이 있으며 중국의 주장대로라면 우리의 고대사와 민족의 정체성은 사라지고, 우리 역사는 중국역사의 일부에 불과하게 된다. 우리는 지금 민족의 역사성에 있어 심각한 위기를 맞고 있다. 먼저 중국의 주장을 간략히 살펴보면 다음과 같다.

1. 고구려인은 중국의 한 종족이다.
   고구려가 한사군의 현토군에 세워졌고, 고구려를 세운 맥족(貊族)도 중국의 한민족인 고이(高夷), 한인(漢人)에서 비롯되었으므로 고구려의 구성원은 중국의 한 종족이며 중국에 복속된 나라다.
2. 고구려라는 나라는 중국의 종속국이다.

고구려 역대왕조는 중국으로부터 책봉을 받았고 조공을 바쳤기 때문이다.

3. 수-당과 고구려의 전쟁은 중국의 국내전이다.
   고구려가 중국의 지방정권이므로 수(隋) 당(唐)과 벌인 전쟁은 통일을 위한 국내전이었다.

4. 고려는 고구려 계승자가 아니다.
   고려는 고구려 땅이 아니라 신라영역에서 일어났고, 그 주민도 신라를 계승했으므로 고구려를 계승한 것이 아니다. 고구려인의 후예는 한족에 동화되었고, 오늘의 한국인은 신라출신이다.

5. 한국사는 신라사로 한정되며 한수(漢水)이북은 중국 땅이었다.[120)]

중국의 이런 주장이 우리 입장에서는 말도 안 되는 억지라고 느껴지지만 중국은 동북공정을 국책사업으로 추진하고 있다. 예산 등을 공개하지 않고 있지만 유물정비 비용까지 합치면 수조 원의 예산과 수만 명의 인력이 투입되고 있다고 추정된다. 중국은 동북공정 연구를 기초로 전 세계에 한국은 중국의 일부라고 집중적으로 홍보하고 있다. 그 결과 세계 많은 사람들은 우리나라를 중국의 일부라고 생각하고 있다. 중국이 고조선은 언급하지 않고 고구려에 초점을 맞추는 이유는 고구려가 우리로서는 만주를 지배했던 마지막 국가이며, 고조선의 건국이야기는 역사가 아니라 신화일 뿐이고, 후기 기자조선과 위만조선과 한사군 설치 등은 중국의 지배였다고 기정사실화하기 때문이다. 중국과 일본은 우리 역사는 우리가 알고 있는 삼국(고구려, 백제, 신라) 시대에 가서야 시작되었다고 주장하고 있다.

---

120) 이희근, 「한국사는 뜨겁다」, 기획출판 거름, 2006년, 58쪽 이하.

2. 우리 사학계의 대응

중국과 일본의 막무가내식 역사왜곡과 날조를 강제로 막을 방법은 없다. 우리는 우리의 입장에서 역사학에 기초하여 올바른 역사 해석으로 대응해야 한다. 감정적으로 대응하면 오히려 부작용만 키울 수 있다. 중국이나 일본의 해석이 사실에서 벗어난 부분이 많기 때문에 사실에 기초하여 그들의 허점을 학문적으로 대처하면 오히려 우리에게 기회가 될 수도 있다. 당연히 우리 정부도 이에 대처하기 위하여 대책을 세웠다.

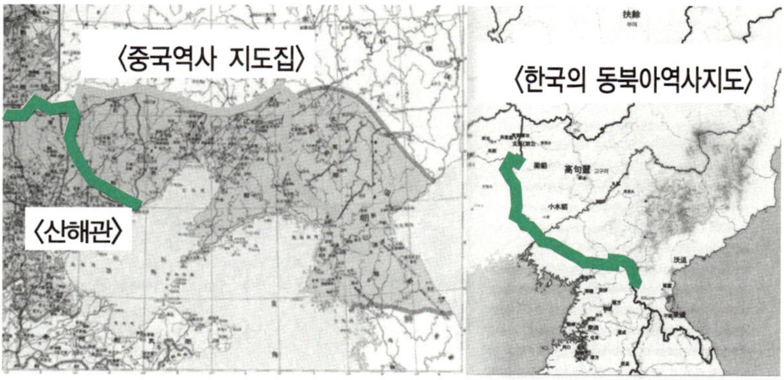

〈그림11 만리장성에 대한 중국과 한국의 지도〉

2005년 국회에서 ‘동북아역사재단’ 설립 운영에 관한 법률안이 발의되어 2006년 재단이 설립되었고 60여명의 국내 학자들이 위원으로 위촉되었다. 여기서 그 활동 내용을 상세히 살펴볼 수는 없다. 단지 중국의 동북공정에 대처하기 위해 세워진 우리나라의 동북아역사재단이 발표한 「동북아역사지도」를 보면 그동안 어떤 활동을 어떻게 하고 있었는지 파악할 수 있다. 중국이 발표한 「중국역사 지도집」과 우리 재단이 발표한 「동북아역사지도」를 〈그림11〉로 비교해 보면 그 활동 방향과 성격이 잘 드러난다.

왼쪽의 「중국역사 지도집」은 동북공정을 추진한 중국측에서 발표한 지도인데 만리장성이 우리나라 황해도 인근까지 그려져 있고, 한강이북은 중국 땅으로 표시되어 있다. 오른쪽은 한국에서 발표한 「동북아역사지도」인데 중국의 만리장성이 역시 황해도까지 비슷하게 표시되어 있다. 이 지도를 보면 중국 주장에 대하여 한국의 동북아역사연구재단은 중국측 주장이 맞다고 확인해주고 있을 뿐만 아니라 오히려 만리장성이 내륙으로 더 들어와 있다. 그러면 중국 만리장성을 본래 우리나라 황해도 인근까지 쌓았었는가? 사실이 그렇다면 그대로 인정해야 한다. 하지만 전혀 아니다. 원래 만리장성은 갈석산이 있는 발해만의 산해관까지였으며, 이에 대한 자료는 얼마든지 있다. 중국은 현재 중국 국경 내의 역사는 다 자신들의 역사라고 주장하면서 2002년부터 동북공정을 추진하고 있으며, 그 일환으로 만리장성을 연장 축조하여 압록강까지 쌓아 놓았고 북한 영역에는 지도로만 표시해 놓았다.

그러면 중국의 이런 터무니없는 주장을 반박하라고 세운 우리의 동북아역사재단은 왜 반대로 중국 입장을 지지하고 있을까? 도무지 이해가 되지 않는다. 만리장성을 황해도까지 그려놓은 경계선은 식민사학자 이병도의 주장이었는데 동북아역사재단은 그것을 그대로 따르고 있다. 동북아역사재단의 주도세력들은 대부분 이병도의 제자들이기 때문에 이병도의 주장을 신봉하고 있다. 그 결과 만리장성 경계선뿐만 아니라 거의 대부분을 중국 주장에 동조하고 있다. 동북아역사재단은 발해연안문화권에서 발견된 유물은 우리와 상관없는 독자적인 문화라고 중국 편을 들고 있다. 고조선(위만조선)이 중국 한나라에 멸망한 후 세워진 한사군의 영역은 한반도의 대동강 유역이므로 한강 이북은 중국의 땅이었다는 중국 주장을 그대로 받아들이고 있다. 중국의 주장이 사실이라면 우리도 시인할 수밖에 없다. 그러나 중국의 주장들은 사실과 전혀 다르며 이는 일제 때 식민사관의 왜곡된 주장이었다. 그런데 동북아역사재단은 이런 주장들을 그대로 받아들여 중국 편을 들고 있다. 어처구니없고 결코 용납될 수 없는 반민족적 행위이다.

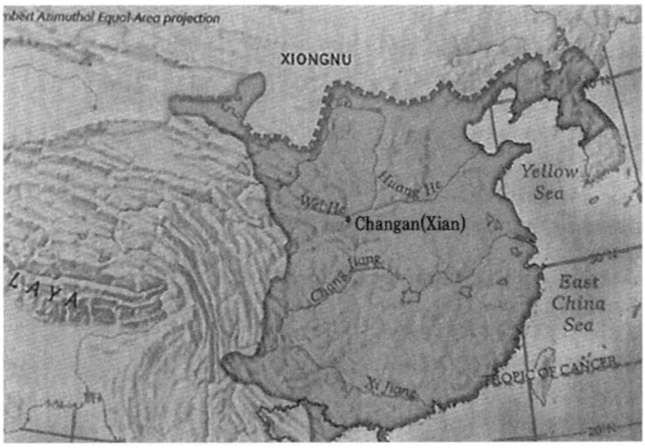

〈그림12 미국역사교과서에 실린 지도〉

중국은 동북공정의 지도를 미국 상원의회 조사국에 보냈다. 그러자 미국 의회는 중국 주장에 대한 한국 입장을 묻는 공문을 보내왔다. 이에 한국정부를 대표한 동북아역사재단은 중국 주장이 맞다고 동의하면서 직접 만든 지도를 보냈다.[121] 이로써 중국 주장은 세계에서 공식적으로 인정받게 되었다. 그 결과 〈그림12〉에서 보는 바와 같이 중국의 주장이 미국 역사교과서에 그대로 실리고 있다.[122] 상황이 이렇게 전개되고 있는데도 동북아역사재단은 한술 더 떠서 10억 원을 들여 미국 하버드대학에 '한국학연구소'를 세워 이런 사실을 세계적으로 알리려는 사업을 2007년부터 추진했다.[123]

문제는 이것만이 아니다. 이보다 더 어이없는 일이 벌어지고 있다.

---

121) 「매국의 역사학, 어디까지 왔나」, 370~371쪽.

122) 미국 역사 교과서 : 「세계 역사」(글렌코 맥그로힐 출판사, 2004), 101쪽. 「중국 역사 지도집」에 기초한 이 지도에는 한강 이북은 중국 한나라 영토로 표시되어 있으며, 한강 이남의 땅에는 대한민국 이름은 물론 아무런 나라의 이름도 표시되어 있지 않았다.

123) 「The Samhan period in Korean History」, 2010년 과 「The Han Commanderies in Early Korean History」,2013년 등의 책자를 발간했다.

3. 임나일본부설, 독도 영유권

일본은 독도가 자신들의 땅이라고 우기고 있으며, 남부지방의 옛 가야에 임나일본부라는 총독부를 두고 200여 년 동안 자신들이 지배했다고 주장하고 있다. 동북아역사재단에서는 이 문제도 다루고 있는데 이에 대해 어떻게 대처했을까? 이 역시 동북아역사재단에서 발표한 지도를 보면 잘 드러난다. 〈그림13〉은 동북아역사재단이 발표한 삼국시대 초기 지도이다. 문제는 고구려, 백제, 신라 이름이 없으며, 독도를 표시하지 않았다는 데에 있다. 왜 삼국의 이름이 없으며 독도는 왜 빼 놓았을까?

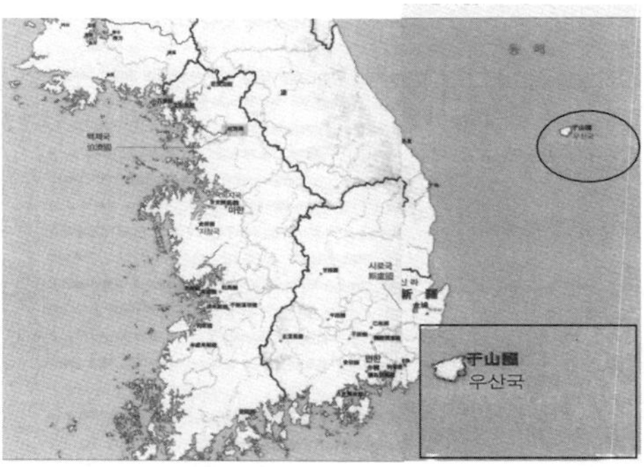

〈그림13 동북아역사재단지도 독도누락〉

일본 사학자들은 고구려가 BC37년, 백제 BC18년, 신라 BC57년에 세워졌다는 삼국사기 기록은 허위이며, 삼국은 4~5세기에 가서야 국가 형태를 갖추었다고 주장한다. 그 이유는 그 이전에는 한반도 남부지역에 국가가 없었으며 그동안 일본이 임나일본부라는 총독부를 두고 우리 남부지역을 다스렸다고 주장하기 위함이다. 일본의 이런 주장은 사실일까? 전혀 아니며 일고의 가치조차 없다. 그런데 기가 막힌 사실은 우리나라 사학자들이, 그것도 한국을 대표하는 기관의 이름으로 백제와 신라, 가야의 이름이 누락된 지도를 만들어 일본의 입장에 동조하고 있다는 것이다. 더 어이가 없는 것은 독도가 우리 지도에서 아예 그려져 있지 않다는 점이다. 독도가 빠진 것은 독도가 한국 땅이 아니라는 뜻이다. 어떻게 한국을 대표하는 재단에서 이런 발표를 할 수 있을까? 도무지 믿어지지 않지만 사실이다. 어떻게 이런 일들이 용납 되고 있을까?

4. 사학계의 분열과 자멸

이런 사실을 알고 나면 국민의 한 사람으로서 분노 차원을 넘어 내가 지금 한국인으로 살아간다는 사실이 수치스럽고 한심스럽게 느껴진다. 우리나라 역사학계를 이끌어가는 사람들은 자신의 알량한 자리를 지키기 위하여 국민을 우습게 여기고 우롱하며, 민족의 역사를 그렇게 매도하며 팔아먹어도 되는가? 이런 실상을 수수방관하는 대통령을 비롯한 정치인들이 이렇게 무능하고 무식하며 한심할 수 있을까? 일제 시절 나라를 팔아먹은 매국노들이 있었다. 그런데 지금 한국을 대표하는 자리에 있는 사학자들은 역사학의 전문성과 학문의 자유라는 미명 아래 역사를 팔아먹는 매국사학을 전개하고 있다. 중국, 일본의 역사 왜곡과 날조도 심각한 노릇이지만 그와는 비교할 수 없을 정도로 더 심각한 것은 한국을 대표하는 국내 사학자들이 중국과 일본의 식민사학에 동조할 뿐만 아니라 더 앞장서고 있다는 점이다. 이 사람들은 자신들이 한 일에 대하여 사과는 커녕 자신들이 옳다고 목소리를 높이고 있으며[124] 현재도 국사편찬위원회 등 정부의 사학 관련 분야를 독점하고 있고, 여러 대학의 강단에서 학생들에게 자신들의 주장을 펼치며 교사들을 양성하고 있다.

---

124) 송호정, 「단군, 만들어진 신화」, 산처럼, 2004. 현재 한국 교원대 교수인 송호정은 이 책에서 단군의 건국이야기는 단군조선 건국당시가 아니라 후대에 정치적인 목적으로 만들어진 '신화'일뿐이라고 누누이 강조하고 있으며, 민족사학들과 시민들의 항의에 의해 동북아재단의 사업들이 제동이 걸린 것에 대하여 못내 아쉬워하며 통분하고 있다.
이와 비슷한 반응을 보이는 책이 또 있다. 젊은 역사학자 모임, 역사비평편집위원회, 「한국고대사와 사이비역사학」, 역사비평사. 이들은 동북아역사재단의 지도가 '정당한 학문적 성과'라고 주장하며, 이에 반대하는 사람들은 사이비역사가라고 지칭하고 있다.

역사학이라는 분야가 전문성을 띄고 있고 한문으로 된 고대 자료가 많아 일반인이 해독하기 어렵고, 다양한 견해들이 있다 보니 일반 시민들은 진상을 파악하기 쉽지 않다. 그러나 아무리 그렇다 할지라도 동북아역사재단이 한 일은 국민을 무시하고 우롱하는 처사이며 국가와 민족에 대한 배반이요 모독행위다. 무어라 변명을 하면 할수록 그 악행이 더 드러날 뿐이다.

중국이나 일본 주장은 누가 보아도 억지에 불과하다. 이에 대하여 힘을 합쳐 역사적 근거를 가지고 학문적으로 대처하면 오히려 국면을 역전시킬 수 있을 뿐만 아니라 우리 역사의 진면목을 만천하에 드러낼 수 있는 좋은 기회가 될 수 있다. 그러나 그동안 우리 정부를 대표하는 '동북아역사재단'은 이런 기회를 살리기는커녕 오히려 중국과 일본의 주장을 대신해줌으로써 국제적 망신을 당하는 비극을 낳았다. 중국이나 일본에서 역사왜곡, 더 나아가 날조를 마음 놓고 하는 이유는 우리 내부에 동조자가 있기 때문이다. 역사적으로 근거 없는 주장을 허술하게 펼쳤다가는 국제적으로 망신당하기 십상이지만 우리나라 사학자들이 동조해주고 있으니 전혀 걱정하지 않고 마음대로 역사를 조작하고 있다. 중국이나 일본의 학자들은 이런 우리 사학계를 보면서 어떤 생각을 할까?

중국이나 일본이 문제가 아니라, 우리 자신이 더 문제다. 역사전쟁의 한 복판에서 우리는 우리 스스로 민족정신을 송두리째 부정하면서 다른 나라에게 우리는 우리를 지탱할 능력이 없으니 우리를 제발 대신 다스려 달라고 애걸하는 꼴이 되고 말았다. 망신도 이런 망신이 또 있을까?

5. 식민사학의 뿌리

그러면 이제 왜 이런 일들이 벌어지고 있는지 살펴볼 필요가 있다. 일본은 우리나라를 강점한 후 우리를 일본과 영원히 합병하려고 시도했는데 이를 위해서는 우리 역사를 왜곡시키는 일이 급선무였다. 과거 우리의 역사와 문화가 일본보다 앞서 있었다는 사실을 왜곡해서 현재는 물론 과거에도 일본이 우리보다 앞서 있었다고 역사를 조작하기 시작했다. 이를 위해 자국 역사를 조작했고[125] 우리의 역사는 말살하려고 시도했다. 우리 역사가 일본보다 짧다는 것을 입증하기 위하여 단군조선 이야기는 사실이 아니라 '신화'(神話)에 불과하다고 강조했다. 동시에 기자조선과 위만조선, 한나라의 한사군 등이 한반도 내에 있었다고 했는데 이는 중국이 우리를 지배했으며, 이때까지 우리는 나라도 세우지 못한 채로 있었다는 뜻이다. 한반도에 세워진 고구려, 백제, 신라는 한사군의 하나인 낙랑이 멸망한 AD 313년 이후에나 가능했으며, 그 이전에는 북쪽은 중국이. 남쪽은 일본이 총독부(임나일본부)를 두어 다스렸다고 주장했다. 이후의 역사에서도 우리나라는 사대주의로 중국을 섬기는 속국에 불과했으며, 사색당파 등으로 늘 분열되는 등 우리 민족은 나라를 유지할 능력이 없다고 세뇌시켰다. 이를 가리켜 식민주의 사관이라고 한다.

그런데 의문이 있다. 해방된 지금은 왜 아직도 식민사관의 잔재를 털어내지 못하고 있을까? 일반인들이 국사학계의 속사정을 알기는 어렵다. 사학을 전공하고 대학에서 강의를 하거나 또는 역사 관련 활동을 하는 사람들이 실명을 거론하며 내부사정을 상세하게 고발하는 책들이 나와 있다.[126] 이들이 말하는 내용은 상당 부분 신뢰성이 있다고 생각되는데, 이를 종합해 보면 다음과 같다.

일제 식민지 시대에 많은 엘리트들이 일본으로 유학을 갔는데, 그 중 역사를 전공한 이들이 있었다. 그들은 일본인 교수에게서 독

125) 「일본서기」가 그 책이다.

126) 이런 활동을 하는 대표적인 이가 한가람 역사연구소 소장 이덕일이며, 이와 관련된 몇 권의 책이 있다.

일인 랑케(Leopold von Ranke 1795~1886)의 실증주의 사관을 앞세운 식민사관으로 교육받았다. 그리고 후일 귀국하여 일본 사학자들이 주축이 되어 식민사관으로 우리나라 역사를 왜곡시키던 '조선사편수회'에서 일을 했다. 이병도가 대표적 인물인데, 해방 후 대학에서 역사를 가르치며 후학을 양성함으로써 그들의 사관은 대를 이어갔다. 시간이 지나면서 이들은 스승과 제자, 선후배 관계를 형성했고 한국의 사학계 전반을 지배하게 되었다. 누구도 이들의 식민사관 입장에서 벗어나서 스승이, 선배가 한 주장이 잘못되었다고 하면 그 즉시 소외되고 설 자리를 잃어버리는 풍토가 조성되고 말았다. 동북아역사재단에 소속된 수십여 명의 위원들은 대부분 이런 사람들로 구성되어 있으므로 그 안에서 다른 목소리를 낼 수가 없었고, 앞에서 지적한 어처구니없는 일들이 벌어졌다.[127] 한가람역사연구소 소장 이덕일은 동북아역사재단이 발표한 「동북아역사지도」에 대하여 지도를 제작한 사람들 실명을 제시하며 신랄하게 오류를 지적하고, 매국사학자들이라고 비판하고 있다.[128] 가야 역사를 전공한 사학자는 가야에 대한 한국사학자들의 논문이 일본사학자들 논문을 교묘하게 짜깁기하고 있다고 지적한다.[129]

한국사학계가 이 지경에 이른 것은 밥벌이를 위해 역사를 가르치면서 역사의식은 고사하고 기본적인 양심조차 저버린 사학자들과 무능하고 무식한 정부의 인사들과 우리나라 역사에 대하여 아무런 관심이 없는 국민들이 빚어낸 합작품이라고 할 수 있다.

---

127) 사학계의 이런 풍토에 대해서는 이덕일의 「매국의 역사학, 어디까지 왔나」에서 직설적으로 낱낱이 고발하고 있다. 그 외에도 이희진, 「식민사학이 지배하는 한국고대사」 등이 있다. 특히 이덕일은 이들의 실명을 거론하며 식민사학자에서 더 나아가 매국사학자라고 부르며 성토하고 있다. 그는 이런 비판 때문에 당사자들로부터 고발을 당하여 재판을 받는 등 수없는 고통을 당해야 했다. 이들의 이런 노력 때문에 동북아역사재단의 말도 안되는 행태들이 제동이 걸린 것은 그나마 다행이라고 생각한다.

128) 이덕일,은 위의 책에서 동북아역사재단의 활동을 사기(史記)가 아닌 사기(詐欺)라고 규정하며, 매국사학, 노예사학이라고 비판하고 있다.

129) 「식민사학이 지배하는 한국고대사」, 67~71쪽

물음 16 고조선, 무엇이 문제인가?

우리의 고대사 특히 고조선의 역사를 접하다보면 우선 난감해진다. 우리 사학계 내부에서 보는 시각이 서로 정반대이면서 서로 적대시하고 있기 때문이다. 그동안에는 양측을 '강단사학자'와 '재야사학자'로 구분하고 있었다. 국사를 전공하고 대학에서 가르치는 이들도 재야사학자로 분류하는 것이 썩 내키지는 않았지만 의견대립이라고 생각했다. 그런데 최근에는 그동안 재야사학자로 불리던 이들에 대하여 '사이비 사학자'라고 매스컴에서도 보도하고 있다. 이제는 고조선이 신화가 아니라 역사이고, 고조선과 한사군의 중심지가 한반도가 아니라 만주였다고 말하면 사이비, 즉 이단 사학이 되고 말았다.[130] 어느 개인이나 일부에서 사이비라는 말을 사용할 수는 있겠지만 매스컴에서 이런 극단적인 용어를 쓰는 것은 심각한 문제다. 민족의 역사를 지키려는 재야사학자들에 대하여 '사이비'라는 말을 쓰는 사람들의 정신상태가 의심스럽다. 「환단고기」 등에서 말하는 것과 비슷한 내용이 들어있으면 다 사이비인가? 또 「환단고기」를 거론한다고 해도 사이비라고까지 비난해야 하나? 「환단고기」에 후대에 첨부된 부분이 있다고 해도 거기에 들어있는 내용 중에 역사적인 사실은 전혀 없을까? 「환단고기」에서 단군조선은 사실이며, 고조선의 중심지는 만주였다는 기록이 있다

130) 젊은 역사학자 모임, 역사비평편집위원회, 「한국고대사와 사이비역사학」, 역사비평사. 2017년 2월에 발간된 이 책의 저자인 사학을 전공하고 있는 석박사과정의 젊은 이들은 신채호 등과 같은 민족주의 사학자들을 '사이비'라는 극단적인 용어로 매도하고 있다.

고 해서 환단고기와 아무 상관없어도 이렇게 주장하면 다 사이비인가? 이는 마치 공산주의자들이 '동무'라는 말을 쓰니까 그 말을 쓰면 다 공산주의자로 몰고 가는 것과 같다. 일제 식민지 시절 독립운동 차원에서 그 넓은 만주벌판을 발로 걸어 다니며 유적들을 확인하고 고조선의 중심지가 만주라고 말한 민족사학자들이 다 사이비인가? 조선의 실학자 중에도 만주가 고조선의 중심지라고 말한 이들이 있다. 이들도 사이비인가? 우리나라 역사학계가 어쩌다가 이 지경까지 왔는지 통탄할 노릇이다.

성균관대 교수와 한국정신문화원장을 역임한 류승국은 1970년대에 유학의 뿌리가 우리 조상인 동인족(동이족)이라는 것과 사람이라는 개념이 우리 조상에게서 나왔고 우리는 군자국이었으며, 중국의 은(상)나라 등이 동인족에 의해 세워졌음을 갑골문 해석과 더불어 중국학자들의 의견을 통해 입증했다. 류승국이 역사학은 물론이고 과학적으로 증명하는 바에 의하면 만주를 비롯하여 산동반도 일대는 동인족의 무대였으며, 전설이던 요순과 은나라가 역사로 밝혀졌듯이 요순보다 앞선 고조선의 문화가 실재했음이 갑골문 등으로 확인되며, 고대 중원보다 앞선 문화가 동쪽에 있었음을 중국의 저명한 학자들도 인정했다. 이런 사실은 중국이 동북공정을 추진하는 발해연안에서 발굴된 유물로도 확인되고 있다. 발해연안 문화를 연구하여 박사학위를 받고 평생 대학에서 가르친 이형구는 유물로써 고조선이 실재했으며, 고조선 영역이 요서지역은 물론 발해연안이었음을 증명하고 있다. 이런 분들도 사이비인가? 류승국은 유학의 뿌리가 우리 조상이며 순임금이 동인족이며 은나라가 동인족이 세운 국가라고 했다. 류승국은 단국대에서 평생을 가르친 윤내현과 한가람 역사연구소 소장 이덕일의 주장과는 비교도 되지 않을 만큼 더 앞서갔으니 이제 그를 뭐라고 할 것인가? '사이비사학의 교주' 또는 '악마의 사학자'라고 할 것인가? 우리 역사를 지키려는 민족사학자들을 어찌 일제군국주의가 써먹던 황국사관과 비교하며 역사파시즘, 쇼비니즘(chauvinism), 사이비 등으로 매도할 수 있는가?[131)]

왜 우리나라 전문가들의 이런 주장은 전혀 아랑곳하지 않으면서 일제 앞잡이 노릇을 하던 이병도의 주장은 그토록 떠받들고 있는가? 왜 중국, 일본의 주장과 다름없는 매국사학에 그토록 연연하고 있는가? 한국인이면서 중국 동북공정의 지도와 다름없는 지도를 만들어 전 세계에 홍보하겠다는 사고방식이 어떻게 가능했는지, 도무지 납득되지 않는다. 또 발해연안에서 발견된 유물은 왜 우리와 상관이 없는 문화라고 중국의 입장을 대변할 수 있는가? 윤내현은 평생 동안 고조선의 역사성과 강역을 사료 중심으로 조목조목 지적하고 제시하면서 자신의 주장이 잘못되었다면 학술적으로 반박하라고 수없이 요구했지만 자칭 강단사학자라고 하는 자들은 왜 학술적인 반론을 하지 않는가? 대응할 만한 가치가 없어서인가? 아니면 대응할 수 있는 실력이 없어서인가? 아니면 대응할 논리가 없어서인가? 시중에 나와 있는 책들을 보면 실력이 없거나 대응할 논리가 없다고 판단된다. 식민사학자 이병도가 한 주장과 별로 달라지지 않은 주장에 왜 그토록 매달리고 있을까? 자신들의 주장이 옳고 상대방의 주장이 사이비라면 학술적으로 대응하고 국민들이 쉽게 읽을 수 있도록 책으로 내면 된다. 이런 것들은 포기한 채 자신이 옳고 상대방이 잘못된 사이비라고 왜 목소리만 높이고 있는가? 내가 파악하기로는 대학에서 정식으로 가르치거나 박사학위를 받은 민족사학자들이 전문적인 수준으로 쓴 300~600여 쪽 내외의 두꺼운 책이 수십 권이어서 다 열거하기조차 어렵다. 반면 자칭 강단사학자라는 식민사학자들이 시중에 내놓은 책은 2017년 6월 현재 300여 쪽짜리 단 두 권이다. 송호

131) 앞의 책 서문과 1부에서 민족사학자들을 이렇게 표현하고 있다.

정의 「단군, 만들어진 신화」(2002년, 327쪽)와 젊은 사학모임의 「한국고대사와 사이비 역사학」(2017년 310쪽) 이 그것이다. 두 번째 책은 2017년 2월에 출간되었으며 아직 학교에 다니거나 이제 막 졸업한 젊은이들이 쓴 것이다. 아직 사학자라고 할 수 없는 예비사학자들 몇 명의 글을 모아 놓은 것이다. 그나마 책의 제목을 보면 무엇을 말하려는지 한 눈에 들어온다.

단군은 신화가 아니라 역사이고,

고조선의 중심지가 한반도가 아니라 만주라고 말하면 다 사이비다.

대한민국의 사학계를 대표하며 국가 기관에 소속되어 있거나 대학에서 후학을 양성하는 자들의 수준이 이 정도다. 단지 이들에게 빌붙어 전문가 행세하는 자들의 숫자가 많다보니 목소리가 클 뿐이다. 이들은 자신들의 합창이 한국 정통사학계의 역사학적인 정론이라고 힘주어 떠들어대고 있다.

고조선과 관련하여 두 진영의 의견 대립은 주로 단군조선의 역사성과 강역, 기자조선 · 위만조선 · 한사군의 존재와 위치 등이다. '고조선'이라는 용어에 단군조선, 기자조선, 위만조선이 포함되어 있다. 명칭에서도 서로 차이가 난다. 어느 편의 이야기가 옳을까? 일단 선입견과 편견을 버리고 양쪽의 이야기를 다 들어보는 수밖에 없다. 양쪽의 책들을 읽어보면 다음과 같이 결론지어진다.

본서에서는 중국과 일본의 주장처럼 고조선은 신화이며 고조선과 한사군이 한반도에 있었다는 사학자들을 식민사학자로 부르고, 고조선은 역사이며 만주에 있었다고 하는 사학자들을 민족사학자로 부르고자 한다.

1. 식민사학자들의 주장.

- 이들의 주장은 중국이나 일본 사학자들이 주장하는 것과 거의 일치한다. 단군의 건국이야기는 신화이며, 고조선의 강역은 한반도(반도사관)이고 근래 만주에서 발견되는 유물은 고조선과 상관없는 별개의 문화이다. 기자조선, 위만조선, 한사군은 한반도 북부에 있었다. 이런 이유로 식민사학자들이 주축이 된 동북아역사 재단에서 중국과 일본의 주장에 동조하는 주장과 지도가 가능했다.

- 이들은 자신들의 주장은 역사적 근거가 있고 학문적으로 인정받고 있으며, 학문의 자유에 입각하여 사실을 사실대로 밝히고 있지만, 민족사학자들은 국수주의적인 민족사관에 의해 역사성이나 학문성이 결여된 터무니없는 주장을 하고 있다고 말한다.

- 민족사학자들의 비판에 대하여 학문적으로 대처하기 보다는 명예훼손으로 법원에 고발하거나, 민족사학자들이 북한사학자들의 주장에 동조하므로 사상이 의심스럽다거나, 군사정권에 동조하여 통치이념을 제공했다는 식으로 비판하기를 좋아한다. 그러나 실상은 그와 정 반대로 식민사학자들이 군사정권에 적극 참여하였다.[132]

- 이들은 갑골학, 고고학, 인류학, 사회학 등에 의해 새로 발견된 유물이나 근거에 대하여 중요한 의미를 부여하지 않는다. 고조선의 영역을 한반도 이내로 보기 때문에 한반도 밖에서 발견된 유물들은 단군조선과 관련이 없는 독자적인 문화라고 말한다. 일제 식민지시절에 정립된 결론을 되풀이하거나 거의 수정하지 않는다. 이들이 제시하는 학술적인 근거는 자신들과 같은 식민사학자들의 주장인 경우가 허다하다.

---

132) 한가람 역사연구소장 이덕일은 고려대 교수 김현구로부터 고발당해 1심에서 유죄판결을 받았으나 2심에서는 무죄가 되었다. 민족사학자들이 군사정권에 동조하여 이념을 제공했다고 비판받는데, 반대로 식민사학자들 가운데서 군사정권 시절에 비례대표로 국회의원이 되거나 군사정권의 정부에 참여하여 요직을 차지한 이들이 허다하다. (매국의 역사학, 어디까지 왔나」 285쪽)

2. 민족사학자들의 주장

- 이들은 단군조선을 고조선이라고 부르며, 기자조선과 위만조선, 한사군 등이 실재했다고 해도 한반도 북부가 아니라 만주의 서쪽인 난하, 요서지역이며, 고조선의 중심지는 만주 요하지역이었다고 한다. 이들은 식민사학자들의 주장에 대하여 일일이 예를 들어가며 학술적으로 비판하고 잘못을 지적하면서, 자신들의 주장이 잘못된 곳이 있다면 학문적으로 대처하라고 식민사학자들에게 요청한다. 그러나 이런 요청에 대하여 식민사학자들의 학문적인 대응은 찾아보기 어렵다.[133]
- 이들은 고조선 영역에 만주를 포함시키고 있기 때문에 근래에 이 지역에서 발견되는 유물들은 고조선과 관련이 있다고 주장한다. 따라서 갑골문과 유물 등 고고학, 인류학 등의 자료를 중요하게 여기며 자신들의 주장에 즉시 반영시키며 수정하려고 한다.
- 중국이나 일본의 역사왜곡을 심각하게 받아들이며 사실에 입각하여 국익차원에서 학술적으로 대처해야 한다고 주장한다.

3. 해결책

보는 이에 따라 시각 차이가 있을 수 있지만 양측의 서적을 공정하게 읽어보면 위에서 말한 것과 크게 다르지 않을 것이다. 양측은 팽팽하게 맞서있으며, 학술적 공방이 아닌 감정적 대립을 넘어서 법정 공방까지 벌이고 있다. 어떻게 이 문제를 풀어야 하나? 복잡한 문제일수록 단순하게 접근하면 해결책이 보인다. 식민사학자들은 역사는 전문분야이므로 전문가가 아니면 언급할 자격이 없

133) 대표적인 이가 단국대 교수였던 윤내현이다. 그는 고조선 전문가로서 식민사학자들과는 정반대의 주장을 펼치면서 자신의 주장이 잘못되었다면 학문적인 근거를 가지고 구체적으로 지적하라고 그의 저서에서 오래 전부터 요구했다. 그러나 식민사학계는 여기에 대하여 아무런 반론을 제기하지 않고 있다.

다고 말하고 있다. 그러나 학술적인 차원이 아닌 누구나 알 수 있는 단순한 사실들에서 출발하면 된다. 단순한 결과를 무시하고 일반인들이 못 알아듣도록 어렵고 복잡하게 말할 필요가 없다. 다음과 같이 단순하게 접근하면 그다지 어렵지 않게 해결될 수 있다고 생각한다.

1) 역사적인 사실에 입각해야 한다.

고대로부터 군자국인 우리가 중국이나 일본처럼 역사를 날조하거나 왜곡하는 역사적인 범죄를 저지를 수는 없는 일이다. 진실은 밝혀지게 마련이다. 고정관념과 편견을 버리고 사실과 진실을 밝히려고 해야 한다.

2) 밝혀진 사실을 인정해야 한다.

학자의 기본은 양심과 객관성이다. 비록 내 의견, 내 지식과 다르더라도 밝혀진 사실과 옳은 주장은 받아들여야 한다. 이는 어느 누구도 거부해서는 안되는 기본적인 자세다.

3) 사실은 이미 밝혀져 있다.

우리 고대사가 문서자료가 빈약하다보니 접근이 쉽지 않았고 그 결과 의견이 분분했다. 그러나 근래에 들어 논란의 여지가 없을 만큼 사실이 확인되었다.

첫째, 갑골학을 통해서 밝혀졌다. 갑골학을 전공한 유학자 류승국의 철칙은 학술적이고 과학적인 입증이었다. 갑골문 해석을 통해서 전설로 여겨지던 중국의 요순과 은(상)나라가 실재했으며, 은나라는 동인족이 세운 국가라는 사실이 확인되었다. 류승국은 이를 인정하는 중국학자들의 실명과 연구결과를 제시하고 있다. 우리 민족의 고대 명칭이 인(人), 인방, 동인, 동이족이며, 중국인들은 우리를 군자국으로 불렀고, 우리의 문화가 중국보다 앞서있었으며, 삼국유사에 기록된 고조선 건국 시기 등에 대해서 명확하게 입증했다. 우리 학자가 1970년대에 이렇게 밝혀놓은 사실을, 중국의 저명한 학자들도 인정하는 이런 사실을 구태여 무시하거나 거부할 필요가 있을까?

둘째, 발해연안 유물을 통해서 밝혀졌다. 발해연안의 고대 문명을 전공한 이형구는 이 지역에서 출토된 유물이 고조선의 유물이라고 말하고 있다. 고조선의 대표적 유물은 겹친 人자 무늬 토기, 비파형동검, 적석총(고인돌), 옥기 등인데 이는 발해연안뿐만 아니라 한반도 전역에서 발견되고 있다. 그렇다면 이는 고조선의 유물이라고 인정해야 한다. 왜 이를 거부하고 발해연안 유물은 고조선과 상관없다고 말하는가? 이를 인정하는 것보다 부정하는 것이 훨씬 어렵고 또 한국인이라면 그래야 할 이유가 없다.

이런 사실들은 삼국유사와 제왕운기에 기록된 환웅천왕과 단군왕검이 실재했음을 말해주고 있다.

4) 고조선의 실재와 영역은 더 이상 논란의 대상이 아니다.

위의 결론에 따르면 중국 은나라를 동인족이 세웠고 동인족의 중심은 중원의 동쪽인 현재 요서지역이었음은 부인할 수 없는 명백한 사실이다. 이 사실을 인정하면 고조선과 한사군의 위치가 한반도 북부였다는 주장은 성립될 수가 없다. 더 말할 필요없이 고조선 중심지는 만주였으며, 중국과의 경계선은 현재의 요서지역 끝자락인 난하 유역이다. 이런 결론을 기초로 그 다음을 말해야 한다.

5) 숲을 보고 나무를 보아야 한다.

문헌의 기록만으로는 입증하기 힘든 고조선의 실재와 강역 등이 갑골학과 유물로 확인되었다. 이것이 한국 고대사에 대한 숲이다.

이것을 인정하고 여기서부터 출발하여 나무를 말해야 한다. 불명확한 사소한 문헌이나 지엽적인 유물로 이미 확인된 큰 사실을 번복하려고 하면 안되고 또 될 수도 없다. 이런 말은 할 필요조차 없는 상식 중의 상식이다. 그런데 이것이 지켜지지 않고 있다는 것이 오늘 우리 역사학계의 현실이다.

역사학 분야는 전문 분야이고 고대 문서들을 읽고 해석하는 것은 어렵다. 그러나 학술적인 토론이라면 몰라도 일반인들을 대상으로 책을 발간하거나 말을 할 때는 쉽게 설명해야 한다. 자신의 주장을 관철시키기 위해 비전문가는 알지 못하는 사서의 구절과 전문용어, 학계의 정설 등을 운운하며 지엽적인 문제로 혼란을 주지 말아야 한다. 또 역사에 대한 의견은 역사를 전공한 전문가만 말해야 한다는 식으로 몰고 가지도 말아야 한다. 이는 자칫 다수결의 횡포로 이어질 수도 있다. 현재 사학계는 식민사학을 따르는 사람들이 절대 다수를 차지하고 있기 때문이다. 자신들의 주장에 대해 국민들이 알아듣도록 논점을 단순 명확하게 말하고 국민들이 판단하게 해야 한다.

6) 국익을 우선해야 한다.

우리는 지금 한중일 역사전쟁의 한복판에 서 있다. 전쟁에서 이적행위는 용납될 수 없다. 전쟁에서는 적에게 알려져 적을 유리하게 만드는 일이라면 설령 진실된 일이라도 말하지 말아야 한다. 중국과 일본은 역사를 날조, 왜곡하면서 정상적인 학술토론이 아니라 국책사업 수준에서 총력을 기울이고 있는데, 그런데 우리의 식민사학자들은 대한민국을 대표하는 이름으로 적을 이롭게 하는 궤변을 늘어놓고 있다. 이것은 이적행위와 같다. 이들은 자신들의 주장이 사실이라고 하지만 전혀 그렇지 않다. 어느 편의 주장이 옳고 그른지는 앞에서 지적한 대로 이미 밝혀져 있다.

과연 무엇이 사실일까?

국내의 역사논쟁을 지켜보는 국민의 관심사는 무엇이 사실인가이다. 그런데 사실은 이미 밝혀졌으며, 더 물을 필요가 전혀 없다고 생각한다. 이제 우리는 시시비비 따지기 이전에 마음과 지혜를 모아 우리가 당면한 역사전쟁의 위기를 기회로 만들어 가야 한다. 역사 전문가들이 현직에 있으면서 적을 이롭게 하고 적전분열로 자멸한다면 후일 역사가 무엇이라고 평가하겠는가?

4. 환단고기 문제

고대사 관련서적을 보면 식민사학과 민족사학 이외에 또 다른 목소리를 접하게 된다. 「환단고기」(桓檀古記) 및 그와 관련된 서적들이다. 「환단고기」를 기초로 한 책들이 많이 출간되어 있으며, 이들의 주장은 민족사학자들의 주장과 비슷하지만 그 성격에서 큰 차이가 있다고 보인다. 민족사학자들은 서적이나 유물 등 근거에 충실하면서 역사학의 방법으로 자신들의 주장을 펼치는데 반하여 「환단고기」를 따르는 이들은 주로 「환단고기」에 근거하여 역사를 전개하면서 필요한 경우 발견된 유물 등을 증거로 제시하려고 한다.

「환단고기」는 「삼성기」, 「단군세기」, 「북부여기」, 「태백일사」 등 다섯 사서를 1911년 계연수(1864~1920)가 묶은 책이라고 한다.[134] 이 책에서는 단군조선 47대 왕들의 명단을 밝히는 것은 물론이고 단군조선 이전의 배달국(18대 1565년), 환국(7대 3301년)

134) 「환단고기」는 신라의 고승 안함로(579~640)와 고려 시대 인물로 추정되는 원동중(?~?)이 쓴 두 권의 「삼성기」, 고려 공민왕 때 수문하시중(오늘날의 국무총리)을 지낸 이암(1297-1364)이 쓴 「단군세기」, 이암의 동지이자 고려 말 충신인 범장(?~?)이 쓴 「북부여기」, 조선 시대 참수관을 역임한 이맥(1455~1528)이 쓴 「태백일사」 등 다섯 사서를 1911년 계연수(1864~1920)가 묶은 책이라고 한다. 안경전, 「환단고기」, 상생출판, 2016년, 10쪽.

등에 대하여 상세하게 설명하고 있다. 환국은 BC 7197년에 세워진 인류 최초의 국가이며, 세상의 모든 문명이 여기에서 기원한다고 한다. 그러나 이 책은 사학계에서 역사서로 인정받지 못하고 위서로 취급되고 있다. 삼국사기나 삼국유사가 쓰이기 이전부터 우리나라에는 고조선과 관련한 구전이나 기록들이 많이 있었으며, 삼국유사나 제왕운기가 기록된 다음에도 민간에 전해진 서적들이 있었을 것이다. 이런 것들이 「환단고기」에 반영되어 있으며 그 안에는 역사적인 사실들도 들어있다고 보여진다. 그러나 이 책이 위서라고 주장되는 이유는 그 책 내에 후대에 첨가한 부분들이 많이 있다고 보여지기 때문이다.[135] 환단고기가 역사학계에서 위서로 분류되어 있다고 해서 환단고기의 모든 내용이 다 사실이 아니라는 뜻은 아니다. 문자가 있기 이전부터 있었던 우리 고대사에 대한 민간전승은 분명히 존재했다. 시간이 지나면서 기록된 많은 부분이 사라졌지만 전승으로 이어지게 마련이다. 이런 전승들이 어느 시점에 모아져 기록으로 남게 되었는데 「환단고기」가 그런 것들 중 하나이다. 「환단고기」가 위서라는 말은 후일 첨부된 내용이 있기 때문에 어느 부분이 사실인지 밝히기가 쉽지 않다는 뜻이다.

현재로서는 이를 구별하여 진위를 밝히기 어려우며, 아직은 역사서로 인정받지 못하고 있으므로 역사적인 근거로 제시하기에는 한계가 있다. 또 몇몇 민족종교 종단에서는 「환단고기」를 경전으로 받아들이고 있다. 나철 (1863~1916)은 국가의 기틀을 튼튼히 하고 민족을 부흥시키는 원동력은 민족의식을 일깨우는 데 있다고 생각하여 1909년 단군을 교조로 민족 고유의 하느님을 섬기는 대종교(大倧教)를 창시하였다. 고조선의 위대한 정신과 신앙을 지키기 위해 민족종교로 부활시킨 것은 대단히 높이 평가할만하며, 더

135) 송호정은 「단군 만들어진 신화」, 280~289에서 환단고기가 위서인 이유를 지적하고 있다.

구나 민족의 역사에 대한 관심은 중요하기 때문에 민족주의 사학자들도 대종교에 대거 참여했었다.[136] 또 대종교는 종교라기보다 민족운동의 성격이 짙었기에 일제 강점기 독립운동을 하던 이들 중 다른 종교를 가지고 있으면서도 아무 부담없이 대종교에 관심을 갖고 참여할 수 있었다. 대종교는 우리 고유의 정신과 신앙인 홍익인간 사상이 우리 교육정책과 국민교육헌장 등에 반영되는 데에 크게 기여했다. 또 한국 사학계가 식민지사학에서 벗어나지 못하고 있을 때 이를 바로잡기 위해 많은 노력을 기울였다. 한국인이라면 종교와 이념을 떠나서 이에 대하여 거부감을 가질 이는 없을 것이며, 오히려 우리가 해야 할 일을 대신한다고 느낄 것이다.

환단고기에는 우리 상고사와 관련된 이야기가 상세하게 수록되어 있는데 이 책에 의하면 세계 모든 고대문명은 우리 조상에게서 시작되었다. 이것이 역사적 사실이라면 한국인으로서 이를 마다할 이유가 없다. 그런데 오히려 많은 한국인들은 이에 대하여 거부감 내지 반감을 가지고 있다. 왜 그럴까? 「환단고기」에서 다루는 우리 고대사가 너무 광대하여 한국인으로서도 받아들이기가 쉽지 않기 때문이고, 사학계에서는 환단고기를 고대 문서가 아니라 20세기 초에 쓰여진 위서(僞書)로 규정하며 역사서로 인정하지 않기 때문이다. 환단고기를 직접 읽어보면 고대 문헌 그대로의 편집이라고 보기 어려운 부분이 있다고 느껴진다.

문제는 우리 사학계가 식민사학과 민족사학으로 양분되어 서로 적대시하는 데에 있다. 민족사학계에서 문헌과 유물 등에 근거하여 역사학적으로 고대사를 전개해도 식민사학에서는 「환단고기」에 기초한 주장이라고 몰아붙이며 사이비라고 단죄한다. 그리고 역사를 잘 모르는 일반 국민들 대다수는 강단을 장악하고 있는 식민사학의 말이 옳다고 동조하게 된다. 그 결과 「환단고기」와 상관없이

136) 박은식, 신채호, 정인보, 안재홍 등이 대표적이라고 할 수 있다.

말을 해도 「환단고기」와 비슷하면 "이것도 또 「환단고기」를 가지고 말하는 사이비구나!"라고 생각하며 외면하는 경우가 생각보다 많다. 참으로 안타까운 노릇이다.

그렇다면 어떻게 해야 할까? 사학계에서 인정하거나 말거나 국민들이 외면하거나 말거나 상관없이 「환단고기」 기록은 역사적 사실이라고 계속 우겨야 할까? 그럴 경우 결과는 어떻게 될까? 사학계는 물론이고 일반인에게도 「환단고기」에 대하여 불신을 더 심화시키게 된다. 더구나 「환단고기」가 민족종교의 경전이어서 종교적인 색채를 띠고 있으므로 더더욱 그렇다. 「환단고기」를 신봉하는 이들을 위해서도 「환단고기」가 역사서로 인정받기 이전에는 이를 기초로 우리 역사를 재구성하는 일을 가능하면 자제해야 한다. 역사 해석과 재구성은 일반적으로 인정된 사실과 충분한 근거에 기초해야 한다. 「환단고기」 내용의 많은 부분이 사실을 반영한다고 생각되지만 현지로서는 어디까지가 위서인지를 구별하기가 어려우므로 확인이 될 때까지 기다리거나 인정받을 만한 충분한 근거를 제시해야 한다.

이를 무시하면 민족사학자들의 건전한 민족주의가 설 자리를 잃어버리게 된다. 식민사학자들이 민족사학자들을 공격하는 가장 큰 빌미는 역사성과 학문성의 결여다. 즉 역사적 근거나 역사학의 이론적 바탕이 없는 주장이라는 지적이다. 뜻과 취지가 아무리 좋아도 학문적이고 과학적인 증거가 뒷받침되지 않으면 오히려 부작용이 생기기 마련이다. 우리민족이 살아남기 위하여 건전한 민족주의는 반드시 필요하지만 과격하고 배타적이며 국수주의적인 민족주의는 경계해야한다.

물음 17

고조선, 신화인가, 실화인가?

'고조선'이라는 용어는 이성계가 세운 조선과 구별하기 위하여 붙여진 이름이며 본래는 '조선'이었다. 조선이라는 명칭은 단군조선의 수도였던 아사달에서 유래되었다. '아사'는 아침을, '달'은 땅을 뜻하므로 아사달은 아침의 땅이었는데 이를 후대에 한문으로 '조선'(朝鮮)이라고 했다. 고대에는 건국자가 살던 지역이 수도가 되고 수도의 명이 곧 나라의 이름이 되었다. 이런 예는 서양의 바벨론 제국과 로마에서도 찾아볼 수 있다.

고조선 문제에서 우선 풀어야 할 것은 단군의 건국이야기를 신화(神話)로 보아야 하는가 아니면 실화(實話)로 보아야 하는가의 문제다. 삼국유사에 기록된 단군조선의 건국이야기는 다음과 같다.[137)]

> 위서』(魏書)에 이르기를 "지나간 이천 년 전에 단군(檀君) 왕검(王儉)이라는 이가 있어 도읍을 아사달(阿斯達)에 정하고 [경(經)에는 무엽산(無葉山)이라 일렀고 또 백악(白岳)이라고도 일렀으니 백주(白州) 땅에 있다. 혹은 개성 동쪽에 있다고도 하니 지금의 백악궁(白岳宮)이 이것이다] 나라를 창건하여 이름을 조선(朝鮮)이라 하니 요(堯)와 같은 시대이다."라고 하였다.
>
> 고기』(古記)에 이르기를 "옛날 환인[桓因:제석(帝釋)을 말한다]의 지차 아들 환웅(桓雄))이라는 이가 있어 늘 천하(天下)에 뜻을 두어 인간세상을 욕심내었다. 그 아버지가 아들의 뜻을 알고 아래로 삼위(三危) · 태

137) 단군조선 건국이야기는 「제왕운기」에도 나오는데 내용은 비슷하다. **「삼국유사」**는 일연이 1283년 충렬왕 9년에 기록했으며, **「제왕운기」**는 이승휴가 1287년 충렬왕 13년에 기록했다.

백(太伯)의 땅을 내려다보니 인간들에게 크나큰 이익을 줌직한지라. 이에 천부인(天符印) 세 개를 주어 보내어 그곳을 다스리도록 하였다. 환웅은 무리 삼천 명을 거느리고 태백산(太伯山) 꼭대기(태백은 지금의 묘향산) 신단수(神檀樹) 아래 내려와 그곳을 신시(神市)라 이르니 그를 환웅천왕(桓雄天王)이라 하였다. 그는 바람을 맡은 어른, 비를 맡은 어른, 구름 맡은 어른들을 거느리고 곡식 · 인명 · 질병 · 형벌 · 선악 등을 주관하여 살펴보며 무릇 인간살이의 360여 가지 일을 주관하여 세상에 살면서 합리적으로 진화시켰다.

때마침 곰 한 마리와 범 한 마리가 있어 같은 굴에 살면서 항상 신령스러운 환웅에게 기원하기를, 사람으로 진화하고 싶다고 하였다. 이때 환웅신(桓雄神)은 영험있는 쑥 한 타래와 마늘 스무 개를 주면서 말하기를 "너희들은 이것을 먹고 백 일 동안 햇빛을 보지 않는다면 쉽사리 사람의 형상을 얻을 수 있으리라."고 하였다. 곰과 범은 이것을 얻어먹고 3 · 7일(21일)을 조심하니 곰은 여자의 몸이 되었으나 호랑이는 조심하지 않아 사람의 몸이 되지 못하였다. 곰녀는 더불어 혼인할 사람이 없으므로 매양 신단수 밑에서 어린애를 배도록 해달라고 빌었다. 환웅은 잠시 사람으로 변하여 그녀와 혼인하고 아들을 낳아 이름을 단군왕검이라 하였다.

그는 당요(唐堯)가 제위에 오른 지 50년인 경인(庚寅)[당요가 즉위한 첫 해는 무진년(戊辰年)인즉 50년은 정사년(丁巳年)이요 경인년이 아니다. 사실 여부가 의심스럽다]에 평양성(平壤城)[지금의 서경(西京)]에 도읍하고 비로소 조선(朝鮮)이라 일컬었다. 또 도읍을 백악산 아사달(白岳山阿斯達)에 옮기었는데 그곳을 또 궁[弓:방(方)으로도 쓴다]홀산(忽山)이라고도 하고 금미달(今彌達)이라고도 한다. 나라를 다스린 지 1500년, 주나라 무왕이 즉위한 기묘(己卯)에 기자(箕子)를 조선에 봉하니 단군은 곧 장당경(藏唐京)으로 옮겼다가 뒤에 아사달로 돌아와 은거하며 산신이 되었다. 기간이 1908년이었다.

당(康)나라 「배구전」(裵矩傳)에 이르기를 "고려(高麗)는 본시 고죽국(孤竹國:지금의 해주)인데 주나라가 기자를 봉함으로써 조선이라 하였고 한나라가 나누어 세 개의 군을 설치하였는데 현도(玄菟) · 낙랑(樂浪) · 대방(帶方: 대방)이라 불렀다." 「통전」(通典)도 역시 이 설명과 같다. 한서』(漢書)에는 진번 · 임둔 · 낙랑 · 현도 4군(郡)이라 하였는데 여기에서 는 3군이라 하고 이름도 같지 않으니 무슨 까닭일까?.[138]

우리는 그동안 고조선의 건국이야기는 신화(神話)에 불과하다고 생각했다. 삼국유사에 기록된 내용이 신화의 형식으로 기록된 것은 사실이다. 그러나 기록 당시는 역사적 사실을 신화로 기록하는 시대였다. 신화의 형식으로 기록되어 있기 때문에 신화라고 생각했던 일들이 유물 등이 발견됨에 따라 역사적 사실로 확인되는 경우는 얼마든지 있다. 앞에서 언급한 바와 같이 단군조선의 역사성에 대해서는 갑골문과 유물 등으로 이미 확인되었다.

일제 식민지 시절, 일본 사학자들은 실증주의를 앞세워 단군이야기 이외에는 유물 등으로 확인할 수 있는 것이 없었으므로 단군조선의 건국이야기는 신화에 불과하다고 했다. 중국과 일본의 사학자들의 이런 주장은 사실을 밝히자는 의도보다는 정치적 의도가 더 강했으며, 그들은 지금도 그런 논리를 펴고 있다. 이제 우리는 단군조선을 역사로 해석해야 한다. 그런데 문제는 중국이나 일본이 아니라 우리 내부에 있는데, 우리나라 대표적인 사학자들로 구성된 동북아역사재단에서 중국이나 일본의 주장에 동조하고 있다는 것이 오늘 우리의 안타까운 현실이다. 식민사학자들은 단군조선 건국이야기는 신화라고 강조하면서 이에 반대하면 역사에 무지한 탓이라고 무시한다.

---

138) 『삼국유사』 권1 「기이」(記異) 〈고조선조〉, 윤내현 「고조선연구 상」, 24~26쪽, 원문은 다음과 같다.
魏書云 乃往二千載有壇君王儉 立都阿斯達 開國號朝鮮 與高同時
古記云 昔有桓因庶子桓雄 數意天下 貪求人世 父知子意 下視三危太伯可以**弘益人間** 乃授天符印三箇 遣往理之 雄率徒三千 降於太伯山頂神壇樹下 謂之神市 是謂桓雄天王也 將風伯雨師雲師 而主穀主命主病主刑主善惡 凡主人間三百六十餘事 **在世理化** 時有一熊一虎 同穴而居 常祈于神雄 願化爲人 時神遺靈艾一炷 蒜二十枚曰 爾輩食之 不見日光百日 便得人形 熊虎得而食之忌三七日 熊得女身 虎不能忌 而不得人身 熊女者無與爲婚 故每於壇樹下 呪願有孕 雄乃假化而婚之 孕生子號曰壇君王儉 以唐高卽位五十年庚寅 都平壤城 始稱朝鮮 又移都於白岳山阿斯達 又名弓忽山 又今彌達 御國一千五百年
周虎王卽位己卯 封箕子於朝鮮 壇君乃移於藏唐京 後還隱於阿斯達爲山神 壽一千九百八歲.

식민사학자들은 이렇게 말한다. "단군조선의 건국이야기는 고조선의 국가 권력이 형성되고 난 후에 지배층 사이에서 만들어진 신화일 뿐이며 실재한 역사가 아니다."[139] 이들은 신화를 역사라고 우기는 것은 지나친 국수주의적인 편견이며 열등감의 소치이니 사실을 사실대로 인정해야 한다고 말한다.[140] 이들의 말대로 신화가 사실이라면 주저할 필요없이 인정하고 받아들여야 한다. 신화의 방식으로 기록된 삼국유사와 제왕운기의 기록 이외에 단군조선에 대한 근거를 제시하기 어려울 때에는 단군조선의 이야기는 신화에 불과하다고 주장할 수 있었다. 그러나 갑골문과 유물로 고조선은 신화가 아니라 실제 역사였다는 사실이 입증된 만큼 이제는 신화가 아닌 역사로 보아야 한다.

류승국은 갑골문과 중국의 문헌, 중국학자들의 연구결과를 통해서 고조선은 역사적으로 실재했을 뿐만 아니라 고조선의 건국연대인 BC 2333년을 학문적이면서 과학적으로 입증해냈다. 이 뿐만 아니라 고조선의 건국이야기에 담긴 홍익인간 이념의 역사성까지 밝혀 놓았다.[141] 고조선을 역사로 보는 것은 편협한 민족주의나 열등감의 소산이 아니라 학문과 과학으로 입증되는 사실의 결과이다.

139) 송호정, 「단군, 만들어진 신화」, 6, 118~126쪽. 송호정은 정권의 정당성이 취약한 군사정권이 민족주체사관을 강조했는데, 이 시기에 단군을 역사로 받아들이는 민족사학자들이 군사정권과 결탁하여 득세했다고 주장한다. 그러나 이 주장은 별로 설득력이 없다. 군사정권시절 식민사학자들이 비례대표로 국회의원이 되거나 사학관련의 주요 직책을 독점하다시피 했기 때문이다. 「매국의 역사학, 어디까지 왔나」, 284~285쪽.

140) 남경태, 「열려라 한국사」, 363쪽.

141) 류승국 「한국사상의 연원과 역사적 전망」, 120~131쪽

물음 18 고조선, 어떻게 탄생했을까?

인류역사에서 초기 고대국가는 어떻게 탄생했을까? 초기 고대 국가가 탄생하는 방법은 두 가지로 생각해 볼 수 있다.

1. 힘으로 세운 국가

인간이 정착생활을 시작하고 농업과 목축이 발달하여 양식이 충분해지면서, 인구와 경제력이 증가하자 사회에는 많은 변화가 일어났다. 소규모의 혈연집단에서는 가족 개념이 지배하기 때문에 계층과 빈부 차이가 없는 평등사회였다. 그러나 마을들이 통합되어 점점 큰 사회로 발전하면서 빈부와 계층의 차이가 생겨났고, 또 지배계급이 등장했다. 서로 갈등을 겪으면서 힘의 논리에 의해 강한 집단이 약한 집단을 합병하고 다스리게 되었다. 이런 현상이 확대되면서 초기 국가가 탄생한다. 고대 국가는 대부분 이런 방식으로 탄생했다.

이렇게 힘으로 등장한 고대 국가들은 힘의 논리에 지배받아서 늘 경쟁하고 다투며 전쟁이 빈번하게 일어난다. 국력이 약해지거나 더 큰 힘을 가진 집단이 등장하면 다시 세력의 판도가 바뀌게 된다. 인류역사는 대부분 이렇게 약육강식으로 진행되어 왔다.

2. 추대로 세워진 국가

큰 힘을 가진 집단이 스스로 나서서 지배하고 다스리며 국가를 탄생시키는 것이 아니라, 주변의 다른 집단이 어떤 특정한 집단을 추대하여 탄생하는 국가도 있을 수 있다. 그러나 스스로 지배하고 다스리려고 하지 않는데 주변 다른 집단이 추대하여 국가가 생기는 것이 가능할까? 드물기는 하지만 전례가 있다. 고조선 이야기가 그것이다. 고조선은 환웅과 단군의 이야기로 구성되어 있다.

1) 환웅천왕

고조선 건국이야기에는 단군이 국가를 세우기 이전 환웅의 이야기가 길게 나오고 있다. 이 이야기에 대단히 중요한 내용이 들어있는데 다음과 같다.

> 「고기」(古記)에 이르기를 "옛날 환인[桓因:제석(帝釋)을 말한다]의 지차 아들 환웅(桓雄))이라는 이가 있어 늘 천하(天下)에 뜻을 두어 인간 세상을 욕심내었다. 그 아버지가 아들의 뜻을 알고 아래로 삼위(三危)·태백(太伯)의 땅을 내려다보니 인간들에게 크나큰 이익을 줌직한지라. 이에 천부인(天符印) 세 개를 주어 보내어 그곳을 다스리도록 하였다. 환웅은 무리 삼천 명을 거느리고 태백산(太伯山) 꼭대기(태백은 지금의 묘향산) 신단수(神檀樹) 아래 내려와 그곳을 신시(神市)라 이르니 그를 환웅천왕(桓雄天王)이라 하였다. 그는 바람을 맡은 어른, 비를 맡은 어른, 구름 맡은 어른들을 거느리고 곡식·인명·질병·형벌·선악 등을 주관하여 살펴보며 무릇 인간살이의 360여 가지 일을 주관하여 세상에 살면서 합리적으로 진화시켰다.
>
> 때마침 곰 한 마리와 범 한 마리가 있어 같은 굴에 살면서 항상 신령스러운 환웅에게 기원하기를, 사람으로 진화하고 싶다고 하였다. 이때 환웅신(桓雄神)은 영험 있는 쑥 한 타래와 마늘 스무 개를 주면서 말하기를 "너희들은 이것을 먹고 백 일 동안 햇빛을 보지 않는다면 쉽사리 사람의 형상을 얻을 수 있으리라."고 하였다. 곰과 범은 이것을 얻어먹고 3·7일(21일)을 조심하니 곰은 여자의 몸이 되었으나 호랑이는 조심하지 않아 사람의 몸이 되지 못하였다.

환웅은 구석기 시대에 인간들이 떠돌이 생활을 하면서 비참하게 살아가는 모습을 보며 안타깝게 생각하고 이 문제의 해결을 고심했다. 환웅이 "늘 천하에 뜻을 두어 인간세상을 욕심내었다."라는 이야기는 이를 말한다. 세상 만물에는 천적(天敵)이 있는데, 천적의 다른 측면은 해결 방법이다. 즉 모든 문제에는 해결 방법이 있다는 뜻이다. 작은 문제는 인간에게 주어진 이성의 능력으로 해결된다. 그러나 더 큰 문제, 즉 이 세상의 모든 사람을 행복하게 만드는 일은 인간의 힘만으로는 불가능하다. 세상을 만드시고 주관하시는 분의 도움으로만 가능하다. 참 하나님의 뜻은 세상 모든 사람들이 행복하게 사는 것이다. 하나님께서는 사람들의 마음을 지켜보시며 자신의 뜻을 실현할 사람을 찾고 계시며 그 사람을 찾으면 그 사람을 '하나님의 아들'이라 부르시며 그를 통해서 그 문제를 해결하신다. "그 아버지(환인, 하느님)가 아들의 뜻을 알고 아래로 삼위(三危) · 태백(太伯)의 땅을 내려다보니 인간들에게 크나큰 이익을 줌직한지라. 이에 천부인(天符印) 세 개를 주어 보내어 그곳을 다스리도록 하였다."라는 구절은 이를 말한다.

하느님에 대한 신앙으로 출발하여 하느님을 수호신으로 섬기는 환웅을 따르는 사람들은 점점 늘어나서 3천여 명이나 되었다. 환웅은 뜻을 같이하는 사람들과 신앙을 중심으로 살아가는 신시(神市)를 만들고 그곳에서 이상적인 공동체를 만들었다. 농사법을 개발하여 정착생활을 가능하게 했으며, 질병을 다스리는 의술을 개발하고, 사회법을 만들어 범죄를 막았으며, 도덕과 윤리체계를 세웠다. 그 외에도 인간의 삶과 관련된 여러 문제(360여 가지)를 해결할 지도자(풍백, 운사, 우사)를 세워 합리적으로 다스리게 했다. 그러자 사람들은 그를 환웅천왕이라고 불렀다. 왜 천왕이라고 했을까? 이 사람이야말로 하느님을 섬기는 하느님의 아들이며, 이 세상에서 하느님을 대신한다고 생각했기 때문이다.

환웅이 구체적으로 해결한 것은 무엇일까? 우선 정착생활을 가능하게 했다. 환웅의 이런 정신은 앞에서 살펴본 겹친 人자 무늬 토기와 비파형동검, 활 등에 들어있다. 토기는 정착생활의 상징이며, 토기에 들어간 겹친 人자 무늬에는 환웅의 염원이 들어 있다. 빗살무늬는 사람 人자의 무늬이다. 사람들이 어울려 손을 잡고 둘러서서 강강술래를 하는 모습이다. 그는 자신의 큰 뜻을 전파하기 위하여 토기에 사람 人자 무늬를 넣었고, 하나님께 제사를 드리는 축제를 제정하고 신분 지위의 구별없이 다 함께 모여 강강술래와 같은 노래를 만들어 보급하면서 세상을 개화시켜 나갔다.

환웅은 잘못된 행위와 불의의 폭력을 결코 용납하지 않았다. 환웅의 이런 정책은 널리 퍼져서 우리의 민족정신으로 정착되었으며, "동이족은 의관을 정제하고 칼을 차고 다니며, 사양하기를 좋아하고 싸우지 않는다."라고 중국문헌에 기록되어 있다. 환웅은 우리 민족을 군자의 나라로 만들어 놓았고, 다른 사람들은 우리 조상을 보고 사람 ()이라고 불렀다.

환웅의 덕이 널리 퍼져나가자 이번에는 곰과 호랑이를 토템으로 하는 부족장이 찾아왔다. 곰과 호랑이는 최고의 맹수이다. 곰족과 호랑이족은 가장 큰 세력집단을 말한다. 이들이 환웅에게 사람이 되게 해달라고 빌었다는 것은 환웅의 휘하에서 환웅의 가르침을 받으며 자신들도 사람처럼 살게 해 달라는 뜻이다. 이로써 환웅은 천왕으로서의 면모를 갖추게 된다. 이 공동체를 무엇이라고 불러야 할까? 그의 이름을 따라 환웅족, 그가 살던 신시를 따라 아사달 또는 배달족이라고 할 수 있다. 배달국, 배달민족이라는 명칭은 이렇게 생겨났다. 그러나 환웅천왕이 다스렸으니 '환웅조선'이 더 적절하다고 생각한다. 환웅조선은 이렇게 탄생했다. 환웅이 신탁에 의해 신시에서 선정을 베풀기 시작한 시기는 겹친 人자 무늬 토기가 만들어지던 BC 6000년경 이전이고, 환웅이 천왕으로 불리다가 곰족과 호랑이족이 찾아와 연합하여 초기국가로 진입한 시기는 옥기(玉器)가 성행한 BC 4000년경으로 추정된다.[142] 이 시기에 초기국가의 단계에 이르렀기 때문이다.

2) 단군왕검

142) 「고조선연구 하」, 534쪽.

환웅이 천왕으로 불리며 주요 부족들과 연합했지만 그는 결코 왕으로 군림하려 하지 않았다. 단지 환웅의 정신이 홍익인간 문화로써 확산되었고 사람들이 그를 하나님의 아들, 하늘의 왕으로 불렀을 뿐이다. 그런데 이제 국가가 탄생하게 된다. 그 이야기는 다음과 같다.

> 곰녀는 더불어 혼인할 사람이 없으므로 매양 신단수 밑에서 어린애를 배도록 해달라고 빌었다. 환웅은 잠시 사람으로 변하여 그녀와 혼인하고 아들을 낳아 이름을 단군왕검이라 하였다.

> 그는 당요(唐堯)가 제위에 오른 지 50년인 경인(庚寅)[당요가 즉위한 첫 해는 무진년(戊辰年)인즉 50년은 정사년(丁巳年)이요 경인년이 아니다. 사실 여부가 의심스럽다]에 평양성(平壤城)[지금의 서경(西京)]에 도읍하고 비로소 조선(朝鮮)이라 일컬었다.

곰과 호랑이족이 앞장서 환웅을 천왕으로 섬기기 시작한 후 또 많은 시간이 흘렀다. 여자가 된 곰이 같이 살 사람과 아이를 낳게 해달라고 빌었다는 이야기는 곰족이 앞장서서 환웅족과 연합하여 나라를 세우자고 간청했다는 뜻이다. 곰족과 호랑이족은 환웅족의 지도자 단군을 추대하여 나라를 세우게 되었다. 그 때가 BC 2333년이다. 단군조선은 이렇게 탄생되었다.

인류 역사를 보면 힘을 가진 세력이 전쟁을 일으켜 약한 세력을 강제로 통합하는 전쟁의 역사이며, 대부분의 나라들은 이렇게 세워졌다. 힘이 약하면 할 수 없이 당하지만 상대방의 힘이 약해지거나 자신이 힘이 더 강해지면 다시 전쟁이 일어나기를 반복해 왔다. 그런데 고조선은 무력으로 주변의 약한 부족을 병합하여 세워진 국가가 아니었다. 반대로 약육강식의 현실을 해결하기 위한 방법을 찾다가 하늘의 도우심으로 깨우친 후 그 하나님을 섬기는 신앙을 중심으로 사람들에게 겹친 人자 무늬 토기를 비롯하여 농업, 목축의 방법을 개발하여 알려주면서 서로 사이좋게 지내자고 설득하며 권했다. 그의 영향력은 점점 커져서 5천여 년 동안의 겹친 人자 무늬 토기 시대가 왔다. 환웅, 그가 겹친 人자 무늬 토기를 비롯하여 정착에 필요한 기술과 윤리 도덕을 개발하여 보급한 사람이다, 그 정신을 이어가던 사람들을 배달, 아사달 등으로 불렀는데 이는 '밝음'의 뜻을 지닌다. 조선(朝鮮)은 후일 배달, 아사달을 한자로 적은 것이다. 종족 이름이 그들이 사는 지명이 되고 그 지명이 나라의 이름이 되었다. 이와 같이 지어진 고대의 인명이나 지명 등은 보수적이어서 한번 정해지면 쉽게 바뀌지 않는 특징을 지닌다.[143]

환웅천왕 시대와 단군왕검 시대로 구성된 고조선은 힘으로 정복하여 세워진 나라가 아니라 감동받은 사람들이 몰려와 떠받들어 세워진 나라였다. 이런 특징은 그 이후 고조선은 물론이고 우리나라 역사 속에서 그 맥을 이어져서 우리는 힘을 앞세워 남의 나라를 침략하거나 식민통치 하려고 하지 않았으며, 수없이 침략을 당하면서도 불의의 폭력 앞에는 결코 굴복하지 않았다.

물음 19 고조선, 어떻게 수천 년을 유지했을까?

삼국유사와 제왕운기에 의하면 고조선은 환웅천왕과 단군왕검의 시대로 나누어진다. 환웅의 '환'은 하나님을 뜻하며 '웅'은 아들이므로 환웅은 '하나님의 아들'이라는 뜻이고, 단군은 하나님을 섬기는 제사장이자 왕이라는 뜻이다. 이들이 다스리던 시기는 어느 정도 길었을까?

143) 정연규, 「언어속에 투영된 한민족의 고대사」, 한국문화사, 2002, 6쪽

1. 환웅조선

환웅천왕이 등장한 시기는 정확하게 알 수 없다. 겹친 人자 무늬 토기에 근거하면 대략 BC 6천 년 이전으로 추정된다. 고조선에서는 겹친 人자 무늬 토기가 고조선 말기까지 사용되었는데, 이는 환웅천왕의 영향력이 그만큼 컸다는 증거다. 만주와 한반도에 이르는 그 넓은 지역에서 어떻게 그토록 오랫동안 토기에 겹친 人자 무늬만 넣어 사용할 수 있었을까? 이는 지도자 환웅의 숭고한 정신 때문이었다고 밖에는 설명되지 않는다. 무력을 앞세워 강압적인 정치를 하지 않았기에 그의 정신은 그렇게 넓은 지역에서 오랫동안 유지될 수 있었다.

환웅천왕의 시대가 국가였다는 뜻은 아니다. 단지 문화로 그만큼 영향을 주었을 뿐이다. BC 4000년경에 만들어진 옥기(玉器) 등의 유물을 보면 환웅조선은 이 시기에 초기국가 단계에 진입했다고 보여진다. 환웅천왕이 다스리던 시기를 국가가 등장한 단군조선과 구분하여 환웅조선이라고 할 수 있다.

2. 단군조선

단군왕검에 이르러 고조선은 고대국가 시대로 접어든다. 곰족과 호랑이족의 강권적 추대로 BC 2333년에 세워진 고조선은 BC 108년 그 힘을 다 할 때까지 2200여 년 동안 지속되었다. 한 나라가 세워져서 2000년 이상 유지된다는 것은 인류역사에 전례가 없을 것이다. 같은 기간의 중국 역사를 보면 한 왕조의 수명이 길어야 수백 년이었고, 550여 년 동안 진행된 춘추전국시대 초기에는 170여 개의 제후국가가 난립하여 전쟁이 그칠 날이 없었으며 말기에는 10개로 축소되었다. 춘추전국시대를 통일한 진나라는 다시 30여 년 만에 멸망하고 말았다.[144] 왜 그렇게 단명했을까? 힘으로 세워진 나라였기 때문이다. 힘으로 세워 힘으로 다스리면 조금만 틈이 나도 도전하는 세력이 등장하여 서로 세력다툼을 하게 마련이다. 중국만 아니라 세상 모든 나라가 거의 다 이런 과정을 거쳐 왔다.

반면에 고조선은 2천 년 이상을 유지했는데 이는 내부의 권력다툼이 없었기 때문에 가능한 일이었다. 고조선 역사를 보면 서쪽에 위치한 중국 한족이 쳐들어와 계속 침략을 당하다가 한족에 의해서 멸망했다. 배달족 내부에서 반란세력이 일어나서 시달렸다는 이야기가 없다. 이유는 단순한데 처음 시작부터 추대로 세워졌기 때문이다. 추대로 세워진 고조선의 국가 조직을 보면 강력한 중앙집권 국가가 아니라 70여개의 지방국가를 거느리고 있었다.[145] 요즘 용어로 말하면 지방자치제를 실시한 셈이다. 무력으로 통제하고 다스리는 중앙집권 체제가 아니었다. 단지 신앙을 중요시하여 중앙에는 신시(神市)를, 각 지방 국가에는 소도(蘇塗)라는 성지(聖地)를 두고 천군(天君)으로 신앙을 관장하게 했다. 고조선의 지방정권인 거수국에서 있었던 영고(迎鼓), 동맹(東盟), 무천(舞天) 등으로 불리는 파종기와 추수기의 제천행사는 귀천을 가리지 않고 모두 모여 여러 날을 먹고 마시며 어울려 춤을 추고 노래를 부르면서 화합을 도모했다. 우리 민족이 단군의 후손이라는 특유의 민족정신은 수천 년 이어진 이런 전통에서 생겨났다.

고조선이 무력이 아닌 종교로 통치하려고 한 이유는 고대일수록 종교가 개인과 사회에 가장 큰 영향을 주었는데, 악영향을 주는 잘못된 신앙을 바로잡아 개화시키려는 의도였다. 고조선은 무력으로 통치하지 않고 바른 신앙에 기초한 홍익인간 정신으로 통치하는

---

144) 같은 기간에 중국 왕조를 보면 요(堯), 순(舜), 하(夏), 상(商), 서주(西周), 춘추(春秋)·전국(戰國), 진제국(秦帝國), 서한제국(西漢帝國) 등이 있었다.

145) 윤내현은 이런 지방 국가를 거수국(渠帥國)이라고 말한다. 이런 거수국은 70여개 이다.

덕치의 국가였다. 홍익인간 정신은 전적으로 환웅족(아사달족, 조선족)의 신앙에서 나왔다. 추대와 신앙에 입각한 덕치, 그리고 지방분권 덕분에 고조선에서는 내부 반란이 일어나지 않는 문화가 형성되었다.

비슷한 예는 서양 역사에도 있는데, '로마의 평화'(Pax Romana)가 그것이다. 지중해 연안의 수많은 민족과 국가를 식민지배하던 로마제국은 수백여 년 간 내부 반란에 시달리지 않고 평화를 누려서 로마의 평화라는 말이 생겨났다. 로마제국이 멸망한 이유는 제국 내 식민지배 받는 나라들의 반란이 아니라 제국 바깥 나라들의 침략 때문이었다. 바벨론 사람들은 대제국을 건설했지만 100년을 견디지 못하고 내부 반란으로 멸망했다. 그런데 로마제국은 훨씬 더 넓은 지역을 다스리면서 어떻게 평화 시대를 누릴 수가 있었을까? 공화정을 실시했고, 식민지 나라에 자치권을 주고 간섭하지 않았으며, 도로와 치안을 공고히 하고 세금을 과다하게 부여하지 않았으며, 지진 등의 재해를 당하면 중앙정부에서 지원했다. 그러자 식민지 국가 간의 분쟁이 사라지고 내부평화가 유지되었으며, 식민지배를 받는 국가들은 오히려 로마정부에 늘 감사하는 마음을 가졌다. 로마제국 이후 1500여 년이 지난 후 유럽 국가들이 다시 로마제국시대로 돌아가자는 구호를 외치며 유럽연합(EU: European Union)을 탄생시켰다는 사실을 우리는 잘 알고 있다.

인류역사를 돌이켜 보면 고조선은 가장 앞선 정치 문화를 가지고 있었다고 할 수 있다. 역사에서 규정하는 고대국가의 주요 특징은 강력한 법과 무력통치에 의한 중앙집권이었다. 이런 수단이 동원되지 않고서는 국가를 유지할 수 없기 때문이다. 그러나 통치 방법은 무력이나 법만 있는 것이 아니라, 덕치(德治)도 있다. 후일 등장하는 유교의 공자는 군자에 의한 덕치를 강조했다. 덕치가 법

치보다 앞서며 최고의 통치방법이다. 단지 실행하기 어려울 뿐이다. 그런데 고조선은 덕치를 실행했다. 고조선이 건재하고 있는 동안에는 지방국가로부터 중앙정부에 도전하는 반란이 없었을 뿐만 아니라 지방 국가 간의 세력다툼도 없었다. 춘추전국시대의 수백 년 간 전쟁에 시달리던 중국인들은 이런 우리 조상들을 보며 "사양하기를 좋아하며 서로 싸우지 않았다."라고 했다. 당시 중국인이 볼 때 우리 조상들은 특별한 존재였다. 그러기에 군자의 나라라고 했다. 이는 결코 우연이나 과언이 아니며 확인된 역사적 사실이다.

역사 이래 한 왕조가 2300여 년을 내부 반란에 시달리지 않고 평화롭게 유지한 경우는 없다. 고조선이 멸망한 것은 인구 숫자와 철제 무기를 앞세운 중국으로부터의 끊임없는 공격에 시달리다 힘을 다했기 때문이다.

물음 20 고조선의 강역, 어디까지인가?

고조선에 대한 의견 가운데 첨예한 대립 중 하나가 고조선의 강역(疆域) 문제다. 식민지 · 반도사관에서는 고조선의 중심지가 한반도 북부 대동강 유역이라고 보는 반면 민족사관에서는 만주 요서지역이라고 주장한다. 무엇이 사실일까? 이를 위해서 몇 가지 사실을 먼저 살펴볼 필요가 있다.

1. 동인족의 활동 영역

중국인들이 동이족이라 부른 우리 조상들의 활동무대는 한반도에 국한되지 않았다. 만주벌판은 물론 중국 중원에서도 국가를 세웠다. 중국 순임금이 동인족이며, 은나라도 동인족이 세운 국가였다는 것은 갑골문 등으로 이미 확인되고 있으며[146] 동이족이 중원에서 은(상)나라를 세웠다는 사실은 중국학자들도 이미 인정하고 있다. 이런 사실을 염두에 둔다면 동인족이 세운 중심국가인 고조선의 중심지가 한반도 내에 있었다는 것은 전혀 상식에 맞지 않는다. 단군조선과 중국의 경계선이 산해관에 있던 만리장성 인근이라고 보는 것이 현실적으로 타당하다. 갈석산에서 끝나는 만리장성의 동쪽 경계선은 진시황 이전부터 동인족과 중국의 경계선이었으며, 만리장성 밖 동쪽에 앞선 문화를 가진 동인족이 살고 있었다는 것은 예로부터 중국인들도 인정한 사실이다. 이를 이하동서설(夷夏東西說)이라 한다. 이를 염두에 둘 때 고조선의 영역은 〈그림14〉와 같이 추정된다.[147]

2. 발해연안 유물

1970년대 후반부터 중국 발해연안에서 많은 유물이 발굴되었는데, 고조선과 관련된 대표적 유물은 비파형동검이다. 그 비파형동검의 분포는 〈그림14〉에서 보듯이 고조선과 중국의 접경지역인 난하와 요서 지역이다. 그런데도 이를 무시하고 고조선의 중심지는 한반도 청천강 유역이라고 주장하는 이도 있다.[148] 그렇다면

146) 류승국, 「한국사상의 연원과 역사적 전망」, 24~119쪽.

147) 이 지도는 고조선을 전공하고 평생을 연구한 윤내현의 그림이다.

148) 송호정, 「단군, 만들어진 신화」, 21~24쪽. 송호정은 이 책에서 단군조선은 후대에 만들어진 신화에 불과하며, 단군조선이 국가로 등장한 것은 철기시대 후인 BC 4~3세기라고 한다. 비파형동검이 분포된 곳이 모두 고조선 문화권이 아니며, 고조선은 아

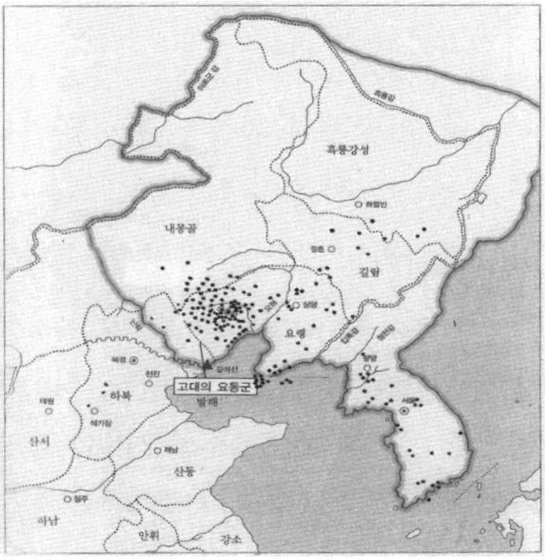

〈그림14 고조선의 강역과 비파형동검 출토지〉

비파형동검의 주인공은 누구일까? 우리 정부를 대표하는 동북아역사재단에서 발표한 대로 고조선과 상관없는 독자적인 문화 유물일까? 그곳의 유물과 한반도에서 발견된 유물을 비교해 보면 서로 연관성이 있음을 부인할 수 없다. 이를 부인하는 것 자체가 모순이다. 겹친 人자 무늬 토기는 물론, 자연석을 이용하는 묘제(墓制)인 적석총, 석관묘와 고인돌을 비롯하여 비파형동검 등은 발해연안과 한반도 남부지역에서도 골고루 발견되고 있다. 특히 고인돌은 고조선의 대표적 유물이며 분포지역이 비파형동검이나 겹친 人자 무늬 분포지역과 비슷하다. 그런데 어떻게 이런 유물이 서로 관련이 없다고 할 수 있을까? 중원에서 발견되는 중국인들 유물과 우리 조상인 동인족 유물은 서로 상이하게 다르다.

이 유물들 중 가장 앞서 있고 또 대량으로 발견되는 곳은 요서 대릉하 지역의 홍산문화권이다. 따라서 이 지역이 고조선의 중심지였다고 보아야 한다. 이를 염두에 두고 고조선 강역을 그려보면 〈그림14〉와 같다.[149] 고조선의 중심지는 비파형동검을 비롯한 고

직 중앙집권이 이루어지지 않았으므로 요서지역의 비파형 동검은 그 지역의 독자적 문화라고 주장한다. 송호정은 요서지역이 고조선 땅이었다는 선입견이 작용하여 그 지역 비파형동검을 고조선의 문화라고 생각한다고 하면서 고조선 중심지는 이북 청천강유역이라고 한다. 그러나 자신의 주장에 대한 어떤 근거는 제시하지 않고 있다. 송호정의 주장은 단군조선은 신화이며 고조선은 한반도를 벗어날 수 없다는 고정관념에서 출발하고 있다고 보여진다.

149) 위의 책, 354, 371쪽.

조선 유물이 집중적으로 발굴되는 요서지역에 있었다고 보는 것이 합리적이라고 생각된다.

3. 중심지와 지명의 변천

고대 지명과 현재의 지명은 많은 변천과정이 있었다. 평양(平壤)은 본래 고유명사가 아니라 대읍(大邑 큰 마을)을 뜻하는 보통명사였다.[150] 이북 대동강 유역 평양 이외에도 평양이라는 지명은 여러 곳에 있었다. 고조선 강역과 관련하여 많은 논란이 되는 패수(浿水) 또한 만주에도 있었다. 압록강, 요동의 지명도 마찬가지이다. 지금 충청도에 있는 부여(夫餘)라는 명칭은 고대 국가명이기도 했다. 만주지역에 있던 이름들이 한반도 내에서도 발견되는 이유는 고조선이 멸망할 즈음 그 지역 있던 유민들이 한반도로 이주하여 정착하면서 자신들이 살던 지역의 이름을 그대로 사용했기 때문이다. 이런 사실들을 무시하고 고대의 사서(史書)에 나오는 지명과 오늘의 지명을 동일시하면 많은 오류를 범하게 된다.

삼국유사에서 수도를 몇 차례 옮기는 이야기를 보면 고조선 중심지가 변했을 가능성은 충분히 있다. 그 가능성은 본래부터 중심지가 요서지역에 있다가 한반도 쪽으로 옮겨졌거나, 아니면 한반도 평양부근에서 시작한 후 요서지역으로 진출했다가 다시 돌아왔다고 추정할 수 있다. 그러나 단군조선 이전 유물들이 요서지역에서 집중 발굴되는 것은 이 지역에서 문화가 시작되었다는 뜻이므로 고조선이 여기서 시작되었을 가능성이 높다. 요서지역이 한나라의 침략을 받음으로써 고조선 말기에 중심지가 한반도 북부로 옮겨졌다고 보여 진다.

150) 「고조선연구 상」, 81쪽.

물음 21 고조선, 어떤 나라였을까?

우리 조상들이 세웠던 최초의 나라인 고조선은 어떤 나라였을까? 여러 가지 중요한 특징과 의미를 지니고 있다.

1. 지방국가 엽합

환웅천왕(환웅조선)에서 시작되어 단군왕검으로 이어지는 고조선은 독특한 체제를 가지고 있는데 그 특징은 추대로 세워진 국가였다는 점이다. 하나님으로부터 신탁을 받아 세상에서 홍익인간의 삶을 실천하는 환웅을 사람들은 환웅천왕이라 불렀으며, 곰족과 호랑이족이 스스로 환웅을 찾아와 연합해서 환웅조선과 단군조선이 탄생했다. 이렇게 시작된 고조선은 초기부터 지방 세력들이 자발적으로 결집된 연합국가였으며 강제력으로 중앙집권을 시도하지 않았다. 「제왕운기」에 의하면 고조선의 지방 국가들은 70여개인데 알려지지 않은 이름이 많이 있다고 한다.[151] 문헌에 남아있는 지방 국가들을 열거해 보면 다음과 같다.

> 먼저 요서지역에 있던 지방 국가 : 부여, 고죽, 고구려, 예, 맥, 추, 진번, 낙랑, 임둔, 현도, 숙신, 청구, 양이, 양주, 발, 유, 옥저, 기자조선
>
> 요동과 한반도에 있던 국가 : 진(辰), 비류, 행인, 해두, 개마, 구다, 조나, 주나, 한(韓)

151) 『제왕운기』 권 하 「漢四郡及列國紀」, 隨時合散浮沈際 自然分界成三韓 三韓各有幾州縣 蚩蚩散在湖山間 各自稱國相侵凌 數餘七十何足徵 於中 何者是大國 先以扶餘沸流稱 次有尸羅與高禮 南北沃沮穢貊膺 此諸君長問誰後 世系亦自檀君承 其餘小者名何等 於文籍中推未能 今之州府別號是 諺說那知應不應 「고조선연구 하」, 14, 30쪽)

위의 이름을 살펴보면 한사군의 이름인 낙랑, 진번, 임둔, 현도 등은 한사군 이전부터 있던 고조선의 지방 국가 이름이며, 기자조선 역시 지방 국가 중 하나였다.[152] 또 윤내현에 의하면 부여나 고구려, 옥저 등은 고조선이 멸망한 후 생겨난 국가들이 아니라 본래부터 고조선에 속해있던 지방 국가였는데, 고조선의 힘이 쇠약해지자 독립한 나라이다. 당시 정황을 돌이켜 볼 때 이 주장이 설득력 있다고 생각된다.

요동과 한반도 대동강 유역에 걸쳐있던 진(辰)은 '큰 나라, 중심되는 나라'라는 뜻이며, 고조선 중심세력이 세운 직할국으로 비왕(裨王)이 다스렸으며 거수(渠帥)가 지배하는 다른 국가보다 지위가 높았다.[153] 그 다음으로 중요한 거수국은 삼한이라 불리는 한(韓)이었다. 한은 대동강 이남에 자리 잡고 있었으며, 고조선이 멸망한 후 그 유민의 일부가 북부지역에 이주하며 독립했다. 독립국이 된 한의 거수국은 78개국이나 되었다.[154]

고조선의 체제와 조직의 특징은 중앙집권을 추구하지 않았다는 데에 있다. 중앙집권을 할 만한 힘이 없어서가 아니라 본래부터 무력으로 통치하지 않고 덕으로 통치했기 때문이다. 이런 특징은 세금제도에서도 잘 나타나는데 세금이 1/20세였다. 중국 주나라의 세금은 초기에는 1/10이었지만 후기에 이르면 5/10이상이었다.[155] 고조선은 이 세금을 어떤 용도로 썼을까? 초대형 궁궐을 짓고 부귀영화를 누렸을까? 고조선의 유물 중 궁궐터가 아직 발견되지 않고 있다. 못 찾았을 수도 있지만 초기부터 대형 궁궐을 짓

---

152) 위의 책, 30~31쪽. 윤내현은 지방 국가들을 '거수국(渠帥國)이라고 부르며, 기자조선을 거수국의 하나로 본다.

153) 위의 책, 65, 136, 540쪽.

154) 위의 책, 137쪽.

155) 위의 책, 544쪽.

지 않았을 가능성이 더 많다. 고조선은 세금을 걷어 신앙으로 교육하고 덕을 베풀며 외부의 적으로부터 백성을 지켜내는 데에 썼다. 중앙정부가 이렇게 하니 지방정부도 기꺼이 따라해서 내전이 일어나지 않았으며 고조선이 2천 년 이상 평화롭게 유지되었다. 단지 외부로부터의 침략이 있었을 뿐이다. 동이족은 서로 사양하기를 좋아하고 싸우지 않으며 군자의 나라였다는 중국 문헌의 증언은 결코 과언이 아니다.

2. 신앙으로 통치

고조선은 환웅이 받은 신탁으로 출발했기 때문에 신앙으로 다스리는 국가였다. 단군은 한(汗, 韓)이라고도 불리는데, 단군은 종교지도자 의미이고 한은 정치지도자의 의미였다. 즉 단군은 제사장이면서 동시에 왕이었는데, 제사장으로서의 비중이 더 컸다. 중앙에는 종교성지인 신시(神市)가 있었으며 종교의식을 담당하는 선인들이 살았다. 거수국에는 종교중심지인 소도(蘇塗)가 있었으며 중앙의 신시에서 단군이 파송한 천군(天君)이 종교문제를 주관했다. 거수는 국읍(國邑)에 거주하며 종교에 관여하지 않고 정치지도자 역할만 했다. 고조선이 광대한 지역을 중앙집권하지 않으면서 덕으로 통치할 수 있었던 이유는 이런 신앙적인 통치구조 때문이었다. 고조선의 이런 신앙적 통치 때문에 우리나라는 단군의 후손이며 단일민족이라는 독특한 민족정서가 생겨났다. 이런 정서를 지닌 나라는 우리뿐이라고 한다.

거수국의 천군은 매년 파종기와 추수기에 천신(天神)에게 제사를 드리는 행사를 주관했다. 이는 문자가 등장하기 이전에 행했던 일종의 국가차원의 교육이었다. 부여의 영고(迎鼓), 고구려의 동맹(東盟), 동예의 무천(舞天) 등은 이런 축제형태의 교육이었다. 천신에게 드리는 제사의 특징은 제물을 신에게 바치는 의식 중심이 아니라 남녀노소, 상하귀천 가리지 않고 모인 사람들의 화합과 소통에 비중을 두었다. 며칠 동안 같이 모여 음식을 장만하여 잔치를 벌이며, 춤추고 노래하면서 하나님께 감사하는 행사를 진행했다. 강강술래는 이 당시에 만들어졌을 것이다. 우리 민족의 '천신'(하나님)신앙과 천지인(天地人)을 일체로 보는 신앙은 이런 과정을 통해 생겨났다.

모든 나라는 나름대로의 건국신화를 가지고 있다. 그러나 우리처럼 홍익인간 사상이 뚜렷하게 드러나 있는 민족은 거의 없다. 또 이런 홍익인간 사상은 숱한 고난 속에서도 빛을 잃지 않고 이어져서 오늘 우리의 교육기본법에 다음과 같이 명시되어 있다.

> 교육은 홍익인간(弘益人間)의 이념 아래 모든 국민으로 하여금 인격을 도야(陶冶)하고 자주적 생활능력과 민주시민으로서 필요한 자질을 갖추게 함으로써 인간다운 삶을 영위하게 하고 민주국가의 발전과 인류공영(人類共榮)의 이상을 실현하는 데에 이바지하게 함을 목적으로 한다.[156]

이런 홍익인간 사상은 광복절 노래 및 국민교육헌장에도 반영되어 있다.[157] 어떻게 이런 홍익인간 사상이 생겨나 민족의식에 뿌리내리는 일이 가능했을까? 고조선이 수천 년 동안 신앙에 기초하여 덕으로 통치했기 때문에 가능했다. 바꾸어 말하면 홍익인간사상은 전적으로 천신 신앙의 산물이었다.

3. 윤리와 도덕

삼국유사에 보면 "그(환웅)는 … 형벌 · 선악 등을 주관하여 살펴보며 무릇 인간살이의 360여 가지 일을 주관하여 세상에 살면서

156) 1949년 12월 31일 법률 제86호로 제정 · 공포된 교육기본법 제2조(교육이념)

157) 광복절, 제헌절노래의 가사는 민족주의 사학자 정인보가 지었으며, 홍익인사상이 교육법과, 국민교육헌장에 반영되는 데에는 초대 문교부장관을 했던 안호상의 역할이 컸다. 일부 젊은 사학자들은 「한국고대사와 사이비 역사학」 16~20쪽, 에서 이들을 사이비사학의 원조라고 비난하고 있다. 과연 누가 사이비지인지를 묻고 싶다.

합리적으로 진화시켰다."라고 했다. 이 기록은 환웅천왕 치세의 초기 상황을 반영하는데, 그 당시 벌써 사회법을 만들어 형벌을 주며 선악을 가르쳤다. 후대 기록에 의하면 고조선에는 범금팔조(犯禁八條)가 있었다고 하며 그 내용이 「한서」〈지리지〉에 3개 조항만 전해지는데 "살인한 자는 즉시 죽음에 처한다. 남에게 상처를 입힌 자는 곡식으로 배상한다. 도둑질한 자는 남자의 경우에는 몰입하여 그 집 종(奴)이 되고 여자는 계집종을 만든다. 속전코자하는 자는 50만전을 낸다."[158] 등이다. 비록 속전을 내더라도 그와는 혼인하는 사람이 없었으며, 도적질하는 사람이 없으므로 대문이나 방문을 잠그지 않고 살았다고 한다.

고조선은 가정과 부부관계를 중요시하여 성범죄를 중죄로 다스렸다. 음란한 행위를 하면 남녀를 가리지 않고 중죄로 다스렸으며, 조선의 부인들은 행실이 단정하고 신의가 있으며, 음란하지 않았다고 한다. 부모에 대한 효도와 나라에 대한 충성을 강조하여 사회의 기본 덕목으로 삼았다.

사람이라는 이름과 군자의 나라라고 불린 고조선 사회의 이런 정신문화는 천신신앙에서 비롯되었다. 이는 곧 신에 대한 이해와 신앙생활의 수준이 그만큼 높았다는 뜻이다. 고대의 신관과 삶을 보면 대부분 미신 수준에 머물렀다. 그런데 고조선의 신앙을 보면 가장 높은 단계였다. 유일신 신관을 갖고 있으며, 신의 형상과 신전을 만들지 않고 자연환경 속에 자연석으로 작은 규모의 제단을 만들었으며, 신에게 제물을 바치는 의식 중심의 제사가 아니라 귀천을 가리지 않고 같이 모여서 잔치를 벌이며 친목과 화합을 다지는 축제, 사후 세상에 중점을 두지 않고 이 세상에 이상 국가를 만들려는 신앙생활을 했다. 신앙생활 가운데 이보다 높은 수준은 결

158) 相殺以當時償殺 相傷以穀償 盜者男沒入爲其家奴女子爲婢 欲自贖者人五十萬 殷道衰 箕子去之朝鮮 教其民以禮義 田蠶織作 樂浪朝鮮民犯禁八條 … 婦人貞信不淫辟

코 없을 것이다. 이런 신앙생활을 하는 환웅을 보고 사람들이 천왕, 즉 하늘에서 내려온 왕이라고 부른 것은 결코 과언이 아니었다. 고조선은 인간이 도달할 수 있는 최고수준의 신앙과 정신문화를 소유하고 있었다.

4. 과학기술

최고의 정신문화를 지닌 사람들은 그 정신을 가지고 모든 사람이 행복하게 살 수 있는 세상을 만들기 위해 기술문명을 개발하게 되어있다. 고도의 정신문화를 소유한 고조선의 과학기술은 여러 분야에서 뛰어났는데 몇 가지만 열거하면 다음과 같다.

1) 농업

농업과 관련된 기록이 삼국유사에 있는데 다음과 같다. "그(환웅)는 바람을 맡은 어른, 비를 맡은 어른, 구름 맡은 어른들을 거느리고 곡식 · 인명 · 질병 · 형벌 · 선악 등을 주관하여 살펴보며 무릇 인간살이의 360여 가지 일을 주관하여 세상에 살면서 합리적으로 진화시켰다."

환웅이 거느린 풍백(바람), 우사(비), 운사(구름)는 농경과 관련된 직책을 말하며, 360여 가지의 일을 관장했다는 것은 1년을 365일로 보았음을 암시한다. 이는 단군조선 이전인 환웅조선 초기에 관한 기록이며, 이때부터 고조선은 농업과 천문학이 상당히 발달했다고 할 수 있다. 중국 기록에서도 동이족의 천문학과 치수 등 농업 기술이 뛰어났음을 찾아볼 수 있다.[159)]

2) 토기와 옥기

석기시대 최대의 발명품은 토기이다. 고조선의 대표적 토기는 빗살무늬(겹친 人자 무늬) 토기인데 BC 6천 년경 이전부터 등장해

159) 「고조선 연구 하」, 391~396쪽.

서 단군조선 말기까지 약 5천여 년 이상 사용되었다. 그렇게 넓은 지역에서 그토록 오랫동안 사람인(人)자 무늬를 토기에 새겨 넣었다는 것이 믿겨지지 않는다. 이는 토기의 질도 뛰어났겠지만 그 토기의 문양에 새겨진 정신 때문이었을 것이다. 홍익인간정신이 깃든 사람 인(人)자 무늬 토기는 고조선 유물에서 빼놓을 수 없는 걸작품이다.

앞에서도 본 바와 같이 BC 4천 년경에 만들어진 옥기들을 보면 그 가공 능력에 감탄을 금할 길이 없다. 도구라고는 나무와 돌 밖에 없던 시절에 그 단단한 옥을 어떻게 그토록 정교하게 가공했는지 놀라울 뿐이다.

3) 청동기와 철기

고조선의 대표적인 청동기는 비파형동검이다. 어디서도 찾아볼 수 없는 이런 독특한 모양에도 홍익인간 정신이 들어있다. 고조선의 비파형동검과 더불어 날아다니는 창으로 불린 활은 정복하기 위함이 아니라 세상의 폭력을 제거하기 위함이었다. 청동검 외에도 거울 등의 청동 공예품은 그 정교함에서 타의 추종을 불허하는데, 0.25mm의 청동실을 만들어 냈으며, 청동기의 종류에 따라 합금의 비율을 달리했다. 최근에 발견되는 유물에 의하면 청동기가 처음 등장한 시기는 BC 2500년경이다.

철기는 BC 800년경부터 사용되었다. BC 7~6세기부터 선철을 사용했고, BC 3세기부터는 강철을 사용했다. 서양에서 선철과 강철이 등장한 시기는 AD 14세기 무렵이라고 한다. 이를 보면 고조선의 철 다루는 기술이 얼마나 뛰어났는지 잘 알 수 있다. 강철로 만든 고구려 화살촉은 얇은 철판을 입힌 갑옷을 뚫고 들어갔다. 철을 가공하는 기술과 더불어 도금(鍍金)과 판금(板金) 기술도 대단히 뛰어 났다.[160)]

5. 예술

무엇보다도 고조선에는 신앙에 기초한 민중음악이 발달했다. 종교축제에는 모두 모여 춤을 추고 노래를 불렀으며, 이를 위한 다양한 악기들이 등장했다. 이런 종교의식에서 사용된 가무(歌舞)가 향악의 뿌리이며 이런 전통이 지금도 남아있다.[161] 이 시대 사용된 현악기로는 슬(瑟)이 있었는데, 후일 거문고나 가야금으로 발전했다. 타악기로는 북과 청동으로 만든 방울이 있었으며, 타악기인 석경(石磬)과 관악기인 나무로 만든 피리는 BC 2000년경의 것이 발견되었다. 우리 민족은 음악을 즐겨서 "행인들은 밤낮없이 노래부르기를 좋아하여 노랫소리가 끊이지 않는다."라고 했다.[162]

6. 영향력

앞에서 살펴본 바와 같이 고대 문명이 탄생하는 원리를 다시 돌이켜 보면 다음과 같다.

위대한 정신에서 그 정신을 실현할 방법이 찾아지며,

그 사람에게 영향력이 주어진다.[163]

---

160) 앞의 책, 401~406쪽.

161) 손태룡, 「한국음악 개론」, 1996, 동진음악출판사, 205쪽.

162) 『후한서』 권85 「동이열전」 〈부여전〉 "行人無晝夜, 好歌吟, 音聲不絕"

163) 〈물음 12〉 무엇이 문명을 가능하게 하는가?의 결론.
- 가난하고 비참하게 살아가는 대다수의 사람들을 불쌍하게 여기면서 그 해결방법을 찾는 한 사람이 있다.
- 그 사람은 세상에서 방법이 찾아지지 않자 포기하지 않고 하늘을 향하여 탄식하며 호소한다.
- 하늘의 하나님께서는 그 사람에게 자신을 나타내시고 그 방법을 알게 하시며 그 사람을 통해서 그 문제를 해결하신다.
- 그 사람에게 그 시대를 이끌어가는 주도권이 주어진다.

환웅천왕과 단군왕검이 다스리던 고조선을 보면 이 도식에 정확하게 일치한다. 세상 모든 사람을 행복하게 하려는 최고의 정신문화인 홍익인간 정신은 그 사상의 실현을 가능하게 하는 기술문화를 만들어냈다. 그리고 고대사회에 지대한 영향을 미쳤다. 중요한 몇 가지를 열거하면 다음과 같다.

1) 동양문화와 사상의 원천

발해연안에서 처음으로 시작된 환웅천왕의 문명이 중국으로 전파되어 황하문명을 가능하게 했다. 그리고 동양 특히 중국의 주요 사상이라고 알려진 유교, 도교, 역학 등의 원천이 고조선에 있음은 앞에서 이미 살펴보았다. 단지 그 집대성이 중국에서 되었을 뿐이다. 한문도 마찬가지인데, 글자인 한자는 동인족에게서 시작되었고 중국에서 한문으로 발전했다고 보여진다.

2) 이상국가 건설

위대한 정신문화와 기술문화를 앞세워 이상국가를 건설하려고 했다. 만주와 한반도에서는 단군조선을 세워 2천년 이상 유지했다. 단군조선 이전의 환웅천왕 시대까지 합친다면 6천 년 이상 홍익인간사상으로 다스리며 나라를 세웠다. 이 뿐만 아니라, 중국에서는 역사 이래 가장 이상적인 국가라는 요순시대를 열었다. 그리고 은나라를 세웠다. 호머 헐버트가 언급한 바와 같이 우리 민족은 이상과 현실을 조화시켜 나가는 천부적 능력을 지니고 있다. 과거의 오랜 고난과 식민사관에 짓눌려 우리는 우리가 얼마나 귀한 것을 가지고 있는지 모르고 있다. 이제 그것을 다시 찾아내어 이 세상 현실에서 이상을 실현해야 한다. 우리 민족만이 해낼 수 있다.

물음

기자/위만조선, 한사군, 무엇이 문제인가? 22

일반적으로 고조선이라고 하면 '단군조선'이라고 생각하지만 역사책을 보면 고조선은 단군조선과 기자조선, 위만조선으로 구분되고 있다. 또 이어서 한사군 문제가 거론되며, 이에 대하여 많은 논란이 있다. 이를 순서대로 살펴보면 다음과 같다.

1. 기자(箕子) 조선

삼국유사에 의하면 앞에서 본 바와 같이 "나라를 다스린 지 1500년, 주나라 무왕이 즉위한 기묘(己卯)에 기자(箕子)를 조선에 봉하니"라는 구절이 있다. 기자가 동쪽으로 와서 조선 왕이 되었다는 '기자동래설'은 중국의 「상서대전」과 사마천의 「사기」, 반고의 「한서」 등에도 비슷한 이야기가 나오고 있는데 내용은 다음과 같다.

> "동이족이 세운 은나라의 말기에 '기자'(箕子)라는 충신이 있었다. 그는 조카인 주왕(紂王)이 폭정을 일삼자 이를 말리다가 투옥되었다. 결국 은나라는 멸망하고 주나라가 등장했는데 은을 멸망시킨 무왕(武王)은 기자를 방면해주었다. 기자는 무왕이 자신을 풀어주었지만 은나라를 멸망시킨 무왕을 섬길 수 없다고 생각하여 동쪽의 조선으로 피해갔다. 후에 이를 알게 된 무왕은 기자를 조선왕에 책봉했다. 후일 기자는 무왕을 만나 홍범구주(洪範九疇)를 알려주며 통치의 기본으로 삼도록 권했다."

기자 동래설에 대하여 한국 사학계는 일제시대부터 의문을 표시하며 받아들이지 않았다. 그 이유는 다음과 같다. 은나라가 망하고 기자가 방면된 시기는 BC 1122년경이며, 기자는 성인(聖人)으로 잘 알려진 실존인물이었다. 그런데 BC 100년경에 기록된 「사기」에는 기록되어 있지만 그 이전에 기록된 논어 등에는 기자에 관해 언급은 하지만 동쪽으로 가서 조선의 왕이 되었다는 기록이 전혀 나오지 않으므로 신빙성이 없다고 생각했다. 기자가 동쪽으로 간 것은 사실이라고 보여진다. 기자의 무덤이 하남성이나 산동성에 있다는 기록이 있으며, 실제로 요서 대릉하 지역과 산동반도에서 기자와 관련된 청동기 유물이 다수 발견되었기 때문이다. 유물을 분석해보면 기자일행은 초기에는 대릉하 지역으로 갔다가 후에 산동반도로 옮겨갔다고 추정된다. 후일 이 지역이 중국의 지배를 받게되자 기자후손의 일부는 한반도 대동강 유역으로 이주를 했다. 이런 이유로 대동강 유역에서 기자와 관련된 유물이 발견된다.

그러면 한나라(전한) 때 기록된 「사기」 등의 역사서에서는 왜 기자가 조선의 왕이 되었다고 기록했을까? 그 이유는 한나라가 위만조선을 멸망시키고 그 위치에 한사군을 설치하자 주민들의 반발이 심해서 낙랑을 제외하고는 곧 사라지고 말았다. 이에 한나라는 기자가 옛적에 주나라로부터 조선의 왕으로 책봉되었다고 선전하며 주민들을 무마시키려고 했으리라 추정되기 때문에, 기자조선은 사실로 받아들여지지 않았다. 이런 주장을 먼저 한 사람은 이병도이고 식민사학에서도 이를 받아들이기 때문에 기자조선 문제에 대해서는 식민사학과 민족사학 사이에 큰 논쟁이 없다.

그러면 삼국유사에는 왜 무왕이 기자를 조선왕에 봉했다는 기록이 있으며, 또 이를 그대로 받아들인 고려후기는 물론이고 조선시대에도 왜 기자조선을 인정하고 기자 사당을 지어 제를 올렸을까? 그 이유는 단순하다. 삼국사기나 삼국유사를 고려정부에서 기록하던 1200년경은 몽고족이 세운 원나라 지배를 받을 때였다. 고려정부는 미개하고 야만적인 원나라의 지배를 받으면서 우리나라의 문명은 당시 앞서있던 중국 문화와 같은 수준이라는 것을 강조하며 민족의식을 키우기 위해 역사서를 편찬했다. 고조선의 건립시기를 말할 때 중국의 전설적인 성군 요순과 같은 시기라는 것을 강조하는 이유도 여기에 있다.

또 고려뿐만 아니라 성리학으로 세워진 조선에서도 기자를 성군으로 받들며 사당을 세웠다. 그 이유가 무엇일까? 기자는 공자보다 700여년 이전 사람이며, 유교에서 말하는 성인이었다. 이는 공자 이전에 이미 유교가 있었다는 증거인데, 고려말과 조선초에 기자를 중요시하여 사당을 세워 섬긴 이유는 우리나라에는 공자보다 700여 년 전에 이미 유교가 성행했다는 자부심의 표현이었다. 또 기자는 동인족이 세운 은(상)나라 출신이므로 동인족이라고 할 수 있다. 일제강점기 때부터 식민사학자들은 기자조선을 인정하지 않으려고 했다. 그 이유는 기자를 인정한면 우리의 유교문화가 중국보다 700여년 앞섰다는 것을 인정하는 결과가 되기 때문이다.

고조선에서 기자의 망명을 받아준 이유는 고조선문화가 중국보다 뒤져서라기보다는 기자와 같은 성인을 중요하게 여기는 풍토 때문이다. 정치와 권력의 세계에서 관용은 앞서있을 때에 가능하지 뒤떨어져 있으면 수용하기 어렵다. 자신의 자리를 내어 주어야 하기 때문이다. 우리에게는 앞선 것을 본받으려는 포용력이 있다. 우리나라는 본래의 민족정신이나 주체성이 훼손되지 않으면서 유교, 도교, 불교, 기독교 등이 크게 성행하였다. 그리고 이런 종교들이 수천 년 이어져오고 있는데도 서로 충돌하거나 종교적 갈등이 심하지 않은 이유는 포용성과 관용 때문이다. 이는 세계역사에서 유례를 찾아보기 힘들다.

2. 위만(衛滿) 조선과 한사군

위만조선과 한사군에 관해서는 국내 사학자들의 대립이 심각해지는데 위치 때문이다. 식민사학계는 반도사관을 고수하기 때문에 위만조선과 한사군이 한반도 내에 있었다고 강변한다. 반면 민족사학계에서는 위만조선과 한사군은 요서지역에 있었다고 맞선다. 어느 편의 이야기가 맞을까? 먼저 위만에 대하여 살펴 볼 필요가 있다. 위만은 누구였을까?

중국 진시황제가 다스리던 진나라가 멸망하고 한나라가 세워진 후 공신들을 제거하는 토사구팽(兎死狗烹)이 시작되자 중국 유민들이 고조선으로 몰려왔다. 위만은 그 중 하나였다. 기자가 왔을 때에도 박대하지 않고 머무를 자리를 내주었던 고조선은 이번에도 이들 난민을 후하게 맞이하였다. 특히 위만에게는 직책을 주고 고조선과 중국의 경계선에 거주하면서 난민들을 돌보게 했다. 그런데 위만은 난민들을 모아 세력을 키운 후 배반했다. 한나라가 여러 갈래로 쳐들어오므로 수도를 방어하겠다고 거짓 보고를 한 후 반란을 일으키는 배은망덕을 자행했다. 이를 가리켜 위만조선이라 하는데 BC 194년경의 일이다. 그러나 위만조선은 오래가지 못하고 BC 108년 중국의 한나라에 멸망했으며, 한나라는 그 자리에 낙랑, 진번, 임둔, 현도 등 한사군(漢四郡)을 설치했다.

그런데 이에 대하여 식민사학과 민족사학의 의견은 서로 엇갈린다. 식민사학은 위만으로 말미암아 고조선은 멸망했으며, 고조선의 중심지는 한반도의 평양이라고 한다. 따라서 위만조선이 멸망하고 난 뒤에 세워진 한사군도 당연히 한반도 북부지역이 된다. 이 주장은 일제 식민사학자들의 주장과 일치하며, 우리는 그동안 학교 국사시간에 이렇게 배웠고 이를 정설이라고 생각했다. 그러나 민족사학자들은 위만이 차지한 지역은 요서지역이었을 뿐이며, 고조선이 한나라의 침략으로 크게 약화되기는 했지만 아직 명맥을 이어가고 있었으며, 한사군이 설치된 지역은 위만조선이 있던 요서지역이라고 본다. 어느 주장이 더 설득력이 있을까? 두 의견을 지도로 보면 〈그림15〉와 같다.

이 문제는 고조선의 중심지와 직접 관련있으며, 고조선 중심지를 어디로 보느냐에 따라 결론이 판이하게 달라진다. 고조선의 중심지가 한반도 대동강유역에 있다고 하면 위만조선과 한사군 역시 한반도 북부지역에 있었다는 결론에 이르게 된다. 〈그림15〉에서 보듯이 만주 중심설과 한반도 중심설이 대립되어 있다.

〈그림15 한사군위치에 대한 두 주장〉

그러나 앞에서 본 바와 같이 동인족이 우리 조상이고 중국 중원에서 은(상)나라를 세웠으며, 동인족의 주요 중심지가 요서와 산동반도였다는 사실이 밝혀졌으므로 중국과 고조선의 경계선이 난하지역이고 고조선 중심지가 요서지역에 있었다고 보는 것이 합리적이다. 따라서 기자조선과 위만조선과 한사군은 한반도에 있지 않고 요서 지역에 있었다고 보아야 하며 앞에서 언급한 바와 같이 이는 더 이상 논란의 여지가 없다고 보인다. 이 문제가 한국 사학계에서 아직 의견이 분분한 것을 보면 일제가 심어놓은 잘못된 선입견과 고정관념의 뿌리가 얼마나 깊으며 또 얼마나 제거하기 어려운지 실감하게 된다.

3. 고조선의 승계

고조선은 한사군이 설치되면서 동시에 멸망했다고 생각되지만 그렇지 않다. 중국 한나라의 집중적인 공격으로 중심지 요서지역을 잃고 세력이 급격히 약해지기는 했지만 사라진 것은 아니다. 중심세력의 일부가 한반도 북부로 옮겨와서 정착하며 당분간 명맥을 유지하다가 부여와 고구려를 비롯한 한반도 여러 지방정부로 이어졌다. 이런 사실은 고구려를 세운 고주몽이 단군의 아들이라고 기록되어 있을 뿐만 아니라 고조선 땅에서 세워지는 모든 나라들이 단군의 후손이라는 의식을 가지고 있었다는 데에서 찾아 볼 수 있다. 고조선은 멸망하여 사라진 것이 아니라 승계되었다.[164] 고조선을 승계하여 900여 년을 지탱한 대표적인 나라가 고구려이다.

BC 2333년에 고조선이 세워진 후 3500여 년이 지난 1200년경에 기록된 삼국유사나 제왕운기에서 고조선이 한반도의 평양을 중심으로 세워진 것처럼 기록한 이유는 고려시대에도 평양에 고조선 유물과 흔적이 많이 남아있었기 때문에 그렇게 기록했을 뿐이다. 또 개성이 수도였던 고려시대에는 고조선을 계승한 고구려 옛 땅을 찾기 위하여 서경(평양)을 중요하게 생각했기 때문이다.

역사서는 과거의 사실을 그대로 전하려는 데에 목적이 있지 않고 과거에 있었던 사실을 기초하여 기록 당시의 당면문제를 말하려는 데에 있다. 역사서를 읽을 때에는 이런 것들을 염두에 두고 재구성해야 한다. 물론 이런 재구성에 있어 거짓이 아닌 사실에 기초해야 함은 말할 필요도 없다. 이를 무시하면 중국이나 일본처럼 역사 왜곡 내지 날조가 된다.

164) 윤내현, 「한국 열국사연구」, 2016. 만권당. 윤내현은 이 책에서 삼국시대를 열국시대라 부르며 그 이유를 상세하게 설명하고 있는데, 이는 상당히 합리적이며 사실이라 생각된다.

물음 23 고조선, 어떻게 멸망했을까?

고조선은 대단히 장수한 국가였다. 국가시대였던 단군왕검으로부터만 해도 2300여 년이고, 문화시대였던 환웅천왕을 포함하면 6천여 년을 지속했다. 고조선이 언제 사라졌는지는 정확하지 않지만 위만조선이 들어선 BC 194년 이후 급격히 세력이 약해졌다고 보이는데, 멸망의 과정과 특징을 살펴보면 다음과 같다.

첫째. 고조선은 내부 분열이나 반란으로 멸망하지 않았다.

앞에서 살펴본 바와 같이 고조선은 중앙집권을 시도하지 않았으며 지방 국가 연합체였다. 그런데 어떻게 2천 년 이상 유지할 수 있었을까? 단군은 주변 부족의 추대로 왕이 되었고 무력이 아닌 덕으로 다스렸기 때문이다. 고조선과 관련하여 내부 국가들의 분열과 다툼이 있었다는 이야기는 전혀 없다. 오히려 서로 사양하기를 좋아하고 싸우지 않으며, 군자의 나라였다는 중국문헌의 기록들이 남아있다.[165)]

---

165) 공자의 후손인 공빈(孔斌)의 「동이열전」 기록은 다음과 같다.
東方有古國,名曰東夷,星分箕尾,地接鮮白.始有神人檀君, 遂應九夷之推戴而爲君,與堯竝立,
옛날 동방에 한 나라가 있었는데 그 이름은 동이이다. 그 나라의 방위는 기와 미방에 있다. 땅은 조선의 백두산에 접해있다. 단군이라는 신인이 있었는데 그를 따르고 호응하더니 아홉 부족이 추대하여 왕이 되었다. 이때가 중국의 요임금과 같은 시대이다.
제갈공명이 제자 강유에게 남긴 글을 보면 동이는 군자의 나라여서 싸워 이기기는 어렵다. 이간책을 써야 한다고 말하고 있다. (「심서」〈동이편〉)
東夷之性 厚禮大義 悍急能鬪 依山塹海 馮險自固 上下和睦 百姓安樂 未可圖
也. 若上亂下離則可以行間 問起극(隙)생 隙生則修 交敎以來之 固兵甲以擊之 其勢必剋也

둘째, 고조선은 지방 국가의 방패막이 역할을 했다.

고조선이 2천 년 이상 지속하면서 내부 반란에 시달리지 않은 또 다른 이유는 고조선이 요서지역에 중심을 두고 요동과 한반도를 보호했으며, 지방 국가들 간에 전쟁에 시달리지 않도록 경찰 역할을 했기 때문이다. 세금은 1/20에 불과했다. 이는 마치 로마제국이 평화를 유지한 이치와 같다. 70여 개의 지방 국가들 간에 전쟁이 없는 상태가 저절로 되었을 리는 없다. 같은 시기에 중국은 왕조가 수시로 교체되었으며, 춘추전국시대가 500여 년 이상 지속되면서 전국이 전란에 시달린 것을 보면 고조선이 얼마나 평화롭게 살았는지를 알 수 있다.

셋째, 중국의 끊임없는 침략에 시달리다가 힘을 다했다.

갑골문의 해석에 의하면 고대 동아시아의 세력판도는 동서(東西) 관계(夷夏東西說)였다. 이는 중국학자 부사년의 주장이다. 만리장성 동쪽은 고조선이, 서쪽은 중국이 자리 잡고 있었으며, 우리 문화가 훨씬 앞서 있었다. 고조선은 단군조선 이후 2300여 년을 한 왕조가 이어왔지만 중국에는 요순 이후에 하, 은, 주, 춘추전국시대, 진, 한 등 수많은 왕조들의 부침(浮沈)이 있었다. 중국에서 왕조가 수시로 바뀐 이유는 내부의 권력다툼 때문이었다. 내부 다툼을 하다가 통일세력이 형성되면 그 여세를 몰아 고조선 쪽으로 침략의 손길을 뻗쳐왔으며 그때마다 고조선은 이들의 침략에 맞서 싸우며 만주와 한반도를 지켜냈다. 무려 2천여 년을 지켜내던 고조선이 결국 힘을 다하고 말았다.

고조선 당시의 기록은 별로 남아있지 않지만 후일 중원을 통일한 수나라가 국력을 다하여 고구려를 침략하다가 멸망했는데도 불구하고 그 다음 당나라가 또 온 국력을 기울여 고구려를 친 것을 보면 고조선이 중국에 얼마나 시달렸을 지를 충분히 짐작할 수 있다. 고대 중국은 만주에 자리 잡은 우리민족에 대하여 경쟁의식을 가지고 언제나 견제해왔다. 우리나라는 고대로부터 현대에 이르기까지 서쪽과 북쪽에서는 중국과 북방민족들에게 공격을 당했으며, 남쪽으로는 왜구의 약탈과 침략에 시달렸다. 그러면서도 합병되거나 동화되지 않고 단일민족을 유지하며 민족의 정신과 문화전통을 이어왔다는 것은 역사적인 기적에 해당된다.

넷째, 고조선 멸망은 지방국가의 독립으로 이어졌다.

그러나 고조선의 멸망은 나라 전체가 사라지고 중국의 식민지배를 받은 것이 아니었다. 위만조선이 있던 요서와 요동지역 일부를 내어주고 지방국가 연합을 이끌던 주도권을 잃었을 뿐이다. 고조선의 중심세력이었던 유민들은 대동강유역으로 철수하여 고조선의 명맥을 이어갔다. 요하 동쪽에는 본래부터 고조선의 지방국가였던 부여와 고구려가 각각 독립하여 고조선이 하던 역할을 이어 받았다.

물음 24 고조선, 어떤 교훈을 주고 있는가?

1. 왜 중국에 역전을 당했을까?

동아시아 상고사를 보면 고조선의 환웅천왕, 단군왕검 시대에는 문명의 시원을 열면서 주도권을 행사했다. 고조선은 분명 뿌리 문명이었으며, 국가시대에 접어들자 만주에서는 고조선을, 중원에서는 요순시대를 열면서 이상적인 국가를 세웠다. 그런데 고조선 말기로 넘어가는 시점부터 고조선은 중원의 한족(漢族)에게 역전 당했다. 이런 현상은 중국에 한나라가 등장하면서 뚜렷해지기 시작하다가 결국 한나라의 공세를 이겨내지 못하고 고조선은 막을 내리고 말았다. 이후 우리나라는 국력이나 문화가 지금까지 중국에 영향을 받고 있는 상태다. 왜 이렇게 전세가 역전되었을까?

대부분 그 이유를 "중국이 우리보다 크고 국력이 강하며 문화가 앞섰기 때문이다."라고 생각하고 있다. 이렇게 결론을 내면 더 이상 묻고 생각할 여지가 없어진다. 그러나 만주에 자리 잡고 있던 고조선 후기까지는 우리가 중국보다 결코 작지도 않았고 또 문화면에서는 우리가 앞선 정도가 아니라 문화를 창조해 낸 뿌리였다. 그렇다면 이제 다시 물어 볼 여지가 생긴다. 왜 전세가 역전되었으며, 그 상태가 지속된 이유가 무엇일까?

역전 원인

중국이 우리보다 먼저 정신문화인 사상을 집대성했기 때문이다. 유교와 도교가 우리에게서 시작된 것은 틀림없는 사실이다. 그러나 중국이 그 사상을 먼저 체계화하여 집대성했다. 한자도 우리로부터 갑골문으로 시작되었지만 중국에서 한문으로 완성된 이유는 사상의 집대성이 중국에서 실현되었기 때문이다. 이와 같이 어떤 문화가 가지고 있는 사상을 체계적으로 정리해놓는 것은 그 문화의 발전은 물론이고 국가의 생존과도 직접 관련이 있다. 아무리 훌륭한 문화라 할지라도 사상적으로 정리해놓지 않으면 곧 사라지고 만다. 이런 예는 지난 인류역사에서 얼마든지 찾아볼 수 있다.

모세, 예언자, 헤브라이즘

세계역사에 가장 큰 영향을 끼친 헤브라이즘을 보면 그 시작은 참으로 미미하기 짝이 없었다. 아브라함이라는 사람이 가졌던 큰 마음과 큰 정신을 그 가족과 후손들이 이어가고 있었으며, 후손들은 이집트에서 노예로 전락하여 400여년을 비참하게 살아가고 있었을 뿐이다. 그런데 여기에 한 사람이 있었다. 그는 조상 아브라함이 가졌던 신앙과 그 후손들이 400여 년 동안 겪은 고난 속에는 세상을 변화시킬만한 위대한 정신이 들어있다는 것을 보고 그것을 율법으로 집대성해 놓았다. 그리고 이스라엘 사람들에게 그 율법대로 살아야 한다고 강조했다. 그가 모세라는 사람이다. 모세는 이스라엘이 400년 동안 겪고 있는 비참한 노예의 삶을 전혀 새로운 시각으로 보았다. 그 고난은 이 세상에서 비참한 노예제도를 사라지게 할 경험축적이며, 신분, 지위, 빈부의 격차를 해소하고 거룩한 나라를 만들어낼 사명이 이스라엘에 있다고 했다. 이것이 그가 집대성한 율법의 핵심이었다. 이와 같이 모세로 말미암아 이스라엘과 헤브라이즘의 탄생은 가능했다.

모세의 이런 정신을 이어가는 사람들이 있었는데 그들을 역사에서는 '예언자'라고 부른다. 이스라엘 민족은 역사에서 사라질 수밖에 없는 위기의 순간을 수없이 겪었지만 예언자들의 율법 준수만이 살길이라는 독려에 힘입어 살아남았다. 뿐만 아니라 세계 역사에 가장 큰 영향을 끼친 문화인 헤브라이즘을 만들어냈다. 그리고 율법을 지키고 있는 이스라엘 사람들은 지금도 세계에서 큰 영향을 끼치는 사람들이 되어 있다. 헬레니즘도 같은 방법으로 설명할 수 있다. 그리스의 작은 종족에 불과한 헬라스(Hellas) 사람들이 살던 방식과 정신문화를, 일군의 사람들이 끊임없이 대화하면서 철학으로 정리해 놓았기 때문에 그 이후 세계역사를 바꾸는 문화가 될 수 있었다.

그런데 고조선의 역사를 돌이켜 보면 사람, 군자의 나라라고 불리며 홍익인간과 재세이화의 위대한 건국정신으로 고조선과 요순시대를 열어 수천 년 간 이어갔지만 그 정신을 이어받아 체계화하고 집대성한 사람이 없었다. 그 시기는 언제쯤이어야 했을까? 고조선이 건국될 즈음이었어야 했다. 이 시기에 문자를 만들어서 사상을 집대성 했어야 했다. 문자 이전에는 토기에 사람 人자 문양과 강강술래와 같은 노래와 청동검의 모양 등으로 표현할 수밖에 없었다. 누군가가 문자를 완성하고 고조선의 정신을 사상체계로 집대성했어야 했다. 안타깝게도 우리에게는 그 누군가가 없었다. 호머 헐버트는 우리를 향해서 위대한 것을 만들어내기는 하지만 그 중요성을 알지도 활용하지도 못하고 사장시키고 있다고 했는데, 이는 소름끼칠 만큼 정확한 지적이었다. 그가 이 말을 할 때에는 한글을 주로 염두에 두고 한 말이었다. 그는 이것을 안타깝게 여기고 우리 역사를 수차례 써 가면서 우리가 앞으로 이상과 현실을 조화시키며 세상을 바꿀 수 있는 사람들이라고 격려했다.

2. 중국이 집대성한 이유, 결과

중국인들은 무슨 생각으로 어떻게 자신들의 것도 아닌 우리의 정신문화를 가져다가 사상적으로 집대성했을까? 그 해답은 그들이 겪은 춘추전국시대에 들어있다. 주나라 말기에 이르러 국가의 통제력이 약화되자 각 지방 제후들이 득세하기 시작해서 1천여 개 정도의 제후국들이 있었다고 한다. 이 많은 제후국들이 서로 세력을 키워나가다 보니 전쟁이 그칠 날이 없었고, 그 기간이 장장 500여년 이상 계속되어 세상은 생지옥 그 자체가 되고 말았다. 이런 끔찍한 전쟁의 상황에서 뜻이 있는 사람들이 생각하기 시작했다. 어떻게 해야 이런 생지옥을 면하게 할 수 있을까? 그리고 그 생각을 정리해서 체계화시켰다. 이런 사람들이 수없이 등장했는데 이들을 가리켜 제자백가(諸者百家)라고 한다. 수많은 사람의 수많은 사상이 등장하여 서로 경쟁을 벌이다가 가장 우수한 사상만이 살아남았다. 춘추전국시대는 제후들만의 전쟁이 아니라 사상의 전쟁이기도 했다. 제후들의 마지막 승자가 진시황이지만 그보다 더 중요한 것은 사상의 승자다. 그런데 놀랍게도 유교와 도교가 사상의 마지막 승자였다. 왜 놀라운가? 유교와 도교는 환웅천왕과 단군왕검이 가지고 있던 사상이기 때문이다. 고조선의 신앙은 도교로, 윤리와 도덕 등은 유교로 중국에서 중국의 방식으로 집대성되었다. 이와 같이 고조선의 정신이 가장 위대한 사상이었다는 것은 중국의 역사에서 증명이 된 셈이다.

그런데 이런 종합을 우리가 하지 못하고 중국이 했다. 그 결과는 무엇인가? 지난 2천여 년 동안 우리는 중국의 그늘에서 살아야 했다. 정신문화를 만들고 집대성하는 문제가 얼마나 중요한가는 이런 역사에서 교훈을 얻어야 한다. 이 책을 쓰는 첫 번째 이유는 이 교훈을 말하기 위함이다. 또 오늘 우리에게는 지난 역사를 기초로 동서양의 정신문화를 집대성할 기회가 와 있다. 이 기회를 놓치지 말아야 한다.

중국화된 유교와 도교의 특징

종교, 영성을 중요시하는 우리 민족과는 다르게 중국인은 실용, 현실을 중요시한다. 고대부터 중국인이 장사에 능한 이유는 여기에 있다. 그리고 유교와 도교가 중국에서 집대성되면서 중국화되었는데, 그 두드러진 특징은 '신앙의 실종'이다. 유교는 신앙을 거부하고 현실의 윤리와 도덕, 통치이념으로 굳어졌고, 도교는 현실을 도외시하고 무위자연을 추구하는 신선사상으로 방향을 잡았다. 도교나 유교에서는 고조선의 천신, 천지인 신앙을 찾아볼 수 없다.

중국에서 말하는 천(天), 상제(上帝)는 자연적이고 비인격적이며 유물적이어서 인격적이고 영성적인 고조선의 천신, 하나님과는 다르다. 중국의 천, 상제는 자연의 원리와 이성에 가깝다. 그러나 고조선의 천신 하나님은 성경에서 말하는 여호와 하나님과 비슷하다. 유일신 사상이 그 증거 중 하나이다. 중국과 우리의 이런 차이는 후일 불교와 유교, 성리학 등에서 그대로 반영된다. 특히 조선

성리학에서 중국의 성리학과 다른 우리만의 특징이 드러난다.

3. 우리가 집대성하지 못한 이유

중국인은 우리 사상을 가져다가 자기들의 것으로 집대성했는데 우리는 왜 우리의 것을 가지고도 해내지 못했을까? 몇 가지 측면에서 생각해 볼 수 있다. 먼저 우리에게는 중국인이 겪은 춘추전국시대가 없었다. 고조선이 멸망할 때까지 지방정부끼리의 다툼이나 내분이 없는 태평성대였다. 춘추전국시대를 경험한 중국인들은 이런 고조선을 보면서 서로 사양하기를 좋아하며 싸우지 않는 군자의 나라, 동방예의지국이라 했다. 이는 결코 과언이 아니었다. 2천년의 내부 평화가 유지되다 보니 중국처럼 제자백가가 출현하지 않았다. 그러면 이것이 변명의 사유가 될 수 있을까? 아니다. 이는 변명의 사유가 아니라 지탄받을 사유다. 이 변명은 직무유기이며 직무모독의 범죄행위다.

환웅천왕은 어지러운 세상을 보면서 안타까운 마음을 가지고 방법을 찾았지만 그런 방법이 있을 리가 없었다. 그러나 그는 포기하지 않고 하늘에 호소했다. 하늘은 그의 이런 안타까운 마음을 보고 그 방법을 알려주었다. 환웅이 하나님의 아들이라 불렸고 그에게 하늘의 계시인 천부인이 주어졌으며, 풍백, 우사, 운사 등 그를 따르는 사람들이 3천여 명이나 되었다. 환웅이 베푸는 성덕을 경험한 사람들은 그가 사는 곳을 신시(神市)라 불렀고 그를 하늘이 보낸 천왕(天王)이라 했다. 이런 선정(善政)은 점점 더 확산되어 곰족과 호랑이족 등이 가세하여 정식으로 나라를 세워 단군왕검시대를 열었으며 각 지방 국가에 소도와 천군을 두어 신앙으로 민족정신을 함양하게 했다. 그 결과 고조선은 군자의 나라가 되었다.

그 다음에는 무엇을 해야 했는가? 이런 정신을 더 공고히 하고 또 고조선 밖으로 확산시키기 위하여 환웅의 정신과 사상을 집대성해야 했다. 중국에서는 춘추전국 시대를 거치면서 위기를 타개하기 위한 방책으로 사상이 집대성되었다. 이런 집대성은 위기여야만 되는 것이 아니다. 모세는 이스라엘이 당면한 비참한 상황에 의미를 부여하여 사상을 집대성함으로써 이스라엘만이 아닌 전 세계의 문제를 해결하려고 했다. 헬라문화도 마찬가지였다. 위기 상황이 아니어도, 아니 위기 상황이 아니기 때문에 오히려 집대성할 필요성을 인식해야 한다. 호머 헐버트는 필요는 발명의 어머니이며, 그 필요에 대한 인식은 발명의 아버지라고 했다.[166] 위기가 오기 이전에 필요에 대한 인식이 없으면 환난을 피할 방법이 없으며, 위기가 온 다음에 대책을 세우려고 한다면 이미 늦어서 비싼 대가를 치러야 한다. 우리가 지난 날 당한 고난의 역사의 원인은 여기에 있다. 외부가 아닌 우리 내부가 더 문제다. 지금도 마찬가지다, 정쟁 논쟁, 역사논쟁이나 일삼을 때가 아니다. 우리의 현재와 앞날에 무엇이 필요한지를 인식하고 그것을 미리 만들어 대비해야 한다. 그렇지 않으면 파국이 있을 뿐이다. 우리에게는 제2, 제3의 환웅이 없었다. 그것이 문제의 핵심이다.

사상의 집대성은 문자가 없으면 불가능하다. 사상을 집대성하려고 하면 그것을 가능하게 하는 문자가 만들어진다. 문자란 사상과 더불어 성장한다. 헬라어는 그리스 사상을 집대성하는 과정에서 세계최고의 문자로 성장했다. 문자는 그 사상을 담는 그릇이기 때문이다. 춘추전국시대 동안 중국에서 한자가 완성되어진 이유는 제자백가들의 사상을 담기 위해서였다. 녹도문자, 가림토, 갑골문들이 고조선에서 시작되었다고 하지만 어느 것도 우리의 문자가 되지 못하고 말았다. 그 이유는 사상을 담는 데 활용하지 않았기 때문이다. 가림토는 수메르인을 통해 쐐기문자(설형문자)로 이어

166) 「헐버트, 조선의 혼을 깨우다」, 206쪽.

져 히브리어로 발전하여 율법을 집대성하는 데 쓰여진 것으로 보인다. 우리의 사상을 집대성하지 못한 우리는 문자 하나도 완성하지 못하여 중국에서 완성된 한자를 우리가 다시 빌려다 썼다. 빌려다 쓴 한자가 너무 어려워 세종대왕이 한글을 만들려고 했지만 만드는 과정에서부터 심한 반대에 부딪혔고, 만든 후에는 천시되고 말았다. 우리의 민족성에는 이런 약점도 있다. 이를 직시하고 고쳐야 한다.

「환단고기」를 기초로 우리 고대문명이 세계 다른 문명에 영향을 주었다고 자랑스럽게 말하는 것을 자주 보게 된다. 그것이 사실이라면 이는 자랑스럽게 말하기 이전에 먼저 부끄럽게 여기며 탄식해야 한다. 그런 조상을 둔 우리는 도대체 무엇을 했는가? 그런 전통을 이어가기는커녕 그런 사실이 있었다는 역사조차 잊어버리고 말았다. 그 결과 우리에게는 그런 문화가 있었을 리가 없다고 반대로 생각하고 있으며, 「환단고기」와 비슷하게 말하면 사이비로 몰고 간다. 이제는 그런 역사가 있었다는 것들이 사실로 드러나고 있어도 식민사학자들은 그것은 우리 역사가 아니며 우리와 상관없다고 말하면서 중국이나 일본의 왜곡된 주장에 동조하고 있으며, 국민들은 이런 역사문제에 아무런 관심을 보이지 않고 있다. 참으로 개탄할 노릇이다.

4. 고조선의 교훈

그러면 이제 우리는 무엇을 해야 하는가? 우리에게 그런 찬란한 고대역사가 있었다, 없었다라는 유치한 공방전을 그만두고 필요에 대한 인식을 해야 한다. 역사와 관련하여 진정으로 우리에게 필요한 것이 무엇일까? 우리 역사가 위축된 과거의 역사에서 벗어나 세계를 향하여 가슴을 펴 보려면 무엇을 해야 할까? 이에 대한 인식은 우리 시대에 대한 이해에서 비롯된다. 우리 시대는 무엇을 요구하고 있을까? 현대 이후의 새로운 시대를 이끌어갈 정신문명의 탄생이다. 전 세계의 지성인들은 이것에 목말라 있으며, 그 사상은 동양에서 나온다고 확신하며 동양을 바라보고 있다. 그렇다고 해도 그것을 우리가 어떻게 할 수 있을까? 우리는 할 수 있다. 아니 우리만이 할 수 있다. 우리는 뿌리민족이며 빛, 광명을 뜻하는 뿌리문명을 일구어 냈었다. 고조선 역사, 고조선 문화는 빛의 문화이다. 그리고 중국에 주도권을 내어주고 2천년 동안 호된 고난을 겪었다. 그런데 그 고난의 역사 역시 가장 중요한 의미를 지닐 수 있다. 모세가 히브리인의 고난을 율법으로 승화시킨 이치와 같다.

고조선의 뿌리 문명과 그 이후의 고난의 체득은 우리 역사를 기초로 동서양 문명을 융합시켜 새로운 시대를 열어가는 원동력이 될 수 있다. 근래에 일기 시작한 한류(韓流)의 기적은 결코 우연이 아니다. 우리의 역사 속에 한류를 가능하게 하는 정신문화가 잠재해 있었기 때문이다. 이제 우리 역사, 특히 정신문명의 역사를 체계적으로 정리하고, 서양문명을 재해석하여 2천 년대를 대한민국의 시대로 만들어가야 한다. 이것이 오늘 우리가 인식해야 할 필요의 아버지이다.

제3부 : 역수입 시대 : 열국~고려

역수입 시대

물음 25 고조선 이후, 무슨 일이 있었나?

고조선의 특징은 신앙으로는 중앙집권을 추진했지만 정치로는 지방분권을 실시하는 이원체제라고 할 수 있다. 종교 조직으로는 중앙에 신시를 두었고 지방에는 소도를 두고 제사장 천군으로 종교를 관장하게 했고 단군은 신시에서 신앙과 정치를 총괄했으며, 정치는 국읍에서 거수가 다스리게 했다. 홍익인간(弘益人間), 재세이화(在世理化)와 같은 민족정신과 단군의 자손이라는 독특한 일체감은 이런 신앙의 산물이었다. 고조선에서 신앙에 종사하는 성직자를 선인(仙人)이라고 했다.

고조선이 건재한 동안에는 지방 거수국들 간에 갈등이나 충돌이 일어나지 않고 평화가 지속되었다. 그런데 고조선이 사라지고 난 뒤에는 무슨 일이 어떻게 진행되었을까?

1. 지방정부의 대이동

고조선의 중심지는 요서지역이었다. 그런데 여기에 위만조선이 들어서면서 고조선의 세력은 약화되기 시작했다. 위만이 망명할 때 중국어와 조선어에 능통했고 또 "상투를 틀고 조선옷을 입었다."(魋結蠻夷服) 라는 표현을 보면 그는 조선족의 계열이라고도 보이며, 또 '조선'이라는 국호를 계속 사용했다. 이는 그 중심세력이 고조선의 사람들이었음을 반영한다. 그런데 BC 194~108년까지 3대 87년간 지탱하던 위만조선이 한나라에 멸망당하고 그 자리에 한사군이 들어서자 요서지역과 요동에 있던 고조선의 지방 국가들이 대거 이동하게 된다.

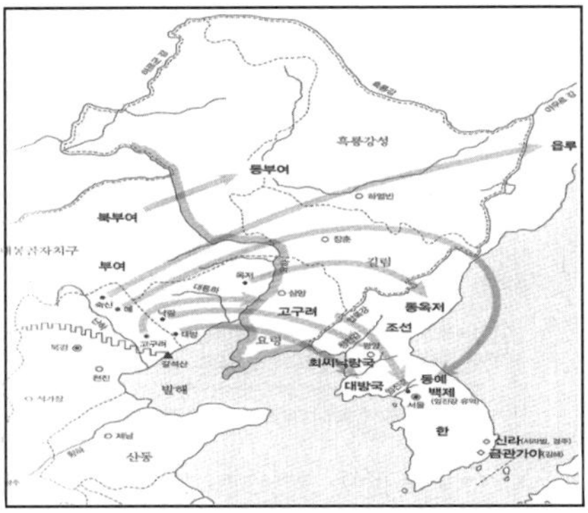

〈그림16 열국의 이동도〉

〈그림16〉[167]에서 보는 바와 같이 요서지역에 자리잡고 있던 위만조선이 중국의 한(서한)에게 멸망하게 되자 그 유민들이 만주와 한반도로 이주하여 정착하게 된다. **고조선의 중심세력**은 대동강유역으로 옮겨와서 **조선**이라는 이름을 그대로 사용했다. 요서에 있던 **부여**는 북쪽으로 옮겨서 북부여라고 하는데, 북부여는 다시 동쪽으로 옮겨 동부여로 자리 잡았고, **고구려**도 요서에서 요동으로 옮겼고, **숙신**은 오늘의 연해주로 이주하여 **읍루**라는 나라를 세웠다. 읍루의 주민은 그 지역 토착민이지만 지배계급은 우리민족이었다. 숙신은 읍루뿐만 아니라 여러 곳으로 분산되었는데 이들을 **말갈**이라 한다. 낙랑과 대방은 한사군 설치 이전부터 요서에 있던 지방 국가였으며, 위만조선과 함께 멸망한 후, 그 유민은 한반도의 대동강유역으로 옮겨왔다. 낙랑의 유민이 세운 국가를 **최씨 낙랑국**이라 한다. 예는 강원도 북부로 옮겼으며(**동예**), **옥저**는 함경도로 옮겼다.(동옥저) 이동한 열국들은 예전에 사용하던 나라 이름을 거의 그대로 사용했다. 평양, 패수 등의 이름이 복수로 등장하는 이유는 여기에 있다. 평양, 패수 등은 옮기기 이전에 사용하던 이름을 옮긴 이후에도 사용했다.

고조선이 멸망하면서 만주와 한반도 북부에는 지방국가들의 대

167) 위의 책, 41쪽.

이동으로 인해 사회적 변동이 크게 일어났다. 지역에 따라 차이는 있지만 토착민과 이주민 사이에 대체적으로 큰 충돌은 없었다고 보인다. 특히 이 변화는 철기가 급속도로 보급되는 것과 맞물려 있다. 철제 농기구의 발달로 농업생산이 급격히 늘어나고 농지가 대대적으로 개간되면서 빈부와 신분의 격차가 벌어지고 귀족과 평민 계급이 등장했다. 고구려에는 일하지 않는 계급이 일만 여명이나 되었다고 한다.

2. 전국(戰國)시대

고조선에는 70여 개의 지방국가(거수국)가 있었고, 한반도 중남부에 자리 잡고 있던 한(韓)나라에만도 78개의 작은 마을 국가들이 있었다. 고조선이 통치하던 2천여 년 동안은 이 많은 지방 국가들 간에 세력다툼이나 전쟁이 없었다. 어떻게 그 오랫동안 평화가 유지될 수 있었을까? 식민지사학에서는 아직 국가단계가 아니라 미개한 상태여서 그랬다고 주장한다. 그러나 앞에서 본 바와 같이 우리 조상들이 만들어낸 문명은 중국의 문명보다 훨씬 앞섰으며 나라를 세우는 건국도 우리 조상들이 만주는 물론이고 중국에서 먼저 시작했다. 고조선이 아직 미개하여 전쟁이 없었던 것이 결코 아니다. 같은 시기 중국은 수없는 전쟁을 통하여 왕조가 교체되고 춘추전국시대에는 500년 이상 전국이 수없이 많은 나라로 분열되어 전쟁에 휘말렸다. 춘추전국시대 이전인 서주시대에는 1800여 개 제후국이 있었으며, 춘추전국시대에는 100여 개 국가가 수백 년 간 전쟁을 치르면서 10여 개 국가로 압축되었다.

고조선 2천 년 평화는 나라가 세워질 때 무력이 아니라 추대로 세워졌고, 무력을 통한 강력한 중앙집권이 아니라 반대로 정치적으로는 지방분권을 실시하면서 신앙으로 중앙통치를 한 결과였다. 이는 참으로 놀라운 방법이었다. 천신(天神)과 천지인(天地人) 신앙에서 나오는 홍익인간과 재세이화 정신이 일체감과 민족정신을 이끌어냈기 때문에 2천 년 동안 왕조와 평화가 유지되었다. 이런 전통은 지방국가들의 건국이야기에도 나온다. 특히 우리나라의 건국에는 알에서 태어났다는 난생설화(卵生說話)가 유독 많은데 이는 하늘에서 왔다는 천손의식의 표현이며, 알을 보고 사람들이 왕으로 세웠다는 이야기는 사람들이 추대하였다는 뜻이다. 이런 이유로 고조선에는 내부 전쟁이 거의 없었으며, 우리 역사에는 특별한 경우가 아니면 왕조를 교체하려고 하지 않아서 왕조의 역사가 유난히 길다.

그러나 이들을 정신적으로 통합하여 통치해왔던 고조선이 사라지고 요하지역에 있던 지방 국가들의 대이동이 일어나면서 각 국가들은 독립하게 되었고 이후 서서히 병합되기 시작했다. 중국처럼 전쟁이 심하거나 오래가지는 않았지만 고조선 내부에 있던 지방 국가들 사이에 전쟁을 통한 통합이 진행되었다. 한반도 남부의 한(韓)은 78개 마을국가에서 12개로 축소되었다.[168] 한국형(韓國形) 전국시대, 약육강식의 시대가 도래하여 결국 부여, 고구려, 백제, 낙랑, 신라 등 다섯 나라로 통합되었다.

3. 중앙집권 체제

정치적으로는 지방분권을 실시했지만 신앙으로는 강력한 중앙통제를 하던 고조선의 신앙적인 영향력이 사라지면서 지방국가들 사이에 무력을 통한 대통합이 이루어지기 시작했다. 이렇게 등장한 국가들은 제각기 무력에 의한 중앙집권을 시도했다. 예나 지금이나 무력으로 등장한 정권은 권력을 유지하기 위하여 무력으로 중앙집권을 하게 되어 있다.

168) 「한국열국사 연구」, 649쪽.

그러나 수천 년 동안 고조선의 영향을 받으면서 지방자치에 익숙해진 지방 호족들이 중앙집권을 쉽게 받아들이려고 하지 않아 많은 저항에 부딪쳤다. 우리나라에서 중앙집권이 늦어진 이유는 사회가 발달하지 않아서가 아니라 중앙집권을 받아들이지 않으려는 독특한 문화 때문이었다. 위만조선이 한나라에 멸망하고 한사군이 설치되자 그 지역과 인근 고조선인들이 강하게 반발하여 진번과 현도는 즉시 사라지고 낙랑군만이 겨우 명맥을 유지했다. 후일 918년 왕건이 후삼국을 통일하는 과정에서도 지방호족들을 규합시키기 위하여 결혼정책을 동원해야 했다. 중국이나 서양처럼 상업이 발달하지 않고 근대 이전까지 씨족들이 모여 농업중심의 자급자족을 이어가던 우리나라는 중앙집권에 대한 지방호족들의 반발이 어느 나라보다 강했다.

마지막까지 남은 국가들은 저마다 중앙집권을 시도했지만 나라마다 차이가 있다. 백제와 같이 초기부터 중앙집권이 정착된 국가도 있는가하면 가야와 같이 호족들의 반발에 부딪혀 멸망할 때까지 호족연합 국가로 머무른 나라도 있었다. 그러나 결국 시간이 지나가면서 서서히 중앙집권체제가 정착되어 갔다.

4. 중앙집권 문화 수입

인접한 국가인 중국은 국가시대의 초기부터 무력을 통한 중앙집권체제가 정착되었다. 이는 중국만이 아니라 서양 대부분의 국가들도 마찬가지다. 국가의 등장 자체가 무력을 통한 병합으로 시작되었기 때문이다. 그러나 고조선은 그들과 문화가 달라서 추대로 고조선이 등장했고 내부 반란에 시달리지 않았다. 이런 이유로 중국은 고조선을 군자의 나라라고 했다. 고조선에서 '사람'(人)이라는 개념이 생겼으며, 고조선을 인방(人方), 동인(東人)이라 했다.

동이(東夷)는 후일의 중화사상 이후에 생긴 명칭이고 그 이전에는 동인(東人)이라고 했다. 다시 말하지만 이런 군자 사상은 전적으로 고조선의 독특한 신앙의 산물이다. 우리 민족은 종교성이 대단히 뛰어났다. 우리 정신문화의 두드러진 특징은 영성(靈性)의 발달인데 이를 영검성(靈驗性 영험성), 영명성(靈明性)으로 표현하고 있다. 이런 이유로 우리는 우리의 종교를 발전시켰음은 물론이고 이후에 들어온 외래 종교인 불교, 기독교 등을 융합시킬 수 있었다.

그러나 고조선이 사라진 후 고조선을 대신하여 신앙으로 중앙통제를 할 만한 국가가 등장하지 못했고, 철기가 일반화되면서 사회는 급속도로 변화되어 갔다. 이에 새로 등장한 국가들은 신앙을 앞세우기보다 당장 효율성 높은 중앙집권 체제를 선택하게 되었다. 그러나 이런 중앙집권 문화는 우리에게 없었기 때문에 중국으로부터 그것을 수입하여 쓰게 되었다. 수입한 중앙집권 문화는 다음과 같다.

1) 유교의 역수입

〈물음24〉에서 언급한 바와 같이 본래 고조선의 정신문화였던 주요 사상이 중국에서 춘추전국시대의 제자백가 사상의 경쟁을 통해 유교와 도교 등으로 집대성되었다. 춘추전국시대를 통일한 진나라는 법가(法家)를 국시로 통치했으나 30여년 만에 멸망하고 말았다. 그러나 진나라에 이어 등장한 한나라는 공자의 유교를 통치이념으로 받아들여 중국사회에 정착시켰다. 이후 중국의 정치제도와 이념과 결합된 유교는 중국화 된 중앙집권 문화라고 할 수 있다. 중앙집권체제가 앞선 나라는 단연 중국이었다.

고구려는 소수림왕 2년(372년)에 중국으로부터 유교를 받아들였다. 유교는 중국 한나라(BC 206년) 때부터 국가의 통치이념과 제도로 정착되어 있었다. 당시 유교는 단순히 개인의 윤리나 도덕,

사상에 그치지 않고 국가의 통치제도였다. 고구려를 필두로 백제, 신라 등도 유교를 받아들인 이유는 중앙집권체제에 도움이 되었기 때문이다. 고구려는 우선 유교를 받아들여 태학(太學 중앙국립대학)을 세우고 귀족들을 대상으로 교육하여 관리를 양성했으며, 서민을 위해서는 경당(扃堂 지방사립학교)을 두었고, 유교로 관리 선발시험인 과거를 치렀다. 이런 유교를 통해서 중앙집권이 정착되어 갔다.

2) 외래 종교의 수입

고조선의 가장 두드러진 특징은 신앙의 통치였다. 홍익인간, 재세이화라는 통치이념은 전적으로 신앙의 산물이었기 때문이다. 고조선은 신앙으로 통치하면서 단일민족이라는 독특한 민족정신을 형성하게 했다. 우리에게는 이런 전통적인 종교가 있었다. 그런데 고조선이 사라지자 신앙의 공백기가 생겼다. 그 틈을 타고 불교가 중국을 통해서 들어오게 되었다. 불교를 왜 받아들이려고 했을까? 현실적인 요청 때문이었다.

중앙집권을 강화하기 위해서는 제도와 조직을 지원하는 유교의 사상이외에 중앙집권을 지원하는 종교가 필요했다. 고조선시대의 천신사상과 제천의식은 백성들을 단합시키고 일체감을 조성하며 민족정신을 일깨우는 데에는 대단히 중요한 역할을 했다. 그러나 중앙집권과 왕권강화와는 거리가 멀었다. 우리의 전통신앙이 중국에서 도교로 집대성되었지만 본래의 신앙적인 특징이 사라지고 현실을 등지는 신선놀음으로 치우쳤다. 이럴 즈음 중앙집권을 지원하는 외래 종교가 있었는데, 불교는 지배자들에게 정치이념을 제공해주는 종교였다. 중국의 지배계급이 불교를 적극적으로 받아들인 동기도 이런 정치적인 이유에서였다. 중국과 마찬가지로 우리나라에서도 왕실 중심으로 불교를 받아들이게 되었다. 우리나라의 불교 유입 과정을 볼 때 중앙 왕실과 귀족들은 불교를 환영했지만 지방 호족들이 결사적으로 반대한 이유는 여기에 있다.

본래 우리의 사상이었던 유교와 도교는 중국으로부터 역수입되고, 본래 우리의 천신신앙은 정치무대에서 뒤로 물러나고 그 자리를 외래종교인 불교가 왕실에서 민간에게로 전해졌다. 불교 유입 과정에서 호족들의 반발은 신라가 가장 심했는데, 이차돈의 순교로 알려진 이야기는 호족들의 반발이 극심했다는 것을 보여주는 예이다. 불교는 유입 초기부터 민중보다는 왕들과 귀족들의 종교였으며, 그들에게 통치이념을 지원해 주었다. 승려들에게 주어진 국사(國師)의 직책이 이를 말한다. 그러나 시간이 지나면서 불교는 민간에게로 확산되어 민중 신앙으로 뿌리를 내리게 되었다.

5. 중국의 그늘

고조선 이후 우리나라는 중국의 영향에서 벗어나지 못하고 말았다. 왜 우리가 늘 중국의 영향권에 있어야 하는가? 중국은 크고 우리는 작아서일까? 고조선 이후 우리가 만주를 터전으로 할 때에는 결코 작지 않았을 뿐만 아니라 중원에서도 은나라를 세웠다. 그런데 우리는 고조선 이후 중국의 영향에서 벗어나지 못하고 말았다. 왜 그랬을까?

우리가 중국보다 앞선 문화를 만들어 냈지만 체계화, 집대성하지 못하고 역수입해서 쓴 결과다. 민족의 문화와 정신을 사상적으로 집대성하는 일은 이만큼 중요한 영향을 미친다. 우리에게는 중국에서 공자나 노자가 집대성한 유교나 도교보다 훨씬 앞선 정신문화가 있었다. 또 불교와는 비교되지 않을 만큼 우수한 천신과 천지인 신앙이 있었다. 그런데 이것을 사상적으로 집대성하지 못한 채 사장시키고 말았다. 멀쩡할 뿐만 아니라 훨씬 뛰어난 우리 정신을 버리고 남의 정신을 가져다 쓰다 보니 남의 지배로부터 벗어날 수가 없었던 것이다.

중국으로부터 종교를 비롯하여 학제(學制), 법제(法制), 병제(兵制), 전제(田制) 등의 국가조직과 정치제도를 받아들인 결과 고조선 이후에는 중국의 예속에서 벗어나지 못한 채 중국의 그늘에서 살아야 했다. 문화는 물과 같아서 높은데서 낮은 데로 흐르게 되어 있으며, 낮은 문화는 높은 문화의 지배를 벗어날 수가 없다. 인류 역사를 보면 우월한 문화와 지배력은 정비례한다. 현대에 이르러 동양이 서양의 지배를 받은 이유는 그들의 문화가 앞섰기 때문이다. 문화의 예속에서 벗어나려면 먼저 학문(인문학)이 독립하여 앞서가며 길을 열어야 한다. 외래문화의 영향을 받더라도 전통사상과 융합하여 앞선 문화를 만들어내야 그 그늘에서 벗어날 수 있다.

우리 고대 문화에는 세계에서 가장 우수한 문화를 만들어내고도 남을 만한 가능성이 들어있다. 그것을 발굴하여 새로운 시대를 이끌 정신문화를 만들어내야 한다. 이제라도 우리는 우리 정신을 다시 찾아야 한다. 6.25이후 폐허에서 경제기적을 일으키고 우리 문화가 한류라는 이름으로 세계로 확산되는 이 시점에서 우리에게 가장 중요한 일은 우리의 전통과 문화 사상을 기반으로 서양문화를 재해석하여 동서양을 융합시킬 수 있는 사상적인 집대성을 시도하는 일이다. 쉽지 않은 일이지만 최소한 그 문제의식을 분명히 하고 끊임없이 시도해야 한다. 이 기회를 놓치면 역사의 죄인이 되고 만다.

물음 26 열국시대, 어떻게 진행되어 갔나?

우리는 고조선이 멸망한 후 이어서 고구려, 백제, 신라 중심의 삼국시대가 왔다고 생각하는데 사실은 이와 전혀 다르다. 고조선이 멸망한 BC 1세기부터[169] 가야가 멸망한 AD 562년까지는 수많은 나라들이 존재하였다. 삼국만이 존재한 시기는 AD 562~660년까지의 98년에 불과한데 왜 우리는 이 시기를 삼국시대라고 생각할까? 일본 식민지 사관의 영향이다. '삼국시대'라는 개념은 일본 식민지 사관에서 비롯되었다.

일본은 우리나라에서 고대국가가 등장한 시기를 최대한 늦게 잡으려고 한다. 환웅천왕이 다스리던 고조선은 언급할 대상으로 보지도 않으며, 단군왕검이 다스리던 고조선도 신화에 불과하므로 인정할 수 없다고 한다. 단군조선을 멸망시킨 한사군은 중국의 식민지이므로 한국의 고대국가가 아니라고 부정한다. 결국 우리나라에서 등장한 고대국가는 고구려, 백제, 신라시대에서 시작되는, 이들마저도 초기에는 아직 국가가 아니고 중앙집권이 정착되는 5세기 전후에 가서야 비로소 고대국가가 탄생했다고 한다. 가야가 있기는 했지만 아직 나라가 아니라 미개한 상태여서 일본이 총독부(임나일본부)를 두고 다스렸다고 주장한다. 일본이 우리 역사를 이렇게 해석하는 이유는 우리나라에 대한 식민지배를 정당화하기 위해서였다. 이를 위해서 그들은 우리 고대국가 등장이 일본보다 늦

169) 신라가 BC 57년, 고구려가 BC 37년에 세워진 것을 보면 고조선의 멸망은 이 시점으로 추정된다.

으며, 고대로부터 일본은 우리에게서 문화적 영향을 받은 것이 아니라 반대로 그들이 우리에게 영향을 주었다고 강변한다. 이런 이유로 그들은 '삼국시대'를 강조했다. 식민지사관의 망령은 지금까지도 대부분의 사람들로 하여금 '삼국시대'라는 개념에서 벗어나지 못하게 하고 있다. 이제 우리는 이에 대하여 어떻게 대응해야 할까? 계속 우리도 삼국시대라고 해야 하나? 아니다. 늦었지만 이제라도 뜯어 고쳐야 한다.

고려 때 우리가 쓴 삼국사기와 삼국유사가 있다. 왜 여기서는 삼국이라는 용어를 쓰고 있을까? 고려는 삼국을 통일한 신라를 계승했으며, 고려 역시 후삼국을 통일했기 때문에 삼국이라는 용어를 썼다. 고려가 쓰는 삼국과 일본인이 쓰는 삼국은 서로 개념이 다르다. 일본인들은 삼국사기나 삼국유사를 인정하려고 하지 않는다. 삼국유사에 의하면 고조선 건국연대가 BC 2333년이고, 삼국사기에 의하면 삼국 중 신라의 건국연대가 BC57년으로 일본보다 앞서며 임나일본부를 주장할 근거가 없어지기 때문이다. 현재 우리나라의 식민사학에서 삼국사기나 삼국유사를 불신하는 풍조는 여기에 기인한다.

1. 열국(列國)시대,

고조선이 중국에 시달리다가 힘을 다하여 통제력을 잃은 후에는 고조선을 대신할 만한 국가가 없어 70여 개 지방국가들은 각자 독립의 길을 갔다. 이 시대를 어떻게 불러야 할까? 이 시기는 삼국시대가 아니라 여러 나라가 등장하는 열국시대였다.[170] 그러나 열국을 통제할 장치가 사라지고 100여 년의 시간이 지나면서 자력으로 살 힘이 없는 나라들은 다른 나라에 병합되는 현상이 일어났다.

170) 윤내현, 「한국열국시대 연구」, 14~15쪽. 윤내현은 이 책에서 열국시대를 주장하고 있다. 그의 주장이 타당하다고 보여진다.

마지막으로 남아서 수백 년을 지탱한 국가들은 부여, 고구려, 백제, 낙랑, 신라 가야 등이다.

이들 나라들의 건국신화를 보면 공통의 특징이 드러나는데 모두가 고조선과 어떤 연관이 있다고 주장한다. 제왕운기에 의하면 이들은 모두 고조선을 계승했으며, 단군의 후손이라고 한다.[171] 고조선시대부터 내려오던 제천의식을 지켰으며, 또 건국의 주인공들은 단군의 아들이라고 하거나, 아니면 난생(卵生)설화 등으로 하늘로부터 직접 선택을 받았다고 말한다. 우리나라에는 유독 난생설화가 많은데, 신화형식으로 천손의식을 반영하기 때문이다. 이런 단군의 후손, 천손의식은 고조선시대에 형성된 민족정신의 결과라고 할 수 있다.

1) 다물 사상

수천 년 동안 고조선이라는 울타리 안에 머물러 있다가 독립한 열국들은 제각기 고조선을 계승했으며, 단군의 후손이라는 의식을 가지고 있었다. 이들이 공통으로 추진한 정책은 다물(多勿)사상, 즉 고조선의 고토회복을 국가의 목표로 설정하고 추진했다. 동부여는 일찌감치 만주의 북부와 동부 일대를 회복했고, 고구려는 건국 초기부터 강력한 군사력으로 요서지역까지 진출하여 중국과 대립했다. 백제는 서해바다를 건너 산동반도 일대를 지배했으며, 가야는 일본 남부에 분국을 세웠다. 외형상으로 보면 고조선의 고토를 회복하고도 남았다. 단지 고조선처럼 오래 지탱하지를 못했을 뿐이다. 오래 지속하지 못한 이유는 시간이 지나면서 열국이 서로 분열하여 대립했으며, 또 고조선처럼 강력한 문화적인 영향력을 가지지 못하고 중국으로부터 문화를 수입했기 때문이다. 독자적인 정신문화가 뒷받침되지 못하면 아무리 대업을 달성해도 결코 오래

171) 「제왕운기」 권하 〈한사군급열국기〉

가지 못하고 만다.

오늘 우리나라가 중흥기를 맞은 것만은 틀림없다. 경제성장과 한류가 그것을 말해주고 있다. 그러나 우리의 전통문화를 재발견하여 뒷받침하지 못하면 아침안개처럼 곧 사라지고 만다. 우리의 고대문화에는 한류에서 확인되듯이 전 세계를 변화시킬 만한 가능성이 들어 있다. 우리 역사를 이렇게 해석하는 이유는 이 일을 위해서다.

2) 낙랑군과 낙랑국

낙랑군(樂浪郡)은 한나라 무제가 요서지역에 있던 위만조선을 멸망하고 설치한 한사군 중의 하나이고, 낙랑국은 낙랑군이 설치될 때 그 유민들이 대동강 주변으로 이동하여 세운 최리(崔理) 왕이 다스리던 나라를 말한다. 낙랑국은 낙랑군이 설치되기 어전부터 요서지역에 있던 고조선의 거수국이었다. 낙랑국이 멸망한 후 그 유민들이 한반도로 와서 같은 이름을 사용했다. 일본의 식민지 사학은 한나라가 세운 낙랑군과 대동강유역으로 이동한 낙랑국을 동일시했다. 그러나 이씨조선 후기의 실학자 성호 이익도 요서(요동)에 있던 낙랑군과 대동강 유역의 낙랑국을 구별했으며, 신채호 정인보 등의 민족사학자들도 그 의견을 따랐다. 식민지사학에서는 대동강 유역에서 발견되는 유물이 한사군의 낙랑군 유물이라고 했으나 그것은 낙랑군이 아닌 낙랑국의 것이다. 그 증거는 유물의 연대가 후대인 낙랑국 시대와 일치하는 데에 있다.[172] 낙랑과 대방은 한사군 설치 이전부터 있었던 지방 국가들이었는데 한(漢)에 멸망하자 그 유민이 한반도 북쪽으로 이동했다. 앞에서 다룬 바와 같이 위만조선이 멸망하면서 요서와 요동에 있던 나라들이 동쪽으로

172) 「한국 열국사 연구」, 137~183쪽. 윤내현은 여기에서 이 사실에 대하여 상세하게 문헌과 유물 등으로 고증하고 있다.

이동하는 대변혁이 일어났는데, 낙랑국도 그 중의 하나였다. 낙랑국은 후일 고구려에 합병되었다.

3) 한반도 남부

고조선 시대부터 한반도 중부와 남부에는 한(韓)이라는 나라가 있었다. 식민지사학에서는 삼한(마한, 진한, 변한)이라는 용어를 사용하여 분열되어 있다고 했으나 고대 문헌에는 한(韓)으로 쓰이고 있다. 고조선시대에 한에는 78개의 지방국가들이 통합되어 있었으며[173], 고조선의 멸망 과정에서 요서나 요동처럼 직접적인 피해를 입지 않고 독립했지만 시대의 큰 변동에 따라 백제(BC 18년), 신라(BC 57년), 가야(AD 42년) 등으로 분리되었다.

이 외에도 동예, 옥저 등 여러 나라들이 있었으나 시간이 지나면서 부여와 고구려와 백제, 신라, 가야 등 다섯 나라로 압축되었다.

2. 오국(五國)시대

70여 개 지방국가들 중에서 두각을 드러낸 국가는 동부여, 읍루, 고구려, 동옥저, 동예, 최씨 낙랑국, 대방국, 한(삼한), 신라, 백제, 가야 등이었다. 장수한 나라의 순서를 멸망 연대 순으로 보면 신라(935년), 고구려(668년), 백제(660년), 가야(562년), 동부여(494년), 최씨낙랑국과 대방(300년), 동예(245년), 동옥저(56년) 등이다. 최씨 낙랑국은 300년까지 버텼지만 겨우 명맥만 유지했을 뿐이다. 여러 열국들은 동부여, 고구려, 백제, 신라, 가야 등

173) 중국의 『후한서』 권85, 「동이열전」 〈한전〉에 의하면 한반도 남부의 한(韓)에는 마한, 진한, 변한 지역이 있으며 마한에는 54개국, 진한과 변한에는 각각 12개국 등 78개의 지방국가가 있다고 기록되어 있다.(韓有三種, 一日馬韓, 二日辰韓, 三日弁韓, 馬韓在西, 有五十四國, 其北與樂浪, 南與倭接, 辰韓吊, 十有二國, 其北與濊貊接, 弁辰在辰韓之南, 亦十有二國, 其南亦與倭接, 凡七十八國.)

다섯 나라로 압축되었으므로 오국시대라 할 수 있다. 이 나라들을 간략히 살펴보면 다음과 같다.

1) 부여(夫餘)

부여라는 이름이 고조선 중기인 BC 12세기 이전에도 존재했음을 중국 문헌에서 확인할 수 있으며, 고조선의 거수국 중 가장 서쪽에 있었다.[174] 고조선이 멸망한 후 부여는 정권이 단절되지 않고 가장 먼저 독립하였으며, 북부여 건국자 해모수는 '해 머슴아' 즉 하나님의 아들이라는 뜻으로 단군과 같은 의미였다. 이는 고조선을 계승했음을 강조하는 표현이다. 해모수의 아들 해부루는 BC 59년 동쪽 길림성 북부로 이동했는데 이를 동부여라고 한다. 정치조직을 보면 전국을 다섯 개의 행정구역으로 나누어 중앙은 왕이 다스리고 네 지방은 지방호족인 저가(猪加), 구가(狗加), 마가(馬加), 우가(牛加) 등이 다스렸다.

형식적으로는 왕 중심의 중앙집권체제로 보이지만 부족들의 연합국가였으며, 실권은 부족회의에 있었다. 왕도 부족회의에서 선출되었으며 가뭄 등에는 왕이 덕이 없어 천재지변이 왔다고 하여 폐위했다. 왕에게 책임을 묻는 이런 사상은 고조선에서부터 형성된 우리에게만 있는 사상이다.[175] 동부여는 멸망할 때까지 중앙집권이 실시되지 못하고 말았다. 고조선 때부터 내려오던 종교행사인 영고가 있었으며, 엄격한 법률이 적용되었는데 법 중에서는 성범죄를 가장 엄격하게 다스렸다. 엄격한 법이 집행되었다는 것은 곧 국가체제가 견고했다는 뜻이지만 중앙집권만은 뿌리를 내리지 못했다. 이런 특징은 고조선의 지방분권과 종교제도가 반영된 것이다. 동부여는 AD494년 고구려에 병합되었다.

---

174) 위의 책, 67쪽.

175) 윤사순, 「근본원리로 살핀 한국의 유학사상」, 61~65쪽.

2) 고구려(高句麗)

고구려가 중요한 이유는 고조선이 멸망한 후 사실상 고조선을 계승했기 때문이다. 고구려는 고조선 초기부터 함께 했으며 고조선의 주요 지방국가(거수국)로 요서 난하지역에 있었다. 이런 사실은 중국문헌에서도 확인된다. 고구려는 환웅을 찾아왔던 곰족의 후예라고 보여진다.[176] 고구려는 '수신'(隧神)이라는 큰 굴을 섬겼는데, 이는 곰이 살았던 굴을 말하기 때문이다.[177] 동예는 호랑이를 섬겼으므로 호랑이족의 후예였을 것이다.

고구려를 세운 주몽(추모왕)은 부여의 해모수의 아들이라고 한다. 해모수는 단군의 다른 이름이다. 주몽이 해모수 즉 단군의 아들이라고 한 뜻은 고구려는 고조선의 계승자라는 의미이다. 부여에서는 활을 잘 쏘는 사람을 주몽이라고 했는데 주몽은 어려서부터 활을 잘 쏘아서 붙여진 이름이다. 주몽이 이주한 졸본에는 부여의 유민들이 이미 정착했는데, 주몽은 이들과 연합하여 국가를 세웠다. 「삼국사기」에 고구려가 BC37년에 세워졌다는 기록은 고구려가 부여 유민과 연합하여 다시 출발한 시기를 말하는 것이지 고구려가 이때 처음 등장했다는 뜻이 아니다. 고구려는 곰족의 후예로서 단군조선 초기부터 고조선의 지방국가로 존재했었다.

고조선 시대에도 중요한 역할을 했던 고구려는 고조선이 멸망한 뒤에는 만주지역을 중심으로 중국에 맞서면서 고조선 옛 땅과 명예를 회복하려고 최선을 다했다. 고구려의 이런 정신은 무엇보다도 '다물'(多勿) 사상에서 찾아볼 수 있다. 다물은 고구려말로 '옛 땅의 회복'이라는 뜻이다.[178] 고구려는 건국 이후 옛 땅을 회복하

---

176) 윤내현, 「고조선연구 하」, 143, 806~807쪽. 윤내현은 환웅족은 조선족, 곰족은 고구려, 호랑이족은 예맥족으로 추측한다.

177) 『후한서』 권85, 「동이열전」 〈고구려전〉 "以十月祭天大會 名曰東盟 其國東有大穴 號隧神 亦以十月迎而祭之"

기 위하여 강력한 군사력으로 주변 나라들을 병합하기 시작했는데, 그 첫 번째가 비류국이었다. 비류국을 병합하고 이름을 다물도(多勿都)라 했는데 이는 고구려의 주요 정책이 고조선의 옛 땅 회복임을 잘 보여준다. 고구려의 다물정신은 광개토대왕에게서 잘 드러난다. 그의 호는 '영락'(永樂)이었는데, 이는 영락사해(永樂四海 세상을 낙원으로 만들다)의 줄인 말로써 이도여치(以道輿治 도로 세상을 다스린다)와 더불어 고구려 건국정신이다. 이는 고조선 건국정신인 홍익인간(弘益人間) 재세이화(在世理化)와 맥을 같이한다. 광개토대왕이 서쪽으로는 요서지역으로, 남으로는 한강 이남을 확보하고 신라를 왜구의 침략으로부터 보호했지만 병합하지 않은 이유도 그의 정책이 영토 확장이나 약탈을 위한 것이 아니라 세상에서 전쟁을 없애고 낙원을 건설하기 위함이었기 때문이다. 말갈을 치고 포로 1만여 명을 귀환시킨 것도 같은 맥락이다.

고조선의 옛 땅을 회복하기 위하여 만주 전역과 요서 지역에 진출하여 고조선의 옛 땅을 거의 회복했다. 그러나 한반도 남부로 진출하여 군사적인 통일을 추진하지는 않았다. 왜구에 시달리는 신라를 돕거나 백제를 견제했을 뿐이다. 이는 고구려의 의도가 중국으로부터 한반도를 지키려는데에 있었음을 보여준다.

3) 백제

BC 18년에 세워진 백제의 시조 비류와 온조는 부여의 후손이라고 보인다. 그런 이유로 후일 성왕 때 국호를 남부여라고 했다. 한강 이남과 충청, 전라도 지역에 자리 잡고 위로는 고구려와 국경선을 놓고 줄다리기를 하였으며, 서쪽으로는 서해바다를 건너 산동반도로 진출하여 수나라가 중국을 통일할 때까지 지배했다. 또 남해안을 지나 일본으로 진출하여 해상왕국을 건설했다. 백제는 한

178) 「삼국사기」 〈고구려본기〉 제 1권, 麗語謂復舊土爲 多勿 故以名焉

반도 내에만 머물러 있지 않았다. 부여의 맥을 이은 백제 역시 다물사상으로 고조선의 고토를 회복하려고 시도했다.

백제가 이렇게 무력으로 활발한 대외활동을 할 수 있었던 이유는 백제를 건국한 세력을 중심으로 중앙집권이 초기부터 가능했기 때문으로 보여진다. 또 백제의 이런 지리적인 확장에는 앞선 문화가 있었다. 유교를 받아들인 시기에 대해서는 명확한 기록이 없지만 375년(근초고왕 30년)에 박사 고흥(高興)이 「서기」(書記)를 지었으므로 이미 그 이전에 상당한 수준의 유학이 자리 잡았음을 알 수 있다. 박사는 시경, 서경, 예기, 춘추, 역경에 능통한 사람에게 주는 칭호다. 박사 왕인은 일본에 논어와 천자문을 전달하고 가르쳤다. 이런 과정을 통해 백제는 일본과 돈독한 유대관계를 맺었다.

4) 가야

AD 42년에 세워진 가야는 한국사에서 소홀히 취급되고 있다. 그 이유는 자료가 부족하기도 하지만 일본의 식민지사관의 영향 때문이다. 일본은 의도적으로 '삼국시대'를 강조하여 562년까지 존재한 가야를 제외시키고 가야는 일본이 지배했다고 했다. 그러나 가야 지역에는 가야가 세워지기 이전인 고조선 시대부터 이미 앞선 문화가 있었다. 경남 창원의 덕천리 유적에서는 BC 9세기경의 지석묘, 석관묘 등에서 비파형동검과 석검, 옥기 등이 발굴되었고, 다호리 유적에서는 BC 1세기경의 청동기와 더불어 철제 농기구 등 매우 발달한 철기제품들과 붓이 발견되었다.[179] 이런 사실들은 가야가 건국 이전부터 이미 국가단계 사회였음을 보여주고 있다. 가야는 건국 이전 아홉 명의 간(干, 汗)이 다스리고 있었다.[180] 이들이 모여 김수로왕을 옹립하고 금관가야를 세웠다. 가

179) 「한국열국사」, 313~316쪽.

180) 「삼국유사」 〈가락국기〉에 의하면 아홉 명의 간은 아도간(我刀干), 여도간(汝刀干), 피도간(彼刀干), 오도간(五刀干), 유수간(留水干), 유천간(留天干), 신천간(神天干),

야국은 지방 국가의 연합체였으며, 중앙집권을 끝까지 허락하지 않았다.

가야에는 여러 분야에서 발달한 문화가 있었다. 특히 철기문화는 대단히 뛰어나서 일본에 많은 영향을 주었으며, 일본 열도 남부에 가야의 분국이 세워졌다. 일본에서 찾아볼 수 있는 100여 개 이상의 가야 관련 지명이 그것을 입증하고 있다. 일본이 주장하는 임나일본부는 한국의 가야가 아닌 일본에 세워진 가야분국을 말한다. 한국의 가야는 562년에 멸망했지만 일본의 가야분국은 646년 이후까지도 남아있었다. 일본의 고대문화인 야요이문화와 고훈문화는 가야에서 전파된 문화에서 시작되었다. 이렇듯 전성기를 누리던 가야는 고구려의 광개토대왕이 신라를 돕기 위해 출병했을 때 그에 의해 세력이 약해진 후 신라에 병합되었다.

그동안 우리는 삼국시대라는 말을 사용했다. 이 말은 일본인들이 의도적으로 가야를 제쳐놓고 고구려, 백제, 신라 등만을 언급했는데, 가야를 제외시킨 이유는 가야는 4세기부터 6세기까지 일본이 지배했다고 주장하기 위함이었다. 일본의 이런 주장을 어떻게 받아들여야 할까?

5) 임나(任那)일본부설의 허구

일본의 일본서기는 임나일본부설을 위하여 쓰여졌다고 할 만큼 임나일본부라는 말이 많이 나온다. '임나일본부'라는 용어가 5회, '일본부'라는 용어가 30회 등 35회나 사용되고 있다. 일본은 1700년대부터 이에 기초하여 임나일본부에 대하여 많은 연구들을 진행했다. 그들의 연구는 우리나라 가야지역에 임나일본부를 설치하고 200여년이나 다스렸다는 전제에서 출발했으며, 일제치하에서는 남부지방에서 유물 발굴 작업을 진행하여 일본에서 발견된 유물과

오천간(五天干), 신귀간(神鬼干) 등이다.

비슷한 것이 나오면 임나일본부의 증거라고 주장했다. 일본은 지금까지도 그 주장을 반복하고 있다. 우리나라에서는 1960년대부터 일본의 이런 주장에 대하여 반응을 보이기 시작했는데, 일본의 영향을 받은 식민사학에서는 일본의 주장에 동조하거나 아니면 비슷하게 말하고 있다. 비슷한 주장이란 일본이 한국에 둔 임나일본부는 군사적인 기관이 아니라 우리나라에 외교와 상업목적으로 와 있던 기관이었다는 주장이다. 혹은 백제가 가야를 지배하기 위해 두었던 기관이라고 했다. 현재 일본의 주장은 임나일본부는 가야에 와 있던 외교관이나 상업인들을 관리하기 위한 일본의 기관이었다고 한발 물러서 있다.

일본의 주장에 대하여 일본이 할 말이 없도록 근본적으로 반박한 역사학자는 북한의 김석형이다. 김석형은 일본서기에 나오는 가야와 임나일본부에 대한 언급은 한반도 남부에 있던 가야나 임나일본부가 아니라 일본 내에 있었던 가야와 임나일본부라고 지적했다. 그 증거는 한반도의 가야는 562년 멸망했는데도 일본서기에서는 임나일본부가 646년까지 존재하며 활동하고 있다는 데에 있다고 반박했다. 일본에는 가야뿐만 아니라 고구려, 백제, 신라라는 국호와 지명이 수없이 많이 있다. 가야와 관련된 지명만 115개나 된다.[181] 일본이 주장하는 임나일본부는 일본에 진출한 가야인들을 위한 기관이었으며 구체적으로 기비국(현재 오카야마 현)에 있었다.

고대로부터 우리나라는 정부 차원에서 일본에 활발하게 진출하여 많은 분국을 설치했고, 또 개인적인 집단이 이주한 경우에도 이주 이전에 살던 우리 지역 이름을 그대로 사용했다. 특히 가야와 백제의 활동이 두드러졌다. 일본 고대문화는 한국에서 건너간 사

181) 위의 책, 552~652쪽에서는 일본의 연구와 주장, 한국학자들의 주장 등 이와 관련된 문제들에 대하여 상세하게 다루고 있다.

람들이 일으켰다. 그런데 일본은 반대로 자신들이 한국에 영향을 주었다고 주장하고 있다. 참으로 어이없는 일인데 이는 일본이 우리에게 우리의 국위를 선양하고 자신들이 국제적으로 망신당할 기회를 만들어 주고 있는 셈이다. 일본만이 아니다. 중국도 마찬가지로 기회를 만들어 주고 있다. 그런데 더 어이없게도 우리 식민사학계는 중국이나 일본의 주장에 동조함으로써 반대로 우리가 국제적으로 조롱거리가 되고 있으니 이보다 더 기막힌 일이 있을까? 이 노릇을 어찌할꼬!

6) 신라

「삼국사기」와 「삼국유사」에 의하면 신라는 BC 57년에 세워졌다고 한다. 신라가 고구려나 백제보다 먼저 건국되었다는 사실은 한반도의 가장 변두리인 신라지역에도 이미 국가단계의 사회가 존재했다는 증거이다. 신라는 그 이전에는 한(韓)의 78개의 지방국가 중 하나인 사로국으로 이미 존재했었다. 한이 세력을 다 한 후 변한의 12개국 중 6개 부족이 연합하여 박혁거세를 거서간(왕)으로 세우고 나라의 이름을 '서라벌'이라고 했다.[182] 서라벌은 신라의 이전 이름이다. 통치자의 칭호인 왕은 중국식 칭호이며, 거서간(居西干), 차차웅(次次雄), 이사금(尼師今), 마립간(麻立干) 등은 우리 고유의 칭호이면서 정치적 지도자와 종교적인 지도자의 의미를 같이 가지고 있다.[183] 고조선의 단군이 정치지도자이면서 동시에 종교지도자였던 것과 같다. 신라에 이런 전통이 있다는 것은 고조선의 영역에서 한반도 가장 변두리에 속하는 신라에까지 단군왕검의 영향이 미쳤다는 이야기가 된다.

중국식 왕의 칭호는 지증왕(501~514)부터이며 이때 비로소 왕

182) 여섯 부족의 이름은 알천 양산촌, 돌산 고허촌, 사잔 진지촌, 무산 대수촌, 금산 가리촌, 명활산 고야촌 등이다.

183) 「한국유학사 상」, 58쪽.

의 칭호가 사용되었다는 것은 신라가 우리 고유의 전통과 문화를 이때까지 오랫동안 간직하고 있었다는 뜻이다. 불교의 유입이 늦어진 이유도 지방호족들이 결사반대를 했기 때문에 528년(법흥왕 15년)에 이르러서야 가능했다. 왕과 귀족들이 불교를 선호하고 지방호족들이 반대한 이유는 불교가 지배계급의 구미에 맞았기 때문인데, 불교의 주요교리인 윤회사상에 의하면 현재의 신분은 전생의 업보에 따라 주어지므로 왕과 귀족들은 전생에 특별했다는 결과가 된다. 왕과 귀족들이 불교를 선호한 이유는 여기에 있다. 그러나 홍익인간사상에 익숙한 백성들과 호족들은 강하게 반발했다.

이차돈의 죽음을 기회로 법흥왕은 불교를 공인하고 중국의 남조와 외교관계를 맺었으며, 백제, 가야와는 결혼동맹을 맺었다. 농업의 생산을 증대시키고 정부 부서를 재편하고 율령을 반포했으며, 문무백관의 의복을 구분하였다. 532년에는 가야를 복속시켰다. 신라는 법흥왕에 이은 진흥왕(540~575), 진지왕(576~578), 진평왕(579~631)에 이르러 국력이 크게 신장하였으며 후일 삼국 통일을 위한 발판이 마련되었다.

물음 27 한반도 통일, 어떻게 진행되었는가?

1. 광개토대왕, 왜 통일을 시도하지 않았을까?

오국 중에서 두각을 드러낸 나라는 단연 고구려였다. 다물사상을 기초로 고조선의 고토회복을 강력하게 추진하여 광개토대왕에 이르러서는 한반도 남부를 제외한 고조선의 대부분을 회복하고 요서지역에서 중국과 국경선을 마주했다. 고구려는 왜 백제와 신라를 병합하지 않았을까? 병합할 힘이 없어서였을까? 초기에는 백제와 국경선을 두고 갈등을 겪었지만 광개토대왕에 이르러서는 전혀 아니었다. 신라가 백제와 왜구로 말미암아 곤경에 처하여 도움을 요청하자 기꺼이 신라까지 출병하여 왜구를 토벌하고 백제와 가야의 세력을 크게 약화시켰다. 광개토대왕은 백제와 신라 등과 조공관계를 맺는 것으로 만족할 뿐 병합하려하지 않았다. 중국에 대해서는 단호하던 광개토대왕이 왜 한반도 남부의 국가들에 대해서는 관대했을까? 그의 호 '영락'(永樂)에 그 대답이 들어있다. 영락사해(永樂四海)는 홍익인간(弘益人間), 재세이화(在世理化), 이도여치(以道與治)와 더불어 고조선 이후 우리민족의 고유한 전통사상이며 가치관이다. 고구려는 고조선의 고토를 회복한 후 중국과 변방으로부터 침략해오는 세력을 막아내어 평화를 지키는 데에 주력했다. 광개토대왕은 백제나 신라를 결코 경쟁상대로 보지는 않았던 것 같다. 병합할 수 없어서가 아니라 병합하지 않았다라고 할 수 있다.

2. 고구려, 왜 멸망했을까?

중국과 자웅을 겨루던 고구려는 결국 668년 멸망하고 말았다. 중국과 맞서면서 고조선의 고토를 회복하고 700여 년 동안 나라를 유지했다는 사실 자체만으로도 높이 평가할만하다. 같은 시기 중국은 수많은 왕조가 교체되었다. 중국의 왕조는 길어도 300년을 넘지 못했다. 그런데 우리나라는 대부분 500여 년을 지탱했다. 중국에서는 힘이 있는 세력이 등장하면 언제든지 왕조를 교체하려고 시도했다. 본래 국가의 출발부터가 힘에 의존했기 때문이다. 그러나 우리나라는 최초의 국가 고조선 때부터 추대에 의존했고, 고조선 이후에도 지방의 호족들이 모여서 왕을 추대하여 국가를 건설했다. 세도가가 등장하여 세력을 잡기는 하지만 왕조교체를 할 생각은 하지 못한다. 대표적인 예가 고려의 무신집권이다. 100여 년 동안 무신들이 득세했지만 왕이 되려는 생각은 할 수가 없었다. 왕조 내에서 세력다툼까지는 묵인되었지만 왕조교체는 뚜렷한 명분이 있지 않는 한 백성들이 용납하지 않았기 때문이다. 우리나라는 세계 정치사에서 찾아볼 수 없는 우리만의 독특한 정치문화가 있다. 이런 전통은 고조선 때부터 이어져 내려왔다.

어쨌든 고구려는 허무하게 무너졌다. 우리가 고구려의 멸망을 아쉬워하는 이유는 그 이후 우리는 만주를 다시 회복하지 못하고 말았기 때문이다. 고구려가 왜 멸망했을까? 몇 가지 이유를 생각해 볼 수 있다.

1) 중국과의 잦은 전쟁

중국은 늘 우리 민족에 대하여 경쟁심과 경계심을 가지고 침략하거나 역사를 왜곡했다. 중국역사에서 가장 넓은 통일왕국을 이룬 수(隋, 581~619년)나라는 총력을 기울여 고구려를 치다가 40여 년 만에 멸망하고 말았다. 수나라가 고구려를 치기 위하여 동원한 군대는 고대 전쟁사상 가장 많은 병력으로 정규군만 100만이 넘었다.[184] 이 전쟁을 승리로 이끈 고구려 장수는 대원수 강이식과 부원수 을지문덕이었다. 고구려를 치다가 참패한 수나라는 결국 멸망하고 말았다. 그런데 이런 수나라를 이은 당나라 역시 고구려를 치기 위해 총력을 기울였으나 또 실패하고 말았다. 진나라를 이은 한과 수, 당 등에서 보듯이 중국은 내부의 혼란이 끝나고 통

184) 동원된 군사의 수가 1,133,800명이며, 군량수송 등 보급대를 합하면 200여 만명이며, 매일 출발시키는 데만 40일이 걸렸으며, 군대의 길이만 980리나 되었다. 이후 중국역사에서 수나라 보다 훨씬 인구가 많은 경우에도 동원된 군사의 숫자가 50만을 넘지 않았다.

일이 되면 어김없이 우리나라로 쳐들어 왔다. 왜 그랬을까? 이는 두 나라가 동아시아의 패권을 다퉜기 때문이다. 우리가 중원을 쳐들어가서 지배하려고 한 적은 없었다. 단지 고조선 이후 고토를 회복하려고 했을 뿐이다. 그러나 중국은 그렇지 않았다. 우리를 늘 경쟁상대로 여기며 전쟁을 일삼았고, 중화사상으로 역사전쟁도 함께 벌였다. 중화사상은 우리 때문에 생겨났다고 볼 수 있다. 지금도 중국은 동북공정으로 우리와 역사전쟁 중이다. 우리는 중국에게 늘 경쟁 상대였다.

고조선을 이어 만주를 지키던 고구려는 이렇듯 늘 중국의 총공세에 맞서야 했다. 그러다 보니 국력이 쇠약해지고 지치고 말았다. 고조선 역시 고구려와 마찬가지 이유로 멸망했다.

2) 나당(羅唐) 연합작전

고구려가 멸망한 이유 중 하나는, 쇠약해진 가야를 병합한 신라가 백제를 멸망시키기 위해 당나라 세력을 끌어 들여 추진한 나당 연합작전이었다. 나당 연합은 두 나라의 이해관계가 맞았기 때문이다. 당나라는 고구려를 치기 위하여 총력을 기울였으나 실패한 후 어찌 해볼 방법이 없어서 골머리를 앓고 있었다. 그런데 신라로부터 백제를 먼저 멸망시키고 앞뒤에서 고구려를 협공하자는 제안이 들어왔다. 당나라가 이를 마다할 리가 없었다. 그리하여 660년 나당 연합군은 백제를 먼저 멸망시키고 고구려를 향해 총공세를 펼쳤다. 이와 같이 전방과 후방에서 협공을 당하는 바람에 고구려는 수세에 몰릴 수밖에 없었다.

돌이켜 보면 고구려는 수나라가 등장하기 이전 즉 중국이 혼란에 빠져있을 때 백제와 신라, 가야 등을 병합하여 통일하지 않은 것이 실책이었다고 할 수 있다. 고구려는 한반도 남부에 있는 같은 민족이 세운 백제와 신라, 가야는 회복해야 할 고토라고 여기지 않았던 듯하다. 그러나 만주는 중국을 비롯한 주변의 여러 민족들이 늘 노리고 있었으므로 고조선의 옛 땅인 만주를 병합하고 지키려고 최선을 다했다. 지금 중국이 동북공정에서 고구려를 자신들의 지방정권이었다고 주장하는 이유는 중국은 고대에 고조선-고구려와 동북아의 패권을 놓고 다투다가 멸망한 역사를 가지고 있기 때문이다. 중국은 우리나라 때문에 통일왕국인 수나라가 멸망했다는 역사를 피하기 위하여 고구려와의 전쟁을 국내 통일전쟁이었다고 역사를 왜곡하고 있다.

3) 내분

고구려가 수나라와 당나라의 총공세를 이겨내기는 했지만 국력과 인구에서 절대 열세인 고구려는 훨씬 더 힘들었다. 그러다 보니 의견이 분분해져서 주전파와 주화파로 세력이 양분되었고, 두 세력 간에 의견이 일치하지 않게 되자 주전파가 무력을 사용하여 주화파를 굴복시켰다. 주전파의 연개소문이 힘으로 권력을 독점하고 당나라의 공격을 막아냈지만 국민들의 응집력은 그만큼 절감되었다. 게다가 나당 연합군의 총공세를 겪는 와중에 권력을 독점한 연개소문이 죽게 되었고, 그의 동생과 아들들이 서로 주도권을 놓고 다투는 바람에 고구려는 668년, 안타깝게도 사라지고 말았다. 내분이 아니었다면 고구려는 쉽게 무너지지 않고 버텨냈을 것이다. 고조선 당시에도 진나라를 이은 한나라가 총력을 기울여 위만조선을 쳤지만 참패하고 말았다. 한나라는 작전을 바꾸어 내분을 유도해서 위만조선을 겨우 멸망시키고 한사군을 설치했다. 고구려의 경우도 멸망의 가장 큰 원인은 내분이었다.

중국 최고의 전략가인 제갈공명은 죽으면서 제자 강유에게 주변나라들을 대처할 방법을 상세하게 일러주었다. 그 대상 중 하나에 동이족이 들어있는데, 제갈공명은 강유에게 동이족을 전쟁으로는 이길 수가 없으니 화친이 최선책이라고 했다. 만일 전쟁을 할 경우에는 내분을 유도하라고 했다. 제갈공명은 동이족은 내분을 이용하지 않고는 결코 점령할 수 없다고 했는데, 그의 판단과 혜안이 놀라울 뿐이다. 우리의 약점 중 하나는 내분에 있다. 지금도 우리는 여러 측면에서 사면초가에 몰려있다고 할 수 있다. 그런데 외부문제보다 더 심각한 것은 내부의 의견충돌이다. 촛불과 태극기집회에서 보듯이, 그리고 우리 역사에 대한 의견충돌에서 보듯이 자신의 의견을 관철시키기 위하여 서로 적대시한다면 국론은 분열되고 만다. 작금 우리 역사에 대한 식민사학과 민족사학의 갈등도 마찬가지다. 한편에서는 자신의 의견을 관철시키기 위하여 동북공정이나 일본의 역사왜곡에 동조하는 매국을 서슴지 않고 있다. 역사의 교훈을 되살려야 한다.

전란에 임하는 우리나라의 특징 중 하나는 무력으로 공격해오는 외세에 대하여 결코 항복하지 않는 저항정신이다. 한, 수, 당과 같은 한족의 침략은 물론이고 금, 몽고, 청, 왜의 침략에도 항상 주전파가 득세했고, 조선 말기에는 서양의 현대식 함대와 대포와 소총에 맞서 활과 칼을 들고서라도 끝까지 저항했다. 중국이나 일본은 서양의 강화요청에 쉽게 동의했다. 그러나 우리는 그 어떤 경우에도 명분이 서지 않는 무력의 압력에는 굴복하지 않으려고 했다. 상대방이 아무리 강하더라도 전혀 두려워하지 않고 끝까지 저항했다. 왜 그럴까?

홍익인간(弘益人間) : 모든 사람을 행복하게 한다.
재세이화(在世理化) : 이 세상에서 이상을 실현한다.
이도여치(以道輿治) : 도로써 다스린다.
광명이세(光明理世) : 빛과 이치로 세상을 밝힌다.
영락사해(永樂四海) : 세상을 평화롭게 한다.

이런 정신문화 때문이다. 이는 천신(天神)과 천지인(天地人) 신앙에서 형성된 우리 고유의 정신이다. 고조선 2천 년 왕조를 이어오면서 형성된 이 정신이 우리로 하여금 불의의 세력에 저항하게 했다. 우리는 우리도 모르는 사이에 우리의 정신 속에 이런 사상과 혼이 뿌리내려 있다. 우리가 숱한 외세의 침략을 거치면서도 우리 민족과 문화가 외세에 동화되지 않고 지금까지 이어온 이유는 여기에 있다. 그런데 서양의 문명 앞에 우리의 이런 자랑스러운 정신이 사라지고 있다. 그 이유는 우리의 학생들에게 입시교육에만 치중하고 역사를 통해 민족정신을 가르치지 않았기 때문이다. 그나마 가르치고 있다고 해도 식민지사관의 해석을 가르치고 있으니 이보다 더 안타까운 일이 없다.

4) 사상 전쟁의 실패

외세의 침략에 무모하게 맞서는 것만이 능사는 아니다. 이길 방책을 찾아야 한다. 작은 힘으로 큰 힘을 이길 방책이란 무엇이며 과연 가능할까? 있다면 어디에서 그것을 찾을 수 있을까? 역사에 답이 들어 있다. 토인비의 말대로 **인류역사의 비극은 지난 역사에서 교훈을 찾지 못하는 데에 있다.** 우리가 얻어야 할 역사의 교훈이란 무엇일까?

새 시대를 이끌 정신문화의 집대성

고조선이 중국에게 무릎을 꿇은 이유는 환웅천왕, 단군왕검 시대에 일군 가장 앞선 정신문화를 집대성하지 못하고 중국이 유교와 도교라는 이름으로 우리의 정신문화를 집대성했기 때문이다. 새 시대를 이끌어갈 정신문화에서 그 시대를 이끌어가는 물질-기술문명이 등장하고 그 시대를 지배한다. 하지만 이를 등한시하면 흥망성쇠라는 역사의 굴레에서 벗어나지 못하고 만다. 토인비가 말하는 창조적 소수란 새 시대를 이끌 정신문화를 계속 재해석해내는 사람들을 말한다.

고구려는 고조선을 이어 고토를 회복하는 놀라운 위업을 달성하고 만주벌판을 노리는 중국과 외부 세력의 숱한 침략에 시달리면서도 700년 사직을 굳건하게 지켜냈다. 그러나 고토를 회복하고 지키려는 다물사상을 뒷받침할 정신문화가 없었다. 다물사상을 외치면서 정신문화를 중국에서 빌려 쓰다가 중국에게 망하고 말았다. 이는 이율배반이며 결과는 미리 나와 있었다. 이율배반과 모순, 비상식은 역사의 현장에서 아무런 힘을 발휘하지 못하고 만다.

정신문화를 집대성하여 후세를 교육으로 무장시켜야 국론이 분열되지 않고 새 시대를 이끌어 갈 국력이 조성된다. 위대한 정신문화는 그 문화를 이루기 위한 위대한 기술문명으로 이어지고, 국력으로 이어져서 그 시대를 이끌어가게 된다. 후일 우리는 이런 사실을 '세종대왕'에게서 만나게 된다. 우리의 정신문화는 세종에게서 꽃을 피웠다. 우리는 지금 중요한 시점에 서 있다. 우리의 고대사를 비롯한 장구한 역사에는 다른 어떤 나라가 가지지 못한 위대한 정신이 들어있다. 이것을 사장시키지 말고 다시 찾아내어 새로운 시대를 이끌어갈 정신문화를 집대성해내야 한다.

지금 우리에게 이보다 더 급한 일은 없다.

3. 신라, 어떻게 통일을 이루었을까?

부여, 고구려, 백제, 가야, 신라를 놓고 보면 가장 뒤떨어진 나라가 신라였다. 신라는 지리적으로도 한반도의 가장 후미진 곳에 있었고, 인접한 백제와 가야가 산동 반도와 일본열도에 진출하여 분국을 세울 때에도 외부에 아무런 영향력을 발휘하지 못하고 있었다. 뿐만 아니라 지리적으로는 백제와 가야에 둘러싸여 고립되어 있었고 가까운 일본으로부터 늘 약탈에 시달려야 했다. 그런데 사면초가인 신라가 어떻게 가야, 백제, 고구려를 멸망시키고 통일의 위업을 달성했을까?

1) 위기

오국 중에서 신라가 통일할 가능성은 가장 낮았지만 결국 신라가 통일을 했다. 가장 큰 요인은 무엇이었을까? 역설적이지만 여러 나라 중에서 가장 큰 위기에 내몰렸기 때문이었다. 한반도 경상도 지역에서 고구려와 백제와 가야, 일본에 고립된 신라는 언제나 생존의 위협에 시달려야 했다. 이런 최악의 조건은 사라질 위기이기도 하지만 동시에 극적인 반전을 이룰 수 있는 기회이기도 하다. 위기는 훌륭한 지도자가 탄생하고 국론이 통일될 조건이기도 하다. 이를 바탕으로 신라는 외부의 힘을 이용하여 위기를 극복했다. 백제와 왜의 연합군에게 공격당하여 위기에 처했을 때에는 고구려의 힘을 이용하여 백제와 왜를 물리치고 가야를 통합했으며, 가야의 세력인 김유신을 소외시키지 않고 통일전쟁에 적극 참여하게 했다. 백제, 가야와 힘의 균형을 이룰 때는 이들과 결혼정책 등으로 동맹을 맺어 평화를 유지하면서 힘을 기르는 시간으로 활용하고, 힘을 기른 후에는 공격하여 한강유역과 같은 요지를 차지하여 중국과의 교역로를 확보했다. 당나라가 고구려를 치다가 실패하자 이번에는 당나라의 힘을 빌려 먼저 백제를 멸망시키고 이어서 고구려를 치자고 제의하는 외교력을 발휘하여 660년에 백제를, 668년에 고구려를 멸망시킴으로써 통일의 대업을 이뤄냈다.

이런 과정을 지켜보면 신라로서는 주어진 환경에서 최선을 다해 위기를 기회로 활용했다고 할 수 있다.

2) 지도자

위기를 기회로 바꾸는 것은 저절로 되지 않는다. 위기관리 능력을 지닌 지도자가 있어야 한다. 신라는 통일 이전에 훌륭한 지도자들이 연이어 등장했다. 불교를 공인한 법흥왕(514~539)은 국방과 제도를 정비하고 율령으로 법을 정비하고 농업생산을 증대시켰으며, 중국의 남조와 외교관계를 맺으며 백제, 가야와는 혼인동맹을 맺었다. 532년에는 금관가야를 병합하여 국력을 크게 신장시켰다. 이를 기초로 진흥왕은 국사(國史)를 편찬하고 화랑도를 창설했으며 불교를 부흥시켰다. 그리고 562년 대가야를 멸하여 낙동강유역을 차지하고, 한강유역으로 진출하는 등 영토를 크게 확장하여 통일의 발판을 마련했다. 진지왕과 진평왕, 선덕여왕과 진덕여왕을 거쳐 진골로서는 처음으로 왕위에 오른 태종무열왕(654~661)은 가야 출신 김유신과 혼인관계를 맺었으며, 당과의 외교관계를 돈독히 하고 당의 힘을 이용하여 백제를 660년 멸망시켰다. 무열왕의 뒤를 이은 문무왕(661~681)은 문무(文武)가 능한 왕으로서 통일의 대업을 이루었고, 죽어 극락에 가는 것보다 나라를 지키는 것이 더 중요하다고 생각하였으며, 죽어서라도 왜구를 막겠다는 생각으로 수중릉을 유언으로 남겼다.

국가를 유지하는 것조차도 어려운 상황을 극복하고 신라가 통일할 수 있었던 것은 전적으로 이런 유능한 지도자들 때문이었다고 할 수 있다. 국가는 물론이고 모든 분야에서 지도자의 중요성은 아무리 강조해도 지나치지 않다.

3) 공동체의식

고구려 백제 신라에는 중앙집권이 실시된 이후에도 독특한 회의제도를 통해 고위관리나 왕을 선출했다. 고구려는 귀족회의에서, 백제는 정사암(政事巖)회의에서 수상인 대대로와 재상을 선출했다. 그런데 신라에는 화백(和白)이라는 회의에서 선전포고, 불교의 수용 등 국가의 주요 대사는 물론이고 왕의 선출까지 결정했는데,

만장일치를 원칙으로 했다. 왕위도 세습이 아니라 화백회의를 통해 결정되었다.[185] 초기에는 성골 중에서 선출했으나 진덕여왕 이후에는 진골에서 선출했다. 남녀, 적서, 장자, 차자의 구별없이 합의하여 왕을 추대하는 이런 회의는 국론을 통일시키는 데에 크게 공헌했다. 화백회의는 결코 계파 간의 권력쟁탈전이 아니었다. 선출기준에는 뛰어난 종교적인 능력이 포함되어 있었다. 이런 결정 과정은 고조선 때부터 형성된 것으로 신앙과 정치의 조화와 지방분권 제도를 반영하는데, 가장 발전된 형태의 제도이다. 이는 민주주의보다 앞선 제도이며, 중국이나 서양처럼 중앙집권 이전의 낙후된 사회에서 나타나는 현상이 결코 아니다.

이와 더불어 불교도 신라의 정신문화에 중요한 역할을 했으며, 우리의 전통사상과 유교와 도교, 불교 사상의 융합이라고 볼 수 있는 화랑정신도 국론통일과 인재양성에 크게 기여했다. 고구려 패망의 가장 큰 요인이 국론분열이었던 점을 염두에 둔다면 신라의 이런 정책은 좋은 대조를 이룬다.

물음 28 고구려 멸망 이후, 어떻게 진행되었나?

백제와 고구려를 멸망시킨 신라가 당면한 첫 번째 문제는 무엇이었을까?

185) 『隋書』 〈신라전〉. "큰 일이 있으면 여러 신하들을 모이게 하여 상세히 의논한 다음에 결정하였다."
「唐書」 〈신라전〉. "일을 반드시 여러 사람의 의견을 참조하였으니 이름하여 화백이라 한다. 한 사람이 반대해도 일은 성사되지 않았다."(「한국유학사」, 89쪽.)

1. 당세력 축출

당나라가 군사를 한반도에 동원한 이유는 신라를 돕기 위해서가 아니라 한반도를 차지하기 위함이었다. 신라와의 외교관계는 단지 형식적이고 일시적인 과정이었을 뿐이다. 그래서 당은 백제와 고구려를 멸망시킨 후, 총독부를 두어 한반도 전체를 지배하려고 하였다. 백제를 멸망시킨 후 그 자리에 웅진도독부를 두었고, 또 신라에는 계림도독부를 두고 신라 문무왕을 도독으로 임명하였으며, 고구려를 멸망시킨 후에는 평양에 안동도호부(安東都護府)를 두고 한반도 전체를 지배하려고 하였다. 당나라는 본색을 있는 그대로 드러내었다.

이에 신라는 총력을 기울여 당의 세력을 한반도에서 축출하려 하였으며, 신라의 강력한 저항에 부딪히자 당은 타협하지 않을 수 없었다. 평양에 있던 안동도호부를 요동으로 옮기고 대동강에서 원산만에 이르는 지역을 포기했다. 이로써 신라는 한반도 전체가 아닌 평양 이남 지역을 확보하는 것으로 만족했으며, 결국 차지한 땅보다 훨씬 넓은 평양 이북의 땅은 사라지고 말았다. 우리 민족 최초의 국가 고조선의 본래 중심지는 한반도가 아니라 만주였으며, 만주가 중심일 때에 한반도는 변두리였을 뿐이다. 그런데 이제 우리 민족의 중심지는 한반도로 국한되고 말았다. 이를 신라의 통일이라 해야 할까? 아니면 고조선 중심지의 상실이라고 해야 할까? 중국은 요서를 경계선으로 만주지역에 자리잡고 있는 우리 민족을 늘 두려워했다. 그러나 한반도에서도 평양 이하로 후퇴한 우리를 이제는 무시해도 될 세력으로 간주했다. 당이 신라와 다툴 때 총력을 기울이지 않고 한반도 중남부를 신라에 내어준 이유는 여기에 있다. 한민족의 더 큰 저항을 막기 위함이었다.

2. 다물사상의 쇠퇴

고조선이 멸망한 후 다물사상이 등장해서 고토를 회복하려고 했으며, 이 사상으로 고조선의 옛 땅인 만주는 고구려에 의해 회복되었다. 그러나 한반도의 변방에 있던 신라에 의해 통일된 후 신라는 한반도의 대동강에서 원산만 이남을 차지하는 것으로 만족했던 것 같다. 그 이유는 통일신라 시대에 만주로 진출하여 고조선과 고구려의 옛 땅을 회복해야 한다는 어떤 움직임을 찾아볼 수 없기 때문이다.

다물사상은 본래 고구려의 정신이었다. 고구려는 다물사상에 기초하여 고조선의 중심지였던 만주를 되찾아 지키려고 안간힘을 다했다. 광개토대왕이 고조선의 중심지였던 요서지역까지 확보하고 신라에 왜구가 침략하여 곤경에 처하자 군대를 이끌고 가서 왜군을 몰아내고 왜구와 합세한 백제를 응징하면서도 백제와 신라, 가야를 통합하지 않으려고 했던 이유는 이들을 경쟁상대로 보지 않았기 때문이며, 또 다물사상이 중요한 역할을 했다고 보여진다. 다물사상은 고조선의 옛 땅이 이민족, 특히 중국의 지배를 받지 않게 하려는 사상이었다. 그러나 신라에는 이런 다물사상이 없었다.

3. 다물사상의 부활

신라에서는 다물사상이 등장하지 않았지만 한반도가 아닌 고조선과 고구려가 있던 지역에서 다물사상이 다시 살아났다. 이런 일을 추진한 대조영은 본래 고구려의 장수였다. 대조영은 고구려의 유민을 이끌고 동부여의 옛 땅인 동모산(東牟山)에서 698년에 나라를 세우고 이름을 진국(振國)이라고 했다. 진국의 동쪽 영역은 현재 연해주의 하바로프스키까지 이어진다. 고구려 시대에도 북만주 지역의 주민들 중에는 말갈인들이 많았는데 진국이 세워지자 이들은 자연스럽게 그 주민이 되었다. 대조영의 혈통에 대한 문제가 제기되는데 말갈은 본래 고조선의 거수국인 숙신의 후예들이었다.[186] 또 그가 세운 진국의 중심세력은 고구려 유민들이고 진국의 정책이 고구려의 회복이었던 사실을 보면 대조영이 고구려의 정신을 이어받았다는 점은 의심의 여지가 없다고 하겠다.

후일 진국은 발해로 이름을 바꾸었으며, 산동반도까지 확보하여 고구려 옛 땅의 대부분을 회복했다. 이후 당나라와도 국교 관계를 맺으며 중국인들로부터 해동성국(海東盛國)이라 불렸다. 그러나 내부 귀족들의 권력다툼으로 국력이 쇠퇴했고, 북방의 거란족들이 득세하면서 그들에게 시달리다가 926년 거란족에 멸망당하고 말았다.

4. 남북국시대

고구려가 멸망한 이후를 우리는 통일신라시대라고 부른다. 그러나 이는 적절하지 못하다. 왜냐하면 고구려가 668년 멸망한 직후인 698년에 발해가 세워져서 935년 신라가 멸망하기 직전인 926년까지 옛 고구려를 계승한 발해가 있었기 때문이다. 발해가 멸망한 다음에는 후발해(정안국)가 928년에 세워져 986년 요나라가 멸망할 때까지 존재했다. 그런데 이런 발해를 제외시키는 것은 적절하지 않다. 발해를 건국할 당시 당의 공격에서 벗어나기 위하여 말갈인이 많은 동모산에서 말갈인들과 연합하여 나라를 세웠지만 안정을 확보한 다음에는 요동지역을 확보하고 요서지역까지 진출을 시도했다. 발해의 건국 초기에 말갈인들이 많았다는 이유로 대조영의 혈통을 문제삼고 발해를 우리 민족의 역사에서 제외시키는 것은 옳지 않다. 이는 식민사학에서 발해를 우리역사에서 제거하

186) 〈물음25〉 1. 지방정부의 대이동 참조

기 위하여 주장하는 말도 안 되는 억지에 불과하다. 말갈의 전신인 숙신은 본래 고조선의 지방국가 중 하나였다. 따라서 이 시대는 통일신라시대라기보다는 남북국시대라고 불러야 한다.

이 시기를 통일신라시대가 아닌 남북국시대로 불러야한다고 처음 주장한 사람은 조선 후기의 실학자 유득공(柳得恭 1748~1807)이다. 박지원의 제자인 유득공은 「발해고」를 썼으며, 여기에서 신라의 통일은 불완전한 통일이고 북쪽에는 발해가 있었으므로 남북국시대로 불러야 한다고 주장했다. 유득공 이외에도 실학자들은 우리 역사에 대해 관심이 많았다. 오늘 우리는 이 시대를 통일신라시대라고 생각하는데 이는 전적으로 식민지사관의 산물이다.

물음 29 남북국의 정신문화, 어떤 것이 있었나?

발해와 신라 초기에는 당나라와 적대관계에 있었다. 그러나 당나라가 더 이상의 전쟁을 포기하면서 두 나라는 외교관계를 맺고 활발한 교류를 했다. 남북국시대의 발해와 신라의 문화적인 특징을 살펴보면 다음과 같다.

1. 발해

발해 건국의 주축이 고구려인이었으므로 발해의 문화는 고구려 문화를 계승했다. 정치조직은 3성 6부로 구성하고 행정구역은 5경 15부로 조직했는데, 이는 전제왕권을 강화하려는 제도였다. 문화면에서는 당과 외교관계를 수립한 후 적극적으로 당의 문물을 받아들였다. 특히 당에 유학생들을 많이 보냈으며, 불교와 유교가 동시에 성행했다. 발해 문화 등에 대한 자세한 기록은 남아있지 않으나 해동성국으로 불렸던 것을 보면 발해 문화가 상당히 앞섰음을 짐작할 수 있다. 주민 중 대다수를 차지하던 말갈인들은 발해가 멸망한 후 거란의 지배를 받았지만 후일 여진족이라는 이름으로 불리다가 금(金)을 건국했다. 말갈인들은 고구려와 발해의 영향을 많이 받았다고 할 수 있다.

말갈 즉 여진족은 넓은 의미에서 동인족이라고 할 수 있다. 여진족은 후일 금과 청을 세웠으며, 중원을 장악했다. 청을 세운 누루하치는 자신의 이름이 애신각라(愛新覺羅 신라를 각별히 사랑한다)라고 말하며 조선과 여진은 같은 혈통임을 누누이 강조하며 화친을 청했다. 조선의 역사에서 살펴보겠지만 이때 여진과 화친했더라면 여진은 중원으로 가고 우리는 만주를 차지할 수 있었다. 우리가 만주를 피한방울 흘리지 않고 회복할 절호의 기회였는데, 광해군이 실각함으로써 기회가 재앙으로 바뀌어 병자호란이 되고 말았다. 나라를 이끌어 가려면 역사와 시대의 흐름을 보아야 한다. 작은 이권에 눈이 멀면 큰 기회를 놓칠 뿐만 아니라 재앙을 불러들인다. 인조반정에 성공하여 정권을 잡은 자들은 승리의 축배를 들면서 자신들이 무슨 일을 했는지 전혀 몰랐을 것이다. 관리(공무원)가 된 자는 지위 고하를 막론하고 정쟁과 이권을 멀리하고 나라만을 생각해야 한다. 대통령을 비롯한 공무원들이 작은 이권을 버리지 못하면 천추의 한을 역사의 한 페이지에 남기게 된다.

2. 신라

신라가 삼국을 통일한 이후에는 사회, 문화적으로 급격한 변화가 있었다.

1) 사회 변화

통일신라의 두드러진 변화는 전제왕권 확립이었다. 왕위는 화백회의 결정에서 진골인 태종무열왕 이후 그의 후손이 세습하게 되었다. 특히 문무왕의 뒤를 이은 신문왕(681~691)은 귀족세력과 고위군관을 대대적으로 숙청하여 왕권을 강화하였다. 이로써 신라는 강력한 중앙집권체제가 확립되었으며, 그에 부응하도록 율령을 새로 선포하고 정치기구와 제도를 정비했다. 신문왕은 수도를 대구로 옮기려고 했으나 그 일은 귀족들의 반대에 부딪혀 실패했다. 중앙집권에 적합한 관료를 등용하기 위하여 과거제를 강화하여 인재를 선발했다. 이런 현상은 귀족세력의 판도에도 변화를 일으켜서 과거를 통해 정계에 진출한 지방호족인 육두품들이 왕권과 결탁하여 득세하게 되었다.

사회가 안정되면서 수도 경주의 귀족들은 사치에 젖어들었다. 경주의 178,936호에는 초가집이 없었으며, 명문 귀족 집안에는 노비만 수천 명에 이르렀고, 노랫소리가 밤낮을 그치지 않았다고 한다. 귀족들의 이러한 부귀영화를 위해서 과도한 세금을 부과했는데, 그에 따라 농민들의 삶은 그만큼 피폐해졌다. 신라 말기에 이르면 왕권이 약해지면서 지방 호족들이 득세하여 성주(城主)처럼 행세를 해서 이로 인해 농민들은 국세와 더불어 지방 성주에게도 세금을 내는 이중고에 시달리게 되었다. 이는 후백제와 후고구려가 등장하는 사회적인 주요 배경이 되었다.

2) 당나라와 문물교류

사회의 큰 변화와 더불어 당나라와의 무역이 활발해졌다. 무역은 두 가지 형태로 진행되었는데, 첫째는 조공 형식을 띤 관무역이었다. 수출품으로서는 견직물과 공예품 등이었고, 수입품으로는 귀족들을 위한 사치품들이 주류를 이루었다. 또 서적과 미술품 등을 수입했으며 관무역은 수출보다는 수입이 대세였다. 한편으로 중앙 정계진출에 한계가 있는 지방 호족들은 해외로 눈을 돌려 해상무역을 개척하여 당과 일본과 무역을 했다. 장보고가 대표적인 인물이다. 그는 사무역(私貿易)으로 말미암아 해상왕국을 이뤘으며, 중앙정치에도 상당한 영향을 끼쳤다. 중국의 산동반도에는 신라인의 거주지인 신라방이 생겼고 그들을 관리하기 위해 신라소라는 행정기관이 설립되었으며, 신라인을 위한 불교 사찰 신라원이 등장했다. 일본에도 통역을 위한 기관이 생겨날 정도로 무역이 활발했다.

3) 당나라 유학(留學)

이 당시에는 당나라 유학이 성행하였으며, 신라는 물론이고 발해에서도 많은 유학생들을 보냈다. 유학기간은 10년이었는데 서적구입비 등의 학비는 본국에서 부담하고 의류를 포함한 체류비 일체는 당에서 지원했다. 유학의 부류는 불교와 유교였는데, 불교는 주로 귀족들이 관심을 가졌고 유교는 육두품들이 참여했다. 유학생 중에 당에서 급제하여 머무는 자도 상당수 있었으며, 귀국하면 정부에서 관리로 임용하였다.

불교는 주로 귀족들과 결탁했기 때문에 귀족들에게 부담감을 느낀 왕들은 유교를 통해 불교세력을 견제하려고 했다. 이를 위해 국립대학(國學, 太學監)을 세워 교육을 시키거나 당에 유학을 보냈으며, 과거제를 실시하여 관리를 등용했다. 이 당시에 활동했던 유명한 유학자는 강수, 설총, 최치원 등이 있다. 유학한 사람들이 불교와 정부의 요직에 중요한 역할을 했기 때문에 이런 유학풍조로 인해 불교와 유교는 당나라 문화의 지배를 받게 되었다. 불교의 종파는 물론이고 교육제도와 정치제도, 관직의 명칭을 비롯한 많은 것이 당의 영향을 받았다.

4) 독자문화

통일신라시대의 정신문화는 당문화 일색이었다고 해도 과언이 아닐 만큼 당의 영향과 지배를 받았다. 그러나 그런 중에서도 우리 민족 고유의 정신은 빛을 발했다. 이를 살펴보면 다음과 같다.

❶ 통합과 대중화

당나라에 유학한 불교인들은 당나라의 여러 종파인 열반종(涅槃宗), 계율종(戒律宗), 법성종(法性宗), 화엄종(華嚴宗), 법상종(法相宗) 등 교종(敎宗)의 5교에서 제각기 공부하고 귀국하여 포교 활동을 했다. 이 중에서 지배세력이 가장 선호한 종파는 화엄종이었다. 화엄종이 전제왕권과 맞았기 때문이다.[187] 당나라에서는 불교의 이런 종파들이 서로 대립, 경쟁하는 부파불교(部派佛敎)의 형태였으나 신라에서는 이를 통합하는 운동이 일어났다. 이 운동의 대표자는 단연 원효였다. 원효는 「십문화쟁론」(十門和諍論)을 통하여 종파의 융합통일을 주장했는데, 이 책은 범어로 번역되어 인도까지 영향을 미쳤다. 대승불교의 개론서에 해당되는 「대승기신론소」(大乘起信論疏)는 중국에 전해져서 화엄계에 상당한 영향을 끼쳤다. 원효가 불교에 대하여 이렇게 접근할 수 있었던 요인은 당나라 유학파가 아니라 국내파였기 때문이다. 원효의 이런 주장은 국내에서 우리 전통의 정신문화에 기초하여 불교 사상을 정립했기 때문에 가능했다.

원효의 영향력은 이에 그치지 않는다. 그는 귀족중심에 머물러 있는 불교를 대중화시키는 데에 앞장섰다. 파계한 원효는 이론과 사상으로만 그치지 않고 직접 포교활동에 나섰는데, 무애무(無㝵

---

187) 화엄에서는 一卽多 多卽一(하나가 여럿이고 여럿이 하나)라는 원융(圓融)을 강조하며, 일심(一心)으로 만물을 통합하려고 하는데 이런 사상이 중앙집권을 강화하는 데 도움이 되었다.

舞)를 추면서 민중에게 다가갔고, 그의 전도를 접한 민중들의 80~90%가 그의 포교를 받아들였다고 한다.[188] 원효는 이런 정토(淨土)신앙으로 불교의 민중화를 시도하여 사회의 양극화현상을 통합시키려고 했다. 원효의 영향으로 한국불교의 특징은 원융회통(圓融會通)으로 정착하게 되었다.

❷ 조화

우리 정신문화의 특징 중 하나는 조화이다. 천지인(天地人)을 일체(一體)로 보며, 이상과 현실을 구분하지 않고 현실 속에서 이상을 실현하려고 했다. 홍익인간, 재세이화는 이를 말한다. 호머 헐버트가 우리 민족은 이상과 현실을 조화시킬 수 있는 민족이라고 한 이유는 여기에 있다. 이런 현상은 당나라 영향을 받고 있던 시기의 신라 정신문화에서 뚜렷이 나타난다.

한국불교의 다른 특징은 유교와의 조화에 있다. 이런 사상은 불국정토(佛國淨土)를 죽은 후에 가는 극락이 아닌 이 세상에서 실현하려는 데에서 잘 나타난다. 원광법사가 화랑도에게 전해주었다는 세속오계를 보면 사군이충(事君以忠), 사친이효(事親以孝), 임전무퇴(臨戰無退)를 통해서 국가와 가정과 국방을 중요시하는데 이는 불교가 아닌 유교의 이념이다. 호국을 중요하게 여기는 한국 승려들은 외세가 침략하여 나라가 위태로워지면 주저하지 않고 승병을 조직하여 참전했다. 중국의 승려들은 왕을 대할 때 인사조차하지 않고 외면했으나 한국의 승려들은 왕명을 거역하지 않고 따랐다.

이 시기의 불교인이나 유교인들은 하나같이 유불도(儒佛道)에 익숙했으며, 서로 이질적일 수 있는 이 사상들을 조화시켰다. 중국의 유교는 효(孝)를 중시하는데, 한국의 유교인들은 효보다 충(忠)을 더 앞세웠다. 이는 고조선부터 내려오는 공동체를 중요시하는

188) 「한국사신론」, 99~100쪽.

사상 때문이다. 불교인 원광법사의 가르침도 효보다 충을 먼저 말하고 있다. 효보다 충을 더 강조하는 이유는 국가 공동체를 통하여 이 땅에 이상을 실현하려는 우리의 정신문화 때문이다. 유교의 현실주의와 불교의 탈세(脫世)주의가 우리나라에서는 서로 조화를 이루고 있다.

❸ 영성(靈性)

중국과 달리 이와 같은 통합과 조화가 우리에게 가능했던 이유는 천신과 천지인 신앙이 우리의 정신문화 저변에 깔려 있기 때문이다. 우리에게는 천명(天命)은 곧 인명(人命)이었고, 천지인은 하나였기 때문에 이상은 현실에 실현되어야 한다고 생각했다. 인명(人命)은 인정(仁政)으로 이어졌으며, 인정의 실천을 천명(天命)으로 여겼다. 이는 고조선에서 형성된 영성의 영향이며, 불교의 불국정토를 초월이 아닌 내재로 재해석하여 이 세상에 실현하려고 했고, 현실에서 난관에 부딪히면 미륵신앙으로 분출했다.

유교에서는 천명(天命)과 인정(仁政)사상이 두드러지게 나타난다. 천명은 하늘이 왕에게 왕권을 위임하였으며, 인정은 왕이 덕을 실현해야 한다는 사상이다. 천명만 생각할 땐 왕에게 유리할 것 같지만 인정은 백성에게 유리하다. 이 사상은 자연재해 등의 어려움이 오는 이유는 왕이 천명을 저버리고 인정을 행하지 않았기 때문이라고 생각하여 실제로 왕을 죽이거나 폐위했다. 이런 이유로 가뭄이 들면 왕이 자신의 덕이 부족하다고 생각하여 앞장서서 기우제를 드리곤 했다.

물음 30 미륵신앙, 무엇을 말하고 있을까?

1. 신라, 왜 쇠퇴 분열 멸망했을까?

뚜렷한 목적의식은 개인은 물론 공동체, 국가를 건강하게 지탱해주는 중요한 정신적인 요소다. 신라는 모든 면에서 가장 불리했다. 그럼에도 불구하고 통일의 대업을 이룰 수 있었던 이유는 불리함을 극복하려는 목적의식이 있었기 때문이라고 생각할 수 있다. 그런데 이제 통일을 하고, 당나라 세력을 몰아내고 사회가 안정되자 더 이상 할 일이 없었다. 당나라와의 교역은 사치품 수입을 위함이었으며, 출세를 꿈꾸는 젊은이들은 당으로 유학을 갔다. 당에서 과거에 합격한 자들을 비롯한 상당수는 귀국을 거부하고 살기가 더 편한 당에 머무르려고 했다. 귀국한 불교인들은 당에서 배운 불교의 종파를 전달하며 귀족과 결탁하여 귀족생활에 만족했으며, 유학을 전공한 자들도 고위관리가 되어 당의 제도와 학제를 이식하였을 뿐이다. 이 시기의 불교와 유교의 사상적인 발전은 오히려 당에 유학하지 않은 원효나 최승로에게서 찾아볼 수 있다.

중앙정치 역시 목적의식이 없다보니 왕권을 강화하는데 치중하고 경주의 귀족들은 전국에서 들어오는 조세수입으로 사치품을 수입하여 부귀영화를 누리며 서로 정권다툼을 일삼았다. 진지한 사상적 논쟁이나 진취적인 국가이념의 제시는 찾아볼 길이 없다. 나라의 지도층이 이렇게 되면 그 영향은 전국으로 파급되게 마련이다. 지방 호족들도 자기 세력을 키우는 데에 치중하고 성주가 되었으며, 그 파장은 백성들에게 미쳐서 백성들의 삶은 날로 피폐해졌다. 종교가 이런 정신적 타락을 막는 방패 역할을 해야 하는데 당시의 불교 지도자들은 귀족들과 결탁하여 귀족의 삶을 누리는 데에 치중했고, 그 결과로 민중불교는 미신으로 치달았다.

이렇게 되면 나라가 기울어지는 것은 시간문제다. 신라는 얼마 못가서 나라를 유지할 힘조차 상실하고 말았다. 각처에서 숱한 민란이 일어나고 그 세력이 결집되어 889년 견훤은 후백제를 세우고 901년 궁예는 후고구려를 세웠지만 신라정부는 할 수 있는 게 아무 것도 없었다. 전국은 죽은 시체에 불과한 신라를 차지하려는 각축장이 되고 말았다. 신라의 마지막 왕 경순왕은 결국 왕건에게 나라를 넘겨주게 되었고, 마의태자는 이를 거부했지만 그가 할 수 있는 일은 입산하여 잠적하는 것이 전부였다.

2. 미륵신앙, 왜 성행했을까?

불교의 법상종에는 미륵보살(彌勒菩薩) 신앙이 있다.[189] 미륵신앙은 미륵보살이 도래하여 이 세상에 이상 국가를 실현한다는 믿음이다. 그런데 이 시기 도탄에 빠진 민중들에게 미륵신앙이 널리 확산되었다. 왜 이런 현상이 빚어졌는지에 대한 설명은 어렵지 않다. 현세에서 도탄에 빠진 민중들은 그 돌파구를 신앙에 의지하여 초자연적으로 현실 문제가 해결되길 바라기 때문이다. 기독교에도 예수님의 재림신앙이 있어서 위기가 닥치면 재림에 대한 대망이 높아져 갔다. 자칫 길 잃은 성직자들 스스로도 그런 신앙에 빠져, 민중들의 이런 정서를 부추기고 미륵신앙이나 재림신앙에 불을 지피는 것을 볼 수 있다. 이들은 나름대로 종교적 경험을 바탕으로

189) 미륵보살에 관한 경전으로는 미륵3부경으로 일컬어지는 「미륵상생경」(彌勒上生經), 「미륵하생경」(彌勒下生經), 「미륵성불경」(彌勒成佛經) 등이 있다.

확고부동한 믿음과 확신을 갖게 되는데 이는 비극 중의 비극이다. 종교지도자들마저 이런 신앙에 빠지면 그 사회는 더 이상 지탱하지 못하고 파국을 맞게 된다. 이런 말기적 현상이 지난 역사에서 수 없이 반복되었음에도 불구하고 아직도 근절되지 않고 있다. 왜 그럴까? 역사의 방향을 상실했기 때문이다.

우리의 격언에 "민심은 곧 천심이다."라는 말이 있는데 이는 역사의 방향을 정확하게 제시하고 있다. 하늘의 뜻, 역사의 방향을 설명하기 위해서는 특별한 어떤 이론이나 어려운 수식어가 필요하지 않다. 민초들이 바라는 바가 곧 하늘의 뜻이며 역사가 가야 할 방향이다. 현실에서 지친 민초들은 죽은 다음에 어떤 특별한 일이 일어나기를 바라지 않는다. 이 세상에서 정신의 고통과 물질의 궁핍에 시달리지 않고 행복한 가정이 이루어지기를 바란다. 이들은 그런 세상을 만들 지도자가, 그런 나라가 등장하기를 기다리고 또 기다린다. 그런데 그런 지도자는, 그런 나라는 끝내 실현되지 않는다. 어찌해야 하나? 어디로 가야하나? 삶을 포기할 수 없고, 산 입에 거미줄 칠 수도 없고, 굶주리는 처자식, 늙은 부모를 어찌해야 하나? 이들이 마지막으로 기댈 곳은 하늘에 대한 염원이다. 그 염원이 미륵신앙, 메시아 재림신앙으로 표출된다. 이런 일이 벌어질 때 종교지도자들은 무어라고 해야 하나? 미륵보살 환생이, 메시아 재림이 임박했다고 부채질해야 하나?

종교 지도자들은 세상을 향해, 역사를 향해, 나라의 지도자들을 향해 가야할 길을 제시해야 한다. 바른 방향을 알려주어야 한다. 그게 무엇일까? 고조선의 신앙으로 말한다면 홍익인간, 재세이화이며, 성경의 용어로 표현한다면 거룩한 나라와 하나님나라의 실현이다. 성경에서는 뜻이 하늘에서 이루어진 것처럼 땅에서 이루어지는 나라를 하나님나라라고 말한다. 그 나라를 세상에 세워야 한다. 이는 결코 내세나 죽은 후에 가는 영원한 하나님나라를 부정하는 것이 아니라 오히려 더 긍정하는 말이다. 하나님나라를 이 세상에서 세우려는 사람에게 죽음 이후의 영원한 나라가 주어진다. 그래야 이치에 맞는다. 종교지도자들은 이 세상, 이 나라, 이 땅에, 지금 여기서 민초들이 굶주리지 않고, 가진 자들이 아귀다툼 벌이지 않고 모두가 행복해질 수 있는 그런 나라, 그런 세상을 만들어야 한다고 외쳐야 한다. 저만 살려고 하지 말고 마음을 합하여 같이 살려고 하면 그런 세상을 만드는 것은 얼마든지 가능하다고 소리쳐야 한다. 이 일은 하늘이, 하나님이 원하시는 바이기 때문에 하늘의 하나님이 반드시 도우시리라고 올바른 신앙심을 일깨워 주고, 신앙에 의해 그 일이 가능해지도록 독려해야 한다.

고조선이 수천 년을 평화롭게 지탱할 수 있었던 이유는 당시의 종교지도자들인 천군과 선인들이 홍익인간, 재세이화를 계속 가르쳤기 때문이다. 종교가, 종교지도자들이 제 역할을 못하면 그 사회는 더 이상 기댈 곳이 없게 된다. 종교는 그 사회의 마지막 보루이기 때문이다. 고조선 이후 우리나라 역사에는 종교의 이런 기능이 사라지고 말았다. 미개했던 과거는 물론이고 개화되었다는 현재에도 마찬가지이다. 현재의 최대 종교인 기독교를 보면 내세신앙, 재림신앙을 지도자들이 앞장서서 부채질하고 있다. 참으로 안타까운 노릇이다.

3. 어디로 가야하나?

견훤과 궁예는 당시 성행하던 미륵신앙에 화답하면서 등장했다. 승려였던 궁예는 자신을 미륵불(彌勒佛)로 자처했고, 견훤과 궁예는 각기 민초들의 미륵신앙에 기초하여 자신들이 이 땅에 이상사회를 건설하겠다고 나섰다. 종교의 이름은 바뀌었지만 고조선의 환웅천왕, 단군왕검에서 뿌리내린 우리 민족의 정서는 그대로 이어져서, 하늘나라가 이 땅에 이루어 지기를 바라는 민초들의 마음이 미륵신앙으로, 재림신앙으로 지금도 타오르고 있다. 이런 불길은 민초들의 정서를 통해서 말하는 하늘의 뜻이자 명령이다. 진정한 진리, 종교적인 진리는 멀리 있지 않다. 천명(天命)과 인정(仁政)에 있다.

물음 31
왕건, 어떻게 승자가 되었을까?

889년 신라 말기, 중앙정부는 재정이 궁핍해져 지방에 조세를 독촉하자 원종(元宗)과 애노(哀奴)가 민란을 일으켰다. 이를 진압하기 위해 출동한 중앙군이 오히려 패하였고, 연이어 반란이 일어났으나 중앙정부는 속수무책이었다. 농민반란은 호족들의 세력다툼으로 이어졌고, 견훤과 궁예의 양자대결로 압축되었다. 왕건은 궁예의 휘하 장수에 불과했다. 그런데 왕건이 어떻게 마지막 승자가 되었을까? 몇 가지 이유를 생각해볼 수 있다.

1. 추대(推戴)

민란은 자신들의 애환을 호소하고 해결하기 위함이지만 호족들의 반란은 서로 자신들이 패권을 차지하려는 권력싸움이었다. 이들은 민심을 얻기 위하여 자신들이 이 세상에 이상 국가를 실현할 미륵불이라고 자처했다. 시간이 지나면 민심을 얻을 만한 사람이 드러나게 마련이다. 선두주자는 단연 궁예였다. 승려였던 궁예는 미륵불 행세를 하여 주목을 받았지만 신하들에 대한 의심과 독단으로 말미암아 휘하 장수들에게서도 인정을 받지 못하고 말았다.

궁예를 따르던 장수들은 민심을 얻고 있던 왕건을 추대하였다. 이런 과정을 통해서 왕건은 918년 왕위에 오르게 되었다.

왕건에 대한 지지는 여기서 그치지 않았다. 왕건의 맞수였던 견훤은 내부 다툼으로 인해 아들에게 밀려나자 왕건에게 투항하여 자신이 세운 후백제를 타도하는 일에 앞장섰다. 나라를 유지할 힘을 잃은 신라의 경순왕 역시 935년 왕건에게 스스로 왕위를 넘겨주었다. 이 사건의 의미는 대단히 중요한데 경순왕으로부터 선위를 받고 또 신라 공주와 결혼함으로써 왕건은 신라를 멸망시킨 것이 아니라 계승했다는 정당성을 확보하게 되었다. 다음 해에는 견훤을 앞세워 후백제를 멸망시킴으로써 936년 후삼국의 통일을 완수했다.

발해와 정안국이 멸망하면서 생겨난 옛 고구려의 유민들 역시 왕건에게 의탁하기 위하여 몰려왔다. 왕건은 수많은 전투를 치루고 또 승리했지만 단순히 무력의 힘만이 아니라 그 과정에서 민심을 얻었다. 이것이 왕건이 마지막 승자가 된 가장 큰 요인이라고 할 수 있다.

그렇다면 왕건의 무엇이 민심을 얻게 했을까?

2. 포용정책

개성의 호족출신인 왕건은 온건주의를 표방하여 적대관계에 있던 사람들까지 포용했다. 견훤, 경순왕, 발해의 유민들을 따뜻하게 맞아 주었으며, 지방 호족들을 역시 같은 방법으로 포용해 나갔다. 왕건은 이들과의 관계를 돈독히 하기 위해 결혼정책을 활용했다. 신라 왕실의 공주를 비롯하여 점령해나가는 지역 호족들의 딸들을 왕비로 맞아들이다 보니 왕비의 숫자가 30여 명이나 되었다. 왕건의 이런 포용정책은 민심과 호족들의 지원을 받아내는 데에 큰 도움이 되었으나 결혼정책은 왕건 사후 호족 간의 세력다툼으로 이어졌다.

3. 문무겸비

왕건이 남긴 훈요십조와 정책, 언행 등을 살펴보면 그는 유능한 장수일 뿐만 아니라 뛰어난 문관이었음을 알 수 있다. 특히 유학에 대한 이해는 상당한 수준이었다. 왕건은 장수로 부각되기 이전에 학문적인 수련을 받았다고 보여 진다. 그의 이와 같은 문무의 겸비와 온건한 자세는 여러 계층으로부터 추대를 이끌어내고 포용정책을 가능하게 했다. 유학은 덕치를 강조하는데, 훈요십조를 보면 왕건이 유교의 가르침을 충실하게 이행하려고 했음을 알 수 있다.[190]

신라 말기의 후삼국이 통일되는 과정을 보면 신라가 통일 후 추진했던 강력한 중앙집권정책은 실패했음을 알 수 있다. 아무리 행정구역을 재편하고 중앙에서 관리를 파송했어도 지방의 호족세력은 건재했고 중앙집권에 대하여 잠시 순응했지만 여건이 바뀌자 그 반발이 봇물처럼 터져 나왔으며 신라정부는 속수무책이었다. 이는 고조선에서부터 정착된 지방정권의 자치제도가 민족정서에 뿌리를 내린 결과라고 할 수 있다. 어느 나라나 지방의 호족들은 있게 마련이지만 우리나라는 중앙의 일방적인 통제를 싫어했다.

---

190) 왕건의 훈요십조 중 3, 4, 7, 9, 10조 등에 유교 사상이 나타나는데, 7조에서는 민심을 수습하려면 간신을 멀리하고 세금과 부역을 가볍게하라는 등의 민본주의가 그대로 드러나고 있다.(其七曰; 人君,得臣民之心, 爲甚難, 欲得其心, 要在從諫遠讒而已, 從諫則聖, 讒言如蜜, 不信則讒自止. 又使民以時, 輕徭薄賦, 知稼穡之艱難, 則自得民心, 國富民安. 古人云; 芳餌之下, 必有懸魚 , 重賞之下, 必有良將, 張弓之外, 必有避鳥, 垂仁之下, 必有良民, 賞罰中, 則陰陽順矣.)

물음 32 고려 전기, 어떤 나라였는가?

초기 고려의 두드러진 특징은 다음과 같다.

1. 호족(豪族)연합 국가

앞에서 살펴본 바와 같이 고려는 왕건을 중심으로 하는 호족연합 국가였다. 견훤과 궁예가 실패한 것은 호족들을 무시하고 독단적인 정치를 행하려고 했기 때문이다. 반면에 유교에 익숙해있던 왕건은 민심을 얻어 호족들의 추대를 받아서 왕위에 오를 수 있었다. 왕건은 호족과의 연합을 강화하기 위해 결혼정책을 추진했는데, 이로 말미암아 왕건의 사후 외척들의 득세에 시달려야 했고, 결국 왕건 사후 2년 만에 외척 왕규의 난이 일어났다. 이에 4대 광종은 왕권 강화를 위해 사병이 되어있는 호족의 노비들을 축소시키는 노비안검법을 시행하고, 과거시험으로 관리를 선발했으며, 이에 반발하는 호족들을 무자비하게 숙청하였다.

918년에 세워지는 고려가 후삼국을 통일하면서 호족연합에 의존할 수밖에 없었다는 사실은 우리나라에는 고조선 때부터 뿌리내린 지방자치제도의 전통 때문에 이 당시에도 지방호족의 세력이 중앙집권을 받아들이지 않았다는 것을 보여주고 있다고 할 수 있다.

2. 호족(豪族) 문화

신라 말기에서 고려로 이어지는 정신문화의 특징은 당시의 불교, 유교와 호족과의 연합이다.

먼저 유교를 보면 통일신라 이후에는 당나라 유학이 성행했다. 유학생들 중 상당수는 육두품 출신인데 이들은 귀국 이후에 골품제에 매인 신라에서 겉도는 신세가 되었다. 대표적인 사람이 진성여왕에게 시무10조를 건의했던 최치원이다. 이들은 골품제가 아닌 과거나 학문과 인품에 기초한 인재등용 등을 주장했으나 그 주장은 쉽게 받아들여지지 않았다. 실망한 이들은 낙향하여 지방에서 학교를 세우고 인재를 양성했다. 이로 인해 사학(私學)이 성행했고 지방 호족들의 비중이 커지게 되었으며 이런 흐름은 고려에까지 이어졌다.

불교 역시 같은 흐름을 이어갔다. 귀족들이 선호한 불교는 교종(教宗)이었다. 교종은 경전을 중요하게 여기며 경전에 따라 종파가 나누어졌다. 그런데 이와 대조되는 선종(禪宗)은 수련을 통하여 인간에 내재된 불성을 발견하고 깨닫는 견성오도(見性悟道)에 치중했다. 이런 선종은 지방의 호족들에게 환영을 받았다. 그 이유는 수련을 위한 도장을 지방의 명산에 세우다 보니 자연스럽게 지방 호족들과 연관을 맺게 되었고, 개인이 수련에 치중하는 선종의 개인주의 경향은 호족들에게 독립사상을 촉발하는 역할을 했다. 이와 같이 선종은 호족들의 불교가 되었다.

호족들에게 큰 영향을 준 또 하나의 사상은 신라 말기에 활동한 도선(道詵)이 중국에서 들여왔다는 풍수지리설이다. 이 사상은 지방 호족들에게 큰 영향을 주었는데 그 이유는 자신들의 근거지가 나름대로 명당이라고 생각하며 정당성을 내세우려고 했기 때문이다. 그 대표적인 사람이 왕건이다. 왕건은 자신의 근거지인 개성이 명당이어서 대업을 이루었다고 생각했으며, 훈요십조에서도 언급하고 있다.

신라 말기부터 정신문화의 핵심인 유교와 불교를 비롯하여 미신에 해당되는 풍수지리설 등은 지방 호족들에게 지대한 영향을 미치고 있었는데, 이는 모두가 호족의 독립성을 북돋우고 있었다. 이로 인해 신라는 급속히 쇠락하고 말았다.

3. 문벌귀족사회

신라는 골품에 기초한 귀족사회였는데 고려로 넘어오면서 지방호족들이 득세했다. 초기에 왕건과 결탁한 지방호족들은 건국공신의 자격으로 실권을 장악했다. 그러나 이들의 병폐가 드러나자 광종에 의해 개국공신들은 숙청되고 말았다. 이후 고려의 중심세력으로 등장한 사람들은 유학으로 과거에 급제한 유생들이었다. 이들은 신라의 육두품의 후손들이며, 대표적 인물이 최승로(927~989)였다. 최승로는 시무 28조를 건의한 사람으로 잘 알려져 있는데, 성종(981~997 재위)은 최승로의 건의를 적극적으로 받아들여 정책에 반영했다. 최승로의 의도는 절대왕권을 제약하고 관료 중심의 귀족사회를 실현하려는 데에 있었다. 과거가 활성화되자 과거시험을 위한 사학이 발달하게 되었다. 특히 전직 시험관들이 운영하는 사학 12도(徒)가 인기를 끌었으며, 그 결과 학벌(學閥)을 형성했다.

과거시험을 통해 정계에 진출한 지방 호족들은 자신들의 권력을 지키기 위해 과거 이외에 음서(蔭敍)라는 제도를 만들어 고위관리의 자식이 과거를 거치지 않고 아버지의 지위를 세습하게 했다. 이들은 서로 결혼을 통해 관계를 돈독히 하면서 권력을 독점했는데, 특히 왕실과 혼인을 맺은 외척이 득세하게 되었다. 안산 김씨(김은

부), 인주 이씨(이자연), 파평 윤씨(윤관), 해주 최씨(최충), 경주 김씨(김부식) 등이 그들이다. 호족들의 출신지인 본관은 세력의 상징이 됨으로써 문벌(門閥)이 탄생하고, 고려는 학벌과 문벌이 세습되는 귀족사회가 되었다.

4. 무관 천시

고려의 관리들은 문관과 무관으로 나뉘어졌다. 건국 당시의 지방 호족들은 사병을 거느린 무관들이었다. 이들의 세력을 약화시키기 위하여 노비안검법으로 사병을 해체하고 유교를 도입하여 교육과 과거제를 실시하면서 서서히 문관중심의 문벌귀족 사회가 되었다. 또 국가가 안정되고 전쟁이 사라지자 무관들은 천시되고 말았다. 간혹 전쟁이 일어나도 군대의 지휘권은 무관이 아닌 문관이 행사했다. 잘 알려진 강감찬을 비롯하여 윤관, 김부식 등은 무관이 아닌 문관이었다. 본래 무관들에게도 군인전이 지급되었으나 문관들이 득세하면서 사라져 버렸고, 이런 현상은 무신들의 반란으로 이어졌다.

5. 불교와 유교

어느 시대, 어느 사회에서나 문화에 가장 큰 영향을 주는 것은 종교이다, 고려의 문화를 이끌어간 불교와 유교를 좀 더 상세히 들여다 보면 다음과 같다.

1) 불교

고려시대에는 불교가 국가 종교로서 크게 성행했다. 우선 사찰과 승려 숫자가 대단히 많았다. 개경에만 70개의 사찰이 건립되었고, 불교행사에서 식사를 제공받는 반승(飯僧)이 10여만 명이나 되었다. 불교가 이렇게 성행한 이유는 몇 가지로 생각해 볼 수 있다. 우선 태조 왕건이 도참설에 따라 불교를 숭상해서 10여개의 사찰을 세웠고, 대업을 이룬 것은 부처님의 은덕에 힘입은 것이므로 불교를 중히 여기라고 훈요십조 1조에 명시했기 때문이다.

불교에서는 공덕(功德)사상은 내세는 물론 현세의 이익에도 영향을 끼친다고 생각했다. 이런 이유로 사찰을 세우고 연등회와 팔관회 등의 불교행사를 성대하게 행하여 공덕을 쌓으려고 하였다. 마지막으로 과거에 승과가 있었으며, 왕사(王師)와 국사(國師)는 최고의 지위였고, 승려에게는 병역이 면제되었으며, 사원전에는 면세의 특혜가 주어졌다. 사원은 대지주가 되어 고리 대금업으로 수입을 챙겼고 재산을 지키기 위하여 승병을 두었다. 이 승병의 숫자가 너무 많아져서 유사시 국가병력으로 이용되기도 했다. 왕족이나 귀족들로서 승려가 되는 경우가 허다했다.

고려 불교에서 빼 놓을 수 없는 걸작품은 대장경(大藏經)이다. 초기 대장경은 현종(1009~1031)초에 시작하여 선종4년(1087)년에 완성되었으나 몽고의 침략으로 소실되고 말았다. 현재 남아있는 팔만대장경(고려대장경)은 전란 중에 강화도에서 다시 만들어진 것이다. 이 대장경은 내용의 정확성과 글체의 미려함, 목판제작의 정교함 등에서 세계의 목판본 중 가장 우수하다는 평가를 받고 있다. 대장경은 일종의 불경전집이라 할 수 있는데, 교종 위주로 선정되어서 선종은 배제되었다. 고려의 대장경은 거란이나 몽고의 침략과 관련이 있는데, 이는 불력(佛力)으로 전란을 막으려는 간절한 염원의 표현이었다.

고려불교의 대표적인 고승은 의천(義天 1105~1101)과 지눌(知訥 1158~1210)이다. 고려시대에는 교종과 선종이 서로 갈등을 겪고 있었다. 교종은 신라시대부터 귀족들에게 각광을 받았으며 선종은 지방 호족들이 선호했다. 이런 이유로 교종과 선종은 서로 대립하는 양상을 보였으며, 많은 문제를 일으키고 있었다. 이에 왕자 출신인 의천은 교종과 선종의 화합을 추진했다. 그는 원효의 화쟁사상을 어떻게 현실에 적용할까를 고심하면서 이론과 실천의 양면을 강조하는 교관겸수(教觀兼修)를 주장했다. 의천은 이를 위해 법화경을 기반으로 선과 지혜의 조화를 추구하는 천태종(天台宗)을 주창하였고, 이런 노력으로 고려 불교의 새로운 경지를 개척하였다. 의천으로 인해 9개의 산문을 형성하던 선종의 산문선파(山門禪派)는 통합하게 되었다.[191] 의천에 이어 지눌도 교종과 선종의 대립을 해결하려고 했다. 그는 선정과 교학이 결코 대립적인 관계에 있지 않으며, 선정의 수행에 교학이 필요함을 역설하여 이 둘을 함께 닦는 정혜쌍수(定慧雙修)를 주장했다. 이것은 선(禪)의 입장에서 교(教)를 포용하는 것이라 할 수 있다. 지눌의 이런 노력에 힘입어 선종은 조계종으로 통합될 수 있었다.

불교는 통일신라와 고려시대에 국교였으며 중국불교의 영향을 많이 받았다. 그런데 중국불교와 달리 한국 불교는 회통과 융합을 시도했으며 현실을 중요하게 생각하였다. 원효, 의천, 지눌 같은 고승이 불교계의 통합을 추진했으며, 실효성 여부를 떠나서 불력에 의지하여 나라를 지키겠다는 염원으로 대장경을 조판하고 사찰을 건립했다. 또한 나라가 외침으로 위기에 처하면 승려들이 주저하지 않고 전쟁에 참여하였다. 이런 특징은 고조선부터 형성된 이상과 현실을 조화시키려는 사상이 저변에 있었기 때문이라고 할 수 있다.

2) 유교

신라와 마찬가지로 고려에서도 유교는 불교의 대항마로 육성되었다. 유교에 대한 상당한 식견을 가진 태조 왕건은 유교의 덕(德)에 기초하여 호족들을 포용할 수 있었다. 그러나 왕건의 사후 실권

---

191) 9산 선문은 전국의 명산을 중심으로 형성되었는데, 해주 수미산 광조사, 여주 봉림산 고달사, 강릉 사굴산 굴산사, 영월 사자산 법흥사, 문경 희양산 봉암사, 보령 성주산 성주사, 남원 실상산 실상사, 곡성 동리산 태안사, 장흥 가지산 보림사 등이다.

을 잡은 호족들이 득세하자 왕건의 후손들은 호족들을 억제하기 위하여 과거제도를 도입해야 했는데 과거로 관리를 선발하려면 유교 이외에는 달리 대안이 없었다. 정부에서 관학을 세워 유학으로 교육을 시키고 과거에 통과한 자들을 관리로 등용했다. 유교가 동양에서 득세할 수 있었던 가장 중요한 요인은 이처럼 국가제도에 적용할 수 있는 실용적인 교육 체계를 갖추었기 때문이었다.

유교가 치국의 도에 영향을 미치게 한 이는 신라 말 시무 십조를 올렸던 최치원의 손자인 최승로이며, 그의 시무책(時務策) 28조를 적극 수용한 이는 성종이다. 성종은 “나라는 국민을 근본으로 삼고, 국민은 밥을 하늘로 삼는다.”[192]라는 교서를 통해 민본과 중농정책을 명확히 선언했다. 최승로의 시무책은 유교에 기초하여 불교의 폐단을 막는 데에 초점이 맞추어져 있다. 현재 남아있는 22조 중에서 9개 조항이 이 문제를 다루고 있다.[193] 그러나 최승로는 불교를 배척하지는 않았다. 유교는 치국의 도(治國之道)로서 현세의 일을 다루고, 불교는 수신의 도(修身之道)로서 내세의 문제를 다룬다고 하여 불교의 가치를 인정하였다. 최승로와 성종에 의해 고려에서는 유학에 따른 관료제가 기틀을 갖추게 되었다.

고려는 초기부터 유교에 대한 연구가 상당히 활발하게 이루어졌다. 고려의 유교는 송나라와의 관계에서 발달되었는데, 사절단들이 오가면서 송의 서적과 함께 새로운 학문을 유입했다. 또한 국내에서 서적을 출판하고 연구한 수준은 송에 필적할 정도였다. 예종(1105~1123 재위)은 태학을 정비하고 학문연구기관인 예의상정소(禮儀詳定所)를 설치하고 궁내에 청연각(淸讌閣)과 보문각(寶文閣)을 지었다. 이곳에서 왕이 직접 고위관리들을 데리고 수시로 강론을 열었는데 연구자와 질문자를 지정하여 발표와 질문과 토론을

192) 「고려사절요」, 권 2, 國以民爲本 民以食爲天

193) 2, 4, 6, 8, 10, 13, v16, 18, 20 조 등이 불교의 문제점을 다루고 있다.

진행했다.[194)]

유학을 통한 과거제는 초기에는 근본을 추구하는 철학과 역사 중심의 경학이었는데, 점차 문장을 짓고 시를 쓰는 문학으로 격하되었다.[195)] 그 결과 왕과 고위관리들이 유교 경전을 토론하며 정치철학을 논하던 경연은 사라지고, 제한된 시간 내에 시를 짓고 노는 연회를 수시로 베풀다가 무신의 난을 맞았다. 이로 인해 무신정권 100년 동안에는 유학이 설 곳을 잃고 겨우 명맥을 유지하기에 급급했다.

고려 말기의 유학에서 특기할만한 사실은 '성리학'(性理學) 유입이다. 성리학의 배경은 첫째, 유교와 중화를 자랑하던 중국이 문화가 전혀 없는 요나 금과 같은 북방오랑캐들의 지배를 받게 되자 유교에 대한 실망과 반성이 일어났으며, 둘째, 종교성과 철학이 발달한 불교와 도교로부터 유교는 저급한 실천학문에 불과하다는 지적이 생기자, 이에 대응하기 위하여 유학에 형이상학적 요소를 추가한 것이 성리학이다.[196)] 성리학은 주자(朱子 1130~1200)가 정리했는데, 주자는 형이상학을 이(理)로, 형이하학은 기(氣)로 설명하는 이기론(理氣論)으로 성리학을 집대성했다. 이 성리학을 고려의 안향(安珦 1243~1306)이 1289년(충렬왕 15년)에 도입했는데, 중국에서 주자학이 등장한지 한 세기가 지난 뒤였다. 성리학의

194) 강론의 대상은 서경, 시경, 예기, 주례, 주역, 중용, 노자(도덕경), 당감(唐鑑), 송조충의집(宋朝忠義集) 등이었으며, 예종 때 24회, 인종 때 15회 등을 행했다고 한다. 「한국유학사 상」, 127쪽.

195) 과거는 시(詩), 부(賦), 논(論), 책(策)을 다루는 진사과(進士科)와 상서(尚書), 주역(周易), 시경(詩經), 예기(禮記), 춘추(春秋)를 다루는 명경과(明經科)로 나뉜다. 초기에는 서로 균형이 맞았으나 후기로 갈수록 진사과 위주로 흘러가고 말았다.

196) 성리학은 여러 이름으로 불린다. 성리학을 집대성한 주자(주희)의 이름을 따서 주자학(朱子學), 송나라 시대의 유학이라는 뜻에서 송학(宋學), 이전의 유학의 가르침을 집대성한 새로운 기풍의 유학이라는 뜻에서 신유학(新儒學), 정호(程顥)와 정이(程頤)에서 주희(朱熹)로 이어지는 학통이라는 뜻에서 정주학(程朱學), 정주 성리학(程朱性理學), 또는 정주 이학(程朱理學), 이학(理學) 또는 도학(道學)이라고도 한다.

도입이 늦은 이유는 이 시기에 고려가 원나라의 침략에 시달리고 있었기 때문이었다. 성리학은 원의 지배하에 있던 고려로 하여금 자주정신을 가지게 하는 데에 크게 기여했다. 성리학은 새로운 것을 갈망하던 신진 사대부들에게 접목되었고, 후일 조선을 건국하는 이념을 제공했다.

6. 경제와 사회

고대국가에서 경제에 가장 큰 영향을 주는 것은 토지제도였다. 고려의 토지는 크게 국가소유의 공전(公田)과 개인소유인 사전(私田)으로 구분된다. 공전에는 관리들의 직급에 따라 나누어주는 과전(科田)이 있는데, 과전은 관리가 죽으면 국가로 반납되었다. 5품 이상의 귀족들에게 나누어준 공음전(功蔭田)도 공전이지만 세습이 허락되고 직접 조세를 거둘 수 있었기 때문에 사전과 다름없었다. 지방의 향리에게 주어진 외역전(外役田)과 군인들이 받은 군인전도 세습되었다. 불교사원에 주어진 사원전도 공음전과 같이 사전의 성격을 띠었다. 귀족들의 세력이 커지면서 과전도 세습되고 조세도 직접 거두었다. 따라서 귀족들과 사원은 점차 대지주가 되었고, 조세로 거두어들인 곡물을 대부하여 높은 이자를 받는 고리대금업을 행했다.

백성들에게는 민전(民田)이 주어졌으나, 귀족들에게 흡수되는 경우가 다반사였고, 민전의 세금은 1/10이었지만 대부분 대지주의 땅을 경작했는데 5/10의 세금을 내야 했다. 백성들에게 부과되는 세금은 지세 이외에도 포(布)나 특산물을 바치는 공부(貢賦)가 있었고, 16~60세의 장정에게는 노동력을 바치는 요역(徭役)이 있었다. 이로 인해 민중들은 늘 가난에 시달려야 했고 거주지를 떠나 떠돌이로 전락하는 경우가 허다했다. 정부에서는 이를 막기 위해 구제책을 냈으나 일시적인 방편일 뿐 실효를 거두지 못했다.

물음 33

고려 후기, 무슨 일이 있었는가?

고려 후기에 있었던 주요 사건들을 살펴보면 다음과 같다.

1. 이자겸의 난

고려의 문벌귀족들은 자신들의 기득권을 지키기 위해 여러 가지 장치를 마련했다. 우선 지위를 유지하기 위하여 과거를 보지 않아도 되는 음서(蔭敍)를 두었고, 사유지를 확대하고 고리대금업을 통해 재산을 증식했다. 또한 왕실과 결혼한 외척이 권력을 독점하면서 연이어 외척들의 다툼이 일어났다.

이자겸은 자신의 딸을 예종에게 주고 그 소생인 인종으로 왕위를 잇게 한 후 이번에는 인종에게 두 딸을 주고 권력을 독점했다. 경제와 군사력까지 독점한 이자겸은 인종을 폐하고 스스로 왕이 되려고 시도하다가 측근인 척준경에게 배반당하고 귀양을 갔다.(1127년) 이로써 7대 80여 년 동안 지속되던 인주이씨는 몰락하고 말았다. 척준경은 이자겸의 손발과 같았으나 명확한 명분이 없는 왕조 교체에는 따르지 않았다. 이는 고조선부터 형성된 민족의 정서다. 이런 정서로 우리나라의 왕조들은 대부분 500여년 이상을 유지했다.

2. 묘청의 난

이자겸의 난을 겪은 인종은 왕권을 강화하기 위하여 부심했다.

이를 기회로 정지상, 백수환 등 서경인들은 자신들이 득세할 기회라고 생각하고 평양천도를 주장하였다. 정지상은 풍수지리설에 능한 승려 묘청을 천거했다. 묘청은 개경은 지력이 쇠했으므로 평양으로 천도하면 국운이 상승한다고 인종을 설득했다. 인종은 이에 동의하고 15개조의 개혁령을 내렸다. 그러나 불교, 도교를 표방하는 서경파의 이런 추진은 유학을 중시하는 개경파의 반발을 불러왔고 양 진영은 서로 대립했다.

서경파에 기울어졌던 인종이 다시 개경파로 돌아서자 묘청 일행은 평양을 근거로 반란을 일으켰으나 김부식이 이끄는 관군에게 토벌되고 말았다. 왕권을 회복하려던 인종의 시도는 묘청의 난으로 인해 수포로 돌아가고 귀족들의 득세는 계속 이어지게 되었다. 신채호는 북진을 주장하던 묘청의 난을 '조선역사상일천년래제일대사건'으로 높이 평가하며 서경파의 몰락을 아쉬워했다.

3. 무신란

고려 중기에 무신들은 불만이 높았다. 군의 총사령관도 문신이 맡았고, 군인에게 지급되던 군인전도 유명무실화되었으며, 무신들은 공역에 동원되었다. 의종(1127~1173년)은 여러 정자를 짓고 문신들과 더불어 수시로 연회를 열었는데, 무신들은 늘 이들의 호위를 맡았다. 장군들조차도 문신들에게 뺨을 얻어맞거나 수염이 촛불에 태워지는 등 횡포가 극에 달했다. 참다못한 정중부, 이의방, 이고 등 무신들은 1170년(의종 24년) 난을 일으켜 문신들을 모두 도륙한 후 의종을 폐하고 그의 동생을 왕(명종)으로 세우고 실권을 장악했다.

이후 무인들 사이에서 정권쟁탈전이 벌어졌다. 경대승이 정중부를 제거했으나 병사한 후 이의민이 실권을 차지했다. 혼란을 거듭하다가 1196년 최충헌이 등장하여 최씨 집안이 장기집권을 했다. 유민으로 전락했던 농민들은 무신란을 기회로 생각하고 줄을 이어 반란을 일으켰으며 노비들도 들고 일어났다. 최충 일가는 막강한 사병으로 반란을 진압하거나 또는 회유하여 겨우 평정했다. 이후 무신들은 1273년까지 100여년을 지배했다. 무신과 농민, 노비의 반란은 문벌귀족으로 치달은 고려의 한계를 그대로 반영하고 있다.

4. 몽고의 침입과 저항

고려가 추진하던 북진정책은 북방에 거주하는 거란, 여진족과 갈등을 일으켰으나 큰 충돌없이 넘어갈 수 있었다. 그러나 몽고에 이르러서는 양상이 전혀 달라졌다. 초원지대에서 유목민으로 지내던 몽고인들은 징기스칸에 의해 세력이 결집되어 제국을 형성한 후에는 고려에 공물 등을 무리하게 요구했다. 고려가 이를 거절하자 몽고는 1231년(고종 18년) 1차 침략했다. 최씨 군사정권의 최이는 1232년 강화도로 천도한 후 몽고에 맞섰다. 이후 몽고는 40여 년간 6차례의 침략을 감행했으나 고려는 끝까지 저항했다.

몽고는 중국의 중원은 물론 중앙아시아를 거쳐 동유럽과 러시아에 이르는 유사 이래 가장 큰 제국을 건설했다. 그런데 몽고가 지배한 수많은 나라 중 가장 오랫동안 끈질기게 저항한 나라는 고려였다. 몽고의 맹장 살례탑(撒禮塔 살리타이)은 경기도 용인의 처인성에서 승병 김윤후의 화살에 맞아 죽었다고 전해진다. 고려는 1254년 차라대(車羅大)가 침략했을 때 포로로 20여만 명이나 잡혀가는 등 전국이 초토화되면서도 저항을 멈추지 않았다. 중국의 중원 제패를 앞둔 몽고는 후방에 남아있는 고려의 저항 때문에 전전긍긍하다가 1258년(고종 45년)최씨 무인집권이 종말을 고한 후에 고려와의 강화를 달갑게 받아들였다. 고려와 몽고의 강화조약은 일방적인 항복문서라고 보기는 어렵다. 고려가 항복했음에도 독립을 유지할 수 있었던 이유는 여기에 있다. 고려는 몽고와의 강화를 결정하고 1271년(현종 12년) 개경으로 환도했다.

5. 저항 이유

고려와 몽고와의 전쟁을 보면 고려는 끝까지 저항한 유일한 나라이며, 결국 강화조약을 맺기는 하지만 고려가 몽고에 완전히 예속되지 않고 독립 상태를 유지했다. 사실 고려와 몽고의 조약을 보면 일방적인 항복문서가 아니라 우리 요구를 관철시킨 강화조약이었다. 몽고 입장에서도 끝까지 저항하던 고려와 형식적이나마 강화를 맺었다는 것을 다행으로 여겼다. 몽고는 아직 중국 중원을 완전히 장악하지 못하고 있는 상태에서 배후에 고려를 적국으로 남겨둔다는 것이 큰 부담이었기 때문이다. 고려는 강화도로 천도하면서까지 몽고에 끝까지 저항했다. 무엇 때문에 그렇게 저항했을까?

우선 무신정권 때문이었다고 생각할 수 있다. 무신들은 고려가 몽고의 지배를 받고 몽고가 고려의 왕과 직접 관계를 맺으면 자신들은 설 자리가 없기 때문에 끝까지 저항했다. 강화도 천도를 주도한 것도 최씨 무신정권이었다. 최씨 무신정권이 끝나고 몽고와 강화조약을 맺은 후에도 무신정권의 핵심세력인 삼별초는 진도와 제주도로 거처를 옮기면서 끝까지 저항했다. 무신들이 자신들의 정권을 유지하기 위해 몽고에 저항한 것도 분명한 사실이다.

그러나 이것만으로 다 설명될 수는 없다. 당시 문신들 중에도 강화천도는 반대하지만 끝까지 저항해야 한다고 주장하는 이들이 많았다. 비단 몽고의 경우만이 아니다. 조선시대에 임진란이나 병자호란은 물론이고 조선 말기의 쇄국정책에서 보듯이 우리 민족은 무력을 앞세운 외세의 무리한 요구와 공격에는 결코 타협하지 않으려는 강한 정신문화가 있었다. 정규군이 힘을 발휘하지 못하면 선비들이 의병을 조직해서라도 끝까지 맞서서 나라를 지켜냈다.

외국인들은 우리를 보며 의아해 한다. 중국 주변에 있던 수많은 민족들, 특히 중원을 지배했던 민족들도 다 사라지고 말았는데 한국은 어떻게 지금까지 건재할 수 있었는지, 또 독특한 문화를 지켜냈는지, 또 일제 식민지와 6.25를 딛고 어떻게 후진국 중에서 유일하게 선진국 대열에 들어섰는지, 기독교가 어떻게 단시간에 부흥하면서 불교와 유교 등과 큰 갈등이 없을 수 있는지 등이 서양인들을 비롯한 한국을 찾는 이들의 관심사다.

우리에게는 우리도 미처 알지 못하는 우리만의 독특한 정신문화가 있다. 그 문화는 환웅천왕시대에 형성되어 뿌리를 내렸다. 겹친 人자 무늬 토기에 들어있는 홍익인간 재세이화 정신, 비파형동검에 들어있는 불의를 용납하지 않으려는 불굴의 정신이 그것이다. 이런 이유로 고조선은 2천 년 이상을 유지했고, 대부분 왕조들도 500년 이상을 유지했다. 우리가 군자의 나라라고 평가를 듣는 것은 결코 우연이 아니었다. 외세의 무력침략을 용납하지 않았을 뿐만 아니라 힘으로 왕조를 전복시키려고 하지 않았고 명분없는 반란을 용납하지도 않았다. 무신들도 100년 동안 자기들끼리는 권력싸움을 했지만 고려라는 왕조 자체를 무너뜨리고 왕이 되려고 하지는 않았다. 그 이유는 뚜렷한 명분이 없는 한 왕조를 전복시키는 일을 백성 모두가 용납하지 않았기 때문이다. 이자겸이 외척으로서 왕위를 차지하려고 하다가 그 심복 척준경에게 버림받았다.

유교, 불교, 도교, 기독교는 우리나라에서 만개했으나 종교 간에 전쟁이 일어나지는 않았다. 왜 그럴까? 우리에게는 남다른 화합과 포용의 정신이 있기 때문이다. 이런 정신 역시 고조선에서부터 내려오는 천신신앙에 뿌리를 두고 있다. 이런 종교성과 영성 때문에 중국인들은 우리를 영험한 민족이라 했다. 이런 정신들은 우리가 물려받은 귀중한 정신문화다. 이를 잘 계승하고 발전시킨다면 우리는 새로운 세상을 열어갈 수 있다. 고려의 정신문화에서 이런 한 단면을 보게 된다.

물음 34 고려 말기, 무엇을 잉태했나?

원의 지배를 받아야 하는 100여 년은 인고의 시간이었다. 우리 역사에서 이렇게 긴 시간 동안 남의 지배를 받은 적이 없었다. 이 시기에 일어난 주요 문제들은 다음과 같다.

1. 부마국

왕의 이름을 원나라에 충성한다는 뜻으로 충(忠)자로 시작해야 했고, 급을 낮추어 '왕'이라고 해야 했다.[197] 왕위를 이을 태자는 세자라 불리며 원나라에 가서 살다가 원의 공주와 결혼해야 했다. 왕이 원나라 황제의 부마(駙馬)가 되었다. 나라가 원나라의 사위국이 되다보니 조정에는 원나라의 눈치를 보는 간신배들과 앞잡이들이 들끓었다. 이런 자들을 부원배(附元輩)라고 부르는데[198] 이들은 나라와 백성은 어찌되든 상관없이 제 잇속 챙기기에 바빴다. 그 사이 죄 없는 백성들은 세금과 탐관오리의 학정에 시달리며 원나라에 바칠 공물을 해대느라 고혈을 짜내야 했다. 큰 정신문화에서 비롯된 큰 가치관이 사라지면 나라가 이 꼴이 되고 만다.

---

197) 원의 지배 아래 있을 때 충자가 붙은 왕들은 충헌왕(고종), 충경왕(원종), 충렬왕, 충선왕, 충숙왕, 충혜왕, 충목왕, 충정왕 등이며, 그 후 왕이라 불린 이는 공민왕, 우왕, 창왕, 공양왕 등이다.

198) 원나라의 힘을 등에 업어 출세를 한 권문세족.

2. 서광

조정 어디에서도 나라와 백성을 생각하는 흔적을 찾아볼 수 없게 되었다. 이런 캄캄한 밤이 지속되자 지방에서부터 서광이 비춰오기 시작했다. 지방 유생들이 잃어버린 나라와 민족혼을 되찾기 위해 일어섰는데, 이들을 가리켜 '신진사대부'라 한다. 신진사대부들이 등장할 수 있었던 배경은 무신정권이 중앙의 문벌귀족들을 모두 숙청했기 때문이다. 무신정권은 몽고에 무력으로 40여 년 저항했다. 그러나 무신정권이 몰락하고 고려가 몽고에 항복하고 난 다음에는 더 이상 무력으로 항쟁할 수 없게 되자 이번에는 신진사대부들이 붓으로 저항했다. 이들은 먼저 붓으로 역사의식을 통하여 자주정신을 회복하려고 했다. 우리가 잘 알고 있는 삼국유사와 제왕운기는 이 시기에 쓰여 졌다. 삼국사기에는 단군조선에 관한 이야기가 없는 반면 이 역사서에는 들어있는 이유는 무엇일까? 삼국사기는 1145년(인종 23)경에 인종의 명에 의해 김부식(金富軾)이 고려의 정당성을 제시하려는 목적으로 기록했다. 그러나 삼국유사와 제왕운기는 고려가 원나라의 지배를 받고 자주력을 상실하자 역사기록과 해석을 통해 국가와 민족의 자주성을 회복하려는 의도에서 기록되었다. 이 시기에는 「세대편년절요」(世代編年節要 1314년), 「본조편년강목」((本朝編年綱目 1317년), 「삼조실록」(三朝實錄), 「국사」(國史 1346), 「실록」(實錄) 등 많은 역사서들이 등장했다.

특히 「삼국유사」(三國遺事 1281년)와 「제왕운기」(帝王韻紀 1287년)에서 고조선의 건국이야기를 다루었는데 이 책을 통해 우리민족의 뿌리를 알 수 있게 된 것이 그나마 다행이다. 고조선 건국 이야기는 고조선이 멸망하고 1300여 년이 지난 후 신화의 형식으로 기록되었는데, 우리나라는 단군왕검이 등장하기 이전 환웅천왕에게서 천신신앙과 홍익인간, 재세이화의 정신이 싹텄으며, 단군조선은 중국의 요순시대와 시기를 같이 한다고 말하고 있다. 중국의 요순시대와 대비한 이유는, 유학에서 요순은 이상정치의 상징이며, 우리의 문화와 전통은 지금 고려를 지배하는 원나라와는 비교할 수 없으며, 적어도 중국의 요순시대와 대등하다는 자주의식의 표현이었다. 또 단군조선의 중심지가 평양이라고 말하고 있는데 그 이유는 당시 평양에 단군조선의 후예들이 머물고 있었고, 또 평양(서경)은 고토를 회복하려는 북진정책의 상징이었기 때문이다. 묘청이 서경 천도론을 주창한 것은 서경을 기점으로 당시 만주를 차지하고 있던 금나라를 치고 고토를 회복하려는 의도였다. 일연과 이승휴는 이런 취지로 역사서를 기록하면서 고조선 이야기를 언급했다.

3. 개혁

고려 말기 신진사대부들의 또 다른 시도는 정계에 진출하여 부원배들을 청산하는 작업이었다. 부원배들은 고려를 원나라 직속의 한 지방인 성(省)으로 복속시켜 자신들의 입지를 더 강화하려고 시도했다. 이에 신진사대부인 이제현, 김이, 최성지 등은 원나라 도당에 직접 글을 보내 원나라를 설득하여 이를 무산시켰고 고려의 독립을 유지하게 했다.[199] 사대부들은 충선왕의 지원에 힘입어 부원배들의 부정부패 척결을 시도했다. 이 일로 충선왕은 연경으로

199) 이들이 원나라를 직접 설득한 명분은 다음과 같다. 첫째, 「중용」에서 가르치는 통치 원리부터가 강대국은 약소국을 병합함 없이, '그 국가를 국가로서, 그 민인을 민인으로 대함'이라는 것. 둘째, 고려는 1219년(고종 6) 조충(趙冲), 김취려(金就礪)의 군대를 보내 거란을 치는 원을 도와 대승을 거두게 한 우호국임. 셋째, 그로 말미암아 원의 세조(世祖)는 실제로 고려를 우호국으로 명시했고, 고려는 독자로 왕과 사직을 보유하면서 400년의 역사를 이어왔음. 넷째, 고려국은 원의 한 성(省)이 되기에는 그 크기가 작음. 다섯째, 고려는 연경과 지리적으로 멀고 고려인들의 사고가 원나라 민중의 사고와 다르며 언어(言語) 또한 같지 않아 합일적인 통치에 난관이 많다는 것 등이다. (「高麗史」, 列傳, 권23, 李齊賢 등) 「한국유학사상사 상」, 170쪽.

소환되어 좌절되었지만 이들은 끊임없이 개혁을 추진했다.

중원에서 명나라가 등장하고 원나라가 수세에 몰리자 공민왕은 친명 반원정책을 폈다. 신진사대부들은 이 기회를 이용하여 부원배들을 주살하거나 감옥에 가두는 등 개혁에 앞장섰다. 공민왕은 개혁을 본격적으로 추진하기 위하여 신돈(辛旽 ?~1371)을 등용했다. 무명의 승려였던 신돈은 개혁을 과감하게 추진하여 문벌귀족들을 척결하고 과거제를 통하여 신진관료들을 등용했으며, 토지제도를 개혁하고 노비들을 방면했다. 이런 정책은 하층민들에게는 열화같은 지지를 받았지만 기득권층들은 신돈을 제거하기 위하여 온갖 방법을 동원했다.

신돈에게 얽힌 여러 악담들은 신돈에게도 부분적으로 책임이 있겠지만 많은 부분은 기득권층의 모함에서 비롯되었다고 보인다. 공민왕이 왕비였던 노국공주가 죽은 후 실의에 빠져 개혁정신이 사라지고 기득권층의 반발에 부딪혀 신돈의 개혁이 실패로 돌아갔지만 그가 끼친 영향은 컸다. 신돈으로 말미암아 신진사대부들이 정계에 진출하여 고려말에 개혁의 바람을 일으키고 고려의 다음을 기약했기 때문이다. 신진사대부의 등장은 고려말기에 일어난 가장 중요한 사건이라고 할 수 있다. 공민왕과 신돈의 개혁은 고려의 마지막 몸부림이었고 기회였다. 이들의 실패와 더불어 고려는 돌이킬 수 없는 패망의 길로 접어들고 말았다. 그 이후의 고려역사는 장례식 절차에 불과했다.

4. 반추

왕건이 어렵게 후삼국을 통일하고 훈요십조를 남겨 놓았지만 큰 이상을 제시하지는 못했다. 왕건은 풍수지리설이 가미된 미신 수준의 불교를 섬기면서 팔관회와 연등회 등과 같은 귀족적인 사치

행사를 치르라고 당부했다. 후일 이 행사는 국고를 낭비한다는 지탄을 받으면서 폐지되고 말았다. 유교의 덕에 기초하여 포용정책으로 호족들을 끌어안고 결혼정책으로 관계를 돈독히 해 놓았지만 이는 미봉책일뿐, 오히려 그의 사후 정치적 암투가 벌어지는 요인이 되었고, 광종에 이르러 무자비하게 개국공신들을 숙청해야 했다. 참된 신앙에 기초한 큰 정신이 없다보니 권력의 언저리에 있는 자들은 이권을 챙기기에 혈안이 되었고, 백성들은 도탄에 빠지고 말았다.

고려는 고조선을 이어받은 고구려를 계승한다는 뜻으로 국호를 고려라고 했지만 고구려의 다물정신을 찾아보기 어렵다. 발해가 사라진 후 만주를 거란과 여진이 지배하고 있어서 고토를 회복하기가 어렵기도 했지만 거란과 여진이 등장하기 이전에도 다물을 실현할 사상과 정신이 없었다. 묘청 수준의 사이비 신앙으로 다물사상이 실현될 리가 없다.

정신문화와 철학이 없다보니 유교는 중국 학자들을 추종하거나 모방하는 수준의 학문적인 토론에 치중하다가 그마저도 집어치우고 시문을 외우고 연회를 일삼는 사이에 문벌귀족이 권력을 차지하고 말았다. 결국 도탄에 빠진 백성들이 들고 일어나서 온 나라가 민란에 시달리고 경박한 문신들의 처사는 무신들의 반발을 불러와 100여 년 무신들의 무지막지한 통치에 시달리는 화를 자초했다. 대몽항전을 위하여 무신정권이 강화도로 피신하여 버티기 작전을 하는 동안 나라는 황폐해지고 죄 없는 백성들은 수십 년 동안 전란에 시달리며 수십 만 명이 노예로 끌려가야 했다. 무신통치를 자력으로 끝내지 못하고 결국 원나라의 힘을 빌어 겨우 벗어났지만 이제는 원(몽고)의 지배로 또 100여년이나 시달려야 했다. 정신문화의 집대성과 그 철학에 기초한 국가 운영이 얼마나 중요한지는 지난 역사를 돌이켜 보면 알 수 있다.

5. 성리학

경상도 영주에 안향(安珦 1243~1306)이라는 사람이 있었다. 그는 17세에 문과에 급제했으며, 1289년 충렬왕을 수행하고 원나라에 갔다가 당시 성행하고 있던 성리학을 접하고 크게 감명을 받았다.[200] 안향은 성리학이 당시 고려가 처한 위기를 극복하는 데에 큰 도움이 되리라고 생각하고 주자서(朱子書)를 직접 필사하고 공자와 주자의 화상을 그려가지고 귀국했다. 이후 안향은 성리학을 널리 전하기 위하여 장학기금을 만들고, 성리학 서적을 유입하는 등 교육에 많은 노력을 기울였다. 안향은 교육을 통한 인재를 양성하는 교육입국(教育立國)보다 더 시급한 일은 없다고 생각하였다. 안향의 이런 예상과 노력은 빗나가지 않아서 성리학은 곧 유학자들에게 각광을 받아 급속히 퍼져나갔다.

신진사대부들이 성리학을 적극적으로 받아들인 이유는 무엇이었을까?

첫째, 당시 고려를 지배하던 정신문화인 불교, 도교, 유교에 대하여 실망했기 때문이다. 왕실과 결탁한 당시 불교는 친원으로 기울어져 있었으며, 대지주가 되어 고리대금업을 하는 등 타락의 극치를 달리고 있었다. 또 윤회사상으로 인한 공덕주의, 그리고 가정과 현실을 등한시하는 출가 등을 당시 신진사대부들은 받아들이기 어려웠다. 불교와 도교는 불공과 무속에 관심을 기울이며 신비적인 것을 추구하고 있었다. 또 당시 유교는 시와 문장을 짓는 사장(詞章)과 경전을 해석하는 경학(經學)에 치우치고 윤리만 강조하고

200) 주자학을 읽은 안향은 이렇게 말했다. "내 일찍 중국에서 주회암(朱晦菴 : 주자)의 저술을 얻어보니 성인의 도를 발명하고 선불(禪佛)의 학을 물리친 것으로, 그 공이 족히 중니(仲尼 : 공자)에 비할 수 있다. 중니를 배우려면 먼저 주회암을 배우는 것이 제일이다."

있었으며, 유교로 통치하고 있다고 하지만 나라조차 유지하지 못하고 있었기에 신진사대부들은 유교에 대하여 실망하고 있었다. 그런데 기존의 유교에 인간과 우주의 원리를 형이상학으로 설명하며 종교적인 요소가 추가된 성리학을 대하면서 신진사대부들은 기존의 불교와 유교를 대체할 수 있다고 생각했다.

둘째, 성리학의 자주성 때문이었다. 송나라에서 등장한 성리학은 송나라가 요와 금으로부터 침략을 받은 후 유학에 대한 반발에서 생겨났으므로 자주성을 띠고 있었다. 성리학의 이런 성격은 원나라의 지배를 받고 있던 고려말 상황에서 자주적 정신의 요구와 부합되었다. 성리학자들이 윤리적, 도덕적인 차원에서 더 나아가 사회와 국가와 문화 분야에서 적극적으로 활동하며 교육에 치중한 이유는 성리학의 이런 자주성 때문이었다. 성리학을 통해서 나라를 일신시킬 수 있다고 생각했다.

이런 이유로 성리학은 신진사대부들에게 급속도로 확산되어 나갔다. 이 일을 주도적으로 실천한 사람들은 성리학을 도입한 안향, 백이정과 이제현, 이색으로 이어졌으며, 이색의 문하생인 정도전이 조선건국의 이념과 청사진을 제시하며 주도적인 역할을 하게 된다.

특히 이들은 과거를 통해 정계에 진출하여 요직을 맡았고 또 교육을 통해 제자들을 양성하는 일에 힘을 기울여서 많은 영향을 끼쳤다. 이제현의 제자 이색(1328~1396)의 문하에서는 정몽주, 길재, 이숭인, 정도전, 하륜, 윤소종, 권근 등이 배출되었다.

6. 큰 꿈

성리학에 심취한 고려 말 신진사대부들은 성리학을 학문의 대상으로만 여기지 않고 실천으로 옮겼다. 조정에 진출하여 크고 작은 개혁정책들을 추진했지만 그것으로 만족하지 않았다. 이들은 성리학에 기초하여 이상국가를 실현하려는 큰 꿈을 꾸기 시작했다. 주로 이색의 제자들이 이런 일을 주도했는데, 이들은 크게 두 부류로 나뉘어졌다. 정몽주, 길재, 이숭인 등은 고려를 개혁하여 성리학의 이상을 실현해보자고 생각했다. 그러나 정도전, 권근, 하륜, 윤소종등은 새로운 왕조를 세워야 한다고 했다.

이제 고려의 운명은 이들에 의해 결정되었으며, 이들이 꾼 큰 꿈은 학문의 세계에서 현실의 세계로 옮겨지게 되었다. 그 꿈이 어떻게 실현되어 나갈지 자못 궁금해진다.

제4부 : 성리학 시대 – 조선

성리학 시대

물음 35 조선 성리학, 어떻게 시작되었는가?

중국이 우리의 뿌리문화를 바탕으로 유교를 집대성하고 맹자, 정주학, 양명학, 고증학 등으로 계속 발전시키며 동양을 지배하는 동안 우리는 우리의 문화를 중국을 통해 역수입하여 썼다. 그 결과 정치는 물론이고 문화에서도 예속에서 벗어날 길이 없었다. 역수입한 이후 우리 선조들은 중국의 앞선 사상과 문물을 다른 나라보다 먼저 받아들이면서 우리는 중국보다는 못하지만 중국과 거의 대등하다는 모화(慕華) 또는 소중화(小中華)에 젖어 우리보다 뒤떨어진 나라들을 오랑캐로 치부하며 자부심을 느꼈다.

고려 역사를 마무리하면서 왜 우리는 고조선의 뿌리문화를 우리 손으로 집대성, 발전시키지 못하고 중국으로부터 역수입하며 지배를 받아야 했는가라는 아쉬움을 금할 길이 없다. 그런데 고려말, 조선초에 이르면 분위기가 달라진다. 비록 성리학을 우리가 발전시키지는 못했지만 성리학의 꿈인 이상 국가를 실현하려는 움직임이 본격적으로 나타났기 때문이다. 이 움직임은 두 방향으로 전개되었는데, 고려를 개혁하여 이상국가로 만들어보자는 의견과, 새로운 나라를 만들어 시작하자는 의견이었다. 전자는 정몽주, 길재, 이숭인 등이며, 후자는 정도전, 권근, 하륜, 윤소종 등이다. 두 의견이 팽팽히 맞섰지만 결국에는 고려를 포기하고 새 판을 짜자는 의견이 승리해서 조선을 세웠다.

조선건국의 특징은 권력으로 나라를 세운 후 정권을 유지하기 위한 방편으로 성리학을 활용한 것이 아니라, 나라가 시작되기 전에 성리학 이념으로 이상적인 나라의 청사진을 만든 후 이를 실현할만한 사람을 물색하여 왕으로 추대하여 국가를 탄생시켰다는 점이다. 아마도 세계 역사에서 이런 경우는 없었으리라고 생각된다. 이런 이유로 건국 과정은 물론이고 정치 제도 등 모든 면에 성리학의 이념이 들어있으며, 성리학은 중요한 비중을 차지했다. 비록 성리학이 우리에 의해 개발되지는 않았지만 '조선성리학'이라는 단어를 써도 손색없을 만큼 성리학은 조선에서 새로운 출발을 했다.

이제부터는 조선성리학이 어떤 나라를 만들었으며, 어떤 성과를 거두었는지, 조선에서 성리학은 어떤 발전을 했는지, 또 그 한계는 무엇이었는지 등을 조선의 역사를 통해 살펴보고자 한다.

물음 36 한 사람, 그는 누구였는가?

지난 역사를 돌이켜 보면 세상을 뒤바꾸는 일에 한 사람이 중요한 역할을 하는 경우가 흔히 있다. 모세, 플라톤, 알렉산더 등이 대표적인 사람들이다. 성리학 이념으로 조선이 건국되는 과정에서도 한 사람이 그 일을 해냈다.

정도전

정도전 없는 조선 건국은 생각할 수 없을 만큼 그는 결정적인 역할을 했다. 한낱 서생에 불과했던 정도전이 어떻게 성리학으로 이상적인 새로운 국가를 세워보자는 무모한 생각을 했고, 뿐만 아니라 실행으로 옮겨 성공했을까? 이런 저런 과정을 거쳐 권력을 잡아보려고 계획하고 성공한 사람은 수없이 많이 있다. 하지만 현실에서 이상을 실현하기 위해 국가를 세워보자는 생각을 혼자 구체적으로 입안하고 실천으로 옮긴다는 것도 쉽지 않은 일이지만 성공시킨다는 것은 더더욱 어려운 일이다. 정도전의 사람됨과 생각과 청사진을 간략히 살펴볼 필요가 있다. 도대체 정도전은 어떤 사람이었을까?

1. 서자 출신

정도전(鄭道傳, 1342~1398)은 경상도 봉화에서 서얼로 태어났으며 외가(外家)쪽으로 노예의 피가 흐르고 있었다고 전해지며, 고조부는 봉화현 아전에 불과했다. 어릴 적 영주에서 한동안 떠돌이 생활을 해서 영주출신으로 알려져 있다. 아버지 정운교(鄭云敎)가 뒤늦게 직제학이라는 관직에 나아가는 바람에 정도전은 아버지를 따라 개경으로 이사가서 그곳에서 학문을 닦아 관직에 나아갔지만 그의 출신성분이 늘 논란의 대상이 되어 곤경에 처하곤 했다. 그의 신분이 어디까지가 진실인지 파악하기가 쉽지는 않지만 외가 쪽의 신분에 서얼이 있다고 전해진다. 어쨌든 정도전은 출신성분 때문에 마음고생을 많이 했던 것만은 사실이다.

2. 성리학 수련과 유랑

정도전의 새로운 세계는 개경에서 시작되었다. 개경에서 정도전은 아버지의 지인인 이색의 문하에서 정몽주, 박상충, 박의중, 이숭인, 이존오, 김구용, 김제안, 윤소종 등과 같이 성리학을 수학하면서 이색의 영향을 많이 받았다. 학습능력이 상당히 뛰어나서 1360년 성균시에, 1362년 진사시에 합격하여 관직에 나아갔으며 1370년에는 정몽주와 함께 성균관 박사로 있으면서 후학을 양성했다. 1375년 부원배 이인임의 친원정책을 반대했다가 2년 동안 전라도 나주에서 유배생활을 했으며, 유배에서 풀려난 후 개경의 삼각산 밑에 초막 삼봉재(三峰齋)를 짓고 후학을 가르치다가 세도가에게 쫓겨난 후 유랑생활을 했다. 정도전은 유배와 유랑생활을 통해서 세상의 잘못된 실상을 보며 세상을 바로잡을 꿈을 꾸기 시작했다. 서자, 가난, 명석함, 성리학, 관직경험, 유배, 유랑. 세상을 개혁하려는 고상한 이상(理想) 등이 어우러져서 정도전의 정신세계가 형성되었다.

3. 첫 걸음

정도전에게는 한 나라를 설계하고 운영할만한 능력과 시대의 흐름과 판세를 읽고 인물을 보는 탁월한 안목이 있었다. 8년 동안의 유배와 1년 동안의 유랑생활을 통해 세상을 바꿔보자는 청사진을 그린 정도전은 그 실천의 첫 걸음으로 대업의 중심역할을 할 만한 사람을 찾아 나섰다. 정도전이 찾아낸 사람은 누구였을까? 전주에서 함경도 동북면으로 이주하여 어렵게 지방 호족으로 자리 잡은 집안에서 태어난 이성계가 그 사람인데, 그는 홍건적과 왜구를 물리치는 과정에서 출중한 무장으로 이름이 알려지고 있었다. 1383년 가을, 정도전은 먼 길을 찾아가 이성계를 만났다. 이성계는 창궐하는 왜구와의 전투에서 승전을 거듭하고 있던 유능한 장수였지만 학문에는 조예가 없었고 단순했다. 정도전은 이성계와 교분을 쌓으면서 이성계에게 큰 이상과 꿈을 심어주기 시작했다.

조선의 건국은 정도전의 머릿속에서 청사진이 그려졌고, 그것을 이성계에게 옮겨 줌으로써 시작되었다. 이성계가 변방 무장에서 출발하여 중앙 정계에 진출하여 입지를 마련하고 실권을 장악하기까지는 전적으로 정도전의 지략에 의존했다. 정도전은 이성계의 장자방이었으며 그의 지략대로 되지 않은 것이 없었다고 한다. 이성계는 정도전의 도움으로 조선을 건국할 수 있었다.

4. 정도전의 설계도

정도전은 이성계가 위화도에서 회군하여 실권을 장악하자 우왕을 폐하고 창왕을 세웠으며 다시 공양왕을 옹립했다. 그리고 새로운 왕조를 위한 준비 작업에 들어갔다. 정도전이 새로운 국가를 세워 나가는 과정과 세운 국가의 면면을 살펴보면 다음과 같다.

1) 토지개혁

이성계가 실권을 차지한 후 정도전이 제일 먼저 착수한 것은 토지개혁이었다. 토지제도를 먼저 시도한 이유는 전제개혁은 이상국가 건설의 기초였기 때문이다. 그러나 전제개혁은 가장 어려운 과제로써 그동안 신진사대부들이 계속 주장했지만 대지주들의 반대에 부딪혀 실현되지 못하고 있었다. 대지주들이 결사반대한 이유는 대지주의 토지를 몰수하여 국유화하는 것이 개혁의 핵심이기 때문이다. 당시 권문세족과 불교사원은 막대한 토지를 소유하고 있었다. 이들의 반대가 워낙 심했기 때문에 급격한 토지개혁은 이색 등과 같은 온건 개혁파도 반대하고 있었다. 그런데 정도전은 이를 강행하여 1390년 모든 토지문서를 개경 거리에서 불태워 버렸다. 개경 한 복판에서 며칠 동안 토지문서들이 불에 타는 광경은 구질서의 몰락과 새질서 수립의 상징이자 선언이었다. 관리들에게 나누어주는 과전(科田)은 경기도에 국한하였고, 전국의 모든 토지를 몰수하여 국유화시킨 후 농민들에게 나누어 주었다. 이로써 농민들에게 돌아가는 세금은 1/10으로 줄어들었고 국가 재정은 늘어났다. 어느 누구도 엄두조차 내지 못하던 일을 정도전은 해냈다. 아니, 정도전만이 할 수 있었다.

2) 민본주의

토지개혁은 곧 경제의 개혁이면서 민본주의의 선언이었다. 비천한 출신, 유배와 권문세가에게 쫓겨 유랑생활을 하며 가난한 삶을 살았던 정도전은 백성의 고충이 무엇인지를 몸으로 겪었다. 이런 이유로 그는 누구도 감히 엄두를 내지 못하던 토지개혁을 추진하여 토지대장을 불사르면서 "왕은 백성을 하늘로 삼고, 백성은 밥을 하늘로 삼는다."(王者以民爲天 而民以食爲天)라고 외쳤다. 정도전에게는 경제의 불균형을 해결하는 것이 개혁의 가장 중요한 과제였다. 개혁이 자칫 백성을 위한다는 말잔치만 하고 가진 자들의 이권은 그대로 지키며 생색내기에 그치는 경우가 허다하다. 그런데 정도전은 그 출발부터 기득권자들의 기반인 토지를 몰수함으로써 명실상부한 민본주의를 실천으로 옮겼다. 정도전이 이상국가를 구상한 이유는 위민(爲民), 애민(愛民), 민본(民本)을 구체적으로 실현하기 위함이었다.

3) 제도개혁

정도전은 성리학의 이상을 실현하는 국가를 세웠을 뿐만 아니라 그의 개혁이 일회성으로 끝나지 않고 지속될 수 있는 장치들을 만들어 나갔다. 이를 위해 「조선경국전」, 「경제문감」 등 법전을 편찬해서 각종 제도의 정착과 지속을 시도했다. 그 특징은 다음과 같다.

❶재상제도

정치제도에서 정도전이 설계한 이상정치의 특징은 왕권 제한이었다. 성군에게는 권력이 집중되어도 아무 문제없지만 세습왕조에서 성군이 이어진다는 보장이 없고, 또 왕을 선출할 수도 없으므로 대신 어진 재상을 왕이 임명하여 그에게 병권, 재정 등을 총괄하게 하고, 왕은 재상들이 결정하는 안건을 실행하는 역할을 담당하게 해야 한다고 생각했다. 그는 왕이 아닌 어진 재상 중심의 국가를 구상했으며, 재상이 중요하므로 그 기준을 구체적으로 명문화 해 놓았다.[201] 이는 혁명적인 발상이며, 고대 왕조에서 찾아보기 힘든 제도이다. 정도전이 이런 제도를 추진할 수 있었던 것은 조선이 탄생하기 이전부터 그가 주도적으로 이성계를 발탁하여 설득하고 대업을 성사시켰으며, 왕이 된 이성계가 허락했기 때문에 가능했다.

영의정, 좌의정, 우의정으로 구성되는 재상들은 왕권 대행의 성격을 지닌다. 6조에서 다루는 국가업무를 판서의 결재가 아닌 재상회의에서 검토하게 했다. 왕과 6조의 이원구조에서 일어나는 왕권의 전횡을 막기 위함이다. 왕은 재상들이 올린 안건을 추인하고 추진하게 했다.

❷언로의 제도화

왕에 대한 간언(諫言)제도는 신라시대부터 있었지만 제도로 정착되지는 못했다. 그런데 정도전은 언로를 활성화하기 위하여 제도로 보장해주어서 불이익을 당하지 않게 했다. 왕과 재상을 감찰하고 견제하는 장치로 삼사(三司, 홍문관, 사헌부, 사간원)를 두어

---

201) 「조선경국전」에 이어 편찬한 「경제문감」에 제시된 재상의 덕목은 다음과 같다.

① 임금으로 하여금 바른 길을 가게 해야 한다.
② 일신의 사(私)를 없애고 공(公)에 따라 일을 처리해야 한다.
③ 공(功)은 임금에게 돌려서 민심이 임금을 따르게 해야 한다.
④ 임금과 신하의 사심(邪心)을 초기에 바로잡아야 한다.
⑤ 항상 부지런하고 근심하며, 삼가고 두려워하는 마음을 가지고 있어야 한다.
⑥ 정성껏 임금을 섬겨 믿음을 얻어야 한다.
⑦ 임금과 뜻이 어긋나더라도 도리를 굽혀 비위를 맞춰서는 안 된다.
⑧ 어진 사람을 등용하고, 그렇지 못한 사람을 쫓아내야 한다.
⑨ 도량이 넓고 마음 씀이 세밀해야 한다. 그래야 서로 다른 주장을 포용할 수 있고, 백관을 통솔할 수 있다.
⑩ 물러날 때가 되면 용감하게 물러날 줄 알아야 한다.

권력이 왕과 재상과 삼사에서 서로 균형을 이룰 수 있게 했다. 홍문관에는 최고의 학자를 두어 왕을 성리학으로 교육하게 했으며, 사헌부는 부정과 비리를 감시하게 했고, 사간원에서는 정책의 시비를 가려 오류를 간언하게 했다. 권력의 속성을 잘 아는 정도전은 권력의 중심축을 셋으로 분리시켜 서로 견제, 감독, 보완하게 해 놓았다. 지금의 기준으로 보아도 놀라운 수준이다.

권력의 속성을 잘 아는 정도전은 언관들을 제도로 보호했을 뿐만 아니라 오히려 언관들이 간언을 소홀히하면 처벌을 받게 했다. 언론의 기능을 더 확대하여 삼사의 간언 이외에도 다른 방법을 찾아내었다.

첫째, 상소제도가 있었다. 상소제도는 간언을 삼사나 관리에 국한시키지 않고 전국 모든 선비들에게 확장시키는 제도였다. 누구나 왕에게 상소를 통하여 하고 싶은 말을 할 수 있었고 왕은 전국에서 올라오는 상소를 직접 읽고 결재를 해야 했다.

둘째, 신문고와 격쟁(擊錚)이 있었다. 상소는 글로 의견을 표시하는데, 신문고는 글을 쓸 줄 모르는 사람을 위한 제도로서, 왕궁에 설치된 북을 치고 직접 자신의 사정이나 의견을 말할 수 있었다. 그리고 격쟁은 왕이 행차할 때 누구나 꽹과리를 치면서 왕의 행차를 멈추게 하고 왕에게 직접 말할 수 있는 제도였다.

셋째, 공론이 있었다. 직접 의견이 건의되지 않아도 백성들의 여론을 살피고 국정에 반영했다.

조선에서 언론이 이렇게 발달한 이유는 언론의 자유에 국가의 흥망이 달려있다라고 정도전이 생각했기 때문이다.

❸경연(經筵)

홍문관에는 대제학을 중심으로 당대의 석학들이 포진했다. 이들의 기능은 왕과 신하들이 모인 자리에서 정치전반에 관련된 철학과 역사를 강론하여 인정(仁政)을 실천하게 하는 데에 있었다. 조선에서는 군왕도 학문을 게을리 할 수가 없었다. 이런 경연을 정기적으로 열었으며, 왕위를 이을 세자는 세자 시절부터 성리학교육을 엄격하게 매일 받아야 했다. 조선은 왕과 관리 모두가 성리학을 익힌 학자들이었다.

4) 사상정립과 교육제도

정도전은 법과 제도만으로는 한계가 있으므로 올바른 신앙과 사상과 교육이 뒷받침되어야 한다고 생각해서 이 부분에 심혈을 기울였다. 그는 「심기리편」(心氣理篇)[202]에서 불교와 도교, 성리학을 비교분석하며 세 종교 중 성리학이 가장 합리적임을 역설했다. 신라, 고려를 이어 내려오며 종교로 자리 잡은 불교는 가정을 돌보지 않고 현실을 도외시하며, 노동하지 않고 탁발하며 적멸(寂滅)을 추구하는 구도의 방법과 윤회(輪回), 금혼(禁婚) 등은 비합리적이라 하여 극력 배척했다. 조선을 세우는데 있어 불교는 가장 큰 적이라 생각하고 「불씨잡변」(佛氏雜辨)에서 불교 교리를 조목조목 비판하며 불교를 배척했다. 정도전의 이런 정책으로 태조는 도첩제를 실시하여 승려를 제한했으며, 태종은 전국에 242개의 사찰만 남기고 다 헐어버리고 노비와 땅을 몰수했다. 중종은 도첩제와 승과를 폐지하고 승려의 출가를 금지하기에 이르렀다. 그러나 세조, 문정왕후 등에 의해 잠시 활기를 띠기도 했다.

정도전은 성리학이 이상국가를 실현하는 데 가장 적합하다고 생각하여 성리학을 국가 이념으로 제창했으며, 이를 적극 장려하기 위해 교육제도로 정착시키려 하였다. 성리학 교육 부분은 같은 개국 공신인 권근(權近, 1352~1409)이 주도하도록 하였다. 권근은 「입학도설」(入學圖說)과 「오경천견록」(五經淺見錄) 등을 통해 성

202) 심(心)은 불교를, 기(氣)는 도교를, 리(理)는 성리학을 의미한다.

리학의 확산에 힘을 기울였다. 성리학으로 과거를 치르고 관리를 등용하자 전국에서 성리학으로 교육을 받은 인재들이 배출되었다. 이런 교육정책에 힘입어 조선은 가히 명실상부한 성리학의 국가가 될 수 있었다.

정도전은 음악에도 관심을 기울여 태조의 업적을 기리는 몽금척(夢金尺)과, 수보록(受寶籙), 납씨곡(納氏曲), 궁수분(窮獸奔), 정동방곡(靖東方曲), 문덕곡(文德曲) 등을 지어 궁중에서 연주하게 했다.

5) 국방

조선 건국 후 이성계로부터 전권을 부여받은 정도전은 토지개혁과 더불어 사병을 혁파하여 국가의 군대에 편입시켰다. 토지개혁과 사병폐지는 문벌귀족은 물론 공신과 왕자들의 기세를 누르고 국가 기강을 바로잡는 데 핵심적인 역할을 했다. 학문은 물론 무예에도 남다른 재능을 지녔던 정도전은 뛰어난 무관인 이성계도 감탄할만한 진법을 개발하고 또 병서를 저술했으며, 직접 전국을 순회하며 국방을 강화했고, 이를 기초로 요동을 정벌할 계획을 추진했지만 이방원에게 죽임을 당함으로써 실현되지 못하고 말았다.

원나와 명나라의 교체기가 끝나고 명나라가 자리를 잡았는데 요동정벌이 과연 가능했겠는가라는 의문이 제기된다. 이름없는 서생에 불과했던 그가 조선건국을 가능하게 한 것을 보면 남다른 지략과 판단력을 가졌으며 추진하는 일을 반드시 성사시키는 사람이었다. 민본주의를 앞세운 그가 국운을 좌우할 요동정벌이라는 전쟁을 무모하게 추진하지는 않았을 것이다. 그 나름대로 어떤 가능성을 보고 그에 맞는 충분한 대비를 하려고 했을 것이다. 정도전의 요동정벌계획은 우리나라에서 마지막 추진했던 고토회복정책이었다. 후일 효종이 추진한 북벌론은 청나라에 대한 보복정책이지 고토회복정책이라 볼 수는 없다.

6) 기록

왕 옆에는 항상 승지가 붙어 있어서 왕이 신하와 보낸 하루 일과와 대화를 기록으로 남겼다. 승지가 배제된 독대는 원칙적으로 금지되었다. 그리고 주요 행사는 도화서에서 그림으로 남겨놓았다. 「조선왕조실록」, 「승정원일기」 등으로 지금까지 남아있는데, 이런 시도는 인정(仁政)을 제도화하기 위함이었다.

7) 천도(遷都)

정도전은 자신이 세운 나라의 이름을 '조선'이라고 했다. 그가 요동정벌을 꿈꾸고 국호를 조선이라고 지은 것을 보면 고조선의 역사에 대한 뚜렷한 인식이 있었다고 보여진다. 그가 구상하는 성리학의 이상 국가를 실현할 국호로는 홍익인간, 재세이화를 표방했던 (고)조선이 가장 적절했을 것이다. 명과의 관계를 고려하여 조선과 화령(이성계의 출신지명) 두 이름을 보내 명이 정하게 했지만 애초부터 조선을 염두에 두었다. 중국이 이성계의 출신지명을 허락할 리가 없기 때문이다.

국호를 조선이라 지은 정도전은 수도를 한양으로 천도했다. 나라를 설계했던 정도전은 새 수도도 직접 설계했으며, 사대문의 이름을 유교 4대 덕목인 인의예지(仁義禮智)에 따라 지었다.[203] 수도를 개경에서 한양으로 옮기고 사대문의 이름을 직접 지은 이유는 개경에 자리 잡은 문벌귀족의 세력을 무력화하여 나라의 기틀을 바로잡고, 명실상부한 성리학의 국가를 만들기 위함이었다.

---

203) 흥인문(興仁門), 돈의문(敦義門), 숭례문(崇禮門) 홍지문(弘智門)이다. 그리고 사대문 가운데에는 신(信) 자를 넣은 보신각(普信閣)을 지었다. 유교의 오상(仁義禮智信)에 따라 성문과 보신각의 이름을 지었다.

5. 평가

정도전의 구상과 추진한 제도와 정책 등을 보면 완벽한 종합체계였다고 할 수 있다. 그의 의도대로 추진되었다면 성리학의 이상이 많은 부분에서 실현되었을 것이다. 그런데 안타깝게도 이방원에 의해 그의 꿈은 좌절되고 말았다. 그러나 그가 추진한 여러 정책들은 조선에 지대한 영향을 주었다.

정도전의 꿈과 조선건국은 우리나라 정신문화사에서 대단히 중요한 비중을 차지한다. 고조선 문화의 특징은 이상과 현실의 조화인데, 정도전은 성리학의 이상을 현실 속에서 실현하기 위하여 새로운 나라를 세워 이름을 조선이라 짓고, 그 기틀을 다져 놓았다. 우리 조상들은 인류 정신문명의 시원이라 할 수 있는 문화를 환웅천왕, 단군왕검 시대에 만들어 냈다. 그러나 그 사상은 중국에서 도교와 유교로 집대성되었고, 특히 유교는 국가의 통치이념과 정치와 교육제도로 정착되면서 동양을 지배하는 문화가 되었다. 우리가 유교를 공자, 맹자, 주자, 왕양명처럼 집대성하거나 더 발전시키지는 못했지만 정도전은 성리학의 이상에 기초하여 새로운 국가를 세우고 제도로 정착시키려고 했다. 이런 점에서 정도전의 정신과 역할은 매우 중요하다고 할 수 있다.

물음 37 세종, 왜 대왕이라 하는가?

정도전의 큰 꿈은 이방원(태종)에게 살해당함으로써 꺾이고 말았으며, 그가 구상했던 사대부 중심의 국가운영은 다시 왕에게로 집중되었다. 그러나 정도전의 영향은 사라지지 않아 세종에 이르러 그의 이상(理想)이 결실을 맺었다. 세종대왕의 이런 업적은 그 혼자만의 성과가 아니라 정도전의 기초작업이 있었기 때문에 가능했다. 이런 이유로 정도전이 꿈꾸던 이상국가와 세종이 실현한 태평성대는 너무 유사하다. 세종의 업적을 간추려보면 다음과 같다.

1. 민본주의

세종의 정치는 한마디로 민본(民本), 위민(爲民)이라 할 수 있는데, 이는 성리학의 이념과 전적으로 부합한다. 그는 정도전과 마찬가지로 "왕은 백성을 하늘로 삼고, 백성은 밥을 하늘로 삼는다."(王者以民爲天 而民以食爲天)라는 말을 수시로 강조했다. 기근과 흉년에는 지방 관리들에게 대책을 세우도록 촉구했으며, 노비를 천민(賤民)으로 대하지 않고 천민(天民) 즉 하늘이 보낸 사람으로 대하였다. 여자 노비의 경우 출산 후 7일 쉬던 것을 출산 전 30일, 출산 후 100일을 쉬게 했으며, 남편에게도 30일의 휴가를 주었다. 민본정치는 무력이나 법이 아닌 덕치(德治)를 통해서 실현되는데, 그 방법이 예(禮)이다. 덕치는 예(禮)로써 국민들을 수양시켜 자발적으로 인(仁)을 실현하는 정치에 동참하게 하기 때문이다. 이를 위해 세종은 「가례」(家禮)와 「삼강행실도」(三綱行實圖)를 집중 보급하여 국민교육에 힘을 기울였다. 이는 정부에서 추진하는 예치가 가정에서부터 실천되게 하기 위함이었다.

2. 집현전

세종은 젊은 인재들을 집현전(集賢殿)에 모아 민본주의의 실천방법을 집중 연구하도록 했다. 한글을 비롯하여 세종치세에 이룬 업적들은 대부분 집현전의 수준 높은 연구를 통해서 이룬 성과였다. 집현전 학사들은 집현전에서 장기간 근무하다가 정승 등의 고위직을 맡았으므로 정도전이 꿈꾸던 사대부 중심의 정치가 실질적으로 실현되었다. 집현전이라는 명칭과 제도는 중국과 고려시대에도 있었지만 그 기능을 완벽하게 발휘한 것은 세종의 집현전이었다. 그러나 아쉽게도 후일 집현전 학사들이 세조의 왕위찬탈을 비판하고 나서자 세조가 폐지해서 집현전은 사라졌다.

3. 한글창제

세종의 업적 가운데 으뜸은 한글의 창제다. 세종이 신하들의 반대에도 무릅쓰고 한글을 만든 이유는 글을 모르는 백성들을 위해서였다. 역사에서 문자가 등장하는 과정을 보면 자연발생적으로 오랜 시간을 거쳐서 문자가 완성된다. 그런데 왕이 직접 연구에 나서서 백성들을 위해 문자를 만들고 당대에 사용한 예는 없다. 한글은 세계의 모든 문자 중에서 가장 뛰어나다고 평가받는다. 어떻게 그런 문자가 만들어졌을까? 백성을 사랑하는 민본, 위민 때문이었다. 위대한 정신과 진정한 사랑은 세계최고를 만들어 낸다. 하늘은 백성을 사랑하는 사람이 사물의 원리와 이치를 깨달을 수 있도록 하신다. 사랑하는 사람은 알게 되어있다.

4. 과학기술

세종 때 우리나라의 과학기술은 세계 최고 수준이었다. 어떻게 그럴 수 있었을까? 백성을 사랑했기 때문이다. 인쇄술이 발달한 이유는 백성들을 위하여 많은 책들을 보급하기 위해서였다. 세종은 다방면의 서적을 한글로 인쇄하여 무지한 백성들도 책을 읽을 수 있게 했다.

세종은 농업에 관심을 기울여 우리나라 실정에 맞는 농사법을 개발하여 「농사직설」(農事直設), 「사편전집」(絲編全集), 「사편요집」(絲編要集)을 발간했으며, 농업과 관련된 기술들을 개발했다. 측우기와 풍향관측기가 개발되었으며, 해시계와 물시계, 천문기상학, 역법(曆法)이 발달하게 되었다. 세종은 이를 위해 천민출신인 장영실을 기용했다. 세종은 출신과 성분을 가리지 않고 인재를 중요하게 여겼다.

백성들의 질병에도 관심을 가지고 「향약구급방」(鄕藥救急方), 「향약집성방」(鄕藥集成方), 「의방유취」(醫方類聚) 등을 간행했으며, 의술도 크게 발전시켰다. 또 국방력을 강화하기 위해 화약 등을 이용한 신무기를 개발했다. 왜구의 노략을 근본적으로 해결하기 위하여 왜구의 소굴인 대마도를 점령하여 경상도 계림부에 편입시켰으며, 북방 국경선에 성곽을 쌓아 국방을 견고하게 했다. 압록강과 두만강을 경계로 하는 국경선은 이 시기에 확정되었다.

5. 역사와 문화

집현전에 모인 학사들은 최고의 학자들이었으므로 자연히 학문이 크게 발달했다. 특히 세종은 역사를 중요하게 생각하고 백성들에게 역사의식을 고취시키기 위하여 서적을 출판했다. 「자치통감훈의」(資治通鑑訓義), 「강목」(綱目), 「치평요람」(治平要覽), 「명황계감」(明皇誡鑑) 등이 그것이다. 세종의 이런 역사 중시 정책은 다음 세대로 이어져서 태종 때 시작된 「태조실록」이 「조선왕조실록」으로 계속 이어졌으며, 세종 때 시작한 「고려사」는 문종 1년에 완간되었다. 이것을 다시 편년체인 「고려사절요」(문종2년)로 편찬하였으며, 실록에서 귀감이 될 왕의 언행을 따로 뽑아 「국조보감」(세조 4년)을 편찬했고, 단군조선에서 고려까지를 통사로 다룬 「동국통감」(성종16년)이 발간되었다.

세종은 역사와 더불어 지리에도 관심을 기울여 「팔도지리지」를 발간했으며, 이를 확대하여 「동국여지승람」(성종12년)이 등장했다. 또 이를 더 증보한 「신동국여지승람」(26년)이 전해지고 있다.

세종의 업적 중에는 음악도 중요한 비중을 차지한다. 유학에서 음악을 예(禮) 다음으로 중요하게 여겼다. 우리의 전통음악인 향악에 관심을 기울이고 궁중음악으로 사용하였으며, 당나라 음악인 당악(唐樂), 고려시대부터 내려온 궁중음악인 아악(雅樂)에 대해서도 연구했다. 악기를 개량하고, 음의 시가를 알 수 있게 창안한 동양최초의 유량악보(有量樂譜)인 정간보(井間譜)를 창안하였고, 향악을 작곡하는 등 국악의 발전에 크게 기여하였다.

6. 평가

세종이 이룬 업적을 보면 참으로 놀라우며 가히 성군의 사표라 할 수 있다. 그러므로 세종을 대왕이라 칭할만하다. 세종대왕의 치세를 보면 〈물음7〉에서 언급한 다음과 같은 정신문화의 원리가 그대로 드러난다.

위대한 정신에서 그 정신을 실현할 방법이 찾아지며, 그 사람에게 영향력이 주어진다.

위대한 사상은 민본사상이며, 홍익인간, 재세이화보다 더 큰 사상은 없다. 성경에서는 이를 가리켜 세상구원이라고 말한다. 백성을 진정으로 사랑하며 그들을 행복하게 하려고 하면 그것을 가능하게 하는 방법이 찾아진다. 이는 하늘, 하나님의 뜻이며 세상의 이치이다. 단시간 내에 한글을 창제하고 민본을 위한 기술이 세계 최고에 이른 이유는 여기에 있다. 그리고 그것을 지키기 위한 힘과 영향력이 주어진다. 세종 때 신무기가 개발되고 국방력이 강화된 것은 이웃나라를 침략하여 지배하기 위해서가 아니라 백성을 지키기 위함이었다. 정신문화의 원리는 창조주 하나님께서 만들어 놓으신 법과 다르지 않다.

환웅천왕과 세종은 그 법을 충실하게 따랐다. 그리고 모든 면에서 세계 최고수준에 이르렀다.

물음 38

수양대군, 무슨 일을 했을까?

세조(수양대군)는 어떤 사람이었을까? 세조는 어린 조카를 몰아내고 왕권을 차지한 후 말년에는 정신질환에 시달리다 불교에 귀의하여 이겨내려고 했다. 우리는 세조를 대충 이런 사람으로 기억하고 있다. 그러나 세조를 평가할 때 이보다 더 중요한 문제가 있다. 세조는 세종이 기틀을 다져놓은 위대한 정신문화의 흐름을 단절시켜 놓고 말았다. 이 부분이 중요하게 평가되어야 한다.

세종의 뒤를 이은 문종은 병약하여 어린 단종을 두고 단명했다. 그리고 왕권에 욕심을 내던 수양대군이 불의한 방법으로 단종을 폐위하고 왕위를 차지하자 집현전 학사들이 그냥 있을 리가 없었다. 당연히 앞장서서 반대하며 비판을 퍼부었고, 단종 복위를 시도했다. 이에 세조는 세종이 키워 놓은 인재들을 죽이고 집현전을 폐지했으며, 다시 독재 왕권으로 돌아가고 말았다.

정도전의 기틀은 태종 이방원이 허물어 버렸고, 세종이 다시 시작한 이상국가의 기반은 그 아들 수양대군이 무너뜨렸다. 이로써 조선 초기의 위대한 꿈과 이상은 뿌리를 내리기 전에 시들어 버리고 말았다. 참으로 안타까운 노릇이다. 이런 일을 한 세조는 말년을 악몽과 질병에 시달리며 정도전이 그토록 배척한 불교에 귀의하여 원각사를 짓고 불경을 간행하는 일로 위안을 받으려고 애쓰다가 고통스럽게 죽어갔다. 그가 당한 정신질환은 뿌리내리지 못한 민본과 애민의 한에서 비롯되었을 것이다. 수양대군으로 말미암아 정치 판도는 전혀 다른 방향으로 흘러갔다.

1. 훈구파의 득세

조선 초기에는 정도전을 비롯한 개국공신들이 득세했는데, 이들은 성리학으로 무장하고 개혁의 선봉에 선 사람들이었다. 이방원이 왕자시절 정도전을 비롯하여 개혁세력을 제거해서 더 이상의 개혁이 추진되지 못했다. 왕자의 난으로 집권한 후 말기에는 자신의 집권에 도움을 준 공신들을 거의 다 제거하였다. 세종은 이런 바탕 위에서 집현전을 중심으로 인재를 발탁하고 양성해서 태평성대를 꽃피웠다.

그런데 세조의 등장은 세종대왕이 피게 한 꽃을 꺾어버리고 애써 키워놓은 인재들을 양분시켰다. 사육신(死六臣)과 생육신(生六臣)은 세조의 등장에 반대하다가 죽어가거나 낙향을 했다. 그러나 신숙주 등은 세조의 집권을 도와 실권을 차지했는데, 이런 반정공신들을 훈구파라고 한다. 이들은 경기지방은 물론이고 전국에 많은 토지와 농장을 차지했다. 대지주 훈구파의 등장으로 땅을 잃은 농민들은 지세, 세금 등으로 부담이 가중되었고, 군역과 요역, 고율의 이자가 붙는 환곡 등에 시달리다 유민이 되고 말았다. 이로 인해 조선 중기로 넘어가면서 임꺽정, 장길산 등의 민란이 일어났다.

2. 사림파의 등장

훈구파가 득세하는 이런 사회적인 배경은 사림(士林) 세력의 등장을 가능하게 했다. 사림파의 뿌리는 고려 말 정몽주와 길재로 거슬러 올라가는데, 이들 도학파들은 시골에 은거하며 제자들을 양성하여 기반을 넓혀나갔다. 그러다가 성종(1469~1494)이 훈구파를 견제하기 위해 이들을 등용함으로써 중앙정계에 진출하게 되었다. 주로 언론과 문필에 종사한 사림파는 훈구파에 대한 비판세력을 형성하였다. 사림파의 지탄의 대상이 된 훈구파는 반전의 기회를 노리다가 연산군 때 사초에 실린 조문(弔義帝文)을 빌미로 사림파를 대거 숙청했다. 이를 무오사화(史禍 1498년)라고 하는데, 사림파는 숙청을 당하면서도 그 기세는 꺾이지 않고 계속 되었다.

3. 지치주의의 사표(師表)

연산군을 몰아내고 등극한 중종(中宗) 때 조광조(1482~1519년)의 등장으로 사림파의 활동은 전성기를 맞았다. 조광조는 성리학의 이상을 이 땅에서 실현하려고 했다. 이를 지치주의(至治主義)라고 하는데, 이 세상이 하늘의 뜻이 실현되는 이상세계가 되어야 한다는 주장이다. 이는 천인무간(天人無間), 천리불리인사(天理不離人事) 등의 사상으로 이어진다. 중종의 지원으로 시작된 조광조의 도학정치는 현량과를 통해 인재를 등용시키고, 향약을 전국적으로 실시하여 미신을 타파하고 상부상조하는 운동으로 전개되었다. 그의 이런 개혁정책은 훈구세력의 반발을 몰고 왔지만 30대의 조광조는 아랑곳하지 않고 위훈삭제(僞勳削除)를 시도하여 연산군을 몰아내고 중종을 옹립한 반정공신 중 2/3에 해당되는 76명의 공훈을 삭제했다.

개혁을 시도할 때 항상 제기되는 걸림돌은 대지주였다. 이들이 소유한 토지를 몰수하여 백성에게 돌려주지 않으면 개혁의 의미가 없어진다. 반정공신으로 권세를 잡은 자들은 대규모의 땅을 소유하여 더 확장하려고 했고 그 결과 백성은 도탄에 빠졌다. 이즈음 개혁파들이 등장하여 이 땅을 다시 환수하여 백성에게 돌려주려고 했으며, 그럴 때 마다 기득권 세력은 사력을 다해 방해했다. 이는 우리 역사에서 계속 반복되는 현상이다. 개혁의 성패는 이를 어떻게 극복하느냐에 달려 있다.

훈구파는 온갖 수단을 동원하여 조광조를 모략했다. 조광조가 추진하는 도학정치의 실천에는 왕도 예외가 아니었는데, 성군의 자질에 못 미쳤던 중종은 시간이 지나가면서 점차 도학정치의 실천이 부담스러워지기 시작했다. 이로 인해 조광조는 유배가서 1519년 사약을 받아야 했다. 이로써 조광조의 도학정치는 막을 내렸다.

왕의 사후에 부여하는 묘호(廟號)를 정할 때 중종(中宗)에게는 가운데 중(中)자를 붙였다. 중종은 의도는 좋았지만 성군의 자질은 절반에 불과해서 붙어진 이름이다. 성리학을 기반으로 새로운 나라를 만들어 이상국가를 실현하려던 정도전의 꿈은 이방원에 의해 꺾였으나 세종에 의해 다시 부활하여 만개했다. 그러나 세조의 등장으로 다시 사라졌다가 조광조에 의해 또 부활했다. 그러나 그 싹은 훈구파의 모함으로 자라지도 못하고 시들어 버렸다. 젊은 조광조가 현실을 무시하고 너무 급진적으로 추진해서 실패하고 말았다라고 평가하기에는 너무 안타깝다. 왜냐하면 그 이후 조선에서는 이 세상 현실에서 이상국가를 실현하려는 성리학의 시도가 더 이상 발붙이지 못했기 때문이다. 그 이후 성리학에 뜻을 둔 조선의 유생들에게 조광조는 도학정치를 꿈꾼 영원한 사표(師表)로 추앙되고 있을 뿐 더 이상 현실의 세계로 발돋움하지 못하고 말았다.

4. 선비정신

조선 중기로 접어들면 '사화'라는 단어가 연이어 등장한다.[204] 문자 그대로 사화(士禍)는 선비들의 떼죽음인데 주로 훈구파가 사림파를 제거하면서 생긴 희생이었다. 50여 년 동안 네 번의 사화를 통해 사림파들이 수없이 죽어나가면서도 그 기세는 꺾이지 않았고 또 물러설 줄 몰랐다. 이들의 이런 불굴의 정신은 중앙정치 무대에서 훈구파를 몰아내고 사림파의 독무대를 만들었다. 고조선에서 시작된 불의와 타협하지 않으려는 정신은 조선에서 이런 선비정신으로 뿌리를 내렸다. 이 선비정신은 국내 정치에서는 불의한 권력에 맞섰고, 나라가 외세의 침략으로 위기에 처하면 이에 맞섰다. 임진란 때 등장한 의병이 대표적인 예이다.

5. 자중지란

조광조 이후 사림파는 사화(史禍, 士禍)로 몰살을 당하면서도 굴하지 않아 결국에는 훈구파를 몰아내고 득세하게 되었다. 이는 조선 선비정신의 저력이자 위대한 승리라고 할 수 있다. 그러나 사림파의 역할은 여기까지였다. 정도전이나 조광조처럼 큰 이상을 꿈꾸지 못한 채 작은 명분에 매여 논쟁하고 다투다가 사분오열 되어 서로 적대시하며 죽고 죽이는 비극이 일어나고 말았다. 분당의 발단은 이조정랑(吏曹銓郎)을 차지하기 위한 자리싸움이었다. 이조정랑은 직위는 낮았지만 인사권을 가지고 있었고 전임자는 후임자를 지명하게 되어 있었다. 이는 인사권의 공정성을 기하기 위함이었다. 당연히 이조정랑은 요직이 되어 각 계파에서 서로 차지하려고 했다.

---

204) 50여 년 동안 일어난 사대 사화는 무오사화(1498, 연산군 4), 갑자사화(1504, 연산군 10), 기묘사화(1519, 중종 14), 을사사화(1545, 명종 1년)를 말한다.

처음에는 동인과 서인으로 나뉘어 졌는데, 동인은 퇴계 이황의 학문을 계승한 영남학파였고 서인은 율곡 이이를 계승한 기호학파였다. 이후 동인은 남인과 북인으로, 서인은 노론과 소론으로 갈라져서 남인, 북인, 노론, 소론이라는 사색(四色)당파가 형성되었다. 성리학의 정신을 표방한 사림파가 중앙무대에서 사색으로 나뉘어 이권과 작은 명분을 놓고 정쟁을 일삼는 모순이 빚어졌다. 이를 어떻게 설명해야 할까? 홍익인간, 재세이화와 같은 큰 명분을 끊임없이 강조하며 그 정신으로 무장하지 않으면 작은 명분과 이권에 집착하다가 큰 명분과 나라를 잃게 된다. 이런 비극은 곧 이어서 임진왜란과 병자호란으로 나타났다. 이는 우리 역사의 교훈이다.

이후 조선에서는 임진왜란, 병자호란 등 나라가 멸망의 위기를 겪으면서도 사색당파가 사라지지 않고 끈질기게 명맥을 유지했다. 그 이유는 조정의 관리들이 학파라는 파벌을 형성했기 때문이다. 이 학파는 서원과 깊은 관련이 있다. 조선에서 최초의 서원은 안향을 기리기 위하여 주세붕이 세운 백운동서원(소수서원)이었다. 이를 퇴계 이황이 조정에 건의하여 최초의 사액(賜額)서원이 되게 했다. 사액서원이란 정부에서 서적, 토지, 노비를 지원해주는 서원이다. 이후 서원은 급증하여 선조 때에만 100개가 넘었으며, 사액서원도 늘어 갔다. 서원에서 배출한 인맥들이 파벌을 이루고, 사액서원이 비대해지면서 고려 말기 불교 사찰처럼 서원이 대지주가 되고 문제의 온상이 되자 조선 말기에 이르러 대원군은 최소의 서원만 남기고 철폐해야 했다.

6. 기회가 재앙으로

풍운아 정도전이 나라의 이름을 조선이라고 정하고 성리학을 통해서 이루려고 했던 이상국가의 꿈은 조광조를 끝으로 막을 내리고 조선 중기를 맞으면서 성리학자들은 사분오열되어 다투다가 나라는 파국을 맞고 말았다. 임진왜란과 병자호란이 그것이다. 기회를 잃으면 그 기회는 재앙이 되어 다시 찾아온다. 기회의 크기와 재앙의 크기는 정비례한다. 이는 역사의 교훈이다. 역사, 특히 정신문화사가 중요한 이유는 이런 교훈과 해결책을 정신문화사에서 찾을 수 있기 때문이다. 왕권에 대한 욕심을 버리지 못했던 이방원과 수양대군, 그의 욕심과 그에 빌붙은 간신배들의 죄는 권력을 욕심낸 정도의 죄가 아니다. 나라의 방향을 그르친 죄, 나라를 재앙으로 몰고 간 죄, 역사에서 지을 수 있는 가장 큰 죄를 지은 자들이다. 이들은 사후 지옥에서도 가장 고통스러운 형벌을 받을 자들이다. 이들의 죄가 그냥 묵과된다면 이는 모순이다. 절대로 그냥 넘어가서는 안 된다.

중종처럼 자질이 절반밖에 미치지 못하는 자들은 결코 대권을 맡으려고 나서거나 정책을 결정하는 공직을 맡지 말아야 한다. 공직자의 출세욕은 역사와 나라의 재앙을 불러온다. 공무원이 되려는 자는 먼저 자기 분수를 알아야 하며, 자신의 이해득실을 따지지 말아야 한다. 공무원으로 있으면서 사심을 버리지 못하면 나라가 비극에 처하게 되며 이는 용서받을 수 없는 범죄, 인간이 지을 수 있는 가장 큰 죄가 된다. 성직자는 공무원에 비할 바가 아니다. 성직자는 아무나 되어서도 안 되고 아무나 되게 해서도 안 된다. 엄격한 과정과 관리가 있어야 한다. 그런데, 다른 종교는 몰라도 기독교 중의 개신교에는 이런 장치들이 생략되어 있다. 교회비극의 원인은 여기에 있다.

기회가 재앙이 되는 비극을 막을 장치가 정녕 없는가? 그리고 만약 있다면 무엇인가?

7. 종교의 기능

종교에 있다. 종교만이 유일한 답이다. 성직자의 기능은 큰 이상과 꿈을 사람들에게 어릴 때부터 심어주고 성인이 되어 세상에 나간 다음에는 작은 명분과 이권다툼에 빠지지 않도록 평생을 관리 감독하는 역할을 해야 한다. 종교 이외에는 사회에서 이런 역할을 할 기관이 없다.

기독교를 예로 들어 보고자 한다. 성경에 보면 매주일에 하루는 하나님을 섬기고 성경을 공부하는 시간으로 정해놓았다. 이를 안식일이라 한다. 왜 이런 시간을 만들어 놓았을까? 어릴 때부터 큰 이상, 즉 이 세상에 거룩한 나라 즉 하나님나라를 실현하려는 꿈을 심어주기 위함이다. 세 살 버릇 여든간다는 말처럼 어릴 때 꿈은 평생에 영향을 끼친다. 어린아이가 성장하면서 이런 교육을 교회와 가정에서 지속적으로 받으면 이런 꿈은 그의 인격과 정신을 형성하게 되며, 성인이 되면 그가 있는 자리에서 실천으로 옮기게 될 것이다. 실천의 단계에 이른 성인들도 매주 정기적으로 하나님 앞에 나와 예배를 드리고 성경을 공부하면서 자신이 바르게 실천하고 있는지를 점검받아야 한다. 교회는 평생교육기관이다. 평생교육, 종교교육을 통해서만 이상은 현실속에 실현된다.

교회는, 교회의 설교자는 그가 속한 사회에서 이런 기능을 해야 한다. 그런데 교회가 그 기능을 못하고 있다. 그 이유는 설교자들에게 이런 성직자의식, 사회적 기능 의식이 없기 때문이다. 성직자들에게 이런 의식이 없는 이유는 작은 신앙관에 몰입되어 현세를 등한시하고 내세에 치중하기 때문이다. 중세기독교는 물론이고 현재의 기독교도 이런 무지(無知)와 무식(無識)의 함정에 빠져있다. 성직자들의 무능과 무지가 역사적인 화근의 근원이며, 재앙의 원인 중의 원인이다.

그러면 교회의 타락과 설교자의 무지를 어떻게 막을 수 있는가? 방법은 의외로 단순하다. 교회, 성직자의 역할을 단순명료하게 교인들에게 가르쳐서 교인들이 성직자를 감시하게 하면 된다. 성경을 보면 율법서에 '레위기'라는 책이 있다. 고대 사회에서 제사장 문서는 1급 비밀이었다. 그런데 모세는 성직자인 제사장들이 해야 할 일들을 명확하게 공개했고, 이스라엘 사람들이 아이들에게 가르치는 첫 번째 책이 레위기였다. 이는 제사장의 타락을 막기 위한 확실한 안전장치였다. 설교자는 교인들을 교육하며 관리 감독하고, 교인들은 성직자를 감시하며, 교회의 조직과 제도가 성직자를 선발, 양성, 관리하면 된다. 이것이 성경에서 제시하는 방법이며 대안이다. 이보다 더 나은 방법은 없다고 생각된다.

역사는 사람의 문제이며 인사(人事)가 만사(萬事)이다. 결국 인재를 어떻게 키우느냐에 그 나라, 그 시대의 운명이 결정된다. 어디서, 어떻게 인재를 양성해야 하는가? 정도전은 성리학이 종교적인 역할을 겸할 수 있으므로 불교를 제거했다. 성리학으로 제도를 만들고 인재를 양성하여 관리가 되면 이상이 현실속에서 실현되리라고 생각했다. 그러나 그들이 훈구세력을 몰아내고 정부를 장악했지만 결과는 훈구세력보다 더 악한 결과를 초래하고 말았다. 왜 그랬을까? 윤리와 교육에 치중하는 성리학에는 종교적인 기능이 빠져있기 때문이다. 임진왜란, 병자호란을 겪으면서 성리학의 한계를 극복하기 위하여 종교적인 기능을 첨가하려는 운동이 일어난다. 조선 후기와 말기에 '실학'과 '개화파'라는 이름으로 그들을 만나게 된다.

고조선은 천신신앙에서 비롯된 홍익인간, 재세이화의 정신과 가치관에 기초한 국가였다. 종교가 최고의 가치관을 제시하며 정치를 통제했기 때문에 2천 년을 내분없이 유지할 수 있었다. 그러므로 종교가 이성과 윤리를 끌고 가는 견인차 역할을 하면서 종교적인 인재를 양성해야 한다. 종교가 그 기능을 다해야 그 사회, 국가의 비극을 막을 수 있다. 이는 역사의 교훈이며 다른 길은 없다.

물음 39 조선성리학, 어떻게 만개했나?

훈구파가 사라지고 사림파가 정치를 지배하며 사색당파 싸움을 일삼는 동안 사림 내에서 새로운 운동이 일어났다. 정계를 떠나 다시 산림으로 돌아가 성리학에 정진하여 학문으로 발전시키는 사람들이 등장했다. 이들로 말미암아 조선성리학은 중국성리학보다 더 발전했다는 평가를 받는다. '조선 성리학'을 발전시킨 사람들에 대하여 좀 더 자세히 살펴볼 필요가 있다. 퇴계와 율곡이 대표적인 인물인데, 이들은 성리학을 학문과 사상으로 성숙시켰기 때문에 상당히 심오하며 난해한 부분들이 있다. 여기서는 이들의 사상을 심도있게 다루기보다는 그 특징과 흐름을 간략히 다루려고 한다.

1. 퇴계 이황

조선성리학의 대표적인 인물은 퇴계(退溪) 이황(李滉 1501~1570)이다. 퇴계에 이르러 조선성리학은 학문으로 절정에 이르렀으며 또 많은 영향을 끼쳤다. 먼저 이황의 생애를 간략히 살펴볼 필요가 있다.

1) 탄생과 출사와 은퇴

이황(1501~1570)은 경상도 안동에서 태어났다. 칠남일녀의 막내로 태어났으며, 생후 7개월에 아버지를 잃고 어머니로부터 엄한 가정교육을 받으며 자랐다고 한다. 어릴 때 서당에서 글을 익혔고 12살부터는 작은아버지에게 「논어」를 배웠다. 14세부터는 혼자 책 읽기를 좋아했으며, 20세 전후에는 건강을 해칠 만큼 「주역」에 몰두했다. 그는 계속 학문에 정진하려고 했으나 어머니의 간청으로 과거에 응시, 27세에 진사와 생원시 초시에 합격 후 성균관에 입학하여 다음에 진사 회시에 급제, 문과는 34세에 합격했다. 이황의 학문에 비하여 과거 응시는 늦은 편이었다.

이황은 공직에 나아간 후에도 어지럽고 혼란한 정치무대보다는 학문에 뜻을 두고 있다가 을사사화(1545년) 직후인 다음 해에 건강을 이유로 사직하고 고향으로 돌아갔다. 조정의 계속된 부름에 지방의 외직을 희망, 단양군수, 풍기군수 등을 역임했다. 다시 사임하고 낙향하여 학문에 정진하려고 했으나 조정의 부름이 계속되어 부임과 사퇴를 수십여 번이나 반복했다. 퇴계는 60세가 되던 1560년부터 소천하던 1570년 까지는 학문을 닦고 후학을 양성하는 일에 전념했다.

퇴계가 관직보다 학문을 선택한 이유는 두 가지라고 생각된다. 첫째는 타고난 성품이다. 그는 천성이 학자였다. 혼자 책을 읽고 연구하기를 좋아했다. 관직에 나아간 것은 어머니의 간청 때문이었다. 그는 평소에도 자신의 삶을 돌이켜보며 관직에 나아간 것은 큰 실수였다고 말하곤 했다. 다른 또 하나는 당시의 정치 환경이다. 계속되는 사화로 선비들이 떼죽음을 당했고, 그의 친형도 사화에 연루되어 희생되었다. 퇴계는 당시의 혼탁한 정치에 얽히기를 싫어했다. 낙향 후에도 계속되는 부름을 외면할 수 없어 마지못해 정계에 나아갔지만 다시 돌아와 성리학에 정진했다. 그의 학문을 흠모하여 모여드는 제자들을 위하여 도산서원을 짓고 이곳에서 남은 생애를 학문에 힘쓰며 후학을 양성했다. 김성일, 정구, 유성룡 등이 퇴계의 제자들이다.

2) 퇴계의 성리학

흔히 한국 성리학은 퇴계에 이르러 절정에 이르렀다고 말한다. 퇴계의 성리학은 신앙적인 경향이 있기 때문에 철학적인 평가와 신학적인 평가 양쪽이 다 가능한데 기존에는 주로 철학적인 평가를 해왔다. 여기서는 철학적인 평가와 더불어 신학적인 해석을 하고자 한다.

❶ 평가

퇴계의 성리학에 대해서는 우리보다 외국에서 더 관심이 많은데, 일본과 중국에서 높이 평가하고 있다. 임진왜란을 통하여 퇴계의 성리학이 일본에 처음으로 전해졌을 때 일본의 승려 야마자키 안자이(山崎闇齊 1618~1682년)는 퇴계의 「자성록」을 읽고 퇴계의 성리학에 심취하여 일본 성리학의 비조(鼻祖)가 되었다. 구마모토학파의 시조 오쓰카(大塚退野)는 "만약에 이 사람이 없었다면 주자의 미의(微意)는 불명해 속학(俗學)이 되어 버렸을 것이라 생각된다."고 하였다. 일본에서는 퇴계에게 성인(聖人), 선성(先聖). 이자(李子) 등의 존칭을 사용하기를 주저하지 않았으며, 지금도 그러하다. 일본에서 유학한 이의 말에 의하면 현직 교수가 퇴계사상학회 비용을 마련하기위하여 자신의 집을 기꺼이 팔아 학회를 열었다고 한다.[205] 중국에서도 퇴계는 주자 이후 최고의 성인이며 동방의 주자로 평가받고 있다.

퇴계의 학문은 조선후기 실학자들에게도 큰 영향을 주었는데,

---

205) 쓰쿠바 가쿠인 대학(筑波学院大学)의 다카하시 스스무(高橋 進) 교수가 그 사람이다.

이익과 정약용은 자신들의 학문은 퇴계에 기초하고 있음을 고백하고 있다. 성호 이익은 퇴계의 글에서 수행에 도움이 될만한 내용을 선별하여 「이자수어」(李子粹語)라는 이름으로 책을 내었다. 이자(李子)의 '자'(子)는 사람에게 줄 수 있는 최고의 존칭에 속한다. 무엇이 퇴계를 이렇게 극찬하게 했을까? 이를 이해하려면 성리학의 목표를 먼저 살펴볼 필요가 있다.

성리학은 천인(天人)의 합일(合一)을 시도하고 있다.[206] 이 합일을 이루는 방법이 성(誠)과 경(敬)이며, 합일을 이룬 사람을 성인(聖人)이라고 한다. 성과 경의 수련을 통해 하늘 즉 하나님과 하나가 되어 성인이 되는 것이 성리학의 목표다. 정주는 불교와 도교가 추구하는 종교적인 경지에 대하여 성리학으로도 종교적경지의 극치인 신인합일이 가능하다고 했다. 따라서 유학은 철학이지만 성리학은 종교라고 할 수 있다. 정지운, 퇴계 등이 「천명도」(天命圖)를 남겼는데, 여기서는 천지인(天地人)의 합일을 설명하고 있다. 유독 조선의 성리학자들은 천명도에 관심이 많았다. 조선의 성리학, 특히 퇴계가 말하는 천(天)과 리(理), 신명(神明) 등은 종교의 신(神)과 같다고 볼 수 있다. 퇴계 성리학의 특징은 비록 신이라는 단어는 쓰지 않지만 천(天), 리(理)를 통해서 신(神)을 말한 셈이다. 조선 성리학이 중국과 달리 종교적인 성격이 강한 이유는 고조선에서부터 형성된 우리의 정신문화 속에 천신(天神)과 천지인(天地人) 신앙과 영성적인 바탕이 있기 때문이다.

일본이나 중국에서 퇴계를 극찬한 이유는 그가 성리학이라는 학문을 통하여 천 즉 신과의 합일의 경지에 도달한 사람이라고 보았기 때문이다. 이는 퇴계에 대한 철학적인 평가라기보다는 종교와 신학적인 평가라고 할 수 있다. 일본의 불교 승려가 퇴계의 글을

---

206) 이런 사실은 조선초의 권근의 「入學圖說」 중 첫 번째 그림인 '天人心性合一之圖'에 잘 나타나 있다. 권근의 「입학도설」은 성리학 전반에 대한 개론에 해당된다.

읽고 성리학의 비조가 된 이유는 퇴계의 성리학에서 불교에서 추구하는 종교적 차원인 깨달음(覺)의 경지를 보았기 때문이다. 이와 같이 동양의 성리학자 중에서 학문으로 이런 경지에 도달한 사람은 퇴계가 유일하다. 이런 이유로 퇴계를 극찬한다. 퇴계의 성리학은 신학적인 즉 영성적인 접근이 가능하다. 우리 나라에서는 퇴계에 대하여 이기론(理氣論)에서 이이와 쌍벽을 이루었다라고 평가한다. 이는 철학적인 평가다. 그런데 신학과 영성의 입장에서 보면 퇴계와 율곡은 그 학문의 성격과 접근 방식에서 판이하게 구분된다. 퇴계에게 있어서 학문의 자세와 태도는 곧 신앙이며, 마치 구도의 길을 가는 사람과 같았다.

❷ 학문과 인격

퇴계는 학문하는 자세에 있어서 지행합일(知行合一)을 거부하고 지행병진(知行并進)을 강조했는데, 이는 천인합일에 도달하는 방법이 성(誠)과 경(敬)이므로 끊임없는 학문으로 자기수양을 해야되기 때문이다. 퇴계에게 학문은 곧 천인합일을 추구하는 수련이기에 학문은 곧 인격이고 실천이어야 했다. 퇴계의 부인과 며느리, 제자 등 주변사람들과 얽힌 일화에는 인격적인 감화의 이야기가 많이 남아있다. 특히 잘 알려진 기대승과의 사단칠정논변을 보면 이런 사실이 잘 드러난다. 당시 사제지간의 풍토에서는 제자는 스승의 가르침을 일방적으로 따르고 있었다. 제자가 스승의 견해에 반론을 제기하는 것은 있을 수 없었다. 퇴계는 26세 어린 기대승이 자신의 의견에 대해 반론을 제기하자 기꺼이 받아들여 8년 동안 편지를 주고받으며 진지하게 토론했을 뿐만 아니라 자신의 의견 일부를 수정했다. 이는 퇴계의 인격이 신앙의 경지에 도달했음을 보여주는 한 사례라고 할 수 있다. 퇴계의 영향을 받은 이익은 제자들에게 “좋은 스승을 만나거든 좋은 스승을 만나거든 묻기를 즐겨하라."고 가르쳤으며, 스승인 자신의 학문에 대해 비판하지 않는 제자들을 꾸짖었으며, 항상 의문을 가지고 스스로 탐구하는 자득(自得)을 강조하였다. 이는 퇴계의 방법이었다.

퇴계가 말년에 머무른 도산서원의 현장을 둘러보면 그는 학문을 통하여 도학자의 삶을 살았음을 확인하게 된다. 그의 이와 같은 학문 방법은 기독교로 말하면 영성수련과 같다. 그런데 퇴계의 방법이 기독교의 수도사들의 방법보다 훨씬 수준이 높다고 할 수 있다. 그 이유는 세상에서의 삶의 실천과 고도의 지적인 훈련을 통해 신의 경지를 추구하기 때문이다. 기독교와 불교의 수도사들은 신의 경지를 추구하기 위하여 탈속과 금욕을 방법으로 사용했다. 그 결과 세상과 수도원은 서로 거리가 멀어져서 성속(聖俗) 이원론으로 흐르고 말았다. 그러나 성리학에서는 경천(敬天)은 곧 경세(經世)이며, 수기(修己)는 안인(安人)이다. 이런 이유로 성리학자들은 불교를 비현실적이라며 거부했다.

3) 이기이원론, 이기일원론

퇴계의 성리학을 가리켜 이기이원론(理氣 二元論)이며, 율곡의 성리학은 이기일원론(理氣 一元論)이라고 말한다. 그러나 이기이원론은 리(理)와 기(氣)를 분리시키는 것처럼 오해를 줄 수가 있다. 성리학의 이기론에서 리와 기를 결코 분리시키거나 혼합시키지 않는 이기불상리(理氣不相離) 이기불상잡(理氣不相雜)이 기본 명제다. 리를 통해 신앙의 경지에 도달한 퇴계는 리의 우월성과 주도적인 역할을 말하고 있다.

특히 인간 내면에 들어있는 악의 문제를 사단과 칠정으로 설명할 때 리와 기를 구별하면서 선한 감정은 리의 작용이며 악한 감정은 기의 작용이므로 인간이 기의 작용인 악을 이겨내려면 리의 도움과 지배를 받아야 한다고 리의 중요성을 말했다. 다시 말하면 인간이 의지로 할 수 있는 일은 기가 리의 지배를 받도록 노력할 뿐이며, 리의 도움으로 악을 이길 수 있다는 뜻이다. 이에 반해 기대승은 사단과 칠정은 한 감정이며, 리는 기에 내재하는 원리이며 인간은 기 즉 의지로 악을 이겨낼 수 있으므로 기가 중요하다고 했다. 이 문제로 오랜 논변이 진행되었다.

성리학의 기본원칙은 리와 기를 분리하지 않는다.(不相離 不相雜) 따라서 리와 기를 분리하는 듯한 인상을 주는 이기이원론과 이기일원론이라는 용어는 적합하지 않다고 생각된다. 퇴계는 주리이기론(主理理氣論) 이이는 주기이기론(主氣理氣論)이 적절하다고 생각하여 여기서는 이 용어를 사용하고자 한다.

❶ 주리이기론(主理理氣論)

퇴계는 20세에 건강을 잃을 만큼 「주역」에 몰두했고 혼천의(渾天儀)를 직접 만들어 천체에 대하여 연구했다. 그가 선조에게 남긴 성학십도(聖學十圖)의 첫 번째 그림은 태극도(太極圖)로 시작하고 있다. 이런 사실은 그가 우주의 발생과 만물의 생성변화에 지대한 관심을 가지고 있었음을 말한다. 성리학의 우주론을 간략히 설명하면 창조이전의 상태는 태허(太虛)이며, 창조의 근원인 무극(無極) 또는 태극(太極)에서 음양(陰陽)과 오행(五行, 水火木金土)과 건곤(乾坤, 남성과 여성)이 나와서 만물(萬物)과 만화(萬化 변화)가 생겨났다고 한다. 창조의 주체이며 근원인 태극과 무극은 곧 리(理)이며, 기(氣)는 질(質, 재료)이면서 기운(氣運 힘)이다. 리(理)와 기(氣)는 서로 분리되어 있지 않다.

퇴계가 「주역」에 관심을 가진 이유는 리(理) 즉 신학으로 말하면 신(神)으로 만물의 생성변화를 설명하기 위함이었다. 퇴계는 만물이 생겨나는 창조의 과정에서 리(理)가 주도적인 역할을 하며 기(氣)를 지배하고 다스린다고 해석하므로 주리론(主理論)이라고 하며, 반대로 주기론(主氣論)에서는 기(氣)가 주체이고 리(理)는 기(氣)가 활동하는 원리라고 말한다. 주체가 다를 뿐 리기(理氣)가 분리되어 있다고 말하지 않으므로 주리이기론(主理理氣論)과 주기이기론(主氣理氣論)이라고 해야 한다. 퇴계에서 있어서 리와 기의 관계는 리가 먼저이고 기를 지배한다. 퇴계는 리(理)의 역할을 중요하게 보았고 리는 곧 천(天卽理)이며, 리는 종교적인 성격을 지닌다고 보았다. 그리고 학문의 수련을 통하여 리의 상태에 이르렀다. 이런 이유로 퇴계 사상에 대한 해석은 철학만으로는 불충분하며, 종교와 영성으로 이해해야 한다.

❷ 사단칠정론(四端七情論)

퇴계와 고봉 기대승이 사단칠정의 문제를 가지고 8년간 논변했다는 사실은 잘 알려져 있다. 그러나 그 이후에도 이이(李珥)와 성혼(成渾)으로 계속되었고, 20세기 초에 이르기까지 성리학자들은 늘 사단칠정의 문제를 가지고 논쟁을 했다. 16세기 말에 퇴계와 고봉의 논변으로 시작된 사단칠정의 문제는 20세기 초까지 모든 성리학자들의 관심사였다. 중국성리학자들은 사단칠정에 크게 관심을 가지지 않았는데 조선성리학자들이 여기에 이토록 많은 관심을 가진 이유는 무엇일까?

먼저 사단칠정의 문제를 간략히 살펴볼 필요가 있다. 사단(四端)은 유교의 사대덕목인 인의예지(仁義禮智)와 관련이 있다. 인(仁)에서는 측은지심(惻隱之心), 의(義)에서는 수오지심(羞惡之心), 예(禮)에서는 겸양지심(辭讓之心), 지(智)에서는 시비지심(是非之心)이 생겨나는데 이는 윤리와 도덕 감정 즉 선한 마음이다. 이제 반하여 칠정(七情)은 인간의 본성인 희노애구애오욕(喜怒哀懼愛惡欲) 즉 악으로 치우칠 가능성이 있는 마음이다. 사단칠정론은 사단칠정에 대한 이기론의 해석이다. 논쟁의 초점은 사단이 이(理)와 기

(氣)의 어디에 속하는가와, 이(理)가 어떤 역할을 하는가이다. 학자에 따라 다양한 주장이 제기되는데 큰 흐름에서는 주리파에서는 리와 사단에 비중을 두고, 주기파에서는 기와 칠정에 비중을 둔다고 할 수 있다.

퇴계는 사단(四端)은 리에서 발하며(四端理之發) 칠정(七情)은 기에서 발한다(七情氣之發)라고 리와 기를 구분하였다가 기대승과의 논변을 통해 사단은 리가 발하고 기가 따르며(理發而氣隨之) 칠정은 기가 발하고 이가 올라탄다(氣發而理乘之)라고 한발 물러섰지만 기보다 리를 우위에 두는 기본입장에는 변화가 없었다. 어렵게 느껴지는 이 문제를 다시 설명하면 다음과 같다. 사단과 칠정의 근원을 구분하는 퇴계는 악의 문제에 있어서 리의 도움을 받아야 이길 수 있으며, 인간의 의지는 리가 역할을 하도록 마음을 비우는 데에 있다. 그러나 사단과 칠정을 구분하지 않는 기대승은 리는 기에 내재하며 인간의 의지로 악을 이길 수 있다고 생각했다.

사단칠정에 대하여 조선의 성리학자들이 지대한 관심을 가지고 끊임없이 논쟁한 이유는 이 문제가 성리학의 대명제인 천인합일과 직접 관련이 있기 때문이다. 조선성리학에서 천인합일은 곧 지상에서의 이상실현의 문제였다. 조선의 건국목적이 성리학의 이상국가를 실현하는 데에 있으므로 조선 성리학자들에게는 이 문제가 최대의 관심사였고 조선성리학의 특징이 되었다. 이런 문제의식이 사단칠정론으로 비화되었다. 사단 칠정론은 기독교로 말하면 인간론과 성화론과 영성신학에 해당된다. 다시 말하면 인간이 어떻게 타락한 본성(氣 七情)을 극복하고 본래의 선한성품인 신의 성품(理, 四端)에 이르러 하나님과 연합(天人合一)할 수 있는가의 문제이다. 조선성리학이 단순한 철학이 아니라 신학적, 영성적인 이유는 여기에 있다.

❸ 주리 성리학의 완성

퇴계에 이르러 주리성리학은 완성의 경지에 도달한다. 그의 생애와 인격과 학문 등을 통하여 성리학의 대명제인 천인합일의 경지에 도달했기 때문이다. "주자의 성리학 이후에 퇴계처럼 천인합일에 이른 사람은 없다."라는 말과 "퇴계의 성리학이 주자보다 더 성리학적이다."라는 평가는 이를 두고 하는 말이다. 그의 사상들은 여러 저서에 남아 있다.[207]

2. 율곡 이이

율곡(栗谷) 이이(李珥 1536~1584년)는 퇴계와 더불어 조선성리학의 양대 산맥으로 평가받고 있는데, 그는 퇴계와 많은 부분에서 대조가 된다. 어머니 신사임당으로부터 천재성을 타고났으며, 8세에 지은 시가 그가 남긴 시의 대표적인 시가 되었을 만큼 재능이 뛰어났다. 이른 나이인 13세에 진사 초시에 급제한 후 과거에서 아홉 번 장원을 하였다. 사람들과 대화를 하면서도 평시처럼 책장을 넘기는 속도로 책을 읽었는데 그러면서도 내용을 정확하게 파악했다고 한다. 그는 일찍이 관직에 나아가 주요 직책들을 맡았으며 아깝게 49세에 생을 마쳤다. 율곡의 특징을 간략히 살피면 다음과 같다.

---

207) 퇴계의 저서를 저술 시기별로 열거하면 다음과 같다. 「청량산백운암기」(28세), 「일강구목소」(41), 「관동일록」(42), 「청걸물절왜사소」(45), 「단양산수가유자속기」(48) 「유소백산록」(49), 「주자시발」(50), 「서회암시첨후」(52), 「청량산록발」(52), 「유사학사생문」(53), 「금강산유산록서」(53), 「양생설후」(53), 「숙흥야매잠주해」(53), 「계몽도서절요후」(54), 「경복궁중신기」(54), 「주자서절요」(56), 「농암이선생행장」(56), 「계몽전의」(57), 「일성록」(58), 「백록동규집해」(59), 「이산서원기」(59), 「도산잡영」(61), 「전도수언발」(62), 「성주목사황공행장」(63), 「송계원명이학통록(63), 「무이구곡도발(64), 「조정암선생행장(64), 「도산십이곡발(65), 「인심도심도」(65), 「심경후론」(66), 「회제이선생행장」(66), 「서이대용연경서원기후」(67), 「역동서원기」(68), 「무진육조소」(68), 「성학십도」(68), 「사서역의」(69), 「걸치사장」(70)

1) 주기이기론(主氣理氣論)

율곡은 퇴계와 달리 기(氣)를 중요하게 여기는 주기 이기론을 주장했다. 율곡은 주기(主氣)의 입장에서 리(理)와 기(氣)의 어느 한 쪽에 치우치지 않고 조화를 시도했다. 리는 형체가 없고 작용하지 않으며(形而上者 無形無爲) 반대로 기는 형체가 있고 작용을 하며(形以下者 有形有爲), 리는 기속에 들어있는 원리이다. 둘의 관계는 분리되지 않고 섞이지 않으며(不相離 不相雜), 하나이면서 둘이고 둘이면서 하나((一而二 二而一)의 관계이다. 율곡은 이를 리기지묘(理氣之妙)라고 했다. 리는 무형이므로 초감각적인 보편자로서 통하지 않는 곳이 없지만 기는 형상을 지니는 원질(原質)이므로 한계가 있다. 이를 리통기국((理通氣局)이라 했다. 퇴계는 기대승과의 논변을 통해 사단은 리가 발함에 기가 따르는 것(理發而氣隨之)이고, 칠정은 기가 발함에 리가 탄 것(氣發而理乘之))이라고 했다. 이에 대하여 율곡은 사단과 칠정이 모두 '발하는 기에 리가 탄 것'(氣發理乘)이라고 했다. 율곡은 기의 중요성을 강조하는 주기이원론의 입장이다. 기발리승, 리기지묘, 리통기국이 율곡의 주기이기론의 핵심이다.

2) 실천 성리학

율곡은 성리학을 성인(聖人)과 성군(聖君)이 되게 하는 실천학문으로 보아 '성학'(聖學)이라고 불렀으며, 「성학집요」(聖學輯要)를 지었다. 퇴계가 리(理)중심의 학문으로 성인의 경지에 이르렀다면 율곡은 기(氣)중심의 실천으로 성인의 경지에 도달했다. 퇴계가 실천을 배제하지 않고 율곡이 학문을 등한히 하지 않았음은 물론이다. 당시의 상황과 개인적인 성향 등의 차이에 따라 단지 강조점이 달라졌을 뿐이다. 퇴계와 율곡의 성리학은 서로 이기이원론과 이기일원론 등으로 대비시킬 것이 아니라, 퇴계가 먼저 리(理) 중심의 학문(主理 理氣論)으로 성리학의 꿈인 천인합일의 경지에 도달했고, 이어서 율곡은 기(氣)중심의 실천(主氣 理氣論)으로 같은 경지에 도달했다고 보는 것이 자연스럽다고 생각된다.

이런 실천적인 경향 때문에 율곡은 현실정치에 가담하여 요직을 직접 맡았으며, 각 분야의 개혁을 끊임없이 주장하며 육조계(六條啓), 만언봉사(萬言封事), 의진시폐소(擬陳時弊疏), 진시사소(陳時事疏), 동호문답(東湖問答) 등의 상소를 올렸다. 그는 시기와 때를 중요시하여 창업(創業), 수성(守成), 경장(更張)으로 시의(時宜)를 구분하면서 당시는 경장의 때이므로 이에 필요한 개혁을 해야 한다고 끊임없이 강조했다. 그의 개혁은 위민(爲民)과 민본(民本)에 기초하여 노비제를 혁신하여 양민으로 돌아가게 하고, 정치에서는 언론의 자유를 통한 여론과 공론의 반영을 강조했다. 북방의 여진과 남방의 왜란에 대비하기 위한 10만 양병설도 이런 사상때문이었다.

율곡의 실천성리학에서 주장된 개혁정책은 거의 반영되지 않았고 49세에 단명하므로 추진되지 못했지만 그의 실천정신은 후일 실학자들에게 이어져서 많은 영향을 주었다.

3. 고봉 기대승

기대승(1527~1572년)은 퇴계와 사단칠정론 논변을 8년 동안 한 사람으로 잘 알려져 있다. 그는 1558년에 이황을 찾아가 문하가 되었으며, 태극도설에 대하여 의견을 나눈 후 13년간 서신을 통하여 사상형성에 큰 영향을 받았다. 사단칠정 논변은 1559년부터 8년간 진행되었다. 기대승은 조선의 성리학에 큰 영향을 미친 사람이다.

기대승은 호남 광주출신으로 일찍 과거에 급제하여 정계에 나아갔으며, 정몽주-길재-조광조로 이어지는 학풍을 계승하였다. 그는 조광조의 지치주의(至治主義)를 따르면서 전제정치를 배격하고 왕도정치를 통하여 민본, 위민을 실현하려고 했다. 기대승은 군주의 역할이 중요하다고 생각하여 경연에서 자신의 의견을 피력했다. 그는 군주의 덕치는 예(禮)를 수단으로 하여 현자의 등용을 중시하고 재정을 바르게 사용하는 이재(理財)를 통하여 실현된다고 생각했다. 또 언로(言路)는 국가의 대사(大事)이므로 언로에 국가의 흥망이 달려있다고 했다. 기대승이 명종과 선조의 경연에서 행한 주장들은 「논사록」의 거현론(擧賢論), 이재양민론(理財養民論), 숭례론(崇禮論), 언로통색론(言路通塞論) 등에 수록되어 있다.

이황과는 달리 주기론자인 기대승은 율곡 이이와 같은 세대이며 개혁주의자였다. 그는 왕의 경연을 통하여 개혁을 실현하려고 많은 시도를 했으나 44세에 일찍 죽음으로써 자신의 뜻을 펴지 못했다. 임진란 이전에 기대승과 이이는 주기론을 기초로 하여 나라를 바로잡아 국란을 막으려고 했으나 이들의 뜻은 받아들여지지 않고 말았다. 안타까운 일이다.

4. 주리파와 주기파

퇴계와 율곡의 특출한 활동으로 말미암아 조선 후기는 두 학풍이 조성되었다. 주리파는 이언적과 이황, 조식, 장현구, 이진상으로 이어지는 영남학파이며, 주기파는 서경덕, 이이, 성혼, 송익필, 김장생으로 이어지는 기호학파이다.

성리학의 목표는 천인합일(天人合一)이며, 이에 도달한 사람을 성인(聖人)이라 한다. 주리파의 퇴계 이황은 학문으로 천일합일의 경지에 이른 사람이다. 이런 이유로 그에 대한 극찬이 쏟아진다.

이에 반하여 주기파에서는 실천으로 천세합일(天世合一)경지를 추구했다. 율곡 이이와 고봉 기대승은 이를 위해 끊임없이 개혁안을 제시했다.

조선성리학의 특징은 여기에 있다. 정주학이 등장한 이후 건국의 동기와 목적, 운영에서 성리학의 이념이 이와 같이 반영된 나라는 없었다. 정도전이 성리학으로 조선을 세운 이후 퇴계와 율곡에 이르러 성리학은 학문과 실천에서 최고의 경지에 도달했으며, 중국을 능가했을 뿐만 아니라, 같은 시기의 유럽의 종교개혁사상과 비교해도 사상적인 측면에서 손색이 없다고 할 수 있다.

물음 40 임진왜란/병자호란, 왜 일어났나?

조선 중기의 가장 큰 비극은 임진왜란(1592년)과 병자호란(1636년)이다. 이를 살펴보고자 한다.

1. 원인

왜 이런 전란이 일어났는가? 더 물을 필요도 없이 "일본과 청나라가 침략했기 때문이다."라고 생각하게 된다. 그러나 이는 원인을 밖으로 돌리고 더 중요한 내부의 원인을 무시한 생각이다. 그들이 침략하지 못하도록 대비하지 못한 책임이 우리 내부에 있다. 나라를 통치하는 왕과 공직에 나아간 관리들은 가장 우선적으로 나라와 백성을 모든 국란으로부터 지킬 책임이 있다. 약육강식이 지배하는 국제사회에서 남의 나라가 쳐들어오지 않으리라는 생각은 어리석기 짝이 없다. 나라의 관리자는 그 어떤 이유로도 남의 탓이라고 할 수 없으며, 그렇게 하면 이는 직무유기다. 우리 민족의 정서에는 가뭄과 기근이 들어도 왕의 책임이라고 생각하고 왕이 기우제를 드렸으며, 경우에 따라서는 왕을 죽이거나 교체했다. 왕과 관리들에게는 천재지변까지도 그만큼 엄중한 책임이 있다는 뜻이다.

성리학 이상국가를 시도한 정도전과 세종은 국방강화를 우선으로 추진해서 신무기를 개발했으며, 고토회복을 위해 요동정벌을 계획하고 북진을 개척했다. 그리고 대마도를 정벌하여 왜구의 노략질을 뿌리 뽑았다. 이들의 이런 업적으로 조선 초기는 전란에 시달리지 않았다. 그러나 조광조의 도학정치가 실패한 후 사림파는 사화를 겪으면서도 포기하지 않고 도전하여 훈구파를 몰아내고 실권을 잡았다. 그러나 사색당파로 나뉘어져 의견충돌과 정권다툼에 여념이 없는 동안 백성은 도탄에 빠지고 국방은 개념조차 실종되고 말았다. 율곡 이이는 일찍이 여진족과 왜군을 대비하기 위한 대책으로 10만 양병설을 주장했으나 누구도 귀를 기울이지 않았다. 율곡의 개혁정책은 조선이 국란에 대비할 마지막 기회였다. 이후에도 임진란의 징후는 사전에 포착되고 있었지만 전혀 무관심했다. 왜군이 상륙한 지 20일 만에 선조는 한양을 내주고 북으로 도망갔다. 몽진은 수시로 있었지만 20일 만에 서울을 내주었다는 것은 도무지 이해되지 않는다. 이를 믿지 못한 명나라는 조선이 일본과 짜고 명을 치려한다고 의심을 했을 정도다. 선조는 압록강을 건너 중국으로 망명하려고 했으나 명이 거절했다. 선조가 망명하면 일본에게 침략의 명분을 주기 때문이다. 전쟁에서 패할 수도 있지만 임진란 초기에는 패하였다기 보다는 싸움이 없었다고 볼 수 있다. 개인도 아닌 보급대를 거느린 군대가 부산에서 서울 천리 길을 20일에 도착했다는 것은 전투없이 전속력으로 달려왔다는 뜻이다.

주로 선조에 대해 책임을 물으며 비난의 화살을 퍼붓는다. 선조가 최고책임자이니 당연한 이야기이지만 더 중요한 것은 조정의 관리인 성리학자들이 나라의 안위는 뒤로하고 사색으로 나뉘어 파벌싸움을 하다가 전쟁이 나자 다 사라져 버렸고, 전후에도 누구하나 책임을 통감하는 사람이 없었다는 데에 있다. 명색이 성리학자인 관리들이 나라의 남쪽과 북쪽에 전란의 조짐이 일어나고 있다는 정보를 수없이 접하면서도 이를 무시했다는 것은 그 무엇으로도 변명의 여지가 없다. 더구나 임진란 직전에 일본을 둘러보고 온 김성일과 황윤길은 전란징조에 대하여 서로 상반된 보고를 했는데. 그 이유는 판단이 달라서가 아니라 파벌싸움 때문이었다. 왕을 비롯한 조정 관리들이 무사안일에 빠져 나라의 장래는 도외시한 채 자기들의 이권에만 혈안이 되어 있었다.

양대 전란 이후 성리학에 대한 회의가 일어나서 탈성리학인 실학이 등장한 이유는 여기에 있다. 임진란과 병자란을 정신문화의 측면에서 살펴보고자 한다.

2. 임진왜란

7년 동안의 임진왜란으로 전국은 초토화되었고, 수많은 백성이 죽거나 포로로 끌려가고 귀중한 문화재들이 유실되고 말았다. 왜군을 물리친 주역은 누구였을까? 중앙정부와 정규군은 없는 것과 다름없었다. 성을 지키던 장수도 도망가고, 왕은 국경선으로 피난가서 망명할 준비를 해놓고 명나라로부터 지원군이 오기만을 기다리고 있었다. 나라의 운명이 경각에 달린 위기에 이를 극복한 사람들은 누구였을까?

1) 의병

부산에 상륙한 왜군은 파죽지세로 서울을 거쳐 평양까지 이르러 나라의 위기가 코앞에 닥쳐왔다. 관군은 아무런 역할을 하지 못하고 있을 때 뜻밖의 일이 일어났다. 전국에서 무명의 선비들이 의병을 모집하여 왜군을 벌떼처럼 공격하며 결사적으로 보급로를 차단했다. 사색으로 나뉘어 다투던 중앙의 유림들은 사전에도 아무런 대비도 하지 않았지만 전쟁이 시작된 후에도 뭐하나 제대로 한 일이 없다. 그러나 지방의 초야에 묻혀있던 유림(산림)들은 분연히 일어서서 고조선에서부터 내려온 우리의 전통인 불의한 폭력을 결코 용납할 수 없다는 민족정신을 유감없이 발휘했다. 의병에 참여한 자는 선비는 물론이고 양민, 농민, 노비, 승려 등 신분과 지위고하를 막론하고 모두 참여했으며, 수성전에는 부녀자들까지 자발적으로 나섰다.

관군을 격파하고 왕을 사로잡으면 모든 전쟁이 끝난다고 생각하고 전속력으로 서울로 향했던 왜군들은 왕이 서울을 버리고 도망갔다는 사실을 알고는 당황했다. 그들의 상식으로는 왕이 할복한다면 몰라도 수도를 버리고 도망간다는 것은 있을 수 없었기 때문이다. 그런데 그들을 더 당황하게 한 것은 전국에서 죽을 각오를 하고 결사적으로 달려드는 의병이었다. 끊임없이 달려드는 의병의 기습전은 당해내기가 대단히 벅찼다. 임진왜란에서 의병들의 역할은 아무리 강조해도 지나치지 않다고 할 수 있다. 이는 우리 민족정신의 발로였다. 만주 주변에는 수많은 민족들이 있었고 그들이 한때는 한족을 물리치고 중원을 차지했지만 말갈족, 여진족처럼 민족자체가 흔적도 없이 사라지고 말았다. 그러나 우리는 단일민족의 문화와 전통을 유지하면서 유일하게 살아남았다. 무엇이 그것을 가능하게 했을까? 의병에서 그 해답을 찾을 수 있다. 우리는 국란에 처하면 모든 국민이 나서서 국가를 지켜냈다. 예전만이 아니라 지금도 그렇다. IMF사태로 경제위기가 왔을 때 전 국민이 금을 모아서 해결하려고 나섰고, 결국 몇 년 만에 위기를 극복했다. 이는 결코 우연이 아니다. 우리에게는 우리도 모르는 고조선에서부터 형성된 위대한 민족정신이 숨어 있다. 평소에는 잘 드러나지 않다가 나라가 위기를 맞으면 본능적으로 드러난다.

2) 이순신 장군

왜군의 침략을 내다보며 대비한 유일한 무관이 있었으니 이순신 장군이다. 그는 임진왜란(1592년 4월13일)이 일어나기 14개월 전인 1591년 2월 13일에 전라좌도 수군절도사(사령관)에 임명되었다. 육군이었던 그가 초고속 승진을 거듭하며 전라좌도 수군사령관에 발탁된 것은 전적으로 유성룡의 천거 덕분이었다. 유성룡은 왜군의 침략이 있을 것을 내다보며 어릴 때부터 사람됨을 알고 있던 이순신을 수군사령관으로 보내 대비하도록 했다. 왜군이 침입하면 수군의 역할이 중요하다고 생각해서였다. 현지에 부임한 이순신은 즉시 전란에 대비하여 함대를 건조하고 거북선을 개발하며, 상황에 맞는 병법으로 수군을 훈련시켜 놓았다. 그의 준비 기간은 14개월에 불과했지만 그는 최선을 다해 준비했으며, 준비를 마친 지 이틀 만에 임진왜란이 있어났다. 전란이 일어나자 전승가도를 달리며 세계 해전 역사에 유례가 없는 업적을 남겼다.

이순신의 연승으로 왜군의 보급로가 차단되어 왜군은 고립되고 말았으며, 육지에서는 의병이 궐기하여 총공세를 감행하므로 물러서지 않을 수 없었다. 명나라의 지원이 있었다고 하지만 임진왜란의 극복은 전적으로 이순신과 의병의 활동에 힘입었다고 할 수 있다. 이순신의 전력(戰力)은 왜군에 비해 현저하게 열세였다. 특히 백의종군 직후 명량해전에서의 전력은 전함이 열두 척과 소수의 패잔병에 불과했음에도 수백여 척의 적군을 완벽하게 섬멸했다. 어떻게 전승을 거둘 수가 있었을까? 그 이유가 무엇이었을까? 뛰어난 병법과 전술 때문일까?

3) 애민정신의 승리

이순신의 전승비결은 애민정신에 있었다. 그는 힘없는 백성을 왜구로부터 지키려고 최선을 다하였다. 적을 공격하라는 왕의 명령이 내려와도 불리한 경우에는 왕명을 따르지 않았다. 왕명대로 하면 패전이 명확하며, 패전하면 나라는 물론이고 백성들을 지킬 수 없었기 때문이다. 왕명거역 죄로 파직, 압송되어 사형직전까지 갔다가 몇몇의 구명운동으로 겨우 목숨을 부지했지만 백의종군을 해야 했다. 백의종군은 장수에게 최악의 수치였지만 이순신은 마다하지 않았다. 백성을 지켜야한다는 오직 한 가지 이유에서였다. 다른 이유는 없었다. 그에게는 오직 백성만 있고 백성보다 더 큰 것은 있을 수도 없었다. 전승의 비결은 이런 애민정신에 있었다. 애민정신이 왜 전승의 비결일까?

그의 「난중일기」를 보면 열세를 만회할 방법이 없어 노심초사할 때 꿈이나 환상 등을 통하여 계시를 받는 이야기가 여러 번 나오고 있다. 학익진 전법과 명량해전의 지형지물 활용도 하늘의 계시에 의해서였다. 백성에 대한 진정한 사랑, 홍익인간, 재세이화 정신에는 하늘, 하늘의 하나님이 함께하시고 그 방법을 알게 하신다. 환웅천왕의 천부인, 세종대왕의 한글창제, 이순신장군의 전승신화는 이렇게 만들어졌다. 이순신장군은 본래 수군이 아니었다. 임진란 14개월 전에 부임했을 뿐이다. 그런데 거의 백지상태에서 그 짧은 기간에 전함을 건조하고 함포를 비롯한 무기를 만들고 전술을 개발하여 병사들을 훈련시켜 그런 전과를 올린다는 것은 현실적으로 불가능하다. 그가 전란 중에 일기를 기록한 이유는 다시는 이런 비극이 없기를 바라는 마음에서 무슨 일이 어떻게 전개되었는지를 상세하게 남겨놓기 위함이었다.

인간의 한계, 현실의 한계를 뛰어넘는 하늘의 지혜, 하늘의 방법은 홍익인간, 재세이화를 실현하려는 애민정신을 가진 사람에게 주어진다. 하늘은 사람을 가리지 않는다. 그 사람이 어떤 문화, 어떤 종교를 가지고 있느냐도 따지지 않는다. 고대에는 종교와 문화는 개인이 선택할 수가 없었다. 아브라함은 본래 우상장사였으며, 모세는 애굽 공주의 아들로 성장했다. 하늘, 하나님은 애민정신, 민본을 염두에 두며 현실에서 이상을 실현하려는 자에게 함께하시며 지혜를 주시고 길을 열어 주신다. 이는 하늘의 하나님의 법이며 영원한 진리이다.

4) 징비록

퇴계의 수제자는 유성룡이었다. 퇴계는 제자들이 권력을 탐하여 정치일선에 나가는 것을 탐탁하게 여기지 않았다. 그런 퇴계가 유성룡에게는 관직에 나가라고 권했다. 퇴계는 그의 인품을 알아보고 나라에 중요하게 쓰일 수 있다고 생각해서였다. 유성룡은 퇴계의 기대에 충실하게 부응했다. 본래 그는 율곡 이이의 십만양병설에 반대했고 일본을 시찰하고 와서 전쟁이 없으리라는 김성일의 주장에 동조했었다. 유성룡이 이렇게 행동한 것은 그가 속한 계파가 동인이었기 때문이다. 그러나 전란이 임박할 즈음 그는 전란에 대비했다. 그가 선택한 방법은 인재를 찾아 천거하고 후원하는 역할이었는데, 권율과 이순신이 그들이다. 특히 이순신을 천거하고 적극 후원하는 선견지명을 지녔다. 임진란이 일어나자 유성룡은 선조의 옆에서 조정을 떠받치는 기둥이었다. 임진란의 상황을 누구보다도 잘 아는 그는 전란의 기록을 담은 「징비록」(懲毖錄)을 남겼다. 전란 이전에는 이순신을 천거하여 대비했던 유성룡은 전란이 끝난 후 다시는 이런 비극이 일어나지 않기를 바라는 마음에서 상세한 기록을 남겨 놓았다. 「난중일기」와 「징비록」에는 이런 애민정신이 들어있다.

3. 병자호란

다시는 임진란과 같은 비극이 없기를 바라는 염원으로 기록한 「난중일기」와 「징비록」의 먹물이 채 마르기도 전에 전란의 위협이 또 닥쳐왔다. 만주에 자리 잡고 있던 여진족이 세력을 결집하여 힘을 키워나가고 있었다. 여진족의 후금(後金)이 등장하자 명나라와 후금은 충돌로 치달았으며 우리는 외교적인 선택의 기로에 당면했다.

1) 외교의 실패

임진란 때 세자로서 탁월한 활동을 했던 광해군은 명이 군사지원을 요청했을 때 임진란에 도움을 받았으므로 거절할 수가 없었다. 그러나 그는 출정하는 장군 강홍립에게 상황을 보아가며 지혜롭게 대처하라고 별도의 밀지를 내렸다. 강홍립은 명이 불리하자 후금에 항복해서 피해를 줄였고 그 결과 후금과는 더 이상의 충돌이 일어나지 않았다. 광해군은 여진족과 화친의 관계를 맺어 국난을 극복하려고 했다.

그러나 광해군이 폐위되고 인조가 등장하면서 외교정책이 친명배금(親命排金)으로 변하면서 상황은 급반전되었다. 세력이 확장된 후금은 국호를 청(淸)으로 바꾸고 본격적으로 압박을 가해왔다. 청의 강화요청을 인조가 거듭 거부하자 청은 1636년 대대적으로 침략했다. 이를 병자호란이라 한다. 인조는 경기도의 광주산성으로 피하여 저항했으나 40여일을 버티다가 결국 치욕스럽게 항복하고 말았다.

돌이켜보면 병자호란은 외교로 능히 해결할 수 있었다. 청의 태조 누르하치는 초기부터 자신의 이름이 애신각라(愛新覺羅)임을 강조하고 조선에 친근감을 표시하며 화해하기를 거듭 요청했다. 애신각라란 그가 신라의 후예라는 뜻이다. 여진족은 본래 동인족의 일파이며, 신라에서 왕권에 실패한 왕자들이 만주로 가서 여진족의 지도자가 되었는데 누르하치는 그 후손이었다. 영민한 광해군은 이런 점을 이용하여 누르하치와 충돌을 피하는 방법을 선택했다. 그러나 광해군을 몰아낸 군신들은 인조를 옹립하고 후금에 대한 적대정책을 선택함으로써 화를 자초했다. 병자호란은 외교의 실패가 빚어낸 참화였다.

역사에서 지난 일을 가정한다는 것은 무의미하다. 그러나 이 부분을 그냥 넘어가기에는 너무 아쉽다. 다시 되짚어 보면서 역사의 교훈을 찾아볼 필요가 있다. 누르하치가 등장할 초기부터 광해군처럼 처신했다면 병자호란은 충분히 막을 수 있었고, 임진란의 폐허를 복구하고 새로운 기틀을 다질 수 있었을 것이다. 그런데 이와는 비교되지 않을 만큼 더 중요한 문제가 있다.

2) 잃어버린 만주

여진족이 만주에 머물고 있을 때에는 우리와 국경을 마주하고 늘 갈등이 일어났다. 세종에 이르러 겨우 여진족을 함경도에서 몰아내고 두만강을 경계선으로 확보할 수 있었다. 그런데 여진족의 누르하치는 세력을 결집한 다음에 우리를 침략하려고 하지 않고 목표를 중원으로 잡았다. 그런데 우리가 명나라와 손을 잡고 있으므로 먼저 우리와의 관계해결이 우선이었다. 이런 사실을 잘 아는 광해군은 여진족과 화친을 하려고 했지만 작은 명분에 사로잡힌 관료들은 결사반대했다. 이에 광해군은 누르하치와 은밀하게 거래를 해야 했다. 인조반정이 일어난 후 누르하치의 침략 이유 중의 하나가 광해군의 퇴진이었다. 누르하치는 광해군의 퇴진을 두고두고 아쉬워했다. 왜 그랬을까?

누르하치는 자신의 이름이 애신각라임을 내세우며 우리와 핏줄이 같으니 화친을 하자고 거듭 요청했다. 이 당시에 우리가 여진족과 적극 협력을 했더라면 우리는 아무런 힘을 들이지 않고 만주로 진출할 수가 있었다. 왜 그럴까? 여진족이 청을 건국하고 중원으로 이주하자 만주는 무주공산(無主空山), 즉 빈 땅이 되고 말았다. 만주에 있던 거란족도 중원으로 진출하여 사라지고 이어서 여진족도 중원으로 이주했기 때문이다. 이후 조선 후기에 들어서면 우리나라사람들이 아무런 제재 없이 만주에 진출할 수 있었다. 만주가 빈 땅으로 남아있었으며, 조선 후기에 만주는 사실상 우리가 차지하고 살았다. 누루하치와 관계를 잘 맺었다면 우리가 만주가 진출하는 데에 아무런 문제가 없었을 것이다.

1623년 3월 12일

너무 안타까운 날이다. 인조반정이 성공하고 광해군이 퇴진한 날이다. 서인들이 주축이 된 53명은 반정의 성공으로 정사공신(靖社功臣)에 책봉되었다. 그들은 광해군에게 외교의 실패와 패륜 등의 죄목을 뒤집어씌우고 성공을 축하하며 축배를 들었다. 그러나 그들은 자신들이 무슨 일을 하고 있는지를 몰랐을 것이다. 그저 정쟁의 틈바구니에서 정권을 잡고 승리했다고 생각했을 것이다. 이런 작은 생각들이 얼마나 큰일을 그르치던가.

역사를 돌이켜보면 기회는 늘 있게 마련이다. 임진란이 끝나고 여진족이 득세하는 것은 우리에게 위협이면서 동시에 기회였다. 역사적인 안목과 시대의 흐름을 읽어내는 눈이 있으면 능히 이 기회를 포착하고 활용한다. 그러나 이런 안목이 없으면 눈앞의 문제에만 허둥대다가 화를 자초하고 만다. 이는 지금도 마찬가지이다.

남북의 분열과 대치, 역사전쟁, 중국의 득세 등 난제가 수두룩하지만 그 속에는 기회도 같이 들어있다. 하늘의 법은 "하늘이 무너져도 솟아날 구멍이 있다."는 말에 들어 있다. 매사에 방법은 있게 마련이다. 산이 높으면 골이 깊듯이 위기가 크면 기회도 그만큼 크다. 지금 우리에게는 유사 이래 전무후무한 기회가 주어져 있다. 그것을 찾아내어 활용해야 한다. 그것이 우리의 과제다.

그런데 오늘 우리에게 이런 기회가 와 있음을 볼 수 있는 자가 누구일까?

3) 기회가 재앙으로

청의 태조 누르하치는 자신의 이름을 애신각라라고 소개하면서, 우리와 같은 핏줄임을 강조하면서 거듭 연합을 요청했다. 광해군은 이에 적절히 응하여 국란을 면했으나, 광해군을 축출한 관리들은 여진족을 오랑캐라 칭하며 무시하고 말았다. 이에 대한 앙갚음으로 누르하치는 한양을 점령한 후 군사들에게 서울의 양반 부녀자들에 대한 특별 강간령을 내렸다. 본래 그는 군사들에게 부녀자 겁탈을 엄금하고 있었는데, 자신의 제안을 거부하고 자신들을 오랑캐로 치부하는 것에 대한 보복이었다. 남산에는 강간당한 사대부집 부녀자들이 목을 매 죽은 시체로 산을 덮었다고 한다.

환향녀(還鄕女)

누르하치의 보복은 이에 그치지 않고 60여만 명의 포로를 잡아갔는데 그 중의 50여만 명은 젊은 여자들이었다. 이 시기의 인구는 약 450여만 명으로 추산된다. 포로로 잡혀간 여인들은 군사들에게 첩으로 주어지거나 노예시장에 팔려 나갔다. 포로들은 몸 값을 내면 풀어주었으며, 여자들이 나이를 먹으면 젊은 여자와 교환을 요구해서 귀환하는 여자들이 많았다. 이들을 환향녀(還鄕女)라고 하며 임신한 채 돌아와 낳은 아이를 호로(호래)자식이라 했다.

포로가 되어 한겨울에 2천리 길을 70일 동안 걸어 멀고 낯선 이국땅으로 끌려갈 때 그들의 심정이 어떠했을까? 여인들은 성적 노리개가 되어 온갖 학대와 노동에 시달리다가 고향으로 돌아왔으나 정조를 잃었다고 해서 또 냉대를 받아야 했으며, 이혼과 자결을 강요당했다. 이들의 숫자가 너무 많아 사회적으로 큰 문제가 되자 인조는 특별령을 내려 환향녀들을 내치지 못하게 했지만 소용이 없었다. 이에 대한 대책으로 한양 입구의 냇물을 지정해주고 그곳에서 몸을 씻으면 과거를 묻지 않는다는 명을 내렸다. 널리 구제한다는 뜻으로 그 냇물을 홍제천(弘濟川)이라 불렀고, 임금의 은혜에 감사한다는 뜻으로 그 지역을 홍은동(弘恩洞)이라 했다. 후금은 해마다 나이든 여자는 돌려보내고 젊은 여자를 다시 보내라고 해서 정부에서는 특별부서를 만들어 전국에서 젊은 여자들을 강제로 모집했고, 이를 피하기 위하여 10여 살에 시집을 보내는 조혼풍습이 생겨났다.

여기에 이런 수치스러운 일을 적는 이유는 관직에 나간 자가 이권에 움직이고, 나라가 제 구실을 못하면 백성들이 얼마나 큰 고초를 당해야하는 지 상기시키기 위함이다. 출세욕을 가진 자는 대통령, 국회위원은 물론 고위 공직에 절대로 나가지 말아야 한다. 오직 나라를 위해 봉사하며 섬기겠다고 결심한 자만이 공직에 나가 공무원이 되어야 한다. 이미 나아갔으면 이제부터라도 그렇게 해야 한다. 현재 공직이나 종교에 몸담고 있다면 스스로 자신에게 물어보라. “나는 지금 무슨 생각을 하고 있는가? 나라의 앞날과 국민만 생각하고 있는가?” 여기서 벗어나 있다면 용서받지 못할 역사적인 범죄를 짓고 있는 중이며, 하늘의 심판을 면치 못한다.

물음 41 임진왜란/병자호란, 어떤 파장을 몰고왔나?

임진왜란과 병자호란은 피해와 충격이 컸던 만큼 몰고 온 파장도 컸다. 이를 간략히 살펴보면 다음과 같다.

1. 사회의 급변

양대 전란으로 말미암아 우선 경제가 심각한 문제로 대두되었다. 농지가 황폐화되고 토지대장이 유실되어 임진란 이전의 토지면적 170만 결이 1/3이하인 54만 결로 줄었다.[208] 이로 인한 가장 심각한 타격은 국가의 조세수입이 줄어 재정운영이 어려워진 것이었다. 이에 농지를 개량하고 토지대장을 정리하여 숙종(1674~1720)에 이르러 140여 만 결로 증대되었으나 조세 수입증대에 도움이 되지 못했다. 따라서 이를 해결하기 위해 조세를 1결당 쌀 12두(斗)를 내는 대동법을 실시하고, 병역세금인 군포(軍布)의 대상을 왕실, 양반 등에게도 확대시키는 균역법(均役法)을 실시했다. 대동법은 농민의 세금을 덜어주는 역할을 했으나 균역법은 대상을 30여만 명에서 50여만 명으로 확대하여 별 도움이 되지 않았다.

대동법의 실행으로 공물이 사라져 관청에서는 공물을 구입해야 했으므로, 이를 전문적으로 생산하는 수공업과 상업이 활발해지고

208) 농지의 단위를 말하는 결은 면적인 아닌 생산량을 기준으로 한다. 벼를 벨 때 왼손으로 잡은 한 움큼을 1파(把 줌), 10파를 묶은 단을 1속(束 뭇), 10속을 짊어진 것을 부(負 짐), 100부를 1결(結 목)이라고 한다. 따라서 1결은 장정의 100짐에 해당되는 수확량의 면적이다. 이런 수확량은 땅의 비옥도에 따라 달라지므로 땅을 6등급으로 구분했는데, 1등급은 대략 3천여 평이고 6등급은 4배인 1만 2천 평이다.

화폐가 발달하게 되었다. 벼농사의 이앙법으로 2모작이 가능해지고 경작기술이 개발되어 농업생산량이 급격히 늘어났다. 또 인삼과 담배, 면화 등을 재배하여 농가의 수입이 늘어났다. 농업과 상업이 발전하므로 두레나 공인계와 같은 조합이 등장했다. 소수의 상인 재력가와 평민부농과 지주가 탄생했지만 대다수는 형편이 더 어려워져서 영세농민과 날품팔이 노동자들과 유민이 급속도로 늘어났다. 또 낙향한 양반들 중에 여러 대 관직에 나가지 못한 후손들은 신분은 양반이지만 가난한 농민으로 전락한 경우가 많이 있었으며, 농민이나 상인 중에 재력이 있는 자는 관직수여증서인 공명첩(空名帖)을 구입하여 신분이 상승되는 경우도 있었다.

2. 산림의 등장

병자호란 이후 청나라에 볼모로 잡혀갔던 효종은 청나라에 대한 원한을 갚기 위해 북벌계획을 세웠으나 이는 현실성이 없었으므로 곧 수그러들고 말았다. 양대 전란 이후에도 사색당파의 정권다툼은 계속 이어졌다. 이를 해결하기 위하여 영조는 당파를 고루 기용하는 탕평책을 실시했으나, 근본적인 해결책이 아니므로 큰 실효를 거두지 못하고 말았다. 송시열이 등장한 이후에는 노론이 권력을 독점하고 가문을 중심으로 장기집권을 하는 벌열(閥閱)정치가 등장했다. 권력을 차지한 벌열들은 부정한 과거시험을 통해 후손들에게 자신들의 권력을 세습시켰다. 이 시기에 관료가 된 성리학자들을 보면 세속 정치꾼들과 전혀 다를 바 없을 뿐만 아니라 오히려 학풍으로 계파를 이뤄서 문제가 더 악화되었다. 성리학의 이상과 꿈은 어디에서도 찾아볼 길이 없고 권력과 이권에만 눈이 멀어 있었다.

이 즈음 중앙무대에서 설 자리를 잃어버린 자들은 다시 고향이나 지방으로 돌아가서 서원을 세워 제자를 길러내며 세력을 확장시켰다. 이들을 산림(山林)이라 부른다. 이들로 말미암아 서원이 급증했는데, 숙종(1674~1720)시기에는 전국에 사원이 300여 개나 난립했다. 지방으로 흩어진 이 산림들은 조선 후기에 사회를 변혁시키는 원동력이 되었다. 이들은 중앙의 기득권층에 대하여 비판적인 시각을 가지고 새로운 시대를 열어갈 사상을 모색하게 되었다.

3. 탈성리학 운동

정도전이 불교와 도교를 배척하고 성리학국가를 세워놓은 뒤로 조선에는 성리학 제일주의가 정착해서 성리학에 조금이라도 어긋나면 사문난적(斯文亂賊)으로 엄벌에 처해졌다. 따라서 어느 누구도 감히 성리학에 이견을 말할 수 없었다. 그런데 임진왜란과 병자호란을 겪고 난 후 사회는 큰 혼란에 빠졌지만 성리학은 아무런 대책을 제시하지 못했으며, 성리학자들은 계속 붕당과 권력다툼에서 벗어나지 못했다. 이에 성리학에 정면으로 반기를 드는 탈성리학(脫性理學) 운동이 있어났다. 대표적인 탈성리학 운동은 실학이었다. 실학의 등장으로 말미암아 조선성리학은 새로운 국면을 맞이했다.

4. 실학파

'실학'(實學)이라는 용어는 조선 후기에 처음 쓰인 것이 아니다. 고려 말 불교와 도교가 현실과 동떨어져 있을 때 현실을 개혁하려는 유학자들은 성리학을 가리켜 실학이라고 했다. 또 중국에서는 명나라가 청나라에게 멸망한 원인을 성리학은 이학(理學)을 연구하면서 현실을 도외시했고, 반대로 양명학은 심학을 내세워 마음의 깨우침을 강조하면서 현실을 등한히 했다고 진단했다. 그래서 서양의 과학기술과 실용에 관심을 가지고 실학이라는 용어를 사용했다. 따라서 실학의 개념에는 실용학문이라는 의미가 들어있다.

우리나라에서는 조선 후기에 와서 탈성리학의 일환으로 실학이 등장했다. 이 실학은 청나라와 밀접한 관련이 있다. 청나라의 앞선 문물과 문화에 영향을 받았기 때문이다. 그리고 중국에는 명나라 때부터 이미 기독교가 들어와 활발하게 활동하고 있었다. 청에 볼모로 잡혀가 있던 소현세자는 북경에서 예수회 신부인 아담 샬(Adam Schall)을 만나 기독교 신앙과 서양의 앞선 문물을 보고 큰 감명을 받아 서양의 과학문물로 조선을 개화시키려고 생각했었다. 그러나 그는 귀국 후 사망하여 뜻을 이루지 못하고 말았으며, 소현세자의 뒤를 이은 동생 효종은 반대로 청을 치려는 북벌계획을 추진했으나 실현가능성이 없어 추진되지 못하고 말았다. 그러나 소현세자의 큰 뜻은 후일 등장한 실학자들에게 이어졌다. 실사구시(實事求是)를 추구하던 실학은 두 방향으로 전개되었다. 실학자들은 당시 청나라에서 활성화되어 있던 고증학에 영향을 받은 바 크다.

1) 북학파

'북학'(北學)이라는 용어는 맹자의 「등문공」(滕文公)에 나오는 용어이며, 북쪽의 앞선 학문과 문물을 가리킨다. 조선후기 실학자 중에서 북쪽에 있는 청의 앞선 문물을 받아들이자고 하는 이들을 '북학파'라고 한다. 이런 주장은 청을 오랑캐라고 여기고 성리학 지상주의를 주장하던 기존의 성리학자들과는 크게 다르다. 유득공, 박지원, 홍대용, 박제가 등이 북학파의 대표자들인데 이들의 공통점은 사절단으로 청을 직접 방문하여 그들의 앞선 문물을 보고 그것을 받아들이자는 책들을 썼는데 이 책들로 인해서 '북학'이라고 불리게 되었다.

북학파는 주로 서울에 거주했으며 이들은 상업과 공업의 발전을 통하여 가난을 벗고 나라를 부강하게 하자고 생각했다. 부국강병이 되려면 무엇보다도 선진 과학기술이 중요하므로 실생활에 필요한 수학, 책력, 수레, 벽돌, 기와 등에 관심을 가졌으며, 경제를 발전시키기 위하여 화폐와 상업을 통한 대외무역 증진에도 관심을 기울였다. 이를 이용후생(利用厚生)이라고 한다. 더 나아가 천문과 지리에도 관심을 가져서 지구는 둥글며 자전하면서 태양 주위를 공전한다고 소개했다. 북학파는 서양의 사상보다는 과학을 중요하게 생각했다. 또 이들은 우리 고대 역사에도 관심을 기울여 만주에 중심을 두었던 고조선의 옛 영토를 회복해야 한다고 생각했다. 유득공은 「발해고」를 지었으며, 1권 본 서문에서 통일신라시대를 남북국시대로, 만주 서쪽을 변한이라고 부르고 있다. 고대에는 만주 서부를 변한이라고 했다. 이는 만주는 우리의 땅이었다는 뜻이다.

2) 서학파

북학파들이 관심을 가진 청나라의 앞선 문물은 서양으로부터 전래된 것이므로 자연히 서양의 사상과 종교를 접하지 않을 수 없었다. 북학파는 서양의 과학기술과 상업 등에만 관심을 기울였다. 반면에 서양의 사상과 종교, 사회 제도 등에 대해서도 관심을 가지는 이들이 있었다. 이들을 '서학파'라고 하는데, 이들 중에는 서양의 종교인 기독교를 받아들이는 사람과 거부하는 사람들로 구분된다. 기독교를 신앙으로 받아들지 않는 이들도 기독교사상을 학문으로는 인정하고 기독교 서적과 성경을 연구했다. 그러나 반대로 신앙에 관심을 가지는 이들은 성리학과 기독교는 그 핵심에서 다르지 않으므로 성리학의 종교적인 한계를 기독교 신앙으로 보완하려고 했다.

이 당시 기독교에 대한 이해는 중국에서 마태오 리치(Ricci, M.

利瑪竇)가 지은 「천주실의」(天主實義)와 한문성경 등에서 비롯되었다. 이 책들을 읽은 대다수의 성리학자들은 기독교는 성리학과는 판이하게 다르며 불교와는 크게 다르지 않다고 생각하여 거부했다. 그 이유는 행위와 상관없이 믿음으로 죽은 이후에 구원을 받는다는 교리는 불교에서 현실을 외면하고 수도에 전념하여 극락에 이르려는 것과 크게 다르지 않다고 보았기 때문이다. 그러나 소수의 성리학자들은 기독교와 성리학은 그 근본에서 별 차이가 없다고 생각했다. 이들은 서양기독교가 가르치는 한계를 극복하고 성경의 핵심을 이해했는데, 성경의 가르침은 이 세상에 거룩한 나라, 즉 하나님나라를 실현하는 것이라고 이해해서 기독교는 성리학과 다를 바 없으며, 성리학의 한계를 기독교로 극복할 수 있다고 생각했다. 이들이 성경을 처음 읽으면서 성경의 핵심을 올바르게 이해했다는 것은 참으로 놀랍다.

기독교를 신앙이나 학문으로 받아들인 서학파의 특징은 성리학으로 이루지 못한 이상국가를 서학을 통해서 실현할 수 있다고 생각했다는 데에 있다. 북학파 보다 서학파가 실학에서 더 중요한 비중을 차지했으며, 또 큰 영향을 끼쳐서 실학은 서학과 같은 뜻으로 쓰이고 있다.

북학파가 상공업에 관심을 가진 것과는 달리 서학파는 조선은 농업 국가이므로 농업을 중요하게 생각했다. 이들은 농업이 중심인 조선의 현실을 직시하면서 자영농을 발전시키기 위한 토지제도나 행정기구 등의 개혁에 대해 많은 연구를 했다. 이를 경세치용(經世致用)이라고 한다. 이들은 농촌문제 해결은 토지의 제도가 핵심이라고 보아서 많은 관심을 가졌으며, 지주가 아닌 농민의 입장에서 토지제도에 접근했다.

❶유형원

조선 실학의 길을 연 사람은 유형원(柳馨遠 1622~1673)이다. 「하멜 표류기」의 저자 네델란드인 하멜이 제주도에 표류했을 때 제주 목사였던 이원진은 유형원의 외삼촌이며, 그에게서 글을 배웠기 때문에 일찍부터 서학에 대하여 접할 기회가 있었다. 그는 실학을 연구하기 위하여 관직을 포기하고 전북 부안에서 농촌의 삶을 직접 경험하면서 22년 동안 연구하여 1670년 반계수록(磻溪隧錄)이라는 책을 완성했다. 반계는 호이고 수록은 책을 읽다가 수시로 베껴 둔 글이라는 뜻인데 실제로는 체계적인 연구서이다. 26권 14책으로 구성된 이 책에서는 「조선경국전」에 기초한 조선의 사회질서에 대하여 근본적인 개혁을 주장했는데, 너무 파격적이어서 간행하지 못하고 있다가 1770년 영조의 명으로 출간되었다. 실학에서 「반계수록」은 대단히 중요한 비중을 차지하고 있다. 이를 간략히 살펴보면 다음과 같다.

토지제도

유형원은 반계수록에서 토지제도를 가장 중요하게 또 길게 다루고 있다. 유형원뿐만 아니라 서학파의 중심인물인 이익과 정약용도 토지제도에 가장 큰 관심을 기울였다. 조선은 농업국가이며 대부분의 백성이 농민이기 때문이다. 이들은 한결같이 토지제도의 근간은 모든 토지를 국유화하여 농사지을 농민들에게 골고루 나누어 주어야 한다고 주장했다. 토지제도를 지주가 아닌 농민에 초점을 맞추어 생각했으며, 모든 농민을 자영농이 되게 하려고 했다. 유형원은 공전제(公田制))를, 이익은 한전제(限田制)를, 정약용은 여전제(閭田制)를 주장했는데. 조금씩 차이가 있지만, 지주전호제(地主佃戶制, 대지주-소작농제도)를 철폐하고 국가에서 토지를 공유하여 농민에게 골고루 나누어 주어 자영농민이 되게 해야 한다는 데에는 일치한다.

신분제도

유형원을 비롯한 서학자들은 하나같이 신분제도의 철폐를 주장했다. 조선의 봉건적인 제도인 지주전호제와 노비제도를 혁파하여 노비들을 자영농민이 되게 하며, 농민, 상인 등의 지위를 향상시켜 모든 사람이 법적으로는 물론이고 경제적으로 평등해져야 한다고 했다. 법적인 신분평등에서 더 나아가 경제적인 평등, 즉 경제정의의 실현을 추진했다는 점은 참으로 놀랍다. 노비가 전체 인구의 약 1/3에 해당되던 조선후기에 이런 혁명적인 발상을 하는 사람들이 있었다. 이들을 실학자(서학파)라고 한다. 모든 인간이 신분과 지위는 물론이고 빈부에서도 평등해야하다는 사상은 성경의 기본적인 개념이다. 서학자들은 성경에서 이것을 읽어냈다.

조세제도

조세제도는 경제평등의 차원에서 접근하여 농민이 부담하던 조세를 통일하여 1/20세를 주장했다. 이와 더불어 정부의 지출을 1/20세의 수입에 맞추는 '양입위출'(量入爲出)을 제안했다. 그 이전에는 정부의 지출에 맞추어 세금을 정하는 '양출위입'(量出爲入)이었다. 1/20세가 현실성이 있을까라는 생각이 들 수 있다. 그러나 대지주제와 신분제를 철폐하고 땅을 골고루 나누어 주어 자영농업이 실현되면 세금을 내는 대상과 땅이 늘어나기 때문에 가능해진다. 권문세가와 대지주의 땅들이 대부분 면세일 때는 소수의 농민들이 세금을 부담하기 때문에 부담이 가중되었다. 유형원과 이익은 관직에 나아가지 않고 실제로 농사를 지으면서 구체적이고 현실적으로 연구했다. 이들의 이런 주장은 결코 탁상공론이나 학문연구에서만 비롯된 것이 아니라 현장에서 과학적으로 연구한 결과였다.

기타

이 외에도 군역법(軍役法), 정부의 정치제도, 관리를 선발하는 과거제도 등 국가운영 전반에 대하여 파격적인 제안을 하고 있다. 이들의 이런 제안은 급진적이라고 느껴지지만 오랜 연구를 통하여 실현 가능성을 염두에 두고 한 말이다. 유형원의 사후 그의 주장이 조정 관리들과 영조에게까지 영향을 주어 영조의 명으로 반계수록이 출간되었으며, 정조가 실천으로 옮기려고 했다는 사실은 실학자들의 주장이 현실성이 있었음을 말해준다. 문자 그대로 이들은 허학(虛學)이 아닌 실학(實學)을 했다.

❷이익

성호 이익(李瀷 1681~1763)은 6촌인 유형원의 사상을 받아들여 실학이라는 학문으로 성장시켰다. 이익 역시 관직에 나아가지 않고 농촌(경기도 안산)에 머물며 직접 농사를 지으면서 학문을 닦았으며, 많은 문하생들을 길러내어 실학(서학)의 발전과 확산에 지대한 공헌을 했다. 이익 자신은 서학을 학문으로만 받아들였으나 그의 문하생들 가운데는 서학의 신앙을 비판하는 우파(안정복, 신후담, 이용휴, 채제공 등)와 신앙을 적극적으로 받아들인 좌파(권철신, 권일신, 이승훈, 이벽, 이가환, 정약종, 정약용 등)로 나누어진다.

농사를 직접 지었던 이익은 양반도 농사를 지어 자급해야 한다며 사농합일(士農合一)을 주장했고, 토지제도와 농업에 대한 연구를 심도있게 진행했다. 토지는 한 가구당 오늘날의 1,500평에 해당하는 땅을 나주어 주어야 한다고 했으며, 과거제와 붕당정치 등

사회전반에 대한 개혁안을 제시했다.

이익은 퇴계 이황으로부터 학문적인 영향을 많이 받았으며 말년에 병석에 누워있으면서도 도산서원의 그림을 그리게 하여 늘 머리맡에 두고 보았다고 한다. 그는 이황의 주리론과는 달리 주기론을 선택했지만 학문적인 측면에서는 주자－이황－허목으로 이어지는 학통을 정통으로 생각했다. 이익의 사상은 그가 지은 「성호사설」(星湖僿說)에 집약되어 있다.

❸정약용

서학의 경세치용 학문은 다산 정약용(丁若鏞 1762~1836)에 이르러 집대성되었다. 다산은 어릴적부터 이익의 제자인 권철신과 이가환 등에게 글을 배우면서 실학을 접하게 되었다. 성균관에 들어간 후 20대 초에 서울에 살고 있던 이벽을 통해 천주교와 서양과학에 대한 신앙과 지식을 전수를 받았다.

정약용이 성균관에 재학하고 있던 시기에 그의 천재성과 인품을 알아본 정조는 정약용을 측근에 두고 중용했다. 어사가 되어 탐관오리들을 척결하기도 하고 문제가 있는 지역의 수령으로 가서 길이 남을 업적을 남겼다. 서울의 수표교 다리를 놓을 때와 수원 화성을 쌓을 때는 과학기술을 활용하거나 도르래를 이용한 기중기를 개발하여 획기적인 성과를 거두었다. 그러나 정조가 갑자기 사망하면서 그에게는 시련이 닥쳐오기 시작했다.

정조 사후 권력을 잡은 안동김씨는 천주교인들을 대대적으로 박해했는데, 1801년의 신유사옥(순조1년) 때 그의 형 정약종과 매부 이승훈 등은 죽고 정약용은 전라도 강진으로 유배가서 18년을 지내야 했다. 다산에게는 힘든 시간이었지만 이 유배 기간에 농촌의 실상을 몸으로 경험하며 연구를 거듭하여 그로 하여금 조선 최고의 개혁사상가가 되게 했다. 그의 주요 저서인 「목민심서」(牧民心

書), 「경세유표」(經世遺表), 「흠흠신서」(欽欽新書) 등은 이 시기에 기록되었다. 이 책들은 토지제도를 비롯하여 다방면에 대한 개혁 정책을 다루고 있다.

지방에서 왕권을 대행하는 수령들이 지켜야 할 덕목을 다룬 「목민심서」는 우리나라 사람보다는 외국인에게 더 큰 영향을 주었다. 구소련에 유학가 있던 호치민은 같은 유학생 박헌영을 통하여 「목민심서」를 알게 된 후 평생 머리맡에 두고 통치의 지침으로 삼았다. 월남전 당시 우리가 월남에 파병하여 월맹과 싸웠고 월맹은 공산주의 국가여서 북한과 수교했으면서도 종전 당시와 이후에 친한(親韓) 정책을 쓴 이유는 호치민이 가장 존경하는 사람이 정약용이었기 때문이다. 호치민은 죽으면서 "후일 한국과 수교하게 되면 내 대신 정약용 묘소에 가서 참배를 하라."고 당부했는데, 후일 수교를 위해 처음으로 한국을 방문한 관리들은 공항에서 정약용 묘소로 직행했다고 한다. 목민심서의 가치를 알아보고 실천으로 옮겨 나라를 일신시킨 지도자는 호치민이었다.

「목민심서」를 읽어보면 하나님, 성경이라는 단어만 나오지 않을 뿐 구약성경 율법서에서 이스라엘의 성직자인 제사장들이 지켜야 할 덕목을 그대로 옮겨 놓은 것과 같다. 책의 이름을 보면 '목민'(牧民)은 목자(牧子) ,즉 성직자의 역할이고 '심서'(心書)는 자신이 실천하고 싶지만 현재 유배중이어서 실천할 수 없으므로 마음으로는 실천한다는 뜻이다. 「경세유표」는 국가와 사회에 대한 근본적인 개혁안을 제시하는데, 토지제도와 조세제도, 신분제도, 인재등용, 지방행정조직의 개편 등을 다루고 있다. 「흠흠신서」는 우리나라 최초의 법학연구서이며, 법을 집행하는 관리들의 무지로 말미암아 살인사건 등이 허술하게 다뤄져서 생명이 경시되는 것을 막기 위하여 쓰여진 책이다. 정약용의 이런 저서들은 그의 오랜 관직의 경험과 유배를 통한 현장의 경험이 있었기 때문에 가능했다.

서학자들은 다방면의 실천 지침서를 내어 놓았는데 현실과 상관 없는 이론이 아니라 실제로 실천할 수 있는 대안이었다. 단지 경직되어있던 당시 사회지도층이 받아들이기 쉽지 않았을 뿐이다.

5. 양명학

주자학은 수양, 실천을 강조하는 유교에 이기론을 추가하여 독서와 학문적인 수련으로 그 이치를 터득하는 데에 주안점을 둔다. 그러나 명나라의 진헌장(陳獻章)은 독서와 공부가 아니라 정좌(靜坐)의 자세로 사색하여 자신의 마음에서 도리를 깨닫는 심학(心學)을 주창하여 새로운 길을 열었다. 이후에 왕수인(王守仁, 1472~1529)이 이를 집대성했는데, 그의 호를 따라 양명학(陽明學)이라고 부른다. 성리학에서는 성즉리(性卽理), 심즉기(心卽氣)로 리와 기를 구별하는데 반하여 양명학에서는 심즉리(心卽理), 리즉기(理卽氣)를 주장하며 리와 기를 하나로 본다. 양명학은 초기에 정좌, 심학, 유심론으로 치우치자 선천적인 도덕능력으로 올바른 지식에 도달한다는 치양지(致良知)를 추가하여 보완했다. 인식과 실천은 둘이 아니라 하나라고 보아 지행합일(知行合一)을 강조한다.

양명학은 중국에서 성리학이 주지주의적인 원리론에 치우치자 이를 보완하기 위하여 등장했다. 조선에서는 임진란, 병자란 이전에는 양명학이 사문난적으로 취급되어 발을 붙이지 못하다가 전란 이후에 성리학에 대한 반성이 일어나면서 양명학에 관심을 가지게 되었다. 조선 양명학의 대표자는 정몽주의 후손인 하곡 정제두(1649~1736년)이다. 그는 과거를 포기하고 강화도 하곡에서 독자적으로 학문에 정진하여 양명학을 깨우쳤다. 양명학은 실학자인 북학파와, 일제식민지 시절 독립 운동가 김택영(金澤榮), 박은식(朴殷植), 정인보(鄭寅普), 송진우(宋鎭禹) 등에게 영향을 주었다.

6. 고증학

청나라 초기에 등장했던 중국의 실학자들은 현실을 도외시하는 성리학과 양명학을 거부하고 새로운 방법을 찾았는데 고증학이 그것이다. 고염무(顧炎武, 1613~1682년)는 귀창(貴創), 박증(博證), 치용(致用)을 강조하면서 고증학의 길을 열었다. 귀창은 학문에서 창의력을 귀하게 여김이며, 박증은 과학적인 방법으로 증거를 널리 찾음이고, 치용은 실용주의를 말한다. 이런 고증학은 조선의 실학자들에게 많은 영향을 주었으며, 조선말기 김정희도 청나라에 갔다가 고증학자들을 만난 후 고증학에 심취했다.

임진왜란과 병자호란 이전에는 감히 어느 누구도 성리학에 대하여 이의를 제기할 수가 없었으며, 이를 어기면 사문난적으로 몰렸다. 그런데 두 전란을 겪으면서 성리학의 권위가 무너지고 어느 정도 자유롭게 학문을 할 수 있는 분위기가 조성되어서 실학, 양명학, 고증학 등이 가능해졌다. 특히 실학자들의 업적은 우리 정신문화역사에서 대단히 중요한 의미를 지닌다.

물음 42 조선 실학, 어떤 의미를 지니는가?

조선의 실학은 조선후기의 대표적인 사상이며 독특하다. 오랑캐로 여기던 청의 침략에 자주성을 회복하려는 중국의 실학과는 성격이 다르며, 고려 말 실학과도 크게 차이난다. 그 특징을 열거해 보면 다음과 같다.

1. 새로운 도전

조선을 건국한 신진사대부들은 성리학으로 이상적인 국가를 세우려고 시도했으며, 국호를 조선이라고 했다. 이런 시도는 세종, 조광조 등을 통해서 이어졌지만 왕권을 탐내는 왕자들과 훈구파에 의해 좌절되었다. 그래도 끝까지 굽히지 않은 사림파는 훈구파를 몰아내고 정계를 독점했지만 이번에는 자중지란에 빠져버리고 말았다. 붕당과 파벌을 지어 공론을 일삼다가 임진왜란과 병자호란을 자초하고 말았다. 이런 환란을 겪고도 붕당은 사라지지 않고 정쟁을 일삼았다.

그리하여 산림들은 정계를 등지고 시골로 낙향하였으나 성리학이 이루지 못한 이상국가의 꿈을 포기하지 않고 새로운 방법을 모색했다. 고조선에서부터 형성된 우리 정신문화의 특징 중 하나는 현실 속에서 이상을 실현하려는 끊임없는 도전이다. 현실에 대한 적응에 만족하지 않는 이 정신은 불의의 세력을 용납하지 않으려 했고, 국난을 당하면 지위와 신분과 종교를 가리지 않고 결집하여 저항했다. 의병에서 이런 정신이 잘 드러나는데, 동북아에서 유일하게 나라와 민족을 지킨 우리 민족의 저력이다. 우리에게는 이상과 현실을 조화하려는 끊임없는 도전 정신이 있다. 실학은 이런 정신의 반영이다.

산림들은 이상국가 실현의 꿈을 포기하지 않고 도전, 또 도전했다.

2. 현실적인 대안

이상을 현실에서 실현하기 위하여 실학자들은 몸소 현실을 경험했다. 북학파들은 직접 연경에 가서 앞선 문물을 둘러보고 관계자들을 접촉했으며, 서학파들은 농촌에 머물며 직접 농사를 지으면서 사회의 실상을 몸으로 체득했다. 실학자들의 주장은 결코 탁상공론의 산물이 아니었다. 문자 그대로 허학(虛學)이 아닌 실학(實學)이었다.

실학자들은 현실적인 대안을 제시하기 위하여 많은 연구를 거듭했다. 유형원은 과거를 포기하고 젊은 나이에 시골로 내려가 농사를 지으며 평생 동안 연구하여 「반계수록」을 써 놓았다. 성호 이익 또한 직접 농사를 지으며 후학을 키웠고 다방면으로 연구를 거듭하여 실학을 사상적으로 성숙시켜 「성호사설」을 지었다. 정약용은 일찍이 현실정치에 참여하여 여러 분야에서 활동하다가 유배당하여 시골에 18년을 머물며 많은 생각과 연구를 하여 실학을 집대성했다. 「목민심서」, 「경세유표」, 「흠흠신서」는 실학사상이 종합된 결정판이라고 할 수 있다.

이들의 이런 주장이 대단히 파격적이기는 하지만 현실성이 있었다는 것은 영조가 이를 받아들이고 정조는 실학자들을 중용하여 구체적으로 실행에 옮기려고 했다는 점에서 잘 드러난다.

3. 제도개혁

실학자들은 이상을 현실에 실현시키기 위하여 제도의 개혁을 주장하고 있다. 이들은 막연한 개혁이나 문제점의 지적에 머물지 않는다. 사회의 현실과 국가제도의 실상을 직시하면서 제도개혁을 구체적으로 제시하고 있다. 특히 토지제도를 가장 중요하게 생각하고 직접 농사를 지어가며 심혈을 기울여 연구했다. 이들의 주장이 파격적이면서 현실성이 있었던 이유는 구체적인 제도개혁을 제시하기 때문이다. 실학자들은 많은 연구를 통하여 실천 가능한 종합처방전을 제시했다. 이런 점은 높이 평가할 만하다.

개혁을 주장하면서도 문제점만 지적하고 열거하는 선에서 그치는 경우가 많이 있다. 문제의 지적은 어렵지 않으며 누구나 할 수 있다. 그러나 현실적이고 구체적인 대안 제시는 대단히 어렵다. 대안 없는 비판은 오히려 혼란만 줄 수도 있다. 현실적인 대안이 없으면 비판하지도 말아야 한다.

4. 조선의 기독교 신학

이상국가 실현에 관심이 있던 실학자들은 서양 사상인 기독교에 대하여 학문적으로 연구했다. 성경을 연구하면서 우리의 현실에 적용할 수 있는 제도와 방법들을 찾아냈다. 비록 당시의 상황이 서학을 금지하고 있었기 때문에 성경, 하나님 등에 대한 언급이 없지만 그 내용은 성경과 부합하는 부분이 많이 있다. 특히 토지제도와 신분제도에서 그러하다. 실학자들이 토지제도에 지대한 관심을 가지는데, 성경의 율법서도 토지제도와 신분제도에 큰 관심을 가지고 있다. 왜냐하면 토지와 신분의 문제가 인간의 삶에 가장 중요하기 때문이다. 율법에서 제일 중요한 신학적인 주제는 땅과 신분의 문제다.

아마도 실학자들은 자신들이 한 일이 조선의 입장에서 기독교의 핵심적인 문제에 신학적으로 접근하고 있다는 사실을 전혀 몰랐을 것이다. 그러나 조선의 성리학자들은 서양의 신학자들보다 성경의 핵심에 더 가까이 다가갔다. 아직 이런 평가가 없기 때문에 우리 실학자들이 서양의 신학자들보다 성경의 핵심에 가깝다는 사실이 믿기 어려울 수 있다. 그러나 이는 명확한 사실이다. 판단이 쉽지 않을 수 있지만 사실 확인 작업은 의외로 단순하다. 서양신학자들과 실학자들이 다룬 주제와 성경을 비교해보면 신학전문가가 아니라도 성리학자들의 주장이 얼마나 뛰어난 지 누구나 알 수 있다. 조선의 실학자들이 이렇게 접근할 수 있었던 이유는 우리의 전통사상에는 이상을 현실 속에 실현하려는 강한 의지가 있었기 때문이다. 우리의 전통사상과 성경은 그 핵심에서 상당부분이 일치한다. 반면에 현재의 서양기독교는 세계화되는 과정에서 헬라철학을 기반으로 신학체계를 만들었기 때문에 성경의 핵심에서 크게 벗어나 있다.

이런 사실은 다음의 도표를 보면 명확해진다.

서양기독교 & 실학자/개화파 & 히브리신학의 비교

주 제	서양기독교 신학	히브리 성서신학	실학자/ 개화파 신학
사상 기반	헬레니즘/ 로마문화	헤브라이즘/율법	홍익인간/성리학
주제/ 핵심	내세-천국중심/ 영혼구원	천국 지상 도래	지상에 이상국가 건설
실현 방법	교리교육/선교	거룩한 나라건설	사회/국가 개혁
윤리/ 실천	하나님의 사랑 실천	희년(禧年): 신분, 지위, 빈부 격차 배제	토지개혁/ 신분타파
특 징 (1)	이원론: 영↔육, 성↔속 이데아/천국/ 초월신학	일원론: 영육, 성속 일치신학: 통합 통섭	일원론: 천지인 합일 세상/홍익인간/ 내재신학
특 징 (2)	예배/의식 강조	애국/애민/교육/ 계몽	애국/애민/교육/ 계몽강조
특 징 (3)	2천년기독교역사/ 수도사/신학자	율법과 복음 예언자사상(사관)	기독교역사 전무/ 초신자/성리학자
평 가	성경의 핵심 실종	성경의 핵심	성경의 핵심에 근접

〈표1 서양기독교와 성경, 실학의 비교〉

이 도표를 보면 실학자들의 주장이 본래 성경의 핵심과 거의 일치하는 것을 볼 수 있다. 어떻게 이런 결과가 가능했을까? 우리의 전통사상과 유학은 본래 같은 뿌리이며, 성리학은 신유학이다. 〈물음11〉에서 본 바와 같이 고조선의 문화와 구약성경의 율법(히브리문화)은 많은 부분에서 유사하다. 이런 이유로 성리학의 사상적인 기반을 가진 조선의 실학자들은 성경을 접하면서 쉽게 성경의 핵심에 도달할 수가 있었다. 이런 현상은 조선 말기 개신교로 기독교를 접한 개화파들에게서도 동일하게 나타난다. 개화파에 대해서는 조선 말기와 일제강점기의 민족지도자들을 다루면서 다시 비교해보고자 한다.

물음 43 영조/정조, 왜 중요했는가?

조선후기 영조와 정조 시대를 가리켜 조선의 문예부흥(Renaissance)시대였다고 말한다. 특히 정조 시대는 대단히 높게 평가한다. 왜 그런 평가가 나올까? 그 이유는 다음과 같다.

1. 영조

조선사회에서 실학자들의 혁명적인 주장은 전혀 받아들여질 수가 없었으리라고 생각된다. 그러나 전혀 그렇지 않았다. 당시 이들의 주장은 즉흥적인 결론이 아니라 사회현실을 직접 경험하며 평생을 연구한 것이었고, 또 아무런 사심없이 나라의 장래를 위한 대안제시였다. 그 결과 나라의 장래를 염려하는 일부 관리들은 「반계수록」의 가치를 알아보고 왕에게 계속 간언했다. 유형원과 동시대인인 소론의 영수 윤증은 「반계수록」을 읽고 큰 감명을 받았으며, "세상을 경륜할 업무에 뜻을 둔 자가 채택하여 실행할 수만 있다면 저술한 공로가 그때서야 제대로 나타날 것이니 어찌 사라져 버릴 이치가 있겠는가?"라고 극찬하였다. 숙종4년(1678년)에는 유형원의 지인 배상유가, 1694년에는 유생 노사효(盧思孝) 등이 「반계수록」의 정책을 시행하자는 상소를 올렸다. 영조 17년(1741년)에는 유형원의 제자였던 승지 양득중(梁得中)이 경연에서 「반계수록」을 강론하자고 했다. 신하들의 거듭된 요청에 「반계수록」을 직접 읽어본 영조는 「반계수록」을 조정에서 간행하도록 지시했다. 「반계수록」이 쓰여진 지 90년이 지난 1760년의 일이다. 예문관에서 3부를 찍어 사고(史庫)에 보관하고, 신하에게도 반포가 허락되었으며 경상감영에서 출판되어 널리 배포되었다.

영조(1724~1776 재위)는 조선에서 최장수한 왕이며 탕평책을 실시하고 아들 사도세자를 뒤주에 가두어 죽이고 손자인 정조에게 왕위를 넘겨 준 왕으로 잘 알려져 있다. 그러나 그에게는 「반계수록」의 혁명적인 내용을 수용할 만큼 개혁적인 면모가 있었다. 조선의 왕실과 관리들이 폐쇄적이라고 생각되지만 유형원의 혁명적인 사상에 동조하는 관리들이 있었을 뿐만 아니라 그 실천을 왕에게 직접 주청할 만큼 언로가 개방되어 있었다. 그리고 영조는 그 사상의 유포를 허락했다. 우리의 사상 저변에 깔린 홍익인간, 재세이화의 정신이 그것을 가능하게 했다.

2. 정조

영조의 이런 정책은 일과성으로 끝나지 않고 그의 손자 정조(1776~1800 재위)에게로 이어졌다. 아버지 사도세자는 뒤주에 갇혀서 죽었고, 벽파의 감시를 받으면서 자란 정조는 우여곡절을 겪으며 살아남아 왕위에 올랐다. 정조는 실학자들의 개혁정책 서적을 가까이 하여 즐겨 읽었으며, 유형원, 이익, 안정복 등의 제안을 정책에 반영했다. 이익의 제자 채제공을 중용하여 영의정을 맡겼으며, 채제공은 정조의 기대를 저버리지 않고 바른 정치를 폈다. 정조는 나이 많은 채제공의 후계자로 이가환과 정약용을 지목하고 있었다. 특히 정약용이 성균관에서 공부하는 모습을 지켜본 후 그를 아끼며 가까이 두고 중요한 일들을 맡겼다. 정조는 성군이 될 만한 자질을 타고 났으며, 실학자들이 제시하는 혁명적인 제안들을 앞장서서 실현하려고 했다.

세종이 집현전에서 했던 것처럼 정조는 규장각에 젊은 인재들을 모아 놓고 다방면의 연구를 진행하게 했다. 서자출신도 가리지 않고 공부할 기회를 주었으며, 또 고위관리로 임명하였다. 노비와 궁녀제도를 폐지하려고 했으나 반대에 부딪혀 완전히 없애지는 못했지만 대전의 궁녀들은 없앴다. 이런 이유로 정조는 세종에 버금가는 성군으로 평가받고 있다.

그러나 안타깝게도 정조는 여기까지였다. 종기로 앓아누웠던 정조는 탕약을 마시고는 49세에 갑자기 죽었다. 정조의 정책에 반대하며 벽파를 옹호하던 영조의 마지막 왕비인 정순대비에게 독살당했다는 소문이 파다했다. 정조이후 권력을 잡은 정순왕후와 안동김씨 가문에 의해 조정이 세도정치로 흐르다가 조선은 파국을 맞고 말았다.

조선 왕조사에서 정조의 위치는 어디일까?

조선왕조는 신진사대부들이 성리학의 이상을 가지고 출범했다. 정도전의 청사진은 채 마무리되기도 전에 이방원의 왕권욕에 꺾이고 말았다. 그러나 잘려나간 그루터기에서 새싹이 돋아 세종에게서 정도전의 꿈은 만개했다. 그러나 그 꽃은 채 열매를 맺기도 전에 이번에는 세종의 아들 수양대군의 왕권욕에 시들어 버리고 말았다. 훈구파의 득세에도 불구하고 시들은 뿌리에서 또 새싹이 솟아올랐다. 사림파의 대부 조광조는 왕도정치를 표방하여 기세등등하게 출항했다. 그러나 훈구파의 온갖 모략과 선주 중종의 변심으로 좌초되고 말았다.

훈구파들은 사화(士禍)로 사림파를 근절하려고 했으나 조선성리학의 선비들은 끈질기게 살아남았으며, 끝까지 포기하지 않아서 결국 훈구파를 몰아내고 정권을 독점하였다. 그러나 이번에는 사림파끼리 붕당을 지어 서로 죽고 죽이는 살인판을 벌이는 모순에 빠지고 말았다. 이런 와중에도 퇴계 이황은 성리학 본연의 취지에 충실하여 성리학의 완성의 경지에 도달하는 위업을 달성하였고, 다음 세대인 율곡 이이는 성리학의 실천에 힘을 기울여 여러 개혁정책을 입안하여 제시했다. 퇴계는 학문으로, 율곡은 실천으로 조선 성리학을 완성시킨 셈이다. 그러나 당쟁에 눈이 어두운 조정의 사림파는 이런 학문과 개혁정책에 무관심했고 결국 나라는 임진왜란과 병자호란을 겪으면서 백성은 도탄에 빠지고 말았다. 전란 후에도 사림의 파벌싸움은 그치지 않았다.

이에 조정에서 설 자리를 잃은 일부 성리학자들은 귀향하여 후학을 양성했다. 그 결과 성리학 자체에 대한 반발로 탈성리학 운동이 일어났는데 그 탈출구가 실학이었다. 이 세상에 성리학이 이루지 못한 이상국가의 꿈을 서학을 통하여 실현하자는 실학자들의 제안은 너무 혁명적이어서 받아들여질 것 같지 않았지만, 거짓말처럼 이 제안들을 받아 들여 실천하려는 군주가 등장했다. 영조와 정조가 그 군주였다. 특히 정조, 이가환, 정약용은 조선의 마지막 희망이고 기회였다. 그러나 그 꿈은 안타깝게도 궁중의 어른 노릇하는 한 아녀자의 무지한 욕심에 의해 꺾어지고 말았다. 그 노파는 자신이 한 일이 무엇인지, 그 댓가를 얼마나 비참하게 치러야 하는지를 모르고 죽었을 것이다. 마지막 기회를 잃어버린 이 나라는 조선 말기에 이르러 열강의 각축장이 되다가 일제에게 먹히고 말았다.

이 나라는 어찌 이리도 복이 없는가?
어찌 그리도 기회를 살리지 못하고 말았는가?

환웅천왕은 일찍이 홍익인간 재세이화라는 가치로 인류사에서 뿌리문명을 일으키고 단군왕검은 이상국가를 출범시켜 2천 년 유지했다. 그러나 그 위대한 사상을 집대성할 기회를 놓치고 중국에 넘겨주고 말았다. 이후 우리는 중국의 그늘에서 지내야 했다. 정신문화의 집대성이 곧 문화의 힘이며 국력으로 이어진다는 사실을 우리는 우리의 역사를 통해 뼈저리게 경험했다. 고구려가 다물 사상으로 고토를 회복했지만 정신문화가 뒷받침되지 않아 고토와 더불어 나라가 사라지고 말았다. 뚜렷한 건국이념 없이 출발한 고려는 출발부터가 고구려를 계승할 수가 없었으며, 겨우 나라를 지탱하다가 성리학을 기반으로 하는 신진사대부들에게 왕조를 넘겨주었다.

조선의 건국이념이 워낙 독특했기에 훈구세력의 등쌀에도 사라지지 않고 계속 싹이 솟아올랐다. 그 마지막 몸부림이 실학이었다. 실학은 조선 성리학의 한계를 기독교 서학으로 융합하여 새롭게 제시한 사상이었다. 유형원, 이익, 정약용이 그 산파역할을 했고 정조는 이를 활용할 준비가 된 군주였다. 그러나 여기까지였다. 그리고 200여 년이 지난 지금 또 한 번의 기회가 찾아왔다. 기회는 자주 오지 않는다.

우리의 현대사에는 그 기회가 들어있다. 그것을 보고 이번에는 그 기회를 놓치지 말아야 한다. 이 책을 쓰는 이유는 여기에 있다.

물음 44 정조이후, 어떻게 기울어졌는가?

실학으로 나라를 바로잡아보려고 시도하다가 정조의 독살로 막을 내린 후 조선은 패망의 길로 접어들었고, 다시 돌이키지 못하고 말았다. 그 과정은 다음과 같다.

1. 세도정치

세도(世道)정치라는 말은 조광조가 '세상을 도로써 바로잡는 정치'라는 의미로 사용했다. 그런데 정조가 죽은 다음에는 특정 가문이 대를 이어 권력을 독점하고 나라를 파국으로 몰고 간 세도(勢道)를 의미하게 되었다. 정조 이후 세도정치는 안동김씨 가문에서 시작되었다. 김조순은 자신의 딸을 순조의 왕비로 들인 이후 3대의 왕비를 안동김씨 가문에서 내며 60여 년 이상 세도를 부렸다. 중도에 잠시 풍양조씨와 세력다툼을 벌였지만 다시 실권을 장악했다. 고종이 등장한 이후에는 대원군이 세도를 부리다가 실각했으며, 이후에는 명성왕후(민비)의 여흥 민씨 가문이 득세를 했다. 조선 말기는 세도정치로 일관했다고 할 수 있다.

2. 풍자문화

임진왜란과 병자호란이 있은 후 일하지 않는 양반들의 악습을 풍자하는 글이 소설의 형태로 등장했다. 대표적인 소설이 박지원의 「허생전」, 「호질」, 「양반전」 등이다. 이어서 한글로 지은 시집들과 홍길동전과 같은 소설들이 쏟아져 나왔다. 그 저자들은 대부분 서얼출신들이거나 중인들이었다. 이런 문학들은 일반 백성의 민심과 감정을 그대로 담고 있다.

이와 더불어 판소리, 탈춤, 남사당패 등이 서민의 감정을 대변하며 풍자극으로 양반들을 힐난했다. 회화(繪畫)에서도 큰 변화가 생겨 중국풍의 그림에서 우리의 자연환경을 있는 그대로 표현하거나, 서민의 삶과 풍속을 드러내는 세속화들이 인기를 끌었다. 이와 같은 풍자문화는 그 당시 상황을 잘 반영하고 있다.

3. 민란

세도정치는 그렇지 않아도 어려운 백성들의 삶을 극도로 피폐하게 했다. 특히 매관매직이 성행하자 탐관오리의 숫자가 늘어나면서 삼정(三政)이 극도로 문란해지고 말았다.[209] 토지세인 전정은 운반비, 손실비 등을 추가하고, 거두지 못한 군포(軍布)까지 포함시킴으로서 몇 배로 늘어났다. 본래 토지세는 지주가 내게 되어있었으나 소작농에게 떠넘겨졌다. 병역의 세금에 해당되는 군정은 양반은 면제되므로 부족액을 메우기 위하여 죽은 자와 어린아이에게까지 부과했으며, 도망친 이웃의 몫까지 내야 했다. 환정은 본래 빈민구제 제도였으나 강제로 빌려주고 고율의 이자를 받아 내거나 빌려주지 않고도 이자를 받아냈다.

이런 폭정에 견디지 못한 백성들은 고향을 떠나 유랑하게 되었고, 한 면에 10호도 남지 않는 경우도 생겨났다. 대다수는 국경을 넘어 간도와 연해주로 도피해야 했다. 청을 세운 여진족이 중원으로 이주하여 이 지역이 비어 있어서 유랑민들의 이주가 가능했다. 이런 유민중 대다수는 도적떼가 되고 말았다. 횃불을 들고 다니는

209) 전정(田政,) 군정(軍政), 환정(還政)

화적(火賊)이나 배를 타고 다니는 수적(水賊)이 등장했다. 또 이런 불만은 민란으로 폭등했다. 1811년의 홍경래의 난을 필두로 진주, 익산 등 전국 각지에서 70여 회의 민란이 일어났다. 도적떼의 창궐과 끊임없는 민란은 당시의 세도정치에 의한 폭정이 얼마나 심했으며, 백성들의 삶이 어느 정도로 비참해졌는지를 잘 반영한다.

4. 동학혁명

서학파들이 중국을 통해 받아들인 기독교는 천주교(로마 가톨릭)였는데 서울을 중심으로 확산되어 나갔다. 이에 최제우(1824~1864년)는 외세의 종교인 서학(西學)에 주체적으로 대항하기 위해 민족종교를 창시하고 그 이름을 동학(東學)이라 했다. 그는 어려운 환경에서 고초를 겪으며 당시 사회의 실상을 경험한 후 어리석은 사람들을 바로잡겠다는 뜻으로 이름을 제우(濟愚 본명은 濟宣)로 개명하고 1855년부터 수도에 정진하여 1860년 4월 5일 자신의 고향 경주에서 천주(天主)를 만나는 경험을 했다. 수도에 집중하고 있던 중 갑자기 몸이 떨리고 정신이 아득하여지면서 천지가 진동하는 듯한 소리가 공중에서 들려왔다고 한다. 최제우는 이 경험 후에 1년 동안 그 가르침에 마땅한 이치를 체득하고 도를 닦는 순서와 방법 등을 정리한 후 포교활동에 나섰다. 그의 포교에는 많은 사람들이 몰려와서 1863년에는 신도들이 3천여 명에 이르렀다.

사람들이 모이게 된 배경에는 탐관오리들의 횡포에 민란이 빈번했고 마음의 위안을 찾을 길 없는 민중들에게 동학은 어떤 기대감을 가지게 했다. 그는 지상에 천국이 이루어진다는 후천개벽을 주장하면서 천주를 마음에 모시면 적서(嫡庶)나 반상(班常)의 구별없이 누구나 군자가 된다는 만민평등을 가르쳤다. 동학에는 양반, 부자, 선비는 들어오지 말라는 삼불입(三不入)이 있었다. 이는 동학이 상놈, 노비, 백정, 가난한 자, 그리고 여성을 위한 종교였음을 말한다. 또 최제우의 신체험 이후에 그를 따르는 사람들에게 치병, 예언 등 여러 신비현상들이 강렬하게 일어났는데, 이런 현상들이 당시 마음 둘 곳 없는 민중들에게 큰 위로가 되었다.

동학에 많은 사람들이 모이자 정부로부터 박해를 받게 되었다. 조정에서는 시천주(侍天主 한울님이 내 안에 모셔져 있다.)를 천주교로 오해하였으며, 최제우는 사도난정(邪道亂正)의 죄목으로 체포되어 모진 고문을 받은 후 1864년 효수형(梟首형刑)에 처해졌다. 그러나 최제우는 박해가 있을 것을 내다보고 후계자로 최시형을 지목해서 그의 사후에도 동학은 계속 이어지다가 전봉준(全琫準 1855~1895년)에 의해서 농민들과 결합된 대규모 혁명으로 비화되었다. 그러나 동학교도들의 의도와는 달리 동학혁명은 청일전쟁의 도화선이 되어 국제질서의 변화를 몰고 왔다.

동학혁명의 지도자 전봉준은 체구가 왜소하고 작아서 녹두장군으로 불렸다. 그의 아버지가 민란의 주모자로 처형된 후 사회개혁의 뜻을 품었다. 30세에 동학에 입교하여 고부의 접주(接主)가 되었다. 고부의 탐관오리 군수 조병갑의 학정에 반발하여 전봉준은 시정을 요구했으나 거절당했다. 이에 1894년 동학교도와 농민들을 이끌고 관아를 습격하여 부패한 관원들을 척결하고 양식을 백성들에게 나누어 주었다.

이 보고를 접한 정부는 이용대를 파견하여 사태를 수습하게 했으나 그는 책임을 동학교도들에게 돌려 그들을 체포하고 박해를 가했다. 이에 전봉준은 각지의 접주들에게 통문을 보내 궐기를 호소하였다. 전봉준은 보국안민(輔國安民), 제폭구민(除暴救民) 진멸권귀(盡滅權貴) 축멸왜이(逐滅倭夷) 등의 구호를 앞세우고 혁명군 8000여명을 지휘, 호남 일대를 장악했다. 이들을 자력으로 막을 힘이 없는 정부는 청나라에 지원을 요청했다. 이에 일본군도 출정하여 청일전쟁으로 확대되자 동학군은 정부와 화해하고 탐관오리의 응징, 노비의 해방, 토지 균분제 실시 등 12개 조목의 시정개혁(施政改革)에 대한 약속을 받았다.

전봉준은 전라도의 53군에 집강소(執綱所)를 설치하여 자치를 실시하고 동학의 조직 강화에 힘을 쓰며 사태를 주시하고 있었다. 그러던 중 정부에서 약속을 지키지 않고 또 청일전쟁에서 승기를 잡은 일본군이 경제수탈과 침략행위를 노골화하자 1894년 9월 12일 다시 궐기 했다. 전주 삼례를 동학군의 근거지로 삼고 1894년 10월 21일 전봉준의 10만 호남군과 손병희의 10만 호서군은 교주(敎主) 최시형(崔時亨)의 총지휘하에 논산에 집결하여 공주에서 관군과 일본군이 함께 한 연합군과 대접전을 벌였다. 그러나 죽창으로 무장한 동학군은 일본군의 총탄세례를 막아내지 못하고 대패하고 말았다. 동학 동지 김경천의 밀고로 체포된 전봉준을 관군은 동학도의 반발을 염려하여 일본군에게 넘겨주었다. 전봉준을 심문하던 일본인들은 그의 기개에 감복, 회유했으나 전봉준은 기꺼이 죽음을 선택했다. 41살의 전봉준은 1895년 3월 30일 처형되면서 다음과 같은 시를 남겼다.

> 시래천지 개동력 운거영웅 불자모 애민정의 아무실 위국단심
> 時來天地 皆同力, 運去英雄 不自謨, 愛民正義 我無失, 爲國丹心
> 수유지
> 誰有知 (때를 만나니 천지도 힘을 합하더니, 운이 다하니 영웅도 어쩔 수 없구나! 백성을 사랑하고 정의를 위한 길이 무슨 허물이냐! 나라를 위한 일편단심 그 누가 알리!)

이로써 미증유(未曾有)의 광범위한 농민혁명은 1년 동안에 30~40만의 희생자를 낸 채 막을 내렸다. 그러나 정부의 부정부패와 일본의 경제수탈에 대항하여 일어났던 범국민적인 농민혁명은 비록 실패했지만 국내 정치에도 큰 영향을 끼쳤고, 이 혁명 때문에 청일전쟁이 일어나서 국제질서에까지 변화를 주었다.

동학혁명은 우리 역사 이래로 있었던 수많은 농민봉기 중 가장 큰 규모였으며, 혁명의 중심지는 호남이었지만 이북의 함경도 등 전국에서 동조했다. 그 성격도 정권을 잡으려는 반란이라기보다는 나라를 바로 잡으려는 혁명이었으며 희생자만도 수십만 명이나 되었다. 참으로 안타까운 일이다. 따라서 동학혁명의 성격과 실패의 원인, 그리고 특징과 의미에 대해 좀 더 살펴볼 필요가 있다.

먼저 실패의 원인을 보면 현실적인 열세 때문이었다고 할 수 있다. 정부군만 상대했다면 몰라도 청나라와 일본의 군대가 개입한 상태에서 죽창으로 무장한 농민군이 총탄으로 무장한 일본군을 이긴다는 것은 현실적으로 불가능했다. 다음으로 동학혁명의 특징을 살펴보면 무엇보다도 종교적인 동기에서 시작되었고 혁명군이 종교로 무장되었다는 점이다. 동학의 종교성은 창시자 최제우의 신앙경험과 직결되어 있다. 종교체험의 과정을 보면 첫 단계는 유랑생활과 가정생활을 통한 민생의 체험이었다. 당시 사회는 국정의 혼란과 민생이 극도로 도탄에 빠져 있었다. 이런 과정을 몸소 체험하면서 최제우는 자신의 이름을 개명하고 도탄에 빠진 백성을 구제하기 위하여 토착종교에 귀의하여 득도에 집중하게 된다. 결사적으로 수도에 임하던 그는 나름대로 신을 경험하고 중생을 구제하라는 신탁을 받게 된다. 여기까지 보면 종교 창시자가 경험해야 할 정도를 갔다고 할 수 있다. 그의 포교 이후에 사람들이 운집한 이유도 여기에 있다.

종교체험의 과정과 그 이후에는 체험을 체계화하는 작업이 있어야 한다. 최제우는 이 과정도 거쳤다. 우선 큰 방향을 우리의 민족전통에 입각한 민족종교에 두었다. 그가 만난 신을 민족신인 천신과 일치시키고 그 신을 마음에 모셔야 한다고 했다. 그가 말하는 시천주(侍天主 한울님이 내 안에 모셔져 있다.)가 그것이다. 이어서 제시하는 사인여천(事人如天, 사람을 하늘처럼 섬김), 광제창생

(廣濟蒼生 고통 받는 백성을 널리 구제함), 인내천(人乃天 사람이 곧 하늘) 등은 고조선에서부터 내려오는 전통사상과 맥을 같이한다. 그는 이런 신앙에 입각하여 민족종교를 부활시키고 외래종교인 서학에 맞서려고 이름을 동학이라 했다.

하나의 종교가 창시되려면 신앙경험과 더불어 신학의 기본골격이 갖추어져야 한다. 그런데 동학은 신학화의 작업이 미흡했다. 일단 전통 민족종교를 표방하면서 유불선의 사상과 더불어 무속적인 부분을 혼합시켰다. 불교와 유교는 서로 이질적이어서 조합이 맞을 수가 없다. 불교와 유교를 혼합한 이유는 성리학과 불교신학에 대한 충분한 이해가 없었기 때문이다. 양자를 혼합할 경우 불교와 성리학을 학문적인 차원에서 그 핵심을 파악해야하는데, 이것은 결코 쉽지 않다. 그런데 이보다 더 어려운 것이 있다. 불교와 유교를 종교적 차원에서 이해하는 것이다. 학문으로 이해하는 것과 종교로 이해하는 것은 서로 많은 차이가 난다. 종교적으로 이해하려면 그에 상응하는 종교적인 경험이 뒷받침되어야 하고, 한 종교의 신학이 만들어지려면 그 신학을 가능하게 할 만한 학문적인 이해와 종교적인 이해가 동시에 겸비되어야 하기 때문이다.

〈그림17 동학의 로고〉

동학이 종교적인 이해가 부족했다는 것은 신비체험에서 나타나는 현상이 무속적인 경향으로 치우친 데서 찾아볼 수 있다. 이런 사실은 그가 사용한 〈그림17〉의 상징물에서도 잘 드러난다.[210]

210) 최제우가 사용한 동학의 로고. 이 로고는 최제우가 신을 체험할 때 신이 나타난 영부(靈符 신령한 부적)를 보여주었는데, 그 모양이 태극이고 또 궁궁(弓弓)이라고 했다고 한다. 이를 형상화한 것이 이 로고다.

이 상징물은 신이 보여준 부적을 기초로 작성했다고 하며, 부적을 지닌 동학군들은 몸에 탄환을 맞아도 다치지 않는다고 믿었다. 지금 천도교에서는 동학의 명맥을 잇고 있다. 최제우의 사상은 그의 사후 그의 제자들에 의해 「동경대전」(東經大全), 「용담유사」(龍潭遺詞) 등에 기록되어 있다.

마지막으로 동학혁명의 의미를 살펴볼 필요가 있다. 실학을 실천으로 옮기려던 정조가 49세에 독살당한 후 60년간 지속된 안동김씨의 세도정치 기간에 민초들의 삶은 바닥을 쳤지만 어디에서도 해결의 손길은 나타나지 않았다. 수없이 민란이 계속되다가 결국 거국적인 혁명으로 비화되었다. 주축은 몰락한 양반과 중인, 승려, 농민, 노비들이었으며, 이들의 요구조건을 보면 나라를 바로잡자는 우국충정이었다.[211] 동학혁명은 나라가 멸망하기 직전 힘없는 백성들이 나서서 나라를 바로잡아 보려는 마지막 몸부림이었다. 죽창을 들고 첨단무기인 총탄을 두려워하지 않고 맞서서 죽어간 수십만 명은 그 희생의 제물이었다. 비록 배움이 많지 않았어도 잘못된 것을 바로잡고 살기 좋은 세상을 만들어 보려는 생각에는 일치했고 그 일을 위해 기꺼이 죽음을 마다하지 않았다. 이는 고조선에서 형성된 우리 민족의 고귀한 정신이다. 이런 정신이 지식인에게는 성리학, 실학으로 표현되었고 민초들에게는 동학혁명으로 표출되었지만 이상을 현실 속에서 실현하려는 생각에서는 동일했다. 우리에게는 이런 정신이 들어있다. 민초들의 이런 정신은 일제 강점기에 3.1만세운동으로 다시 만나게 된다.

---

211) 이들이 내건 격문을 보면 다음과 같다.
1. 사람을 함부로 죽이지 말고 가축을 잡아먹지 말라.
2. 충효를 다하여 세상을 구하고 백성을 편안케 하라.
3. 일본 오랑캐를 몰아내고 나라의 정치를 바로 잡는다.
4. 군사를 몰아 서울로 쳐들어가 권세가와 귀족을 모두 제거한다.

물음 45

조선, 어떻게 막을 내렸는가?

성리학 이상 국가를 만들어 보려고 출항한 조선호는 결국 그 꿈을 이루지 못하고 좌초되고 말았다. 그 마지막 과정에 있었던 중요한 일들은 어떤 것들이었을까?

1. 대원군의 등장

안동김씨가 60여년 세도를 부리는 동안 왕족들도 안동김씨의 눈에 거슬리면 살아남지 못했다. 그런 시절에 왕족이면서 술주정뱅이, 상갓집 개처럼 행세하면서 때를 기다리던 사람이 있었다. 흥선대원군(李昰應, 1820~1898년)은 이렇게 살아남았다. 조선호의 마지막 과정은 대원군과 많은 관련이 있다. 철종이 죽자 대원군의 아들 고종이 즉위했다. 고종의 즉위는 대원군이 미리 궁중의 조대비에게 손을 써 두었기 때문에 가능했다. 대원군은 용의주도(用意周到)한 인물이었다. 대원군은 12세에 불과한 고종을 대신해 섭정을 했는데, 미리 준비한 개혁조치들을 과감하게 추진했다.

1) 세도정치 척결

대원군은 먼저 안동김씨의 세도정치를 근절시키고 그들이 모은 재산을 국고로 환수했다. 그리고 당파를 고려하여 인재를 등용했으며 또 전국에서 인재를 찾아내 적재적소에 배치했다. 세도정치 기간에 매관매직으로 얼룩진 지방 관리들까지 과감하게 물갈이했다. 그리고 조세제도를 개선해서 세금을 일원화하여 감면하고 군포(軍布)를 양반들에게도 부과했다. 환곡제도를 혁신적으로 개선하여 부정을 행한 자는 극형에 처했다. 조선말기의 삼정의 문란을 이런 식으로 혁신했다.

2) 서원철폐

그리고 누구도 손을 대지 못하던 1000여 개의 서원을 철폐시키고 47개소만 남겨 놓았다. 당시의 서원은 막대한 농장과 노비를 소유하고 면세, 면역 등 각종 특혜를 누리면서 병폐와 비리의 온상이 되어 있었다. 특히 송시열을 기리는 화양동서원의 권세는 국가권력을 상회하고 있었다. 유생들이 벌떼처럼 들고 나서서 서원철폐를 반대했지만 대원군은 당차게 밀고 나갔다.

3) 경복궁 재건

그리고 왕실의 권위를 세우기 위해 경복궁을 재건했다. 경복궁은 임진란 때 소각되었지만 재건할만한 국력이 안되어 방치되고 있었다. 대원군은 화폐 당백전(當百錢)을 발행하는 등 재정적인 무리수를 두면서도 경복궁을 복원했다. 이와 같은 일련의 조치들은 대원군이 아니면 누구도 할 수 없는 혁신이었다. 대원군은 세도정치의 병폐들을 청산하고 왕실의 권위를 세우는 데에는 일단 성공을 거두었다.

4) 쇄국정책

그러나 이제부터 그가 당면해야 할 어려운 문제가 있었으니 서양인들의 통상요구가 그것이었다. 일단 대원군은 이에 대하여 쇄국으로 맞섰다. 대원군이 쇄국으로 일관한 이유는 무엇이었을까? 몇 가지로 생각된다. 우선 개화에 대해서는 그의 식견이 모자랐다.

개화의 선구자들은 북학파였다. 그들은 서양의 앞선 문물을 속히 받아들여 부국강병책을 펴야 한다고 주장했었다. 왕족으로 태어나 세도정치의 서슬에서 목숨을 부지하기 바빴던 대원군은 세도정치를 척결하고 백성을 도탄에 빠지게 하는 삼정의 문란 등을 바로잡을 방법에 대해서는 많은 연구를 하며 대처했지만 실학파들처럼 개화사상에 대하여는 눈을 뜨지 못하고 있었다.

마침 청국이 아편전쟁 등으로 곤욕을 치루는 것을 보면서 쇄국이 상책이라고 단순하게 생각했다. 청나라 이외의 나라와 통상하는 것은 위험하게 보였다. 또 대원군이 쇄국정책을 택하게 한 배경에는 당시의 천주교가 한 몫을 했다. 서학파를 중심으로 확산된 천주교는 박해를 받으면서도 중인, 상민, 부녀자 등을 중심으로 급속히 전파되어 고종 당시에는 신도의 숫자가 2만여 명에 이르렀다. 대원군은 초기에는 천주교에 대하여 관대했다. 그러나 국내에 들어와 있던 프랑스 선교사의 순교를 빌미로 프랑스함대가 강화를 점령하는 등의 사건이 일어나면서 천주교를 박해하게 되었고, 동시에 척화(斥和)와 쇄국(鎖國)으로 이어졌다.

다른 또 하나의 이유는 본래 우리 민족의 저항정신 때문이다. 우리는 무력을 앞세워 침략하는 행위는 절대로 용납하지 않으려는 정신을 가지고 있다. 이런 정신은 고조선 때부터 형성된 것이다. 서양의 문화가 아무리 우리보다 앞서있고, 또 군사력이 강하다고 해도 강제로 남의 나라에 들어와 통상을 요구하면 이는 오랑캐에 불과했다. 대원군은 그들을 오랑캐로 여기며 끝까지 저항했다. 이런 저항은 우리의 역사 내내 이어져서 어려움을 겪기도 했지만 민족을 지키고 유지하는 원동력이 되었다.

5) 실각

기세가 등등하던 대원군을 대적하는 복병은 멀리 있지 않고 가까이에 있었다. 안동김씨의 세도정치를 뼈저리게 경험한 대원군은 고종의 왕비인 며느리를 간택할 때 가문의 배경이 전혀 없는 명성왕후를 선택했다. 그런데 10여 년이 지나면서 외척이 아닌 명성왕후가 바로 대원군의 최대 정적이 되었다. 고종은 명성왕후의 부추김을 받아 친정을 하려고 했고, 때를 맞추어 서원철폐로 인해 대원군에게 앙심을 품고 있던 유림들이 들고 일어나면서 대원군은 물러나야 했다. 고종이 왕이 된지 10년, 1873년의 일이다.

여러 가지 면에서 유능하고 치밀했던 대원군도 어리던 며느리에게 쫓겨나리라고는 전혀 예상하지 못한 듯하다. 자신의 실각에 대한 아무런 대비를 하지 않고 있었기 때문이다. 그러나 대원군의 시대는 여기서 끝나지 않았다. 임오군란, 아관파천 등 큰 굴곡이 있을 때 마다 대원군은 다시 등장했으나 큰 영향력을 끼치지는 못하고 이용만 당하고 말았다.

2. 통상조약

대원군이 실각하고 난 다음에는 개화파들의 주장에 따라 개항을 하게 되었다. 그런데 처음으로 개항하고 조약을 맺은 나라가 일본이었다. 본래 개항을 처음으로 요구한 나라는 일본이 아니었다. 청나라가 1842년 아편전쟁에서 패하자 일본 역시 쇄국을 고집했으나 미국의 거듭된 요구에 1853년에 통상조약을 맺었다. 1876년 우리와 국교를 맺을 당시 일본은 우리와 국교가 단절되어 있었다. 임진란으로 단절되었던 국교가 일본의 요청으로 재개되었다가 일본이 메이지유신(1868)이후 태도가 달라져서 대원군이 단교를 한 상태였다. 그런데 왜 일본과 처음으로 통상조약을 맺었을까?

우리에게 통상을 처음으로 요구한 나라는 영국이었다. 영국의 상선은 1832년(순조32년)에, 영국의 군함은 1845년(헌종11년)에 개항과 통상을 요구했다. 이어서 1846년에는 프랑스가 요구했고, 병인년(1866년)에는 자국 신부가 살해되자 군함 7척을 몰고 와 강화를 점령하고 있다가 관군의 집중공격으로 물러갔다. 같은 해 독일의 상선도 다녀갔으며, 또 미국상선 제너럴 셔먼(General Sherman)호는 대동강을 거슬러 올라와 평양에서 통상을 요구하다가 관군에게 화공으로 침몰되었다. 미국은 이에 대한 책임을 묻기 위하여 5년 뒤인 신미년(1871년)에 중국에 거주하던 미국 군함 5척을 강화도로 진입시켰으나 대원군의 강력한 저지에 물러갔다. 이 사건을 계기로 대원군은 척화비를 세웠다.

프랑스와 미국은 군사적인 충돌까지 있었는데 왜 그냥 돌아갔을까? 국력이 모자라서였을까? 아니다. 그런데 왜 그렇게 쉽게 물러섰을까? 서양인들은 진작부터 청나라와 일본과 교역을 하고 있었다. 1653년 제주도에 표류했던 네덜란드의 하멜 일행은 일본어를 알고 있었을 정도로 서양은 일본과 오래 전 부터 교류를 맺고 있었다. 그러나 우리나라에는 관심을 가지지 않았다. 이유는 우리를 청의 속국 정도로 알고 있었기 때문이다. 프랑스와 미국이 함대를 적게 보낸 이유는 중국이나 일본 등 다른 나라들은 크게 저항하지 않고 개항했기 때문에 그 정도만 보내면 작은 나라 조선은 쉽게 받아들이리라고 판단했기 때문이다. 그러나 우리는 청이나 일본과는 전혀 다르게 끝까지 저항했다.

또 프랑스나 미국이 군사적인 충돌을 겪고서도 쉽게 물러선 이유는 당시 자국의 상황 때문에 우리와의 통상에 집중할 수 없었다. 프랑스는 베트남을 지배하고 있었으며, 미국은 남북전쟁 이후에 해결해야 할 문제들이 산적해 있었다. 서양의 군함들이 쉽게 물러서자 대원군은 승리에 도취되어 척화의 의지를 다지는 것 이외에는 아무런 대책을 세우지 않았다. 그 동안 일본은 발 빠르게 서양의 문물을 받아들여 힘을 기르고 있었다. 사력을 다해 힘을 기른 일본은 자신들이 서양에게 당한 그대로, 아니 그 이상을 가까운 조선에 먼저 적용시킬 기회를 엿보고 있었다. 또 러시아와 대립관계에 있던 영국이나 미국은 일본이 힘을 길러 러시아를 막아주기를 기대하고 일본을 지원하고 있었기 때문에 일본이 한국을 지배하는 것을 방해할 이유가 없었다.

서양의 문물을 받아들여 빠른 시간에 힘을 기른 일본은 국교 재개 요청이 거절되자 1875년 의도적으로 군함 운양호를 몰고 강화도로 접근했다. 불법으로 접근하는 일본함대를 향해 초지진을 지키던 군사들이 포를 쏘아대자 일본을 기다렸다는 듯이 이것을 트집잡고 나왔다. 다음 해 일본은 군함 3척, 수송선 4척에 800여 명의 군사를 싣고 와서 강화도의 갑곶에 상륙하여 통상을 요구하였다. 이때는 대원군이 물러나고 명성왕후가 집권한 뒤였고, 개화파의 주장이 받아들여져서 일본과 수교를 맺게 되었다. 1876년 일본과 맺은 이 조약을 병자수호조약 또는 강화도조약이라고 한다. 12조항으로 된 이 조약은 불평등조약이었으며, 이로써 일본의 한국 식민지배 서막이 열렸다.

돌이켜 보면 개화기 초기의 쇄국정책은 우리에게 큰 손해였고 판단착오였다. 서양 특히 미국의 제너럴 셔먼호가 통상 요청을 할 시기에 받아들여 미국과의 관계를 돈독히 했어도 일본을 비롯한 서방 열강에게 그렇게 비참하게 당하지는 않았을 것이다. 강국 프랑스와 미국이 접전을 벌이고도 쉽게 물러가자 대원군은 승리감에 도취하여 척화비를 세우고 자축하면서 아무런 대비를 세우지 않고 있었다. 이 시기가 일본에 먹히지 않을 수 있는 마지막 기회였다. 이제와서 누구를 탓할 일이 아니다. 지금도 미리 대비하지 못하고 있는 우리 자신의 어리석음을 탓해야 한다.

위기는 혼자 오지 않고 기회를 동반하고 온다. 마찬가지로 기회는 그냥 가지 않고 더 큰 재앙을 불러놓고 간다. 지나간 역사, 우리 역사의 이야기이다. 그리고 지금도 우리에게 기회가 와 있다. 기회를 보는 눈이, 대비하는 안목이 있어야 한다. 지나간 과거의 오류를, 시행착오를 오늘 또 반복할 수는 없다. 오늘 우리 시대를 똑바로 보아야 한다.

3. 개화파와 수구파의 갈등

일찍이 북학파 박제가는 청나라뿐만 아니라 일본이나 서양과도 통상을 해야 부국강병이 가능하다고 했다. 대원군이 쇄국으로 일관하는 동안에도 개화파의 목소리는 계속되었다. 미국 상선 제너럴 셔먼호가 대동강에서 통상을 요구할 때 평양의 감사였던 박규수는 박제가의 손자이며, 할아버지의 사상을 이어 받아서 서양의 신문물에 대하여 많은 연구를 했다. 비록 당시에는 대원군의 쇄국정책에 따라 제너럴 셔먼호를 무력으로 격퇴시켰지만 서양의 앞선 문물을 받아들여야 한다고 대원군에게 수차례 건의했으며, 대원군이 실각한 후에는 일본과의 통상을 성사시키는 데에 중요한 역할을 했다. 박규수의 개화사상은 김윤식, 김옥균, 유길준, 박영효 등의 제자들에게 이어졌다. 박규수 외에도 최한기, 오경석, 유홍기 등 서양에 관한 지식이 있는 사람들은 통상과 개화의 필요성을 역설했다.

개화파의 영향에 따라 1876년 일본과 수교한 조선은 일본에 김기수(1차), 김홍집(2차) 등을 수신사(修信使)로 파견했다.[212] 이어서 청나라에는 김윤식, 어윤중 일행을 영선사(領選使)로 보내어 앞선 문물을 시찰하게 했다. 이들의 권유에 따라 미국과도 1882년 통상조약을 맺고 민영익 일행을 보빙사(報聘使)로 보냈다. 이들 중

212) 그 이전에는 통신사(通信使)라고 하다가 개항 이후에는 수신사라고 불렀는데 이는 양국이 대등한 관계에서 외교관계를 맺는다는 뜻이었다. 신사유람단(紳士遊覽團)이라는 용어도 사용되었는데 이때의 '신사'는 벼슬의 이름이었다. 즉 관리 시찰단이라는 뜻이다.

민영익, 서광범, 변수는 미국의 아서(Arthur) 대통령의 배려로 유럽을 방문하고 돌아왔다. 이렇게 사절단으로 다녀온 사람들은 개화파의 선구자들이 되었으며, 이들에 의해 개화가 적극 추진되기 시작했다. 미국과 통상조약을 맺은 후 영국(1883년), 독일(1884년), 이탈리아(1884년), 러시아(1884)를 비롯하여 오스트리아, 벨기에, 덴마크 등과 수교했다.

그러나 이에 대한 반발도 거셌다. 특히 전국의 유생들이 대대적으로 나서서 위정척사(衛正斥邪)를 내세우며 일본과의 수교와 개화에 대하여 거세게 반대했는데, 최익현은 그 대표자였다. 이들에 의해 잠시 개화파의 움직임이 제한되었으나 고종은 개혁 반대파 중에서 극렬분자들을 처형하는 등 개화의 길을 선택했다. 이와 더불어 우리의 사상인 성리학을 유지하면서 서양의 앞선 문물만 받아들이자는 동도서기론(東道西器論)도 등장했다. 의견이 분분했지만 개화의 흐름은 거스를 수 없는 대세가 되었다.

개화파와 수구파의 갈등은 임오군란(壬午軍亂 1882년)으로 비화되었다. 개화파들의 주장이 우선 적용된 분야는 군대였다. 무비자강(武備自强)의 일환으로 신식군대를 편성하여 이들을 우대하자 기존의 구식군대와 갈등이 빚어졌다. 구식군대에게 13개월 밀렸던 급료로 준 쌀의 절반이 겨와 모래로 섞여있자, 그동안 쌓인 불만이 폭발하고 말았다. 이로 인해서 개화운동은 급제동이 걸리고 명성왕후는 피신하여 겨우 목숨을 부지했으며, 대원군이 다시 집권하게 되었다. 재집권한 대원군은 군부와 인사 등에서 혁신적인 개혁을 추진했으나 33일 만에 다시 실각하고 청나라로 압송되고 말았다. 임오군란이 일어나자 청나라와 일제가 개입했기 때문이다. 반란의 주동자와 대원군 세력들은 숙청되고 청나라의 간섭은 더 심해지고 말았다.

4. 3일 천하

개화파는 온건파와 급진파로 나뉘어져 있었다. 온건파는 청의 원조를 받아 서서히 개혁을 하려고 했다. 그러나 신분을 초월하여 구성된 급진파에 속하는 사람들은 청의 간섭을 배제하며, 일본의 메이지유신을 모방하고 일본의 원조로 급진적인 개혁을 하자고 주장했다. 급진파의 주요 인물은 김옥균, 박영효, 서광범, 홍영식 등이다. 청나라에 의존한 민비는 이런 급진파를 멀리했기 때문에 요직에 임명되지 못하여 이들은 자신들의 뜻을 펼치기가 어려웠다.

이에 급진파는 비상한 방법을 동원하였다. 1884년 우정국 개국 축하연을 이용하여 수구파 대신들을 학살하고 정권을 장악했다. 이를 갑신정변이라 하는데, 이들은 재빨리 개혁파정부를 구성하고 혁신적인 개혁안을 추진하여 고종의 재가를 받아내는데 까지는 성공했다. 그러나 이들의 정변은 3일 천하로 종말을 고했다. 서울에 거주하던 청나라 군사가 개입하자 일본이 약속을 어기고 적극적으로 지원하지 않았기 때문이다. 3일 천하의 주역인 김옥균, 박영효, 서재필 등은 일본으로 망명했다. 갑신정변의 실패로 청국과 일본은 각종 명목으로 군사력을 증강하여 국내에서 영향력 확장 경쟁을 벌였다. 역사에서는 갑신정변은 실패했지만 우리 스스로 개혁을 추진했던 자주적인 노력으로 평가받고 있다.

그런데 시각을 바꾸면 다른 의미가 보인다. 조선 후기의 실학은 기독교의 구교(천주교)를 통한 개혁운동이었다. 조선의 성리학자들 중에서 임진왜란, 병자호란 등을 겪으면서 기존 성리학의 한계를 서학(천주교)을 통하여 극복하고, 이 땅에 하나님나라(이상)를 실현하려는 이들이 있었다. 그런데 조선 말기의 개화파들은 기독교의 신교(개신교, 교회)를 통하여 이 땅에 이상(하나님 나라)을 실현하려고 했다. 그 구체적인 행동이 갑신정변이다. 김옥균, 박영효, 서재필 등은 개신교인들이었다. 이들은 고종에게 성리학의 가치관과 개신교는 다를 바가 없으며, 이 나라의 살길이 개신교에 있음을 설득하여 개신교 선교사의 입국과 활동을 허락받았다. 비록 갑신정변은 실패했지만 이들의 판단은 틀리지 않았다. 왜냐하면 개신교 선교사들이 입국하여 각지에 배재학당, 이화학당 등 학교를 세우고 민족지도자들을 양성하여 일제 식민지시절에 독립운동을 주도하게 했으며, 해방이후에는 대한민국을 건설했기 때문이다.

대한민국에서 개신교가 성행한 이유는 성리학의 이상과 개신교가 만났기 때문에 가능했다. 실학자들과 개화파인사, 민족지도자들은 하나같이 성리학에 익숙해있던 사람들이었고, 이들은 기독교를 통해 이 땅에 이상을 실현하려고 했다. 세계에서 기독교가 한국에서 가장 성행한 이유는 여기에 있었다. 현재 한국교회가 세상으로부터 지탄받는 원인은 초기의 이런 정신을 상실했기 때문이다.

5. 청일전쟁과 을미사변

메이지 유신을 통해 단시간 내에 근대화를 이룩한 일본은 서양처럼 제국으로 성장하기 위해 한국점령을 첫 목표로 설정하고 군비강화에 역점을 두었다. 일본의 이런 목표달성에 일차적인 걸림돌은 청나라였다. 청나라를 공격기위한 준비를 마친 일본은 기회를 엿보고 있었는데 그 기회를 동학혁명이 제공해 주었다. 조선의 동학혁명을 청일전쟁으로 비화시킨 일본은 기습작전으로 청을 굴복시키고 전쟁배상금 2억 량을 받아내고 요동반도를 할당받아 만주국을 세웠다. 배상금으로 일본은 청의 경제를 회생불능으로 만들어 놓고, 러일전쟁을 위한 전함건조 등 군비확장에 사용했다. 러시아가 동아시아로 진출하고 있었기 때문에 한국을 지배하려면 러시아와의 충돌은 피할 수 없다고 미리 판단하고 있었기 때문이다.

시베리아 철도를 통해 동아시아의 진출을 모색하던 러시아는 일제가 만주를 차지하자 유럽의 프랑스, 독일을 끌어들여 일본을 압박하여 요동에서 물러나게 했다.(삼국간섭) 러시아의 세력이 확장하자 민비 등은 일본의 세력을 제거하기 위하여 친러 정책으로 전환했다. 이에 일본은 이를 차단하기 위하여 극단적인 방법을 사용했다. 육군출신 미우라를 공사로 파견하고 경찰, 낭인들을 동원하여 1895년 8월 20일 새벽 경복궁에 난입하여 민비를 참혹하게 시해하고 흔적을 지우기 위해 궁내에서 불에 태웠다. 이를 을미사변이라 한다.

일본은 을미사변이 대원군과 민비의 세력다툼에서 일어난 사건으로 은폐하려고 했지만 외국인 목격자들에 의해 실상이 폭로되고 말았다. 고종은 실상을 밝히지 못하고 12월 1일에 가서야 왕비의 승하사실만을 겨우 발표했다. 신변의 위협을 느낀 고종은 1896년 2월 11일 새벽 러시아 공사관으로 피신하여 1897년 2월 20일 환궁할 때 까지 1년 이상 머물렀다. 이를 아관파천(俄館播遷)이라 한다. 일국의 왕비가 외국의 폭도들에게 난자를 당하며 살해되고, 국왕이 외국 공관으로 피신해서 장기간 체류했다는 기막힌 사실을 후손들에게 무어라고 설명을 해야 할까?

아관파천 이후 고종은 1897년 연호를 광무로 정하고 10월 12일에 원구단에서 황제즉위식을 거행한 뒤 국호를 대한제국으로 선포했다. 그러나 기울어져 가는 나라를 바로 세우는 데에는 아무런 도움이 되지 못했다.

6. 러일전쟁

한국을 발판으로 대륙으로 진출하기 위해서는 청나라에 이어 러시아와의 전쟁은 피할 수 없다고 판단한 일본은 미리 치밀하게 준비했다. 프랑스와 독일의 간섭으로 요동에서 물러난 일본은 이번에는 영국과 미국을 끌어들였다. 영국과 미국은 러시아가 아시아에서 세력을 확장하는 것에 부담을 느끼고 있었기 때문이다. 당시 러시아는 육군이 450만, 4개 함대(발틱, 흑해, 카스피, 극동)를 거느린 서양의 5대 강국이었다. 영국과 미국은 이런 러시아를 아시아에서 일본이 막아주는 것이 최상이라고 생각하고 일본을 지원했으며, 일본의 한국점령을 인정했다.

준비를 끝낸 일본은 1904년 2월 8일, 만주 여순항에 정박해 있던 러시아 제1 태평양함대를 급습하고 인천에 정박 중인 러시아 군함 코레즈, 와리야크 호를 기습하여 침몰시킨 후 2월 10일 서울에서 선전포고를 했다. 일본의 주특기는 청일전쟁, 러일전쟁, 진주만 폭격에서 보듯이 선전포고도 없이 먼저 기습하는 작전이었다. 외적인 군비에서는 러시아가 월등히 앞서 있었지만 모스크바에서 병력을 이동시키려면 함대를 이용할 수밖에 없었고 시간이 오래 걸렸다. 급습을 당한 러시아는 여순항의 함대와 기지를 잃었고, 먼 길을 돌아온 발틱함대는 대한해협에서 일본과 해전을 벌였으나 패하고 말았다. 일본은 러일전쟁에서 승리하고 미국의 루스벨트 대통령의 중재로 러시아와 포츠머스조약(Treaty of Portsmouth 1905년 9월 5일)을 체결했다. 이로써 일본은 한국지배는 물론이고 대륙으로 진출하는 발판을 확보하게 되었다.

7. 조선(대한제국) 멸망

이제 러일전쟁에서 승리한 일제는 한국을 점령하는 데에 아무런 걸림돌이 없었다. 단지 강제적인 합병이 아니라는 요식을 갖추는 형식적 절차만 남아있을 뿐이었다.

러일전쟁 발발 후 일제는 우리나라 식민지의 첫 단계로 1904년

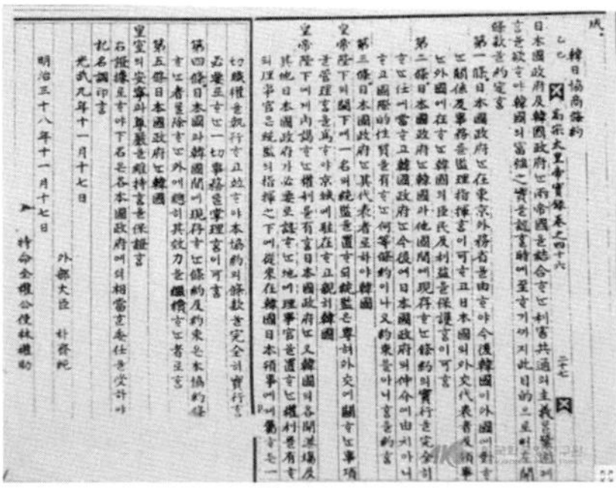

〈그림18 을사늑약문〉

2월 23일 '한일의정서'를 강제로 체결하여 우리 영토를 러일전쟁의 전쟁터로 사용할 수 있게 했다. 1905년 7월 27일에는 미국과 가쓰라-태프트(Katsura-Taft) 비밀협약을 맺었으며, 8월 12일에는 영국과 동맹을 체결하였다. 9월 5일에는 러시아와 포츠머스조약을 체결함으로써 사전 작업을 모두 마쳤다.

제1차 한일협약(8월 22일)을 체결하여 외교권을 박탈했던 일제는 11월 17일 을사늑약(勒約)을 강제로 체결하고 통감부를 두어 대한제국은 사실상 국권을 상실했다.[213] 고종은 헐버트를 통해 이

213) 조약(條約)은 일반적인 협약이지만 늑약(勒約)은 강제로 맺은 불법 조약이다. 을사늑약은 고종이 허락하지 않았고, 날인이 없으므로 조약이 아니라 늑약이다. 이 늑약에 참여한 박제순, ,이지용, 이근택, 이완용, 권중현 등 다섯 명을 을사 5적(乙巳五賊)이라 한다. 조약문은 다음과 같다.

한국정부(韓國政府) 및 일본국정부는 양 제국(帝國)을 결합하는 이해공통의 주의를 공고히 하고자 한국(韓國)의 부강의 실(實)을 인정할 수 있을 때에 이르기까지 이를 위하여 이 조관(條款)을 약정한다.

제1조, 일본국정부는 재 동경 외무성을 경유하여 금후 한국(韓國)의 외국에 대한 관계 및 사무를 감리(監理), 지휘하며, 일본국의 외교대표자 및 영사는 외국에 재류하는 한국(韓國)의 신민(臣民) 및 이익을 보호한다.

제2조, 일본국정부는 한국과 타국 사이에 현존하는 조약의 실행을 완수할 임무가 있으며, 한국정부는 금후 일본국정부의 중개를 거치지 않고는 국제적 성질을 가진 어떤 조약이나 약속도 하지 않기로 상약한다.

제3조, 일본국정부는 그 대표자로 하여금 한국 황제폐하의 궐하에 1명의 통감(統監)을 두게 하며, 통감은 오로지 외교에 관한 사항을 관리하기 위하여 경성(서울)에 주재하고 한국 황제폐하를 친히 내알(內謁)할 권리를 가진다. 일본국정부는 또한 한국(韓國)의 각 개항장 및 일본국정부가 필요하다고 인정하는 지역에 이사관(理事官)을 둘 권리를 가지며, 이사관은 통감의 지휘 하에 종래 재 한국 일본영사에게 속하던 일체의 직권을 집행하고 아울러 본 협약의 조관을 완전히 실행하는 데 필요한 일체의 사무를 장리(掌理)한다.

늑약이 불법임을 미국을 비롯한 전세계에 알리게 했으며, 민영환을 비롯한 많은 우국지사들이 자살로 저항을 했는데, 그 중에는 청국인 반종례(潘宗禮)와 일본인 니시자카(西坂坡豐)도 투신자결로 조약 반대의사를 천명하였다.[214)]

고종은 1907년 7월 1일 헤이그에 밀사를 파견하여 을사늑약의 무효를 알리려고 했다. 이에 일제는 7월 20일 고종을 강제로 퇴위시키고 7월 24일에는 정미7조약을 체결하고 8월 1일에는 군대를 해산시켰다. 1910년 8월 22일에 한일 병탄(倂呑)이 강제 체결됨으로써 조선은 27대 518년 만에 막을 내리고 말았다.

일제는 합병늑약을 체결하면서 대신들을 겁박하여 찬성하게 함으로써 합법적인 절차를 밟은 것처럼 위장하였는데, 이에 협조한 자는 내각총리대신 이완용, 시종원경 윤덕영, 궁내부대신 민병석, 탁지부대신 고영희, 내부대신 박제순, 농상공부대신 조중응, 친위부장관 겸 시종무관장 이병무, 승녕부총관 조민희 등 8명이며, 이들은 이 공로로 일제로부터 조선귀족 작위를 수여받고 부귀영화를 누렸다.

반면 나라를 생각하는 우국지사와 그 가족들은 말로 표현할 수 없는 고초를 당해야 했다. 아직도 그 후유증은 끝나지 않았으며,

---

제4조, 일본국과 한국 사이에 현존하는 조약 및 약속은 본 협약에 저촉되지 않는 한 모두 그 효력이 계속되는 것으로 한다.

제5조, 일본국정부는 한국 황실의 안녕과 존엄의 유지를 보증한다. 이 증거로 하여 아래 성명은 각 본국정부에서 상당한 위임을 받아서 본 협약에 기명조인 함.

광무(光武)9년(1905년) 11월17일, 외부대신 박제순(朴齊純).

명치(明治)38년(1905년) 11월17일, 특명전권공사 임권조(林權助)

214) 자살한 사람들은 고위관료는 시종무관장 민영환(閔泳煥), 조병세(趙秉世), 법부주사 송병찬(宋秉瓚), 전 참정 홍만식(洪萬植), 참찬 이상상(李相尙), 주영공사 이한응(李漢應), 학부주사 이상철(李相哲), 병정 전봉학(全奉學), 윤두병(尹斗炳), 송병선(宋秉璿), 이건석(李建奭) 등이며, 청국인 반종례(潘宗禮), 일본인 니시자카(西坂坡豐)도 투신자결을 했으며, 전국에서 많은 유림 등이 자결로 저항했다.

일제 식민지배의 잔재는 아직도 곳곳에 남아있다. 지금도 식민사관의 관점에서 우리 역사를 해석하여 가르치고 있다는 믿기지 않는 사실이 그 중의 하나다.

물음 46 조선멸망, 무엇을 말하고 있는가?

성리학의 목표는 두 가지이다.

❶학문으로 천인합일(天人合一)에 도달하여 성인(聖人)이 됨이다.

❷실천으로 천세합일(天世合一)에 도달하여 이상(理想)를 현세(現世)에 세움이다.

정도전을 비롯한 신진사대부들은 성리학의 꿈을 실현하려고 조선을 세웠다. 학문으로는 퇴계에 이르러 완성의 경지에 도달했다. 그러나 실천에서는 수없이 시도했지만 결국 실패하고 말았다. 정도전의 꿈은 이방원에게 꺾였고, 세종의 꿈은 수양대군에게, 조광조는 훈구파에게 꺾였으며, 율곡과 고봉의 끊임없는 개혁안은 어이없게도 사림의 붕당에 의해 받아들여지지 않았다. 실학자들의 혁명적인 개혁을 시도하려던 정조는 정순왕후에게 독살되면서 물거품이 되었고, 민초들이 시도했던 동학혁명은 30~40만 명의 사상자이 피를 흘렸지만 성사되지 못했다. 마지막으로 급진 개화파들이 시도했던 갑신정변은 청군에 의해 3일천하로 끝나고 말았다.

성리학의 이상국가를 목표로 출발한 조선왕조 500년은 이를 이루기 위하여 끊임없는 천세합일(天世合一)의 도전과 몸부림이었다고 할 수 있다. 비록 성공하지는 못했지만 이상을 현실 속에서 실현하려고 끊임없이 시도했다. 인류역사 이래로 이런 나라는 없었으리라. 이런 저력은 고조선에서부터 축적된 우리만의 독특한 정신이 있었기 때문에 가능했다. 그런데 무엇이 그것을 가로막았는가? 사소한 이기주의와 욕심이 이 큰 일을 그르치게 했다. 국가를 운영하는 사람들의 왕권, 이권, 권력에 대한 과욕이 문제였다.

망국의 역사를 써 내려가면서 가장 크게 다가와서 가슴 깊숙하게 자리 잡은 것은 세금으로 밥을 먹고 사는 사람들이 밥값을 하지 못하면 천벌을 면하지 못한다는 사실이었다. 세금으로 밥을 먹으면 나라와 국민만을 생각해야 한다. 조금이라도 사심을 품으면 지옥의 가장 참혹한 형벌을 피할 수가 없다. 공무원이 밥값을 못하면 무슨 일이 일어나는가? 원나라에는 20여만 명이, 청나라에는 60여만 명이 포로로 잡혀갔다. 이들은 대부분 여인들이었고 어느 면에서는 일제의 정신대들보다 더 심한 고초를 겪어야 했다. 전 인구의 10%이상이 이렇게 끌려갔다. 일제시대에 당한 처참한 일들은 일일이 열거할 수 없을 정도다. 도대체 왕과 고위 공직자들은 나라 밥을 먹으면서 무엇을 하고 있었단 말인가? 왕이 되었으면, 나라의 정책을 결정하는 자리에 앉았으면 나라만 생각하고 걱정해야 되지 않을까? 최소한 나라를 지키고 백성들이 굶주리지는 않게 해야 되지 않을까? 그 자리에 있으면서 어찌하여 이런 생각은 뒤로한 채 제 잇속만 차린단 말인가?

세금으로 밥을 먹으면서 공직을 출세의 방편으로 여기면 천벌을 피할 길이 없다. 이 세상에서 받아야 할 천벌, 죽은 다음에 받아야 할 지옥의 형벌은 이들을 위해서 반드시 있어야 한다. 그런 형벌이 없다면 이 세상은 모순이다.

제5부 : 문명의 재도약 – 대한민국

문명의 재도약

물음 47 일제 강점기, 무슨 일들이 있었는가?

일제는 1905년 8월 22일 을사늑약을 강제체결하고도 민족적인 저항이 두려워 발표하지 못했다. 그러다가 먼저 애국단체를 해산하고 우국지사들을 무단히 검거한 뒤에 8월 29일 순종으로 하여금 양국(讓國)의 조서를 발표하게 했다. 일제는 한국통치를 위하여 총독부를 설치하고 헌병 경찰제도를 실시했는데, 헌병기관이 640개소 2,019명, 경찰기관이 480개소 5,693명이었다. 이는 초기의 숫자이고 해를 거듭하면서 더 늘어났다. 이들에게 검거된 사람은 1912년에 5만여 명, 1918년에는 14만여 명이나 되었다. 한국인의 반발을 잠재우기 위한 온갖 법령들이 만들어졌으며, 총독부 산하에 한국인으로 구성된 중추원(中樞院)이라는 부서를 만들어 한국인이 정치에 참여하는 것처럼 위장했다. 일제강점기에 있었던 주요 사건을 열거하면 다음과 같다.

1. 의병의 활동

을사늑약이 발표되자 수많은 우국지사가 자결하고 전국에서 상소를 올리거나 의병이 일어났다. 왕을 비롯한 대신들은 일본의 위협보다 국민의 반발을 더 두려워해야 했다. 일제에 의해 강제 해산된 군대는 의병에 합류하여 전국을 무대로 강력하게 저항했다. 전국에서 의병이 출현하지 않은 지역이 하나도 없었다. 의병의 주축은 지방 유생들과 농민들이었으며, 이들은 민비가 시해된 을미사변(1895년) 때부터 활동을 시작했었다. 의병들의 활동은 시간이 지나면서 국내에서 활동하기가 어려워지자 만주, 연해주 등 해외로 옮겨가서 활동했다.

임진란 이후와 한일병탄이후에는 대대적인 의병의 활동이 있었다. 이는 우리 민족정신의 발로였다.

2. 민족 계몽운동

의병의 활동과 더불어 민족의식을 일깨우기 위한 운동이 광범위하게 전개되었다. 보안회, 독립협회, 국채보상기성회, 신민회 등 애국단체들이 우후죽순처럼 일어났으며, 한성순보, 독립신문, 황성신문, 대한매일신보, 만세보, 대한민보 등의 언론을 통한 저항이 있었다. 우국지사들은 전국에서 사립학교를 세워 교육에 힘을 기울였다. 을사늑약이후 불과 몇 년 사이에 전국에 3천여 개의 사립학교가 세워지고 수많은 지역에서 야학을 운영했다. 교육의 대상은 남녀노소와 신분을 가리지 않았다. 일제는 이를 단속하기 위하여 사립학교령을 만들어 인가제로 제한했으며, 교육의 내용도 사상교육을 배제한 실용교육과 기술교육으로 전환시키고 일본어를 가르치게 했다.

국민교육과 계몽운동이 단시간에 전국으로 확산되는 데에는 개신교의 역할이 컸다. 서양선교사들이 입국하여 사립학교를 세웠고, 전국에 세워지는 교회에서는 계몽교육을 동시에 진행했다. 기독교의 선교와 민족정신 함양, 일제에 대한 저항은 같은 것이었다. 구한말, 일제 강점기에 활동한 민족 지도자들 대부분이 개신교인인 이유는 이들이 교회가 세운 학교에서 민족교육을 받았기 때문이다. 이런 이유로 한국의 개신교는 기독교 2천 년 역사에서 단시간 내에 가장 크게 성장할 수 있었다.

한글을 지키기 위한 운동이 전개되었고, 일본이 조선사편수회를 통해 우리역사를 식민사관으로 왜곡하자 이에 맞서서 장지연, 박은식, 신채호, 정인보 등 민족주의 사학자들이 활동했다. 문학 분야에서도 계몽소설 등이 등장했다.

3. 3.1 만세운동

1919년 3월 1일, 천도교, 개신교, 불교 등의 종교 지도자들로 구성된 대표 33인이 고종의 장례식(3월 3일)에 맞추어 태화관에서 독립선언서를 낭독하고 같은 시간 학생들은 탑골공원에서 독립만세를 부르며 시위행진을 시작했다. 서울에서 시작된 만세운동은 순식간에 전국으로 확산되었다. 참가 인원이 200만 명 이상이었고, 전국 218개 군 중에 211개 군에서 1500여회의 만세운동이 있었다. 당황한 일제는 무력으로 진압해서 체포 46,948명, 피살자 7,509명, 부상자 15,961명, 불을 지른 민가가 715가구, 교회 47개, 학교가 2곳이었다. 이 운동은 국내에 그치지 않고 만주, 연해주 등 한국인이 있는 곳에는 다 확산되었다.

이런 만세 운동은 1919년으로 끝나지 않았다. 7년 뒤 순종의 장례식 일정에 맞추어 1926년 6월 10일 또 시도되었다. 일제는 장례식 참여를 금하는 등 온갖 방해를 했지만 소용없었다. 학생들이 중심이 되어 가두행진을 벌이며 만세운동을 벌였다. 또 1929년에는 전남 광주의 나주역에서 일본학생이 한국여학생을 희롱한 것이 발단이 되어 11월 3일 시가전을 벌였다. 광주에서 시작된 이 운동은 전국으로 확산되어 시위에 참여한 학교가 194개교, 참가학생은 54,000여 명이고 퇴학생이 582명, 무기정학 2,330명, 검거된 학생이 1,642명이나 되었다.

임진란과 동학혁명 때와 마찬가지로 국가가 위기에 처하면 지위

고하를 가리지 않고 모든 백성이 일어서서 구국운동에 참여했다. 우리에게 잠재된 민족정신이 가장 뚜렷하게 발현된 사건이 의병활동, 계몽운동, 만세운동, 학생운동이라고 할 수 있다.

4. 대한민국 임시정부 수립

3.1운동의 여파는 국내는 물론이고, 제국주의의 식민지배를 받고있는 다른 나라에도 큰 파장을 일으켰으며, 전 세계에 한국인의 저항을 알리는 계기가 되었다. 특히 해외에 흩어져서 독립운동을 하던 인사들에게 영향을 주어 통합운동이 일어나게 했다. 이로 말미암아 1919년 4월 13일 중국 상해에 대한민국 임시정부가 수립되었다.[215] 같은 해 6월11일에는 대한민국 헌법을 대통령제로 제정 공포했으며, 대통령으로 이승만을 선출했다. 이승만은 일본 왕에게 다음과 같은 내용으로 '대한민국 공식문서'를 발송하였다.

> "대한민국의 이름으로, 그리고 대통령의 권한에 따라 나는 일본 왕에게 요구한다.
>
> 통상적인 외교사절과 자문관들을 제외한 모든 무장 세력과 군대, 그리고 모든 일본 관리들과 일본국민들을 한국에서 철수시켜라.
>
> 대한민국이 독자적이고 독립적인 주권국가임을 공식 인정해 주기를 바라며,
>
> 이에 부합하지 않는 모든 조약상의 약속들은 무효로 간주될 것이다."
>
> 1919년 6월 18일 대한민국 대통령 이승만.

대한민국 건국은 해방 후가 아닌 1919년이라고 해야 한다. 전국에서 온 국민이 궐기한 3.1운동이 건국을 가능하게 했다.

---

215) 이 때 선출된 각료들은 의장 이동녕(李東寧), 행정부 내각에 국무총리 이승만(李承晩), 내무총장 안창호(安昌浩), 외무총장 김규식(金奎植), 법무총장 이시영(李始榮), 재무총장 최재형(崔在亨), 군무총장 이동휘(李東輝), 교통총장 문창범(文昌範) 등이다.

물음 48

해방과 그 이후, 어떻게 진행되었는가?

해방과 그 이후 지금까지의 일 중에서 중요한 사건의 흐름을 보면 다음과 같다.

1. 일본의 패망

영국과 미국은 러시아가 아시아에서 팽창하는 것을 막기 위하여 일본과 동맹을 맺고 지원했다. 이런 국제 정세를 배경으로 일본은 러일전쟁에서 승리하고 조선과 만주를 지배하게 되었다. 그러나 일본의 야욕은 여기서 그치지 않고 중국대륙을 공략하고 동남아시아로 진출하기 시작했다. 일본은 이토오 히로부미가 한국과 중국에 적용했던 '대동아공영권'을 확대하여 아시아에서 서양세력을 몰아내고 아시아 전체를 지배하려고 했다. 일본이 동남아시아로 진출하려는 의도는 석유를 비롯한 자원 때문이었다. 이에 영국과 미국은 더 이상 일본과의 동맹을 유지할 수 없게 되었으며, 일본에 대하여 중국과 동남아시아에서 철수하라고 요구했다. 석유와 고철을 미국에 의존하던 일본은 미국이 금수조치를 단행하자 선택의 기로에서 미국의 진주만을 급습했다. 미국에 치명적인 손상을 주어 미국을 아시아에서 철수시키려는 의도였으나 반대로 2차 대전 중에 중립을 지키던 미국으로 하여금 2차 대전에 참전하게 했다. 수많은 피해를 내면서 일본을 압박하던 미국이 마침 개발을 끝낸 원자탄을 일본에 투하하자 일본은 무조건 항복하지 않을 수 없게 되었다.

2. 해방, 한국전쟁

1945년 8월 15일, 해방은 일본의 무조건적인 항복과 더불어 찾아왔다. 그러나 해방이 우리만의 힘으로 얻어낸 것이 아니어서 우리의 의사와는 상관없이 나라가 남북으로 분단되고 말았다. 비극은 여기서 끝나지 않고 1950년 6월 25일에는 한국전쟁이 일어났다. 북한의 남침은 공산주의 종주국 소련의 사주에 의한 것이어서 미국 등 민주진영이 참전하면서 우리나라는 세계의 민주-공산진영의 전쟁터가 되었으며, 양 진영이 치열한 공방전을 벌이다가 남북이 분단된 채 휴전을 맺었다. 전쟁이 지속된 3년 동안 인구의 1/3에 해당되는 700여만 명의 사상자를 냈으며, 나라는 문자 그대로 잿더미가 되고 말았다.

3. 경제기적

휴전 이후에도 자유당의 독재 장기집권을 종식시킨 1960년의 4.19의거, 1961년의 5.16 정변과 군사정권의 등장 등 많은 굴곡이 있었다. 그런데 어느 나라도 해내지 못한 것을 해낸 쾌거가 있었으니 경제기적이 그것이다. 우리는 후진국에서 유일하게 선진국 대열로 들어섰다. 무엇이 그것을 가능하게 했을까? 여러 진단이 가능하겠지만 위기를 극복하려는 민족정신을 빼 놓을 수 없다. 우리는 나라가 위기에 처하면 우리도 모르고 있던 어떤 정신력이 결집되어 그것을 극복해낸다. 이 저력이 숱한 어려움을 극복하고 우리나라와 민족을 지탱한 힘이다. 일제 지배와 6.25의 폐허, 남북분단의 위기 등이 기적을 가능하게 했다. 중화학공업의 성공이 경제기적을 가능하게 했는데, 우리가 중화학공업에 혼신의 힘을 다한 이유는 분단의 위기 때문이었다. 미국이 철군을 추진하자 자주국방을 실현하려면 중화학공업 없이는 불가능하므로 우리에게는 달리 선택의 여지가 없었고 사력을 다해야 했다.

전후의 폐허, 분단과 대치, 자원빈곤 등이 우리가 가진 전부였다. 그런데 우리는 지금 세계 10위권에 이르는 경제기적을 이루었다.

4. 한류

우리는 지금까지 없었던 신조어를 만들어 냈다. 한류(韓流)가 그것이다. 고조선이 멸망한 이후 우리는 늘 중국문화의 영향을 받는 나라였다. 그런데 2천 년대를 접어들면서 어느 날 갑자기 우리의 대중문화가 세계 속으로 파고들어가기 시작했다. 연속극(Drama)을 필두로 해서 우리의 대중음악(K-pop)이 아시아를 넘어 서양의 중심까지 진출했으며, 이와 더불어 우리의 언어가 세계 곳곳에서 선풍적인 인기를 얻고 있다. 우리의 문화가 세계에 영향을 주는 이런 현상을 어떻게 설명해야 할까? 분명한 것은 이는 결코 우연이 아니며 이 사건에는 대단히 중요한 의미가 들어있다는 사실이다.

물음 49 우리나라, 국제정세와 어떤 관련이 있을까?

극동에 자리 잡은 우리나라는 국제정세와 어떤 함수관계가 있다. 우리 역사는 그것을 말하고 있다.

진시황제의 진나라와는 비교되지 않을 만큼, 중국 역사상 가장 크게 통일했던 수나라는 총력을 기울여 고구려를 침략했으나 실패함으로써 멸망하고 말았다. 수나라를 이은 당나라도 위험을 무릅쓰고 고구려를 치려고 했으나 또 실패했다. 결국 작전을 바꾸어 신라와의 협공으로 간신히 목적을 달성했다. 금나라, 원나라, 청나라 등도 중국 중원으로 진출하기 전에 먼저 우리나라와 국교를 수립하거나 점령하려고 안간힘을 다했다.

일본 열도를 통일하고 여세를 몰아 조선을 쳤던 도요토미 히데요시(豊臣秀吉)는 실패했을 뿐만 아니라 정권이 붕괴되고 도쿠가와 이에야스(德川家康)에게 넘어갔으며, 임진란에 참전한 명나라는 국력소모로 급격히 쇠락하고 청나라에 무너졌다. 청나라는 조선말에 종주국 행세를 하려다가 청일전쟁이 일어나서 패한 후 만주를 내어주고 2억량을 배상한 후 멸망하고 말았다. 러시아는 우리나라를 지배하고 태평양으로 진출하려다가 러일전쟁에서 패하고 나서 여론의 뭇매를 맞고 국력이 기울어 공산주의 혁명으로 사라지고 말았다.

아시아에서 유럽을 모방하여 제국주의를 꿈꾸던 일본은 청일전쟁, 러일전쟁에서 승리하고 동남아시아까지 진출하는 등 과욕을 부리다가 원자탄의 폭격을 받고 패전국이 되는 비참한 신세가 되고 말았다. 미국은 조선을 버리지 말고 도와야 하며, 이를 어기면 피의 대가를 치르게 될 것이라고 호머 헐버트가 수없이 루스벨트에게 간청하고 경고했다. 그러나 루스벨트는 이를 무시하고 일본과 동맹을 맺고 조선을 일본에게 내어주었다가 일본에게 진주만을 폭격당했고 태평양 전쟁에서 승리를 거두었으나 막대한 피해를 입었다.

또 미국은 2차 대전이 종료된 후 1950년 1월 12일 에치슨 라인(Acheson Line)의 발표를 통해 미국의 극동방위선을 알류샨 열도-일본-오키나와-필리핀을 잇는 선으로 정하며, 타이완, 한국, 인도차이나 반도와 인도네시아 등은 이 방위선에 포함되지 않는다고 발표했다. 이 선언은 6.25 전쟁에 큰 영향을 주었음에 틀림없다. 그러나 막상 6.25가 터지자 미국은 참전하여 많은 사상자를 냈다. 한국전쟁에는 미국뿐만 아니라 공산진영이었던 러시아와 중국이,

민주진영에서는 16개국이 참전하여 피를 흘렸다.

지난 역사를 돌이켜 보면 우리나라를 중심으로 세계 질서에 변동을 주는 사건들이 수없이 있었다. 이런 현상은 끝나지 않고 지금도 계속되고 있다. 남북이 분단된 상태에서 러시아, 중국, 미국, 일본 등 열강이 우리의 사태와 직접 관련되어 있다. 현재 북한은 핵무기 등 대량살상무기에 의존하여 정권을 유지하려고 하므로 어느 때 보다 전쟁의 위험이 크다. 자칫 남북에서 전면전이 벌어진다면 구한말이나 6.25와 마찬가지로 주변의 열강이 얽혀들어 세계대전의 전쟁터가 될 위험성이 높다.

우리나라 역사는 국제질서와 어떤 연관 관계를 가지고 있다. 고대로부터 현대로 이어지는 이런 일련의 사태를 어떻게 이해해야 할까? 그냥 우연이었을까? 결코 우연일 수가 없다. 어떤 중요한 의미가 그 안에 들어있다. 그 의미가 무엇일까? 이 물음 속에 오늘 우리가 해야 할 역할이 들어있다.

물음 50 우리의 할 일, 무엇인가?

이제 마지막으로 우리나라가 해야 할 이 시대의 환웅천왕의 역할이 무엇인가를 살펴보고자 한다.

1. 시대의 요청

동서양의 역사를 돌이켜 보면 동양이 서양보다 늘 앞서가다가 서양에서 르네상스와 더불어 과학문명이 시작되면서부터 서양이 앞서갔다. 근대 이후 서양이 과학기술을 앞세워 세계를 지배하고 이끌어 갔으며 동양은 개화라는 이름으로 서양을 모방하기에 급급했다. 서양의 인문주의자들은 인간의 이성과 과학문명으로 세상에 지상낙원을 이룰 수 있다고 확신했다. 인류의 가장 큰 적이던 전염병과 기아의 문제를 해결하고 독재정권과 신분차별을 종식시키고 삶의 질을 높이는 등 괄목할만한 성과를 거두었다. 그러나 거기까지가 한계였다. 그 뒷면에는 대량살상무기와 환경오염 등으로 수많은 문제를 야기했고, 인류가 멸종의 위기에 처하고 말았다.

이 지경에 이르러서야 서양 이성주의자들은 인간과 이성의 한계를 깨닫고 해결책과 대안을 모색하기 시작했다. 이들은 먼저 이성의 시대, 서양의 시대가 끝나고 새로운 시대가 시작되었다고 선언하며 그 시대의 이름을 현대이후(Post-Modernism)라고 지었다. 2000년을 맞으면서 현대는 종언을 고하고 현대이후가 시작되었다.

서양인들은 서양에서 방법을 찾아보았지만 보이지 않자 그들의 눈을 동양으로 돌렸다. 그동안에는 과학문명이 뒤떨어졌다는 이유로 미개하게 여기던 동양의 전통문화와 사상 속에 서양의 한계를 극복할 방법이 들어있다고 생각해서였다. 그러나 서양 사고 구조에 젖은 서양인들이 동양의 문화를 이해하는 것 역시 한계가 있었다. 현대가 안고 있는 해결책은 서양의 입장에서 동양을 보는 것이 아니라 반대로 동양의 입장에서 서양을 볼 때 가능해진다. 이에 서양의 지성인들은 동양을 지켜보면서 동양의 어느 누군가가 이 문제를 해결해주기를 기다리고 있다.

오늘 우리 시대가 당면한 가장 큰 과제는 동양의 입장에서 서양의 문화를 융합하고 재해석하여 새로운 시대를 이끌어 갈 정신문화를 만들어 내는 데에 있다. 이는 인류역사 이래 가장 큰 과제이며, 이 문화를 만들어내는 나라가 2천 년대를 이끌어 가게 될 것이다. 동양의 어느 나라가 그 주인공일까?

2. 구비조건

이를 해결하려면 다음의 조건들이 갖추어져 있어야 한다.

첫째, 오랜 역사와 전통문화를 가진 나라여야 한다. 정신문화는 하루아침에 만들어지지 않는다. 오랜 역사를 가지고 있되, 독특한 역사를 직접 만들었던 경험이 있어야 한다.

둘째, 종교성이 발달한 나라여야 한다. 정신문화와 종교는 뗄 수 없는 관계다. 종교 없는 정신문화는 생명력이 없다. 서양의 현대문화가 실패한 이유는 종교를 배제하고 인간의 이성으로 모든 것을 해결할 수 있다고 과신했기 때문이다. 뒤늦게 이것을 깨닫고 동양의 종교에 지대한 관심을 가지고 연구하고 있다.

셋째, 기독교가 활성화되어 있어야 한다. 동서양의 정신문화를 융합하려면 동서양의 종교가 전통문화 수준으로 수용되어 있어야 한다. 그런데 서양의 종교는 기독교다. 따라서 기독교가 전통종교 수준으로 활성화 되어 있는 나라여야 한다.

넷째, 고난의 역사가 있어야 한다. 고난은 왜 필요할까? 성경과 고난은 밀접한 관련이 있다. 그 이유는 신앙을 실천할 대상들의 아픔에 직접 참여하여 그들과 하나가 되는 경험이기 때문이다. 이스라엘이 애굽(이집트)에서 400여 년 종살이 한 이유는 여기에 있다. 성경은 계약의 책인데 계약의 대상인 이스라엘과 교회는 계약의 대상이기 때문에 겪어야 하는 형극의 길을 걸었다. 고난을 통해서 하나님의 뜻은 실현된다.

3. 준비된 나라

동양에는 여러 나라가 있다. 그러나 위의 조건을 갖추고 있는 나라는 우리나라 이외에는 없다. 이는 결코 과장이거나 아전인수의 해석이 아니다. 그 이유는 다음과 같다.

첫째, 우리는 뿌리문명을 만들었을 뿐만 아니라 수천 년 동안 발전시켜왔다. 고조선의 환웅천왕 시대에 홍익인간, 재세이화라는 정신문화를 만들어 내서 빗살무늬토기와 비파형동검, 적석총 등에 담아 놓았고, 단군왕검에 이르러서는 고대국가를 출범시켜 장장 2300년을 유지했다. 비록 이 문화가 중국에서 유교와 도교로 집대성되어 역수입되었지만 우리나라에서 유교와 성리학은 만개했고 조선에서는 성리학사상으로 나라를 세워 유교의 꿈인 이상 국가를 실현하고자 했다.

둘째, 우리는 세계종교를 수용하여 활성화시킨 문화를 가지고 있다. 유교와 도교는 본래 우리의 전통이므로 지금까지 정신문화로 뿌리내리고 있으며, 불교는 AD 372년에 들어와 고려 때까지는 국교의 역할을 했고 지금도 활성화 되어 있다. 기독교 역시 세계선교역사의 기적을 일으켰다. 구교(가톨릭)는 조선 후기에 서학이라는 이름으로 자생하여 숱한 박해를 받으면서도 자리를 잡았고, 개신교는 구한말에 들어와 전국 어디를 가도 교회 없는 곳이 없을 만큼 크게 활성화 되었다. 우리나라는 이런 여러 종교들이 어울려 있으면서도 종교 간의 갈등이나 대립이 없다.

셋째, 기독교가 동양에서 가장 활성화 되어 있다. 우리는 왜 기독교가 국교라고 할 만큼 활성화되어 있을까? 이에 대해서는 우리의 역할과 관계되어 있으므로 별도로 상세히 살펴볼 필요가 있다.

넷째, 앞에서 살펴본 바와 같이 우리의 역사는 곧 고난의 역사였다. 세상 여러 민족 가운데 우리만큼 고난을 당한 민족도 거의 없다. 이에 대해서는 더 언급할 필요가 없다.

이상에서 본 바와 같이 우리의 역사는 준비된 역사이며 우리는 준비된 나라이다.

4. 기독교가 활성화된 이유

우리에게는 기독교의 구교와 신교가 독특하게 성장한 기록을 가지고 있다.

구교는 조선의 실학과 관련이 있다. 실학 중 서학에 대해서는 앞에서 사상적인 측면에서 잠시 살펴보았다. 실학자들 중에는 기독교를 사상으로만 받아들여 연구한 사람들이 있는가 하면 신앙으로 받아들여 천주교인이 된 사람들이 있다. 이들은 주로 남인 계열의 성리학자들이었는데. 중국을 통해 전해진 기독교 문서와 성경을 읽으면서 성리학과 기독교가 크게 다르지 않다고 생각했다. 이벽을 중심으로 몇몇이 경기도 광주의 천진암에 모여 기독교 서적과 성경을 연구하면서 성리학이 추구하는 이상을 기독교를 통해 실현할 수 있다고 생각하여 자발적으로 기독교인들이 되었다. 점차 숫자가 늘어나자 청나라에 와 있던 신부들을 초청하여 세례를 받았다. 기독교 역사에서 자생교인이 등장한 첫 사례였으며, 이후 천주교는 모진 탄압에도 불구하고 크게 성장했다.

개신교는 구한말에 들어왔는데 구교와 마찬가지로 자생교인들이 먼저 생겨났을 뿐만 아니라 성경을 한글로 번역 했다. 1882년 수신사 일행이 일본을 방문했을 당시 수행원으로 따라갔던 이수정은 일본에서 개신교를 접하고 기독교인이 되었을 뿐만 아니라 미국의 선교잡지에 글을 기고하여 한국에 선교사를 보내주도록 직접 호소하여 개신교 선교사가 한국에 오는 계기를 만들었다. 이수정은 일본에서 한문성경을 한글로 번역했고, 개신교 최초의 선교사 언더우드와 아펜셀러에게 한국어를 가르쳤다. 이들은 한국에 입국할 때 이수정이 번역한 성경을 가지고 왔다. 이수정은 일본에 머물면서 일본을 찾은 서재필, 김옥균, 홍영식, 서광범 등에게 개신교를 소개했다. 고종과 친밀한 관계를 가지고 있던 김옥균은 고종을 설득하여 개신교 선교사들이 입국할 수 있도록 주선했다.

이수정을 비롯한 개화파 인사들은 왜 개신교를 적극적으로 받아들였을까? 이유는 크게 두 가지이다. 첫째, 성리학에 익숙해있던 그들은 성리학이 추구하는 것이 기독교와 다르지 않다고 생각했다. 김옥균은 고종에게 성리학과 기독교는 다르지 않다고 말했다고 한다. 둘째, 성리학이 실현하려고 했던 이상 국가를 기독교를 통해서 실현할 수 있다고 생각했다. 이들이 성리학과 기독교가 다르지 않다고 생각한 이유는 여기에 있다. 조선 후기 실학자들과 마찬가지로 개화파 인사들은 기독교를 접하고 나서 조선의 살 길이 여기에 있다고 생각했다.

조선에 입국한 개신교 선교사들은 학교를 세워 현대식 교육을 하면서 민족정신을 일깨워 주었고, 이런 교육을 받은 사람들은 기독교를 통해 우리나라를 새롭게 만들려고 시도했다. 조선말의 개화파를 비롯하여 일제시대에 활동한 민족지도자들이 거의 다 개신교인인 이유는 여기에 있다. 삼일운동의 대표자 33인 중에도 기독교인이 대다수였고, 만세운동에 동원된 학생들도 대부분 기독교계 학교의 학생이었으며, 전국으로 확산되는 만세운동의 가교와 거점은 각 지역 교회들이었다. 이후 계몽운동이 전국으로 확산되는데 그 역할을 대부분 교회가 맡아서 해냈다. 교회는 전국에서 국민을 계몽시키고 각종 학교와 야학을 운영했다. 개신교가 우리나라에 들어와서 급속도로 성장하여 가장 큰 영향을 끼치는 종교가 된 원인은 여기에 있다. 현재 한국교회는 미국교회와 더불어 세계선교를 가장 많이 하는 나라가 되었다. 아시아에서 기독교가 이렇게 활성화 된 나라는 우리나라 이외에는 없다.

한국의 구교와 개신교의 활성화 뒤에는 이런 배경이 있다.

5. 두 기독교

기독교를 구교(가톨릭, 천주교)와 개신교(신교), 정교회 등으로 구분한다. 이는 교단을 염두에 두고 구분한 것인데, 이보다 더 중요한 구분이 있다. 그러나 이에 대해서는 기독교 내부에서도 아직 거의 인식을 못하고 있는 실정이다. 본서에서 말하는 두 기독교란 본래 성경의 기독교와 유대교, 헬레니즘으로 말미암아 변질된 서양의 기독교이다. 이를 간략히 살펴보면 다음과 같다.

1) 서양 기독교

서양 기독교에 대한 배경은 다음과 같다.

기독교는 2천 년 전에 팔레스타인(현재의 이스라엘)에서 시작되어 지중해의 로마제국을 거쳐 유럽에 정착하여 중세기를 보낸 후 근대에 이르러 전 세계로 퍼져나갔다. 그 과정에서 기독교는 크게 변질되었다. 기독교의 뿌리는 구약성경과 유대교이다. 구약성경을 경전으로 여기며 신앙생활하던 고대 이스라엘 사람들은 국가가 멸망하고 BC 500년경 바벨론(바빌로니아)에 포로로 끌려갔다. 이를 바벨론 포로기라고 하는데, 그들은 70여년 만에 귀환하여 다시 나라를 재건하게 된다. 재건한 나라의 이름이 '유다'여서 이들을 유대인이라 부르며, 이들의 신앙을 유대교라고 한다. 포로기 이전과 이후의 신앙생활에서는 많은 차이를 보인다.

기독교는 이런 유대교에서 시작했기 때문에 유대교적인 특징을 많이 가지고 있다. 이 기독교가 팔레스틴의 유대교에서 출발하여 지중해 세계의 이방인들에게 확산되었고, AD 313년 콘스탄티누스의 밀란칙령 이후에는 로마제국의 국교로 자리잡게 된다. 이즈음 기독교의 교리들이 만들어지는데 교리의 이론적인 기초는 헬라

(그리스) 철학이었다. 헬라철학으로 기독교교리들을 만들다보니 자연스럽게 기독교는 헬라화되고 말았다. 구약성경(율법, 모세오경)에서 비롯된 문화를 헤브라이즘(Hebraism)이라 하는데[216], 이는 헬레니즘(Hellenism, 그리스문화)과는 전혀 성격이 다르다. 헤브라이즘은 종교문화이고 헬레니즘은 철학문화이다. 헤브라이즘은 일원론이어서 인간의 영혼과 육체, 현세와 내세, 하나님나라와 세상나라를 구분하지 않고 하나로 보기 때문에 이 땅에 거룩한 나라, 혹은 하나님나라를 실현하는 데에 비중을 둔다. 반면 헬레니즘은 초월의 세계(이데아)와 세속(현상), 인간의 정신과 육체를 구분하는 이원론이다. 헬레니즘은 초월적인 이데아의 세계를 중요하게 생각하기 때문에 육체와 세상을 중요하게 생각하지 않는다.

서양기독교는 교리화되는 과정에서 헬라철학을 기반으로 했기 때문에 헬라문화의 특징이 그대로 반영되어 이원론의 구조를 가지게 되었다. 이는 세상과 하나님나라, 인간의 영혼과 육체 등을 구분하면서 하나님나라와 영혼구원에 치중하게 되었다. 교리의 대상도 신론(삼위일체), 그리스도론(양성기독론), 구원론(영혼구원), 속죄론(은총론), 종말론(세상파멸)에 치우쳐 있으며, 이 세상에 하나님나라를 실현하기 위하여 세상의 정치제도(독재 해결책), 경제(빈부의 격차 해결책), 사회(신분제 해결책), 교육(귀족중심 교육 해결책) 등에 대해서는 전혀 무관심했고 교리와 신학의 대상이라고 생각하지를 않았다. 일시적인 세상의 불균형과 모순은 영원한 하나님나라에서 해결된다고 믿었기 때문이다.

서양 기독교는 이런 신앙으로 중세 봉건제도를 정착시켰으며, 근대에 이르러서는 제국주의, 구령(救靈)선교 등으로 기울어져 세상을 바로잡으려는 데에는 아무런 관심도 없었고, 역할도 하지 못

---

216) 헤브라이즘은 구약의 율법서(창세기, 출애굽기, 레위기, 민수기, 신명기)를 경전으로 하는 종교의 문화를 말하는데, 유대교, 기독교, 이슬람교 등이 이에 속한다.

했다. 오히려 서양기독교에 반발한 인문주의 운동으로 인간을 비참하게 만드는 절대왕권, 신분제도 등이 해결되었다. 서약 기독교 국가가 해야 할 일을 하나님을 거부하는 사람들이 해결하는 모순이 일어났다. 서양기독교는 유대화, 헬라화되어 있다. 그러나 기독교내에서는 아직 이에 대하여 문제의식이 거의 없다.

2) 성경 기독교

성경기독교, 또는 히브리 기독교라는 용어는 아직 사용되지 않고 있는데, 이 책에서 설명을 위해 만들어 사용하고 있을 뿐이다.

성경에서 원래 말하고자 하는 것은 헬라화 된 서양기독교와는 전혀 다르다. 유사한 부분보다 정반대되는 부분이 더 많다. 헤브라이즘이라는 용어는 히브리(Hebrew, Habiru)에서 나왔는데, 히브리는 당시 사회의 가장 밑바닥 계층을 말한다. 헤브라이즘이란 이런 소외계층에 관심을 가지며 그들의 문데를 해결하는 문화라는 뜻이다. 구약성경은 전체가 이것을 말하고 있다고 해도 과언이 아니다. 구약성경의 주인공인 이스라엘 사람들은 아브라함의 후손으로 애굽(이집트)에서 400년 이상 비참한 노예로 살고 있었다. 이스라엘의 하나님 여호와께서는 이런 문제에 관심을 가지고 있던 모세라는 사람을 통해서 이들의 비참한 현실을 하늘의 방법을 동원하여 해결해주시고 그들과 계약을 맺으신다. 계약의 조건은 단순하다. “내가 노예로 살고 있던 너희를 해방시켰으니 너희는 세상에 나가서 그런 노예의 문화를 해결해라. 너희가 그렇게 하려고 하면 내가 도와주리라.”

구약성경에서는 신분과 지위와 빈부의 격차가 없는 나라를 ‘거룩한 나라’라고 했다. 이스라엘의 사명은 세상에 나가서 거룩한 나라를 세우고 이를 확장하는 데에 있다. 구약성경 율법에는 이런 거룩한 나라를 만들기 위한 구체적인 조항들이 들어 있다. 이를 ‘율법'이라고 하는데, 율법에는 종교는 물론이고 국가의 정치, 경제, 교육, 사회 등 인간의 삶과 직결되는 문제를 가장 중요하게 다루고 있다. 즉 교리와 신학의 주요 대상이 국가제도와 의식주와 인권의 문제다. 서양기독교처럼 세속과 초월된 문제만을 신학과 교리의 대상으로 삼지 않는다.

구약성경에는 '예언자' 또는 '선지자'라는 사람들이 등장한다. 이들은 율법에 기초하여 이스라엘의 사명이 이 세상에서 거룩한 나라를 만들 뿐만 아니라 확장시켜야 됨을 누누이 강조하는 사람들이다. 다시 말하면 이스라엘의 정체성을 다시 일깨워 주는 사람들이다. 이스라엘은 이 예언자들의 역할로 말미암아 그 명맥을 유지할 수 있었다. 그러나 바벨론 포로기 이후의 유대교는 헬라문화에 대처하면서 그 본연의 모습에서 많이 벗어나고 말았다. 헬라문화는 기독교에도 지대한 영향을 주어 같은 결과를 초해하게 했다.

기독교는 예수님을 구세주(메시아)로 믿는다. 예수님께서 세상을 구원하신다는 말씀은 이런 잘못된 종교를 바로잡아 이 세상에 하나님나라를 임하게 하신다는 뜻이다. 구약의 거룩한 나라가 더 완성된 모습이 신약의 '하나님나라'이다. 예수님께서 말씀하시는 하나님나라는 죽은 후에 영혼이나 가는 나라가 아니었다. 예수님께서 이 땅에 오신 목적은, 이 세상에 육체를 가진 인간들에게 뜻이 하늘에서 이루어진 것처럼 땅에서도 하나님의 나라가 이루어지게 하시기 위해서 오셨다. 본래 예수님께서 말씀하신 구원은 이 세상에서 서양기독교 식으로 신앙생활 하다가 죽은 다음에 영혼이 천국에 가는 것이 아니라 이 땅에 하나님의 나라를 실현하는 것이었다. 성경의 기독교와 서양의 기독교는 전혀 다르다. 밀란칙령 이전의 초기 기독교는 본래 기독교의 모습을 간직하고 있었다. 그런데 그 이후 헬라철학과 문화가 기독교에 접목되면서 기독교는 헬라화되고 말았다.

3) 기독교의 최우선 과제

서양기독교가 유럽을 2천여 년 동안 지배하면서도 세상이 전혀 달라지지 않았다. 또 한국에 교회가 이렇게 많으면서도 세상의 변화는 고사하고 교회조차 타락의 늪에서 벗어나지 못하고 있다. 오히려 하나님을 믿지 않는 이성주의자들이 세상을 걱정하며 변화시키고 있다. 왜 그럴까?

첫째, 기독교 신앙 자체가 문제가 있다는 것을 발견해야 한다. 신앙은 제대로 되었는데 삶이 따라가지 못해서 문제라고 생각하는 착각에서 하루 속히 벗어나야 한다. 그리고 눈을 똑바로 뜨고 성경을 다시 보아야 한다. 서양기독교의 교리와 신학, 교회의 설교, 성경해석은 모순투성이이며 앞뒤가 맞지 않는 경우가 허다하다. 이런 허점들을 믿음이라는 허울로 덮으려 하지 말고 그 이면을 불꽃같은 눈으로 꿰뚫어 보면서 바로 잡아야 한다. 한국기독교는 서양기독교와 전혀 다를 바가 없다. 기독교의 신앙과 신학 자체를 그 근본에서부터 다시 점검해야 한다.

둘째, 성경의 기독교, 헤브라이즘 기독교로 돌아가야 한다. 현재의 기독교에는 유대교의 흔적도 많이 남아있다. 유대교와 기독교는 뿌리는 같지만 많은 부분에서 근본적인 차이가 있다. 그런데 서양기독교에는 유대교가 청산되지 못한 채로 남아있다. 서양기독교에서 유대교와 헬라문화의 옷들을 벗겨내고 성경으로 만들어진 옷으로 갈아 입혀야 한다. 본원 기독교, 성경 기독교, 헤브라이즘 기독교로 돌아가는 것이 현재 서양기독교가 당면한 과제다.

6. 한국의 역할

한국의 역할은 이런 기독교의 과제와 직접 관련있다. 이는 단지 한국교회에만 주어진 역할이 아니라 한국인, 대한민국에 주어진 역할이다. 왜냐하면 이는 국운과 관련이 있기 때문이다. 공자가 유가의 사상을 집대성하여 유교를 만들어 냄으로써 중국의 역사가 바뀌었다. 공자가 윤리의 실천과 교육을 기반으로 치국의 도를 정리해 놓은 유교는 그 이후 동양 모든 국가에서 2천여 년 동안 사용하지 않을 수 없었다. 중국은 공자 때문에 동양을 지배했다고 해도 결코 과언이 아니다.

동서양의 문화를 융합하여 새로운 시대를 이끌어 갈 정신문화 창조가 현재 당면한 가장 큰 과제다. 이를 달성하는 국가가 2천 년 대에 세계를 지배하게 되어있다. 한국 교회가 중심이 되어 이 문제를 해결해야 하지만 이는 교회만의 문제가 아니라 이 나라의 문제가 되는 이유가 여기에 있다. 한국교회, 한국만이 이 큰 일을 해낼 수 있는 가능성은 이미 앞에서 말한 바와 같다.

7. 한국 기독교

한국에서 서양기독교를 재해석하여 본원의 모습으로 돌아가게 할 기독교를 '한국 기독교'라고 부르고자 한다. 한국 기독교는 앞으로 우리가 만들어 가야할 대상이지만 이미 그 선례가 있다. 그 선례를 우리의 역사에서 다시 살펴보고자 한다. 이 선례는 우리나라에 기독교가 들어오기 이전과 이후로 구분된다.

1) 기독교 이전

이미 살펴본 바와 같이 우리의 전통사상은 율법과 유사한 부분이 많이 있다. 우리 역사 속에서 성서에서 말하는 기독교적인 사례를 살펴보면 다음과 같다.

❶고조선(古朝鮮)

환웅천왕이 지상에 실현한 홍익인간, 재세이화는 성경의 정신과 크게 다르지 않다. 우선 유일신, 천지인을 특징으로 하는 신관이 그러하며, 신상과 신전없이 자연에서 자연석으로 만든 제단과 신을 섬기는 제천의식 등의 신앙생활이 그러하다. 아직 문자가 없던 시절에 이런 신앙은 겹친 人자 무늬 토기, 비파형동검, 적석총 등으로 표현되었다. 다음으로는 이런 정신으로 개국한 단군왕검의 고조선의 신앙체제와 제도들은 율법의 제도와 너무 유사하다. 신앙으로는 중앙통치를 하고 정치로는 지방분권을 실현했다. 이런 정신은 내란이 일어나지 않게 했으며, 그 결과 고조선은 2300년 이상 지속할 수 있었다.

❷조선(朝鮮)

고조선과 같은 국호를 가진 이씨 조선은 성리학으로 세워진 국가였다. 성리학은 유교에 종교적인 요소가 첨가된 것이다. 성리학의 대명제는 천인합일(天人合一)인데, 조선이야 말로 성리학에 충실한 국가였다. 조선은 천인합일을 국가에 적용하여 이상을 현실에 실현하기 위하여 온갖 노력을 다했다. 정도전은 국가를 세우기 전부터 성리학으로 청사진을 만들었고 또 그 청사진대로 국가를 세웠다. 비록 그 구상이 완성되지는 못했지만 조선의 역사 내내 끊임없이 이상을 현실에 적용하려는 시도가 있었다.

조선에서 성리학은 학문으로서는 성공을 했다. 퇴계와 율곡에 이르러 퇴계는 주리이기론으로 천인합일의 경지에 이르렀으며, 율곡과 기대승은 주기이기론으로 실천에서 절정에 도달했다. 조선성리학에서는 이기론을 사단칠정론에 적용하여 조선의 역사가 다할 때까지 토론에 토론을 거듭했다. 이는 다른 나라의 성리학에서는 찾아 볼 수 없는 현상이었다. 사단칠정론에 지대한 관심을 가질 수 있었던 이유는 우리의 정신문화에 천인합일을 추구하는 영성이 들어있기 때문이다. 이 영성은 고조선에서부터 형성된 것이다. 비록 종교, 신 등에 대한 직접적인 언급은 없지만 조선 성리학자들의 리

(理)에는 종교적인 요소가 들어 있었다. 이런 현상은 퇴계에게서 뚜렷하게 나타난다. 퇴계에게 있어서 리(理)는 기독교의 로고스(신성)와 크게 다르지 않다.

이 땅에 기독교가 들어오기 이전의 고조선과 조선 즉 두 조선이 꿈 꾼 이상국가는 성경에서 말하는 거룩한 나라, 하나님의 나라와 멀지 않다. 따라서 이 시기의 우리 정신문화는 한국기독교의 뿌리이자 원형이라 할 수 있다.

2) 기독교 이후

조선에 기독교가 들어온 이후에는 조선의 기독교의 초기 모습이 좀 더 명확해진다.

❶실학

북학파와 서학파로 구분되는 조선의 실학은 성경의 율법에서 말하는 교리, 신학과 유사하다. 서양기독교의 교리와 신학은 정치, 경제, 사회제도, 실용과학과는 전혀 무관하지만 율법은 그와 반대로 이런 문제에 관심이 많다. 따라서 성경에 비추어 보면 기독교를 접한 후 실학자들이 나라를 변화시키기 위하여 연구한 서적들은 신학서라고 할 수 있다. 북학파들이 관심을 가진 이용후생(利用厚生) 즉, 선진문물과 상업 등을 통하여 백성들을 가난에서 벗어나게 하려는 시도도 신학적인 관심이라고 할 수 있다.

서학파로 넘어오면 율법의 정신과 더 가까워진다. 토지제도, 신분제도, 과거제도, 국가기구, 조세제도 등의 제도연구를 비롯하여 관리의 자세 등을 다루고 있다. 이런 것들은 성경에 의하면 신학의 주요 분야다. 따라서 유형원, 이익, 정약용 등이 평생 연구하여 기록한 반계수록, 성호사설, 목민심서, 흠흠심서, 경세유표 등은 뛰어난 신학서적들이다. 단지 서양기독교의 시각에서 보면 이런 책들은 신학서적이 아니었을 뿐이다.

무엇이 신학인가? 신학의 대상이 신론, 신앙의 문제에만 국한되어야 하는가? 진정한 신앙이라면 인간의 삶에 가장 큰 영향을 주는 국가의 제도, 정치, 경제, 교육 등이 대상이 되어야 한다. 세속학문과 신학이 너무 이원화되어 있다. 인간의 삶에 지대한 영향을 주는 기술문화도 마찬가지로 신학의 대상이어야 한다. 신학이 과학기술 자체를 연구할 수는 없지만 기술이 바른 방향으로 쓰일 수 있도록 안내하고 통제하는 역할을 해야 한다. 과학기술분야에 윤리와 신학이 배제되다 보니 첨단 과학은 살상무기를 만드는 데에 먼저 쓰이고 있다. 기술이 잘못 쓰여서 인간을 불행하게 하지 않도록 하려면 신학과 과학이 만나야 한다. 신학과 인문학과 자연과학이 분리되면 비극이 시작된다. 우리는 현대에서 이것을 뼈저리게 경험했다.

조선의 실학자들은 기독교 문화를 접하면서 성리학이 이루지 못한 이상국가 실현의 꿈을 기독교를 통해서 이룰 수 있다고 생각했다. 서양 신학이 아닌 성경의 시각으로 보면 조선의 실학은 올바른 신학의 한 모델이다.

❷개화파

조선말에 일본을 통해서 개신교를 접한 개화파 인사들 역시 성리학에 익숙해 있었고, 개신교를 통하여 이상 국가를 실현하려고 했다. 이들은 서양의 앞선 기술문명을 적극 받아들이는 것은 물론이고 기독교 신앙에 대해서도 많은 관심을 가지고 성경을 번역하며, 또 연구했다.

조선말의 급진적인 개화파는 혁명을 통해서 이상을 실현하려고 시도했다. 김옥균, 박영효, 서재필 등이 시도한 갑신정변이 그것이다. 비록 3일 천하로 끝났지만 자주적으로 국가를 일신시키려고 했던 그 시도는 높이 평가해 주어야 한다. 김옥균은 고종을 설득하여 개신교가 한국에 들어오게 하는 데에 중요한 역할을 했다.

❸한국기독교

한국의 기독교가 실학자들, 개화파 인사들이 주도할 때는 성경의 기독교와 유사했다. 이런 사실은 앞에서 이미 인용했던 다음의 도표를 보면 명확해진다.

서양기독교 & 실학자/개화파 & 히브리신학의 비교

주 제	서양기독교 신학	히브리 성서신학	실학자/ 개화파 신학
사상 기반	헬레니즘/ 로마문화	헤브라이즘/율법	홍익인간/성리학
주제/ 핵심	내세-천국중심/ 영혼구원	천국 지상 도래	지상에 이상국가 건설
실현 방법	교리교육/선교	거룩한 나라 건설	사회/국가 개혁
윤리/ 실천	하나님의 사랑 실천	희년(禧年): 신분, 지위, 빈부 격차 배제	토지개혁/ 신분타파
특 징 (1)	이원론: 영↔육, 성↔속 이데아/천국/ 초월신학	일원론: 영육, 성속 일치신학: 통합 통섭	일원론: 천지인 합일 세상/홍익인간/ 내재신학
특 징 (2)	예배/의식 강조	애국/애민/교육/ 계몽	애국/애민/교육/ 계몽강조
특 징 (3)	2천년기독교역사/ 수도사/신학자	율법과 복음 예언자사상(사관)	기독교역사 전무/ 초신자/성리학자
평 가	성경의 핵심 실종	성경의 핵심	성경의 핵심에 근접

〈표2 서양기독교와 성경, 실학의 비교〉

이 도표를 보면 실학자들이나 개화파의 사상이 본래 성경의 신학과 너무 유사한 반면, 서양기독교는 많은 부분에서 상반된 것을 볼 수 있다. 그런데 안타까운 것은 시간이 지나면서 한국의 천주교와 개신교는 서양의 기독교와 같아져 구별이 없어졌다는 점이다. 왜 그럴까?

천주교 신자들이 많아지자 서양 신부들이 입국하여 그들을 관리하였다. 그러면서 서양 가톨릭교회의 지배를 받게 되어 우리 실학의 정신이 사라지고, 서양의 가톨릭과 같이 되고 말았는데 이것이 매우 안타까운 일이다. 한국의 천주교가 일제식민지 시기에 독립운동과 3.1운동 등에 거의 관심이 없었던 이유는 이 시기의 한국 천주교는 로마 가톨릭 교황청의 지배를 받고 있었기 때문이다.

이런 현상은 개신교에도 동일하게 나타난다. 개화파 인사들은 대부분 개신교 교인이 되었으며, 일제 강점기에는 항일운동과 계몽운동을 앞장서서 전개했다. 안창호, 이승훈, 서재필, 이승만, 김구, 조만식을 비롯한 대부분의 민족지도자들이 개신교인이었고 이들이 주축이 되어 해방 후에 대한민국을 건국했다. 대한민국이 탄생하는 제헌국회의 대부분 인사들이 개신교인들이었으며, 그 중에는 개신교 목회자도 다수여서 국회 개원을 기도로 시작했다. 우리나라에 개신교가 급속도로 성장한 배경과 이유는 여기에 있다.

그런데 그 이후 개신교는 서양교회와 다름없어지고 말았다. 왜 그랬을까? 개신교의 여러 교파들은 제각기 서양 개신교 교단의 지배를 받았기 때문이다. 서양에 유학하여 신학을 공부하거나 유학자들로 구성된 교수들에게 신학을 배우다 보니 서양기독교와 동일해지거나 더 서양화되고 말았다.

8. 한국교회, 한국의 갈 길

한국기독교는 조선실학과 개화파 개신교인(야소교인)들이 이룬 업적들을 거울삼아 서양기독교의 그늘에서 벗어나 성경의 기독교로 돌아가야 한다. 그리고 한 걸음 더 나아가서 이 시대 최대의 과제인 새로운 시대를 이끌어갈 정신문화를 만들어 내야한다. 이는 한국교회만의 일이 아니라 한국의 할 일이다. 우리는 할 수 있다. 아니 우리만 할 수 있다. 경제기적과 한류(韓流) 등이 이를 확인시키고 있다.

지난 우리의 역사를 돌이켜 보면 고조선에서부터 현대에 이르는 긴 역사가 이 큰 일을 위한 준비였고 한편의 드라마였다. 이제 그 드라마를 완성시킬 전무후무한 기회가 우리 앞에 놓여있다. 이제 떨쳐 일어나서 그 역사를 만들어 가야 한다. 내가 한국인이라는 사실이 자랑스러운 이유는 여기에 있다.

물음 51 우리역사, 무엇을 남기고 있는가?

기나긴 우리의 역사에 들어있는 정신문화를 다시 돌이켜 보면 다음과 같다.

1. 문화의 시대

한 사람

짐승처럼 떠돌이 생활을 하며 약육강식으로 살아가는 사람들을 보면서 사람이 사람답게 살아갈 방법을 고민하던 한 사람이 있었다. 묻고 또 묻고, 찾고 또 찾다가 결국은 하늘의 도우심으로 그 방법을 알아냈다. 그가 만난 하늘의 하나님(天神)에게서 유일신(唯一神), 천지인(天地人)신앙과, 홍익인간(弘益人間), 재세이화(在世理化) 정신이 생겨났다. 그의 신앙과 정신은 토기의 무늬(사람 人 무늬), 청동검의 모양(비파형), 무덤의 형태(적석총, 고인돌), 강강술래와 같은 노래에 담겨서 널리 전해졌고 전달되었다. 이 정신이 전해지는 곳에는 짐승과 같은 야만이 사라지고 서로 어울려 다같이 행복하게 사는 문화가 가능해졌다. 이들이 사는 모습에서 '사람'이라는 개념이 생겨났고, 이들을 사람족(人方)이라고 했다. 우리민족의 정신문화는 이렇게 한 사람에게서 시작되었다. 사람들은 그 사람을 환웅천왕이라 불렀고 그가 사는 곳을 아사달(빛고을, 배달, 조선)이라 했다.

이후 우리 민족은 중국인들로부터 군자의 나라라고 불렸다.

문명의 뿌리

인류 역사에서 사람답게 사는 정신문명은 환웅에게서 처음으로 시작되었다고 말할 수 있다. 빗살무늬로 추적해보면 최소한으로 잡아도 BC 6천년 경이다. 발해연안에서 시작된 이 문명은 중국의 황하유역과 산동반도 지역으로 퍼져나갔으며, 수메르인들을 통해서 메소포타미아까지 확산되었다고 보여진다. 구약성경의 히브리 문화와 고조선 문화의 동질성에서 그 흔적을 찾아볼 수 있다. 고조선의 이런 사상은 유교와 도교의 원류가 되었다.

고조선의 환웅천왕의 시대는 고대국가가 탄생하기 이전인 문화의 시대였다.

2. 국가의 시대

환웅천왕을 찾아와 사람답게 살기를 원하는 부족들은 늘어났다. 호랑이(호랑이족)와 곰(곰족)이 찾아와 사람이 되기를 원했다는 삼국유사에 들어있는 이야기는 이를 반영한다. 곰여인이 아들을 낳게 해달고 빌었다는 이야기는 나라를 세우자는 이야기였다. 이처럼 큰 부족들의 간절한 청원에 의하여 나라가 세워지면서 국가의 시대에 접어들게 되었다. 고조선의 단군왕검시대는 이렇게 추대로 시작되었다.

우리민족 최초의 국가인 단군왕검의 특징은 신앙으로는 중앙통치를, 정치로는 지방자치제를 실시했다. 중앙의 신시(神市)에는 단군이, 지방의 소도(蘇塗)에는 천군을 두어 신앙을 중앙에서 총괄하여 제천행사 등을 주관했다. 반면에 정치적으로는 70여개의 지방국가들을 거수(渠帥)가 자치를 하게 했다. 단군은 중앙에서 종교와 정치를 총괄했다. 이런 독특한 체제 때문에 단일민족, 단군의 후손이라는 우리 민족의 독특한 사상이 뿌리를 내렸고, 고조선은 2300여 년을 내란에 시달리지 않고 유지할 수가 있었다. 고조선은 내부의 반란이 아니라 중국의 끊임없는 침략으로 종말을 고했다. 고조선이 사라지자 거수국들은 독립하여 열국시대가 시작되었다.

3. 역수입, 역추월

회한(悔恨)

고조선의 환웅천왕과 단군왕검 시대에는 세계사에 유례가 없는 정신문화와 정치문화가 만들어졌다. 그런데 우리가 이를 계승 발전시키지 못하고 중국인들이 우리의 정신문화를 집대성하였으며 동양을 지배했다. 지난 역사를 보면 정신문화를 집대성하는 나라가 세상을 지배했다. 우리는 본래 우리의 것을 1500년이나 역수입해다 쓰면서 중국의 지배를 받아야 했다. 고조선 이후 고려에 이르는 동안 뛰어난 학자들이 수없이 많이 있었지만 정신문화를 더 발전시키려는 역사의식을 가진 이를 찾아보기가 힘들다.

불교에 원효와 의천과 지눌이 있어서 통합회통을 시도했지만 불교의 한계 내에 머물고 말았다. BC 500년경 싯다르타의 가르침으로 시작된 불교는 AD 1세기에 이르러 대승불교로 다시 해석되면서 발전했다. 소승불교에서는 깨달은 자인 아라한(阿羅漢)을 추구하지만 대승불교에서는 이를 편협한 이기주의로 보고 깨달은 후에 중생의 구제를 위하여 자발적으로 성불(成佛)을 늦추는 보살(菩薩)을 추구한다. 지옥에 남아있는 자가 한 사람이라도 있는 한 성불을 포기한다는 대승불교의 보살신앙은 많은 사람을 감동케 한다. 예전의 것을 물려받아 지키고 오묘한 해석을 하는 것에서 더 나아가 본질을 훼손하지 않으면서 재해석하는 시도는 종교나 학문의 분야에서 반드시 필요하다. 우리나라 불교에서는 왜 이런 시도가 없었을까? 물려받은 불경을 깨달아 심오하게 해석하거나, 참선을 통해 신비한 어떤 경지에 도달하는 데에만 치중하지 말고 새로운 시대에 맞추어 재해석을 해야 한다.

유학도 마찬가지이다. 고조선이 사라지고 열국시대에 접어들면서 각국은 유학을 받아들이지 않을 수 없었다. 국가 간의 치열한 경쟁에서 유교식으로 교육시키고 관리를 선발하지 않으면 나라를 이끌어 갈 방법이 없었기 때문이다. 유학의 장점과 영향력은 이런 현실적인 요구를 충족시켜주는 데에 있었다. 중국은 유교를 정치에 적용하여 교육과 제도를 끊임없이 개발하고 발전시켰고 우리는 그것을 가져다가 써먹기에 급급했다. 중국의 유교보다 앞서서 발전시키지 못하고 중국인이 집대성하고 발전시킨 유교를 받아들이다보니 중국의 영향에서 벗어날 길이 없었다.

우리는 열국시대 말기부터 고려 말까지 700여 년 동안 중국의 당, 송, 원나라에 국가차원에서 대대적으로 유학(留學)을 보냈다. 유학 행렬은 불교나 유교나 다를 바가 없었다. 중국에서 과거에 우수한 성적으로 합격하고 관리로 등용되고, 유교의 경전인 경학에 능통하거나 실천적인 시무책을 제시하는 등 우수한 학자들이 많았다고 역사책에서 자랑스럽게 열거하고 있다. 700년 동안이나 남의 나라에 공부하러 간 것이 역사서에서 자랑할 일일까? 통탄해야 할 일이 아닐까? 700년이라니, 도대체 말이 되는가? 사실은 700년이 아니다. 고려까지가 700년이고 고려 말에 성리학이 들어온 이후에도 사정은 별로 달라지지 않아서 늘 중국으로부터 배우려고 안간힘을 썼다. 조선까지 합치면 천년하고도 수백 년이다. 이 긴 세월 동안 우리는 도대체 뭘 하고 있었는가?

이런 유학 행렬은 지금도 마찬가지다. 단지 대상이 서양으로 바뀌었을 뿐이다. 외국에 나가서 공부하고 학위 받은 것을 자랑스럽게 여기고 있다. 이런 기막힌 일들을 언제까지 계속해야 하나?

타산지석(他山之石)

중국은 어떠했는가? 유교와 도교는 본래 고조선의 홍익인간, 재세이화, 선인(仙人) 정신에서 시작되었다. 그런데 중국인들은 이것을 유교, 도교라는 이름으로 체계적으로 정리하고 집대성했다. 그리고 계속 발전시켰다. 유교의 경우 공자가 유가의 사상을 집대성한 후에, 공자의 손자인 자사(子思)의 제자인 맹자(孟子 BC 371~289)는 공자의 사상을 심화 발전시켜서 천명(天命)과 인정(仁政)을 강조하는 왕도정치와 인간은 본래부터 선한 마음인 사단(四端)을 가지고 태어났다는 성선설(性善說)[217]을 주장하여 공자

217) 4개의 마음인 사단(四端)은 측은지심(惻隱之心) 수오지심(羞惡之心) 사양지심(辭讓之心) 시비지심(是非之心)이며, 이를 발달시키면 인(仁) 의(義) · 예(禮) 지(智)의 덕이

의 사상을 더 발전시켰다. 다시 1천여 년이 지난 송나라에 이르러서는 정호와 정이, 주자 등이 유학을 다시 해석하여 성리학(性理學)이 등장했으며, 또 300여 년 지난 명나라에 이르러서는 다시 양명학(陽明學)으로 발전했다. 명나라 말에는 양명학의 한계를 극복하기 위하여 고증학(考證學)이 등장했다. 중국의 유학자들은 어디로 배우러 가지 않았다. 물려받은 것을 새로운 환경에 적용시키기 위하여 끊임없이 발전시키며 재해석했다. 중국이 동양을 지배하고 근대 이전에는 문화와 국력에서 세계 1위였던 이유는 이런 사상적인 발전과 정신문화 때문이다. 나라가 크다는 이유만으로 세상을 지배하지 못한다. 나라는 컸지만 정신문화가 없어서 나라는 물론이고 민족조차 사라진 예는 많이 있다.

그런데 우리는 그 동안 무엇을 했는가? 중국을 따라가면서 소중화(小中華) 의식을 자랑스럽게 여기고 있었다. 그 기간이 장장 1500년이었다. 1500년, 1500년,

반면교사(反面教師)

우리와 애증관계에 있는 일본은 어떠한가? 그들은 고대로부터 우리의 앞선 문화를 받아들여야 했다. 우리가 일본에 문화의 영향을 준 것은 말할 필요도 없이 사실이다. 그런데 일본은 1500년대에 서양식 소총을 접한 후 열심히 연구하고 개발하여 더 성능 좋은 총을 개발했다. 임진란 때 들고 온 조총이 그것이다. 무력을 사용한 침략이 결코 잘 한 것은 아니지만 이들은 이 조총을 앞세워 우리는 물론 중국에까지 진출하려고 했다. 19세기 후반에 서양의 앞선 과학문물을 접한 후에는 젊은이들을 보내서 앞선 기술을 배워오게 하여 20년 만에 서양을 따라 잡았다. 200년이 아니라 겨우 20년이었다. 그리고 힘을 비축하여 우리나라를 지배하고 청일, 러

된다고 했다.

일전쟁에서 승리한 후 중국, 동남아를 지배하면서 대동아 공영권을 떠들어 대며 아시아에서 서양세력을 몰아내는 것이 일본의 역할이라고 주장했다. 진주만을 기습한 태평양전쟁에서는 항공모함에 전투기를 400여대 싣고 갔다. 전함과 전투기의 성능은 미국과 대등하거나 앞섰다. 일본은 아시아에서 유일하게 서양을 앞지르고 미국과 맞붙다가 주저앉고 말았다. 그러나 패전의 잿더미에서 다시 일어 선 일본은 경제전쟁에서 서양의 선진국을 제치고 미국을 육박하는 경제대국이 되었다. 일본은 기술과 사상에서 서양을 압도적으로 앞지르고 있다. 이는 결코 일본을 칭찬하자는 말이 아니다. 배울 것은 배우자는 뜻이다.

일본의 군국주의, 황국사관은 결코 잘 한 일이 아니며 두고두고 지탄받아 마땅하다. 그러나 과거를 들먹이며 비판이나 일삼고 있다면 이보다 더 어리석은 게 없다. 과거에는 우리가 일본보다 앞섰다는 등의 말은 지금 와서 자랑스럽게 할 말이 아니라, 오히려 부끄러워해야 할 일이다. 지금은 오두막 한 칸도 없으면서 과거에 금송아지가 있었다는 말이 무슨 소용이 있는가? 일본은 외국에 유학가서 학위 받아오는 것을 대단하게 생각하지 않는다. 외국에 나가 공부는 하더라도 학위는 모국에 와서 모교의 스승에게서 받는다. 그리고 이것을 자랑스럽게 여긴다. 이런 일본의 학문은 세계 최고로 평가받는 부문이 수두룩하며 각 분야에서 노벨상을 골고루 받고 있다. 우리는 노벨상을 단 하나라도 받아보자고 국가차원에서 그렇게 떠들고 있지만 아직 요원한 일일 뿐이다. 앞서보려는 생각 자체가 없는데 어떻게 앞서갈 수가 있는가? 진정한 실력은 참된 정신의 산물이다. 그 정신은 역사의식에서 비롯된다.

우리는 당나라 유학이 문전성시를 이룬 후 지금까지도 유학의 열풍이 불며, 외국에서 학위를 받아야 대단한 줄로 알고 있다. 이대로 가다가는 역사가 다 하는 날까지 남의 나라에 배우러나 갈

판이다. 남의 나라에 가서 배우고 학위를 받아야 출세한다는 풍토가 언제나 끝이 날까? 왜 우리에게는 최소한의 자존심도 없을까?

타산지석과 반면교사는 중국과 일본에만 있는 것이 아니다. 우리가 소중화 의식에 젖어 사람 취급도 하지 않고 오랑캐라고 업신여기던 거란, 몽고, 여진족들은 중원을 지배한 역사를 가지고 있다. 무력으로 남의 나라를 침략하는 행위를 칭찬하자는 말이 아니다. 뒤쳐져 있다가 앞질러가려는 기상과 진취적인 정신을 말하고자 함이다. 우리에게는 왜 이런 정신이 없는가? 왜? 왜? 왜?

자탄(自歎)

그런데 왜 우리는 앞서서 가다가 뒤쳐진 채 계속 머물며 앞으로 나아갈 생각조차 없을까? 더 한심한 것은 이제는 뒤쳐진 것에 워낙 익숙해져서 옛날에는 우리가 앞섰다는 것을 도무지 인정하려 들지 않을 뿐만 아니라 그런 말을 하면 아예 사이비나 쇼비니즘으로 치부하는 식민사학이 아직도 학계를 지배하고 있다. 이보다 더 기막힌 일이 있을까?

왜 우리는 본래 우리 사상을 집대성하지 못했고 물려받은 학문을 더 발전시키지도 못했을까? 오로지 남의 나라에 가서 과거에 급제하고 고위관리를 하면 대단한 경지에 도달했다고 평가하고, 남이 정리한 것을 가져다가 신봉했다. 뭔가 새롭게 접근하려고 하면 사문난적(斯文亂賊)이라고 몰아붙이며 죽였다. 우리는 왜 남의 것을 가져다가 고수하며 베껴먹는 데에만 익숙해지고 말았을까? 우리나라의 역사와 정신문화를 돌이켜 보면 늘 이 한계에 머물렀고 거기에서 벗어난 것을 찾아보기가 힘들다. 참으로 안타까운 일이다. 정신문화 역사를 정리하면서 우리의 유학, 성리학, 불교 등이 중국의 것들과 무엇이 다르며 더 우수했는가를 찾아보려고 애를 써야 한다. 우리가 독자적으로 만들어냈다는 것은 아무리 찾아

보아도 보이지 않는다. 고려시대에 우리의 유학수준이 송나라와 엇비슷했다고 자랑을 한다. 고조선 이후의 우리 역사에서 뭐 좀 내놓을 만한 것은 없을까? 그런데 이제 하나가 있다. 무엇일까?

4. 고조선의 부활

본래 착한 성품을 타고난 우리는 남의 나라를 공격하거나 지배하려는 생각 자체가 없었다. 우리가 착해서 남을 쳐들어 간 적이 없다보니 남이 우리를 쳐들어 오리라고 의심하지도 않았다. 우리는 늘 그랬고, 그러다 보니 늘 당하며 살았다. 그런데 우리에게는 다른 어느 나라 사람도 갖지 못한, 오직 우리만 가진 것이 하나 있다. 이 땅에 이상 국가를 실현하려는 열망이다. 이 열망에서는 누구에게도 지지 않았다.

우리나라의 역사를 정신문화의 측면에서 보면 두 조선의 이야기에 초점이 맞추어진다. 고조선에서는 홍익인간, 재세이화의 정신문화가 만들어졌고, 조선에서는 그 정신으로 개국(開國)을 해서 이 땅에 이상을 실현하려고 몸부림쳤다. 이런 측면에서 조선은 고조선의 부활이라고 할 수 있다.

조선 성리학

우리는 이런 사실을 조선의 건국과정에서 확인할 수 있다. 나라 이름을 조선이라 짓고, 누구도 생각지 못한 이상국가의 설계도를 만들어 조선에 적용했다. 이씨 조선은 가히 고조선의 부활이라고 할 만하다. 모든 국민이 골고루 잘 사는 나라를 꿈꾸는 조선의 환웅이 있었다. 그는 성리학을 기반으로 이상국가의 청사진을 그려 놓았다. 그리고 그 역할을 맡을 사람들을 포섭해 나갔다. 왕권을 제한하여 성인(聖人)들로 구성된 재상을 중심으로 하는 정치, 토지제도의 개혁, 신분타파 등 그 시대에는 어디에도 없는 나라를 실제로 세웠다. 인류역사상 이런 식으로 나라가 세워져서 500여 년을 지탱한 경우는 없었다.

도전, 또 도전

정도전의 이런 꿈은 헛되지 않아서 조선역사 500년은 지상에 이상국가를 실현하려는 도전, 또 도전의 역사였다. 정도전을 시작으로 세종대왕, 조광조, 퇴계와 율곡, 의병, 실학자들, 정조, 동학혁명, 3일천하, 3.1운동, 독립투사, 계몽운동 등 열거하자면 끝이 없으며, 왕에서 노비에 이르기까지 지위고하, 귀천을 가리지 않았다. 숱한 난관을 거듭하면서도 굽히지 않고 또 일어서고 또 일어섰다. 위에서 못하면 아래에서 죽창을 들고 수십 만 명이 일어섰고, 맨손으로 만세를 부르며 외쳤다. 이것이 우리의 참 모습이다. 이 힘으로 우리는 과거에도 살아남았고 또 앞으로도 할 일이 남아 있다.

비록 성리학을 우리가 만들지는 못했지만 성리학과 실학을 통해서 고조선의 정신은 학문과 실천에서 성리학의 이상에 근접했다. 퇴계는 학문(주리 이기론)으로 성리학의 지상과제인 천인합일(天人合一)에 도달했다. 그의 인격과 학문의 자세는 학문을 넘어 신앙의 세계를 확인해주고 있다. 율곡과 고봉은 실천(주기이기론)으로 이상국가를 실현하려고 했다. 퇴계와 율곡/고봉의 이기론은 학문과 실천의 노력에서 성리학의 이상을 실현했다고 할 수 있다. 그러나 율곡과 고봉이 40대에 단명했고, 이들의 주장에 귀를 기울이는 자가 없어서 안타깝게도 이들의 실천은 빛을 보지 못하고 말았다.

임진왜란과 병자호란을 겪은 후 성리학의 한계를 극복하려는 운동이 실학으로 전개되었다. 기독교 신학과 신앙을 받아들여 쓰여진 반계수록, 성호사설, 목민심서, 경세유표, 흠흠신서 등은 서양 2천년 역사에서 쓰여 진 그 어떤 신학서적들보다 성경 본래의 핵심에 더 다가갔다. 이는 참으로 놀라운데, 고조선에서부터 형성된 우리의 홍익인간, 재세이화의 정신이 그것을 가능하게 했다.

실학자들의 혁명적인 주장을 실천 한 군왕이 정조다. 그러나 그가 49세에 독살됨으로서 그의 큰 꿈은 사라지고 말았다. 이는 정조 개인의 실패가 아니라 우리나라 역사에서의 큰 손실이었다. 정조는 여러 부분에서 성군다웠었다. 그러나 정조 이후에 나라는 세도정치의 손아귀에서 급속히 쇠락의 길을 걸었다. 특히 매관매직으로 말미암은 삼정(三政)의 문란은 백성들을 도탄으로 몰고 갔다. 수많은 사람들이 유민이 되고, 전국에서는 민란이 속출했다.

견디다 못한 백성들은 어지러운 세상을 바로잡기 위하여 총 궐기했다. 이를 동학혁명이라고 한다. 이들은 모두가 골고루 잘사는 나라를 만들자는 기치에 동의했기 때문에 수십여 만 명의 사상자를 내면서도 쉽게 물러서지 않았다. 단순하고 무지한 백성들의 요청이나 성리학의 이상이나 다를 바가 없다. 우리의 민족정신은 지식인만의 전유물이 아니었다. 나라가 위기에 처했을 때에는 의병이라는 이름으로 참여했고, 탐관오리의 횡포에는 민중혁명의 대열에 함께했다. 3.1 운동도 같은 맥락에서 이해할 수 있다.

조선의 역사는 시작부터 끝까지 이 땅에 이상국가를 실현하려는 몸부림이었으며, 고조선 정신의 부활이었다.

5. 준비된 역사

지난 날 우리의 역사는 오늘 우리가 이제부터 해야 할 일에 대한 완벽한 준비였다. 어느 한 구석도 버릴 곳이 없다. 그 준비물을 열거해보면 다음과 같다.

고난

특히 우리가 수치스럽게 여기는 고난의 역사가 그러하다. 고난의 원인에는 우리의 잘못과 책임도 있지만 중요한 것은 고난 그 자체가 대단히 중요한 역할을 할 수 있다는 사실이다. 모세는 이스라엘 민족이 애굽에서 400년 종살이한 경험이 세상을 구원할 자산이라고 해석했다. 그리고 그렇게 만들어 갔다. 인류의 정신문화, 종교문화에 가장 큰 영향을 끼진 헤브라이즘은 고난 때문에 탄생했으며, 고난 때문에 영향을 끼쳤다. 고조선 이후의 우리의 역사는 고난의 역사였다고 해도 결코 과언이 아니다. 동서양의 문화가 융합되어야 하는 시점에서, 동양을 기점으로 서양의 문화를 다시 해석해서 새로운 시대를 이끌어 갈 문화를 만들어야 하는 지금에 있어서 우리가 겪은 고통과 아픔은 가장 귀하게 쓰일 수 있다. 이는 물질의 세계에서 금강석이 가장 큰 압력과 열에 시달리면서 만들어지는 원리와 같다.

우리가 살아남아서 단일민족, 단일국가, 단일문화를 지켜왔다는 것 자체가 기적일 수 있다. 가장 위대한 정신문화는 고난을 겪으면서, 고난을 통해서, 고난을 극복하면서 만들어 진다. 우리역사는 고난이라는 조건을 완벽하게 충족하고 있다. 지금까지는 고난을 극복하는 역사였지만 이제부터는 고난으로 축적된 문화를 꽃피울 때이다.

군자의 나라

고대에서 우리가 중국으로부터 '군자의 나라'라고 불린 것은 사실이다. 그 이유 중의 하나는 남을 침략하여 약탈을 하거나 식민지배하지 않았기 때문이다. "힘이 없어서 못한 것이지 안한 것인가?"라고 생각할 수도 있지만 우리는 힘이 있을 때에도 일본인들처럼 주변 나라를 약탈하거나 침략하려 하지 않았다. 왜구에 시달리다 못해 대마도를 점령하여 소탕했지만 그 땅을 영구히 지배하려 하지는 않았다. 만주에 있던 거란과 여진이 아직 힘이 미미할 때도 그들을 침략하려고 하지 않았다. 고구려의 광개토대왕 등은 다물정신에 의해 잃었던 옛 땅을 찾으려고 했을 뿐이다. 초원의 몽고와 만주에 있던 거란, 여진 등은 힘이 비축되면 하나같이 중원으로 진출하여 중국을 지배하려 했지만 우리에게는 그런 개념 자체가 없었다.

왜 그랬을까? 우리에게는 홍익인간, 재세이화에서 형성된 군자의 정신이 있었기 때문이다.

뿌리 문명

물질문명에서는 우리보다 앞선 지역이 있었을 수 있지만 사람이 사람답게 살아가는 정신문화에서는 고조선의 환웅천왕 때부터 만들어진 홍익인간, 재세이화의 정신이 인류 정신문명의 뿌리라고 할 수 있다. 이런 문화로 인해 사람(人)이라고, 군자의 나라라고 불렸으며, 사람人자 무늬 토기는 5천 년 이상 사용되었고, 단군왕검의 고조선은 2천 년 이상을 지탱했다. 우리의 정신문화는 이런 자랑스러운 역사를 가지고 있다. 이는 무엇보다도 큰 자산이다.

이상과 현실의 조화

고조선의 전통을 이어받은 우리에게는 숱한 고난 속에서도 이상을 현실에 실현하려는 강한 열망을 가지고 있었다. 이런 꿈을 가지고 조선이라는 나라를 세웠고, 또 실패하면서도 끊임없이 다시 도전했다. 이런 경험들은 무엇과도 바꿀 수 없는 귀중한 보배들이다. 이것들을 발판으로 이제 우리가 해야 할 일을 향해 나아가야 한다. 우리 시대의 가장 큰 과제는 서양문화를 재해석하여 새로운 시대를 이끌어갈 정신문화를 만드는 일이다. 〈물음10〉에서 언급한 그 준비와 조건을 다시 상기하면 다음과 같다.

- 동양의 사상인 유교와 도교, 불교가 수용된 역사가 있어야 한다.
- 서양문화, 특히 기독교가 활성화된 역사가 있어야 한다.
- 전통문화 속에 종교와 세계화사상이 들어있어야 한다.

호머 헐버트가 지적한 바와 같이 우리는 지구상에서 유일하게 이상과 현실을 조화시킬 수 있는 민족이다. 우리만이 이 큰 일을 할 수 있는 조건들을 갖추고 있다. 이 준비는 무엇을 위한 준비일까?

물음 52 왜 정신문화인가?

우리나라의 역사는 새 시대를 이끌어갈 새로운 사상을 위한 준비였다. 지나온 인류역사를 보면 위대한 정신문화가 세계를 지배했다. 우리가 할 일을 다시 확인하기 위하여 정신문화의 역사를 간략히 요약하면 다음과 같다.

1. 헤브라이즘(Hebraism)

고대의 수많은 종교문화 중 유일하게 살아남은 문화가 헤브라이즘이다. 문화는 물과 같아서 위에서 아래로 흐른다. 낮은 문화는 수준 높은 문화의 지배를 피할 수 없다. 헤브라이즘이 종교문화로서 유일하게 살아남은 이유는 헤브라이즘이 가장 위대하기 때문이었다. 헤브라이즘은 구약의 율법을 경전으로 사용하는 종교의 문화를 말한다.

2. 헬레니즘(Hellenism)

고대 그리스문화에서 시작하여 알렉산더에 의해 세계화된 헬레니즘은 지중해 세계를 지배했다. 알렉산더의 원정과 헬라화 정책으로 말미암아 메소포타미아 문명과 이집트 문명은 자취를 감추고 말았다. 그 후에 로마제국이 알렉산더의 헬라제국을 멸망시키고 정치적으로 지배했지만 정신문화는 헬레니즘이 로마제국을 지배했다. 정치와 실용문화는 로마가 앞섰지만 정신문화는 헬라문화가 훨씬 우수했기 때문이다. 그리스-로마 문화는 철학-실용문화로서 종교문화인 헤브라이즘과 더불어 서양의 양대 문화로써 영향을 끼쳤다. 그 이유는 이보다 더 우수한 문화가 없었기 때문이다.

3. 동양사상

1) 불교

동양의 종교문화는 인도에서 출발한 불교가 영향을 끼쳤다. 그 이유는 이 보다 더 앞선 종교문화가 없었기 때문이다. 적자생존의 원리는 문화에도 적용이 되며 가장 우수한 문화만이 살아남아서 영향력을 행사한다.

2) 유교

고조선에서 시작되었지만 춘추전국시대에 공자에 의해 집대성된 유교는 정치와 밀접한 관계를 가지면서 절대적인 영향력을 행사했다. 중국의 한족 이외에 북방의 거란, 몽고, 여진 등이 한때 무력을 앞세워 중원을 지배했지만 이들은 모두 중국의 문화에 동화되어 거란, 여진 등은 민족 자체가 사라지고 말았다. 그 이유는 앞선 중국문화의 지배를 받았기 때문이다. 몽고는 중국뿐만 아니라 중동과 유럽 일부까지 지배했지만 문화적으로는 큰 기여를 하지 못하고 말았다. 그 이유는 앞선 문화가 없었기 때문이다. 제국의 크기로는 징기스칸의 제국이 알렉산더의 제국보터 더 컸지만 문화에서는 헬라문화를 따라가지 못했으며, 현재 겨우 나라만 유지하고 있다.

3) 조선성리학

성리학은 유학에 종교적인 요소를 추가했기 때문에 불교를 대체하는 역할을 했다. 이런 이유로 조선에서는 불교를 배척하고 성리학 국가를 탄생시킬 수 있었다. 중국의 송나라에서 주자에 의해 시작된 성리학은 우리나라의 조선에서 개화했다. 성리학 이념으로 국가를 세웠고, 끊임없이 성리학의 이상을 현실에 적용시키려 했으며, 학문으로는 퇴계와 율곡에 이르러 절정에 도달했다. 성리학의 천인합일(天人合一) 사상은 학문과 더불어 실천에서 이상과 현실의 합일로 구체화되었다.

4) 조선실학

조선성리학이 현실에서 이상을 실현하지 못하자 조선의 일부 성리학자들은 서학(기독교신학)에 눈을 돌려 성리학을 바탕으로 기독교 신학을 통하여 이상을 현실에 실현하고자 했다. 정조는 이 실학을 받아들여 실천하려고 했으나 독살됨으로써 실패하고 말았다.

조선의 성리학과 실학은 서양의 기독교신학 보다 훨씬 더 성경의 핵심에 가까이 갔다고 할 수 있다. 그 이유는 고조선에서 형성된 우리의 정신문화가 헤브라이즘과 너무나 유사하기 때문이다.

4. 르네상스

자유, 평등, 박애를 기치로 내세운 서양의 르네상스 정신이 현대 500년을 지배했다. 과학문명으로 전염병과 기근을 해결했으며, 시민혁명으로 전제왕권을 타도하고 신분을 철폐했다. 르네상스 정신이 500년을 지배한 이유는 이보다 더 앞선 정신문화가 없었기 때문이다. 그러데 이제 현대를 이끌어가던 르네상스 정신은 그 힘을 다했다.

5. 왜 정신문화인가?

이상에서 살펴본 정신문화의 역사에서는 다음의 명제가 성립된다.

위대한 정신에서 그 시대를 이끌 문명과 지도력이 나온다.

정신문화가 중요한 이유는 이 명제에 있다. 고조선의 단군왕조가 2천년 이상을 유지한 이유는 환웅천왕에서 비롯된 위대한 정신문화가 있었기 때문이다. 세종대왕 때에는 우리가 정신문화는 물론 물질문명에서 중국이나 서양보다 앞섰다. 그 이유는 세종의 위대한 정신 때문이다. 이 비슷한 사례는 이순신의 전승(全勝) 신화와 정조의 치세에서도 발견된다. 위대한 정신문화에서 그 문화를 뒷받침할 방법이 만들어 진다.

6. 작명(作名)

우리가 사는 시대를 현대이후(post-modernism)라고 한다. 아직 이름이 붙여지지 않았다. 가명으로 시작된 이 시대의 과제는 새로운 시대를 이끌어갈 정신문화의 탄생이다. 이 문화는 동서양의 문명의 융합을 통해서 가능해진다. 서양의 입장에서 동양을 재해석하는 융합이 아니라 동양의 입장에서 서양문화를 융합해야 한다. 이런 이유로 동양의 사상이 주목을 받고 있다. 이 융합과 더불어 이 시대의 이름이 지어지게 된다. 이 시대는 자신의 이름을 지어 줄 사람을 기다리고 있다.

7. 환웅천왕을 기다리며

환웅천왕은 이상세계를 꿈꾸며, 천신과 천지인 신앙에서 비롯된 홍익인간과 재세이화라는 큰 이상을 제시하였다. 그리고 이를 실천으로 옮기기 위해 중앙과 지방에 성지를 두고 성직자인 천군을 파송하여 끊임없이 백성들을 계몽하고 교화시켜 나갔다. 아직 문자가 없던 시절에 토기에 겹친 사람 人자 무늬를 넣었으며, 제천행사에서는 잔치를 베풀며 노래와 춤으로 하나님의 자손이라는 생각과 공동체의식을 심어 주었다. 사람들은 그를 환웅천왕이라고 불렀다. 우리 역사의 처음은 이렇게 시작되었다.

이제 우리에게는 또 다른 환웅천왕, 우리 시대의 환웅천왕이 있어야 한다. 동서양의 문화를 동양의 입장에서 융합시켜서 새로운 시대를 이끌어갈 정신문화를 탄생시킬 사람, 그 사람이 있어야 한다. 인류 정신문화의 뿌리인 환웅천왕의 피를 이어받은 우리보다 더 적임자는 없다.

역사는, 이 시대는 오늘의 환웅천왕을 기다리고 있다. 누가 그 사람이어야 하는가? 누가 그 사람일까? 내가 바로 그 사람이어야 한다. 이는 남에게 떠넘길 일이 아니다. 오늘을 살아가는 한국인, 나는 누구인가? 역사는 이렇게 말하고 있다.

네가 오늘의 환웅천왕이 되어라.

〈 참고 문헌 〉

강만길, 「20세기 우리 역사」, 창비, 2009.
신채호, 이성길 역, 「청소년을 위한 조선상고사」, 북북서, 2010.
이기백, 「한국사신론」, 일조각, 2010.
이희근, 「주제로 보는 한국사, 고대편」, 고즈윈, 2005.
이희근, 「주제로 보는 한국사, 조선편」, 고즈윈, 2005.
천관우, 「한국사의 재발견」, 일조각, 1980.
함석헌, 「뜻으로 본 한국역사」, 제일출판사, 1991.
전국역사교사모임, 「한국사 새로 보기 1」, 우리교육, 2003.
전국역사교사모임, 「한국사 새로 보기 2」, 우리교육, 2006.
박영규, 「한권으로 읽는 고구려 왕조실록」, 지식하우스, 2017.
박영규, 「한권으로 읽는 백제 왕조실록」, 지식하우스, 2017.
박영규, 「한권으로 읽는 신락 왕조실록」, 지식하우스, 2017.
박영규, 「한권으로 읽는 고려 왕조실록」, 지식하우스, 2017.
박영규, 「한권으로 읽는 조선 왕조실록」, 지식하우스, 2017.
아놀드 조셉 토인비, 김규태 · 조종상 역, 「역사의 연구 I」, 더스타일, 2012.
아놀드 조셉 토인비, 김규태 · 조종상 역, 「역사의 연구 II」, 더스타일, 2012.
이덕일, 「매국의 역사학, 어디까지 왔나」, 만권당, 2015.
이덕일, 「송시열과 그들의 나라」, 김영사, 2016.
황순종, 「임나일본부는 없었다」, 만권당, 2016.
한배달 편, 「시원문화를 찾아서」, 사단법인한배달, 1988.
김현구, 「임나일본부설은 허구인가」, (주)창비,2015.
이희진, 「식민사학이 지배하는 한국고대사」, 책미래, 2015.
이희근, 「한국사는 뜨겁다」, 거름, 2006.
송호정, 「단군, 만들어진 신화」, 산처럼, 2002.
젊은 역사학자 모임, 「한국고대사와 사이비역사학」, 역사비평, 2017.
최재석, 「삼국사기 불신론 비판」, 만권당, 2016.
최재석, 「한국고대사회사방법론」, 일지사, 1887.
류승국, 「한국유학사」, 성균관대학교출판부, 2011.
류승국, 「한국사상의 연원과 역사적 전망」, 성균관대 출판부, 2009.
유승국, 「한국의 유교」, 세종대왕기념사업회, 1999.

이형구, 「한국 고대문화의 비밀」, 새녘출판사, 2012.
이형구, 이기환, 「코리안 루트를 찾아서」, 성안당, 2009.
윤내현, 「고조선 연구(상)」, 만권당, 2016.
윤내현, 「고조선 연구(하)」, 만권당, 2016.
윤내현, 「우리 고대사, 상상에서 현실로」, 만권당, 2016.
윤내현, 「고조선, 우리 역사의 탄생」, 만권당, 2016.
윤내현, 「한국 열국사 연구」, 만권당, 2016.
윤사순, 「동양사상과 한국사상」, 을유문화사, 1986.
윤사순, 「한국유학사상론」, 열음사, 1986.
윤사순, 「한국유학사상론」, 열음사, 1992.
윤사순, 「공자 사상의 발견-본원유학과 신유학」, 민음사, 1992.
윤사순, 「한국유학논구」, 현암사, 1991.
윤사순, 「퇴계 이황의 철학」, 예문서원, 2013.
윤사순, 「윤사순 교수의 신실학 사상론」, 예문서원, 1996.
윤사순, 「한국의 성리학과 실학」, 열음사,1990.
윤사순, 「한국유학사 상-한국유학의 특수성 탐구」, 지식산업사, 2013.
윤사순, 「한국유학사 하-한국유학의 특수성 탐구」, 지식산업사, 2013.
윤사순, 「근본원리로 살핀 한국의 유학사상」, 두양사, 2016.
윤사순, 「정약용」, 고려대학교 출판부, 1990.
이황, 이이, 윤사순 역, 유정동 역, 「한국의 유학사상」, 삼성출판사, 1997.
이황, 윤사순역, 「퇴계선집」, 현암사, 2001.
이 이, 김태환 역, 「율곡집 성리학의 이상향을 꿈꾸다」, 한국고전번역원, 2013.
양명수, 「퇴계 사상의 신학적 이해」, 이화여자대학교출판부, 2016.
조남호, 「이황&이이 조선의 정신을 세우다」, 김영사, 2014.
유득공, 송기호 역, 「발해고」, 홍익출판사, 2007.
유득공, 김종성 역, 「발해고 우리가 버린 제국의 역사」, 위즈덤하우스, 2017.
정약용, 다산연구회 역, 「정선 목민심서」, 창비, 2015.
김환철, 「실학과 그리스도교의 만남」, 나단, 1994.
김환철, 「성경으로 본 메소포타미아 고대제국」, 솔로몬, 2002.
조철수, 「고대메소포타미아에 새겨진 한국신화의 비밀」, 김영사, 2003.
정연규, 「언어 속에 투영된 한민족의 고대사」, 한국문화사, 2002.
주겸지, 전홍석 역, 「중국이 만든 유럽의 근대」, 청계출판사, 2003.
계연수, 안경전 역, 「환단고기」, 상생출판, 2016.

J.G. 안더슨, 김상기 외 역, 「중국 선사시대의 문화」, 한국번역도서주식회사, 1958.
마테오 리치, 송영배 외 역, 「천주실의」, 서울대학교출판부, 2001.
김권정, 「한국인보다 한국을 더 사랑한 미국인 헐버트」, 역사공간, 2015.

Hong Beom Rhee, 「Asian Millenarianism」, Cambria Press, 2007.
H.B.헐버트, 신복룡 역, 「대한제국멸망사」, 집문당, 2015.
H.B.헐버트, 김동진 역, 「헐버트 조선의 혼을 깨우다」, 참좋은친구, 2016.
H.B.헐버트, 마도경 문희경역, 「한국사, 드라마가 되다 I」, 리베르, 2009.
H.B.헐버트, 마도경 문희경역, 「한국사, 드라마가 되다 II」, 리베르, 2009.
H. B. Hulbert, 「The Passing of Korea」, New York Page & Company, 1906.
H. B. Hulbert, 「The History of Korea I」, Seoul Methodist Publishing House, 1905.
Hulbert, 「The History of Korea II」, Seoul Methodist Publishing House, 1905.

케노시스영성원 안내

새로운 패러다임을 요구하는 2천 년대의 시대적 요청을 직시하면서 케노시스 영성원은 다음과 같은 목표를 추구합니다.

1. 영성의 경험과 이론의 겸비
2. 성경과 역사에 대한 재해석
3. 고대영성에 대한 재해석
4. 실천가능한 수련 및 적용

소재지 : 경기도 군포시 둔대동 433~2

Homepage www.kenosis.or.kr, www.kenosis.kr
Email kenosis@hanmail.net

세미나 안내

15주 세미나(년 2회) : 매주 수요일 오전 10시 ~ 오후 4시
2박3일 세미나(년 2회) : 동계(1월), 하계(8월)

도서/DVD안내

도서 : 영성의 시각으로 본 성경, 역사, 교리, 신학

하비루의 길(구약/이스라엘 역사)	죄인의길(신약/교회사)
비움의 길(수도원영성 재해석)	창세기(영성으로 해석)
십계명 & 주기도문(영성으로 해석)	사도신경 다시고백하기
요한계시록	복음서신학 用 대조서

DVD : **녹화/녹음**

자기비움의 길(1,2.3부), 창세기, 율법서, 사무엘상하(다윗재해석) 열왕기상하(솔로몬~엘리사), 역대기, 역사서&예언서, 소예언서, 지혜서(욥기 잠언 전도서), 시편, 복음서, 사도행전&바울서신, 요한복음, 요한계시록, 역사/헤브라이즘에 길을 묻다

구입방법

홈페이지 구입안내 : **www.kenosis.or.kr**
전화 : 0502-111-1937/ 010-3311-1937
계좌 : **농협 211044-51-040266 케노시스영성원**